高校法学专业
核心课程配套测试

依宪法核心课程教材
最新版本体例组编

现代法学
试题系列
3

第十一版

宪法
配套测试

依据最新立法及学术动态修订升级
新增考试习题、2021~2023年考研真题

教学辅导中心 / 组编

中国法制出版社
CHINA LEGAL PUBLISHING HOUSE

图书在版编目（CIP）数据

宪法配套测试／教学辅导中心组编．—11 版．—北京：中国法制出版社，2023.7
高校法学专业核心课程配套测试
ISBN 978-7-5216-3597-3

Ⅰ.①宪… Ⅱ.①教… Ⅲ.①宪法-中国-高等学校-习题集 Ⅳ.①D921-44

中国国家版本馆 CIP 数据核字（2023）第 096115 号

责任编辑　谢雯　　　　封面设计　杨泽江　周黎明

宪法配套测试

XIANFA PEITAO CESHI

组编/教学辅导中心
经销/新华书店
印刷/三河市国英印务有限公司
开本/787 毫米×1092 毫米　16 开　　　　印张/ 14.25　字数/ 332 千
版次/2023 年 7 月第 11 版　　　　2023 年 7 月第 1 次印刷

中国法制出版社出版
书号 ISBN 978-7-5216-3597-3　　　　定价：46.00 元

北京市西城区西便门西里甲 16 号西便门办公区
邮政编码：100053　　　　传真：010-63141600
网址：http：//www.zgfzs.com　　　　**编辑部电话：010-63141784**
市场营销部电话：010-63141612　　　　**印务部电话：010-63141606**

第十一版出版说明

《高校法学专业核心课程配套测试丛书》是我社教学辅导中心组织编写的一套教辅丛书。该丛书专为法学院校学生掌握法律专业知识、培养法律思维能力而精心设计，分册设置涵盖法学专业核心课程，因考点全面、题量充足、解答详尽、应试性强等优点，受到广大师生的普遍欢迎，使得该丛书成为法学教辅图书中口碑相传的实力品牌。

《宪法配套测试》为上述丛书中的一本，自2005年首次出版后，历经多次改版重印，很多读者还来电、来信向我们表达感谢和期待。正是基于这种信赖，为及时体现该领域法学最新研究成果，并与我国立法发展相适应，在承继该书原有优点的基础上，我们对其全面修订。特点如下：

一、配套主流教材

本书结构上与宪法学核心课程教材基本相配套，便于随学随练。

二、内容及时更新

1. 根据最新法律、司法解释及文件等进行全面修订。

2. 增加新考试习题、部分高校2021~2023年考研真题等，并对陈旧题目进行替换。

三、加工精细考究

1. 章节前面设置“基础知识图解”，归纳每章的知识体系和基本概念，帮助读者梳理知识点并检验学习成果。

2. 对重点题目的答案以脚注形式提醒注意要点，拓展解题思路。

3. 试题答案讲解细致，重点突出，为培养法律思维和提高应试能力提供有效指导。

4. 本书专门设置两套期末测试题，便于读者进行整体复习和预演自测。

四、附录全面实用

1. 收录全国部分高校历年研究生入学考试真题，为准备考研的读者提供更多帮助。

2. 收录宪法领域主要法律文件列表，方便读者了解规则体系。

3. 收录参考及推荐书目，为读者顺利完成学习任务、全面掌握宪法的相关知识、深入研究该学科提供扩展阅读的指引。

4. 随书赠送课程相关法律单行本一册，方便读者随时查阅我国现行法律规定。

教学辅导中心

2023年7月

第十一版出版说明

[illegible]

2023 年 7 月

目　　录

第二编　宪法基本制度

第三编　宪法实施

绪　　论

基础知识图解

- 绪论
  - 宪法学的研究对象与研究范围
    - 研究对象
      - 宪法
      - 宪法现象
      - 宪法和宪法现象的发展规律
    - 研究范围 —中心环节→
      - 宪法的基本理论
      - 宪法的基本规范
      - 宪法的实施
  - 宪法学的历史发展
    - 宪法学在西方的产生和发展
    - 宪法学在中国的产生和发展
  - 宪法学的学科地位与学科体系
  - 学习和研究宪法学的意义和方法
    - 意见
      - 理论意义
      - 实践意义
      - 方法论意义
    - 方法
      - 根本方法：唯物辩证法
      - 基本方法：本质分析法；价值分析法；规范分析法；实证分析法
      - 具体方法：系统分析法；历史分析法；比较分析法；联系实际分析法

配套测试

一、单项选择题

1. 历史上第一个系统论述国家主权学说的思想家是（　　）

A. 柏拉图　　B. 西塞罗

C. 博丹　　D. 洛克

2. 下列有关《钦定宪法大纲》的说法，错误的是（　　）

A. 重心在于维护君主大权

B. 具有浓厚封建性质的宪法性文件

C. 略具资产阶级民主色彩

D. 确立了立法、司法、行政三权分别行使

二、不定项选择题

1. 下列属于我国宪法学学科体系的有（　　）

A. 比较宪法学

B. 宪法政治学

C. 宪法思想史

D. 宪法解释学

2. 古希腊客观唯心主义哲学家柏拉图首次提出划分政体的两个标志：（　　）

A. 一是根据执政人数的多少加以划分

B. 一是根据执政者的品德进行划分

C. 二是根据执政者是否依法行使权力进行划分

D. 二是根据执政者的产生方式进行划分

3. 关于现代宪法的发展趋势，下列哪些说法是正确的？（　　）（司考 2010.1.60）①
   A. 重视保障人权是宪法发展的共识
   B. 重视宪法实施保障，专门宪法监督成为宪法发展的潮流
   C. 通过加强司法审查弱化行政权力逐步成为宪法发展的方向
   D. 寻求与国际法相结合成为宪法发展的趋势

三、名词解释

1. 宪法的基本规范
2. 宪法思想史
3. 比较宪法学
4. 宪法政治学
5. 宪法解释学

四、简答题

1. 法国古典宪法学理论学家埃斯曼对宪法学的贡献有哪些？
2. 法国宪法学家马尔佩的宪法学理论的主要内容是什么？
3. 简述西方宪法学萌芽和创立时期有关“基本法”思想的主要观点。

五、论述题

论宪法学的学科特点。

参考答案

一、单项选择题

1. **答案**：C。博丹是历史上第一个系统论述国家主权学说的思想家。他认为“主权是一个国家进行指挥的、绝对的和永久的权力”，又是“对公民和臣民的不受任何法律限制的最高权力”。
2. **答案**：D。《钦定宪法大纲》带有浓厚的封建性质，并没有设立责任内阁制，而且当时的立法者明确提到，立法、司法、行政三权都统一由皇帝行使，故选项 D 错误。

二、不定项选择题

1. **答案**：ABCD。宪法学的学科体系包括：宪法学原理、中国宪法学、外国宪法学、比较宪法学、宪法思想史、宪法制度史、宪法社会学、宪法经济学、宪法政治学和宪法解释学。
2. **答案**：AC。在古希腊客观唯心主义哲学家柏拉图看来，除理想的贤人政体外，希腊各城邦有军阀政体、寡头政体、平民政体和专制政体四种形式。而且这四种都是不符合正义的政体。同时，他首次提出划分政体的两个标志：一是根据执政人数的多少加以划分；二是根据执政者是否依法行使权力进行划分。并据此将政体划分为君主政体与暴君政体、贵族政体与财阀政体、共和政体与暴民政体。
3. **答案**：ABD。对世界各国宪法理论与实践的考察表明，宪法的基本原则主要有人民主权原则、基本人权原则、权力制约原则和法治原则。选项 A 体现的是基本人权原则。选项 B 体现的是权力制约原则，也可以从宪法实施的保障角度来理解。选项 C 错误。权力制约原则是通过宪法规定达到各种机关权力的平衡，而不是加强司法审查弱化行政权力。选项 D 正确。宪法的国际化趋势日益明显。它要求将生存权、发展权、环境权等体现终极人性关怀的人权纳入各国宪法对国民权利的保护范围。联合国、欧盟等国际组织发挥了单个国家所不能完成的推动和组织作用。故宪法基本原则的国际化是一种趋势。

三、名词解释

1. **答案**：宪法的基本规范是指采用民主制形式进行统治的国家，通过立宪活动，将统治阶级管理国家和社会的意志以根本法的形式确认下来的主要的行为规范。
2. **答案**：宪法思想史是指通过阐述人类历史上人们对宪法问题的认识历史，探讨宪法思想发展规律的科学。
3. **答案**：比较宪法学是指对各国宪法从纵、横两个方面进行比较研究，并通过对其异同优

① 编者注：部分题号内标注了司法考试真题序号，以本题为例，表示本题为 2010 年司法考试卷一第 60 题。以下不再特别注明。

劣的分析，以深化对宪法和宪法现象及其发展规律的认识的科学。在理论界有广义比较宪法学和狭义比较宪法学之分。

4. 答案： 宪法政治学是宪法学与政治学相结合而形成的一门新兴学科。宪法学本身具有很强的政治性，在有些国家，如法国，宪法学包含许多政治学课题，这是宪法政治学得以产生的前提和基础。宪法政治学的研究内容，不仅包括从政治学角度研究宪法问题，并广泛采用动态研究方法，强调宪法学理论的运用，而且还非常重视宪法学理论与政治现实之间的联系。

5. 答案： 宪法解释学是指在宪法实施过程中，对宪法条文的确切含义与界限进行研究的科学。尽管在我国学术界，人们对宪法解释学存有贬斥之意，但在宪法学学科体系中，宪法解释学却是实用性最强、普及面最广的一门分支学科。它不仅关系到人们对宪法条文的正确理解和执行，而且关系到民主法治建设的具体状况。

四、简答题

1. 答案： 埃斯曼（Adhemar Esmein，1848～1913年）是法国古典宪法学理论的集大成者，也是法国现代宪法学的创始人。埃斯曼的宪法学理论，主要体现在他于1895年出版的《法国宪法和比较宪法纲要》一书中。在该书中，他对宪法学的研究对象、国家形态和统治形态的具体内涵、宪法学对象的限定以及宪法的基本原理、宪法学的理论体系等问题进行了分析。他认为，宪法学研究的首先是国家，但国家要生存，必须有一定的国家形态和统治形态，而规定这两种形态的只有宪法。因此，宪法学的对象就是宪法，即国家形态和统治形态。但只有保障个人权利的宪法，规定国家形态、统治形态、限制国家权力的宪法，才是埃斯曼宪法学研究的对象。因此，近代的政治自由是埃斯曼宪法学体系的目的和核心，由这个目的和核心派生的宪法基本原理，来源于英国近代宪法和法国大革命以及为大革命作准备的思想运动。在英国具体表现就是四项制度，即代表制、两院制、大臣责任制和议会内阁制，它们是资产阶级民主主义宪法制度的基础；在法国就具体表现为四项理论成果，即国民主权、权力分立、个人权利和成文宪法，它们构成了近代资产阶级民主主义宪法理论的基础。埃斯曼接着对这八项宪法的基本原理和制度进行了历史的、比较的阐述，从而构造出近代资产阶级宪法学的理论体系。其中最重要的是个人权利理论、国民主权理论和代表制理论。概言之，埃斯曼既继承了早期资产阶级的宪法学学说，又有自己的不少创造，从而在法国历史上最早构造了比较严密完整的资产阶级宪法学体系。

2. 答案： 马尔佩（Raymond Carre de Malberg，1861～1935年）的宪法学理论主要体现在《国家基本原理研究》《法律一般意志的表示》《法阶段理论和法国实定法的对比》等著作中。受欧洲分析实证主义法学理论的影响，马尔佩提出了法的一般理论必须在分析法之后得出的观点，主张只有由国家制定的规范才是法律，法学是以它以及通过它形成的秩序为研究对象的理论；要求对自然法宣扬的“自然状态”进行批判等，从而变革了早期资产阶级的宪法理论。同时，他对现代资产阶级宪法学的一些基本原则和观念也都有精辟分析。比如，他认为公法是与国家有直接关系的所有人的关系或社会关系之法；认为应对国民主权与人民主权原理予以区分，并提出“半代表制”理论；认为第三共和国宪法实践的不足是缺少对议会的制约力，对其进行改革是法国宪法学发展的方向；认为统治形态可分为民主政体、君主政体和代表制，国民主权是国民的社会性权力，仅存在于全体国民的利益之上，国民主权必须采用代表制等。特别是他提出的国民主权和人民主权的理论以及对议会限制的理论，成为法兰西第五共和国实行公民投票制、总统公选制等直接渊源。

3. 答案： 在西方宪法学萌芽时期与创立时期，亚里士多德、霍布斯、卢梭、霍尔巴赫等人均对“基本法”问题进行过阐述。在宪法学萌芽时期，相传亚里士多德曾研究过古希腊

158个城邦国家的政制，并在研究的基础上将法律分为基本法与非基本法。他说的基本法就是宪法。在他看来，宪法规定国家政权的基本结构和权限，统治者人数的多寡，以及公民在城邦中的法律地位，即基本权利和义务等内容。而非基本法则指宪法以外的其他实体法和程序法。同时他认为，一般法律必须以宪法为依据，必须从属于宪法。他指出："政体（宪法）为城邦一切政治组织的依据，其中尤其着重于政治所由以决定的'最高治权'的组织。"他还指出："法律实际是，也应该是根据政体（宪法）来制定的，当然不能让政体来适应法律。"在宪法学创立时期，霍布斯将人定法分为基本法和非基本法。所谓基本法乃是建国的基础，无之则国将不国。例如，统治者之宣战、司法、任命官吏以及人民的权利和义务等，均由基本法规定。在卢梭的思想中，所谓政治法是指调节全体对全体的关系或者说主权者对国家的关系的法律，因而也叫根本法。他认为，政治法的基本内容包括主权者与统治者的关系、统治者权威的范围和界限等。此外，法国政治思想家、哲学家霍尔巴赫还提出了"根本法"的范畴等。

五、论述题

答案：宪法是国家的根本大法，是一国法律体系和法律制度赖以建立的依据，这就决定了以宪法和宪法现象及其发展规律为研究对象的宪法学，在整个法学体系中具有举足轻重的地位。

（1）宪法学属于基础理论学科。众所周知，法学体系是由诸多不同法学学科构筑起来的有机整体。除了以部门法律为研究对象的部门法学，如刑法学、民法学、经济法学、诉讼法学等以外，还有法理学、宪法学等学科。法理学作为整个法学理论体系的基石，是对所有法律规范、法律现象的高度抽象，因此自然属于基础理论学科。尽管宪法学也主要以具体的宪法规范为研究对象，有学者因而也将其称为部门法学，但我们认为，宪法的根本法性质决定了宪法学理应属于基础理论学科。宪法学的这一学科性质决定了学习和研究过程中的两个特点：一是注重理论。理论性强是基础理论学科的基本特征。因此，对有关宪法的基本理论以及由宪法确认的有关国家最根本、最重要问题的原则、精神等方面的基本理论都应予以分析和领会。只有这样，才能真正把握其基本内容。二是注重宪法学与其他法学学科的联系。既然宪法是根本法，宪法学是基础理论学科，那么，一方面，宪法学中的理论抽象有赖于各部门法学提供丰富的"养料"；另一方面，宪法学中的理论原则又有赖于各部门法学予以具体化。

（2）宪法学有很强的政治性、政策性。毛泽东曾经指出：一个团体要有一个章程。一个国家也要有一个章程，宪法就是一个总章程。从世界各国的宪法规范来看，任何一部宪法无非主要由国家权力的依法行使和公民权利的有效保障两大方面组成。归根结底，就是宪法通过根本大法的形式规范国家权力，从而保障公民权利，因而人们大多习惯性地称宪法是治国安邦的总章程。正因如此，在某种意义上，我们可以把宪法学称为治国安邦之学。此外，有学者从宪法学主要以国家政权为研究对象的角度，将宪法学概括为国家政权之学。尽管概括的角度不尽相同，但从学者们的认识，特别是从宪法和宪法学的基本内容，我们都可得出宪法学具有很强的政治性的结论。

（3）宪法学研究的都是国家最根本、最重要的问题。宪法在一国法律体系中居于最高地位，具有最高法律效力。相应而言，宪法所规定的内容也是一个国家中最根本、最重要的问题。宪法的目的是保障人权，公民的基本权利是宪法不可分割的一部分，可以说它们既是宪法的宗旨，也是国家的宗旨，故而是宪法中最为根本的问题；为实现保障权利的目标，宪法需要谨慎地设立国家机构，赋予其权力，并对这些权力加以保障和制约，使之为公民权利服务而且不能侵害公民权利。而国家机构如何设置、权力如何分配等涉及一国的政治制度和政治体制，也是国家最为重要的问题之一。此外，宪法所规定的其他事项，如国旗、国徽等，同样是国家非常重要的问题。

(4) 宪法学的涉及面很广。作为国家的总章程，宪法不仅规定了国家制度和社会制度的基本原则，而且规定了有关国家生活各个方面的基本国策。也就是说，宪法规范涉及国家生活的各个方面，与政治、经济、文化、社会、科技、教育、卫生、体育等无不相关。这一特点决定了在学习和研究宪法过程中，应尽可能地具备较宽的知识面，特别是政治学、经济学、历史学和哲学方面的知识。

宪法学的这些特点不仅充分表明宪法学与其他法学学科的联系和区别，而且充分表明宪法学对于整个法学学科发展，特别是对于现代国家政治、经济、文化和社会生活的发展具有极为重要的意义。因此，宪法学不仅在法学体系中居于基础地位，在民主法治国家建设过程中，也同样居于基础地位。

第一编　宪法基本理论

第一章　宪法的概念

基础知识图解

- 宪法的概念
  - 宪法释义
    - 词义的演变
    - 宪法的特征
    - 宪法的定义
  - 宪法的本质
    - 神的意志论
    - 全民意志论
    - 阶级意志论
  - 宪法的分类
    - 资产阶级学者传统的宪法分类
    - 马克思主义学者的宪法分类
    - 其他的宪法分类

配套测试

一、单项选择题

1. 宪法的最高效力表现在下列哪个选项中？（　　）

A. 宪法的内容涉及国家的根本制度

B. 宪法是普通法律制定的基础和依据

C. 宪法的制定和修改程序不同于普通法律

D. 宪法是一国政治力量对比关系的全面、集中表现

2. “宪法就是一张写着人民权利的纸”被认为是关于近现代宪法的真理性认识。首先明确提出这一观点的是（　　）

A. 马克思　　B. 毛泽东

C. 卢梭　　D. 列宁

3. 宪法的本质被认为是哪一种力量对比关系的集中表现？（　　）

A. 阶级　　B. 政治

C. 利益集团　　D. 阶层

4. 在中国，将“宪法”一词作为国家根本法始于哪一时期？（　　）

A. 18 世纪 80 年代

B. 19 世纪 80 年代

C. 辛亥革命以后

D. 中华人民共和国成立以后

5. 宪法的内容同其他法律一样，主要取决于（　　）

A. 历史传统　　B. 民族组成

C. 文化传统　　D. 社会物质生活条件

6. 修改程序与一般法律相同的宪法叫作（　　）

A. 刚性宪法　　B. 柔性宪法

C. 不成文宪法　　D. 协定宪法

7. 把宪法分为社会主义类型宪法和资本主义类型宪法之所以是科学的分类方法，是因为它（　　）

A. 揭示了宪法的内容

B. 揭示了宪法的本质属性

C. 揭示了宪法是国家的根本法

D. 总结了宪法形式的特点

8. 典型的不成文宪法的国家是（　　）

A. 英国　　B. 美国

C. 法国　　D. 德国

9. 根据宪法分类理论，下列哪一选项是正确的？（　　）（司考 2012.1.21）

A. 成文宪法也叫文书宪法，只有一个书面文件

B. 1215 年的《自由大宪章》是英国宪法的组成部分

C. 1830 年法国宪法是钦定宪法

D. 柔性宪法也具有最高法律效力

10. 成文宪法和不成文宪法是英国宪法学家提出的一种宪法分类。关于成文宪法和不成文宪法的理解，下列哪一选项是正确的？（　　）（司考 2017.1.21）

A. 不成文宪法的特点是其内容不见于制定法

B. 宪法典的名称中必然含有"宪法"字样

C. 美国作为典型的成文宪法国家，不存在宪法惯例

D. 在程序上，英国不成文宪法的内容可像普通法律一样被修改或者废除

二、多项选择题

1. 宪法的定义应当包含下列选项中的哪些内容？（　　）

A. 规定民主制国家的根本制度

B. 规定国家的根本任务

C. 集中表现各种政治力量对比关系

D. 保障公民基本权利

2. 根据宪法是否具有统一的法典形式，宪法可以分为以下哪几种类型？（　　）

A. 成文宪法　　B. 制定宪法

C. 文书宪法　　D. 不成文宪法

3. 刚性宪法是制定、修改的机关和程序不同于一般法律的宪法，其一般有哪些特征？（　　）

A. 制定或修改宪法的机关是特别成立的机关而非普通机关

B. 制定或修改宪法的程序严于一般立法程序

C. 不仅制定或修改宪法的机关不是普通立法机关，而且制定或修改宪法的程序也不同于普通程序

D. 具有比柔性宪法更高的法律效力

4. 下列关于宪法的分类说法正确的是（　　）

A. 按宪法的形式不同，可分为成文宪法和不成文宪法

B. 以宪法有无严格的制定制度、修改机关和程序为标准，可分为刚性宪法和柔性宪法

C. 按制定宪法的主体不同，可分为钦定宪法、民定宪法和协定宪法

D. 以上属于宪法的实质分类

5. 由君主与人民或民选议会进行协商共同制定的宪法，被称为协定宪法。根据这一定义判断，下列哪些宪法属于协定宪法？（　　）

A. 1889 年《大日本帝国宪法》

B. 1689 年英国《权利法案》

C. 1848 年《意大利宪法》

D. 1830 年《法国宪法》

6. 宪法和部门法的主要区别在于（　　）

A. 法律效力　　B. 法律内容

C. 表达形式　　D. 制定程序

7. 英国宪法作为不成文宪法，其主要特征表现为（　　）

A. 效力高于一般法律

B. 修改程序比一般法律复杂

C. 宪法规范散见于若干宪法性文件

D. 宪法习惯是宪法的组成部分

8. 宪法的根本法地位表现在（　　）

A. 宪法规定国家最根本、最重要的问题

B. 宪法是制定普通法律的依据，是一切国家机关、社会团体和公民的最高行为准则

C. 宪法所调整的社会关系与其他法律不同

D. 宪法的制定和修改程序比其他法律更加严格

9. 《全国人民代表大会常务委员会关于实行宪法宣誓制度的决定》于 2016 年 1 月 1 日起实施。关于宪法宣誓制度的表述，下列哪些选项是正确的？（　　）（司考 2016.1.61）

A. 该制度的建立有助于树立宪法的权威

B. 宣誓场所应当悬挂中华人民共和国国旗

或者国徽

C. 宣誓主体限于各级政府、法院和检察院任命的国家工作人员

D. 最高法院副院长、审判委员会委员进行宣誓的仪式由最高法院组织

三、名词解释

1. 成文宪法
2. 协定宪法
3. 柔性宪法
4. 规范性宪法

四、简答题

1. 如何理解我国宪法具有最高的法律效力？
2. 简要说明宪法的效力和修改程序与一般法律的区别。
3. 简述不成文宪法的特点及构成。
4. 为什么说宪法是公民权利的保障书？
5. 如何评价关于宪法本质的全民意志论？

五、论述题

1. 为什么说宪法是根本法？
2. 有学者认为，人权是宪法的出发点和归宿，宪法说到底是人权的保障法。试分析这一观点的合理性。
3. 试比较刚性宪法和柔性宪法。
4. 宪法的特征

参考答案

一、单项选择题

1. **答案**：B。本题主要考查宪法作为根本法的基本特征及宪法性质的内容。
2. **答案**：D。这一观点由列宁于1912年首先提出。
3. **答案**：A。法律本身就是阶级力量对比的集中表现，宪法作为国家的根本法当然如此。
4. **答案**：B。自鸦片战争打开中国大门后，中国一些学者于19世纪80年代开始将“宪法”一词作为国家根本法在国内使用。
5. **答案**：D。经济基础决定上层建筑。
6. **答案**：B。本题考查宪法的分类。制定与修改的程序与一般法律相同的宪法叫作柔性宪法；制定与修改的程序严于一般法律的宪法叫作刚性宪法。
7. **答案**：B。社会主义类型宪法和资本主义类型宪法在内容上有着根本区别。社会主义类型宪法以保护人民权利为主要内容；而资本主义类型宪法以保护资产阶级的特权为主要内容。
8. **答案**：A。英国是不成文宪法的代表国家。
9. **答案**：B。选项A错误。成文宪法是指一个或几个规定国家根本制度和根本任务的宪法性法律文件所构成的宪法典，因此，其并不总是只有一个书面文件。选项C错误。所谓钦定宪法，是指由君主自上而下制定并颁布的宪法。它是封建君主迫于社会进步的压力而制定的，对民权只做了点缀式规定，而主要以宪法形式肯定至高无上的君权。其代表是1889年的日本明治宪法。而1830年法国宪法乃协定宪法，是由君主与人民或民选议会协商共同制定的宪法。实际上，在经过法国大革命洗礼后，复辟后的法国君主已经不再有制定钦定宪法的权威。选项D错误。所谓柔性宪法，是指制定和修改程序、法律效力与一般法律完全相同的宪法。因此，柔性宪法无所谓更高的效力。
10. **答案**：D。不成文宪法不具有统一法典的形式，但不是说其内容不见于制定法，而是散见于多种法律文书、宪法判例和宪法惯例之中。故选项A错误。成文宪法是指具有统一法典形式的宪法，其最显著的特征在于法律文件上既明确表述为宪法，又大多冠以国名，如《日本国宪法》《法兰西第五共和国宪法》《中华人民共和国宪法》等，但并不绝对。故选项B错误。美国是典型的成文宪法国家，但其宪法渊源不仅包括宪法典，也包括宪法惯例。故选项C错误。英国的宪法是不成文宪法，也是柔性宪法，制定、修改的机关和程序与一般法律相同。故选项D正确。

二、多项选择题

1. **答案**：ABCD。宪法作为国家根本大法，必须对国家的根本制度、根本任务、公民权利

等作出明确规定。

2. **答案**：AD。本题考查宪法的分类。

3. **答案**：ABC。本题主要考查刚性宪法的法律特征。

4. **答案**：ABC。本题考查宪法的分类。

5. **答案**：BD。A 项中 1889 年《大日本帝国宪法》属于钦定宪法，即由君主自上而下地制定并颁布实施的宪法。钦定宪法相对应的是民定宪法，即由民选议会、制宪会议或公民投票表决制定的宪法。钦定宪法还包括清末《钦定宪法大纲》、1848 年《意大利宪法》等。

6. **答案**：ABD。我国《宪法》第 5 条规定了宪法的最高效力性，第 64 条规定了修改宪法的特殊严格程序。在表达形式上，宪法和部门法都是制定法，无太大区别。

7. **答案**：CD。英国是不成文宪法的代表国家，其主要特征是宪法规范散见于若干宪法性文件，而没有统一的宪法典。

8. **答案**：ABD。本题考查我国宪法根本法地位的表现问题。宪法作为国家的根本法是宪法在法律上的特征，也是宪法区别于其他普通法的重要特征。宪法的根本法地位主要表现在：在内容上，宪法规定国家最根本、最重要的问题；在法律效力上，宪法的法律效力最高，是制定普通法律的依据，是一切公民、国家机关和社会团体的最高行为准则；在制定和修改程序上，宪法比其他法律更加严格。因此选 A、B、D。

9. **答案**：ABD。宪法是国家的根本法，宪法宣誓制度的建立有助于彰显宪法权威，激励和教育国家工作人员忠于宪法、遵守宪法、维护宪法，加强宪法实施，故选项 A 正确。《全国人民代表大会常务委员会关于实行宪法宣誓制度的决定》规定，各级人民代表大会及县级以上各级人民代表大会常务委员会选举或者决定任命的国家工作人员，以及各级人民政府、监察委员会、人民法院、人民检察院任命的国家工作人员，在就职时应当公开进行宪法宣誓（第 1 条）。故选项 C 错误。“全国人民代表大会常务委员会任命或者决定任命的国家监察委员会副主任、委员，最高人民法院副院长、审判委员会委员、庭长、副庭长、审判员和军事法院院长，最高人民检察院副检察长、检察委员会委员、检察员和军事检察院检察长，中华人民共和国驻外全权代表，在依照法定程序产生后，进行宪法宣誓。宣誓仪式由国家监察委员会、最高人民法院、最高人民检察院、外交部分别组织。”（第 6 条）故 D 项正确。“宣誓场所应当庄重、严肃，悬挂中华人民共和国国旗或者国徽……”（第 8 条）故 B 项正确。

三、名词解释

1. **答案**：成文宪法与不成文宪法是英国学者蒲莱士于 1884 年在牛津大学讲学时首先提出的分类，这种分类的依据为是否有统一的法典形式。成文宪法是指具有同一法典形式的宪法，有时也叫文书宪法或制定宪法。1787 年的《美利坚合众国宪法》是世界上第一部成文宪法，1791 年的《法国宪法》是欧洲大陆的第一部成文宪法。

2. **答案**：以制定宪法的机关为标准，宪法可分为钦定宪法、民定宪法和协定宪法。协定宪法是指君主与国民或者国民的代表机关协商制定的宪法。协定宪法是阶级妥协的产物。在新兴资产阶级尚无足够力量推翻君主统治，而封建君主又不能实行绝对专制统治的情况下，协定宪法也就成为必然。

3. **答案**：以宪法有无严格的制定或修改的机关及程序分为刚性宪法和柔性宪法，最早由蒲莱士提出，柔性宪法是指制定、修改的机关和程序与一般法律相同的宪法。实行不成文宪法的国家往往也实行柔性宪法。

4. **答案**：以宪法的实施效果对其进行分类，可分为规范性宪法、名义性宪法和语义性宪法。其中规范性宪法是指既在规范条文上，也在实际政治生活中具有法律效力的宪法。这类宪法与国家政治生活融为一体，支配着政治权力的运行，规范着社会生活的全过程。

四、简答题

1. **答案**：（1）宪法是制定普通法律的依据，任何普通法律、法规都不得与宪法的原则和精神相违背。如有违背，普通法律就必须修改或者废除。

（2）宪法是一切国家机关、社会团体和全体公民的最高行为准则。

2. 答案：（1）宪法是其他一般法律的立法基础，法律的制定必须以宪法为根据。

（2）宪法具有最高的法律效力。法律不得同宪法相抵触，如有抵触，法律即无效。

（3）提出和通过修改宪法的程序比一般法律更为复杂。具体来说：第一，制定和修改宪法的机关，往往是依法特别成立的，而并非普通立法机关。第二，通过或批准宪法或者其修正案的程序，往往严于普通法律，一般要求由制宪机关或者国家立法机关成员的2/3以上或者3/4以上的多数表决通过，才能颁布施行，而普遍法律则只要立法机关成员的过半数通过即可。

3. 答案：根据宪法是否具有统一的法典形式，可分为成文宪法和不成文宪法，这是蒲莱士于1884年在牛津大学讲学时首次提出的宪法分类。其中的不成文宪法是不具有统一的法典形式，而散见于多种法律文书、宪法判例和宪法惯例的宪法。

（1）不成文宪法的特点：不成文宪法的最大特点在于，各种法律文件并未冠以宪法之名，却发挥着宪法的作用。

不成文宪法的优点，一般认为有以下两个方面：第一，就不成文宪法中的习惯部分来说，因为它们是在长期社会生活中形成的，所以容易被接受；第二，就不成文宪法的其他部分来说，因为制定和修改比较容易，所以富有弹性和适应性，可以比较灵活和迅速地适应不断变化的情况，应对紧急的事变，随时补救其缺点。一般认为，不成文宪法的缺点是：由于内容零乱、分散、缺乏系统，不易为人们所掌握，极易引起运用者随心所欲、各取所需、弄权玩法、窃国乱政。人民的权利难以得到确实保障。

（2）不成文宪法的构成：第一，宪法法案，即在不同时期颁布的制定法。这又可分为两类：一是具有规约性质的重要文件，如1215年的《自由大宪章》、1259年的《人民公约》、1628年的《权利请愿书》；二是国会立法，如1679年的《人身保护法》、1689年的《权利法案》、1701年的《王位继承法》、1911年的《议会法》、1918年的《国民参政法》、1928年的《男女选举平等法》、1948年颁布1969年修正的《人民代表法》等。第二，长期形成的宪法惯例，如内阁由下院多数党组成并对下院负责，国会每年至少集会一次，两院制首相由英王任命，英王为虚位元首等。宪法惯例是在国家政治生活中长期形成的，具有连续性和稳定性，通常称为"活宪法"，它们本身不是法律，也没有成文的法律文件得以体现，即不能为法院适用。但宪法惯例属于政治道德范畴，能对政府活动进行有效约束。对政治家活动起支配作用。第三，具有宪法性质的法院判例中所宣示的宪法原则，如人身自由、言论自由、正当法律程序等。

4. 答案：宪法最主要、最核心的价值就在于它是公民权利的保障书。这可以从以下几个方面理解：从宪法的历史发展看，宪法或宪法性文件往往是争取公民权利斗争的产物。宪法最早是资产阶级在反对封建专制制度的斗争中，为了确认取得的权利，以巩固斗争的胜利成果而制定出来的。从宪法的基本内容来看，尽管作为国家根本法的宪法涉及国家和社会生活的各个方面，但其基本内容仍然可以分为两大部分：国家权力的依法行使和公民权利的有效保障。然而，这两大块并非地位平行的两部分，就它们之间的相互关系来说，公民权利的有效保障居于支配地位，国家权力正确行使的目的即在于保障公民的基本权利，因而可以说公民权利的保障是宪法的核心。

5. 答案：全民意志论是将宪法的本质归结为宪法体现或反映全体人民的意志。十七八世纪资产阶级启蒙思想家倡导的社会契约论，就是宪法体现全民意志的典型理论。法国资产阶级民主主义思想家卢梭就认为，国家主权是公意的体现，主权必须属于人民。如果政权侵犯人民的利益，人民可以废除原先的契约，重新订立新的契约，组织新的政府。这种理论，在资产阶级学者中流传甚广。并且这种全民意志论的观点在一些国家的宪法性文件或者宪法中，也有明确规定。例如，法国《人权宣言》明确规定：“法律是公共意志的表现。全国公民都有权亲身或经由其代表去参与法律的制定。”西班牙现行《宪法》序言明确规定：“西班牙国希望建立正义、自由和安全，并为所有组成西班牙国的人们谋求利益，行使自己的主权。”

然而，众所周知，法律是阶级社会的产物，宪法则是资产阶级革命和无产阶级革命的结果。因此，宪法所表现的只能是掌握国家政权的统治阶级意志，而绝对不会是全民意志。因此，尽管这一理论开创了新的宪法理念，促进了宪法发展，但其却掩盖了事实本质，麻痹了人民的思想。

五、论述题

1. 答案：宪法是根本法，主要体现在三个方面：

(1) 在内容上，宪法规定国家最根本、最重要的问题。国家的性质、国家的政权组织形式和国家的结构形式、国家的基本国策、公民的基本权利和义务、国家机构的组织及其职权等最重要的问题，都在宪法中作出了明确规定。这些规定不仅反映着一个国家政治、经济、文化和社会生活等各方面的主要内容及其发展方向，而且从社会制度和国家制度的根本原则上规范着整个国家的活动，因而与其他法律所规定的内容通常只是国家生活中的一般性问题、只涉及国家生活和社会生活中某些方面或某一方面相比较，宪法具有国家总章程的意义。

(2) 在法律效力上，宪法的法律效力最高。宪法的法律效力高于一般的法律，在国家法律体系中处于最高的法律地位。宪法的最高法律效力主要包括两个方面的含义：第一，宪法是制定普通法律的依据，任何普通法律、法规都不得与宪法的原则和精神相违背；第二，宪法是一切国家机关、社会团体和全体公民的最高行为准则。

(3) 在制定和修改的程序上，宪法比其他法律更加严格。既然在成文宪法国家中，宪法是规定国家最根本、最重要的问题，具有最高法律效力的国家根本大法，那么必然要求宪法具有极大的权威和尊严。而严格的制定和修改程序，则是保障宪法权威和尊严的重要环节。具体来说：第一，制定和修改宪法的机关，往往是依法特别成立的，而并非普通立法机关；第二，通过或批准宪法或者其修正案的程序，往往严于普通法律，一般要求由制定机关或者国家立法机关成员的2/3以上或者3/4以上的多数表决通过，才能颁布施行，而普通法律则只要立法机关成员的过半数通过即可。

2. 答案：该学者的观点是合理的。宪法最主要、最核心的价值在于，它是公民权利的保障书。

第一，从历史上看，宪法或者宪法性文件最早是资产阶级在反对封建专制制度的斗争中，为了确认取得的权利，以巩固胜利成果而制定出来的。

第二，从宪法的基本内容来看，尽管作为国家根本法的宪法涉及国家生活的各个方面，但其基本内容仍然可以分为两大块，即国家权力的依法行使和公民权利的有效保障，并且公民权利的有效保障居于支配地位。

3. 答案：按宪法的修改是否必须遵循特定的程序为标准，在理论上，可以把宪法分为刚性宪法与柔性宪法。刚性宪法是指修改程序严于普通法律的宪法。柔性宪法则相反，是指修改程序与普通法律相同的宪法。

这样的分类方法只是对宪法进行的形式意义上的区分，而忽视了宪法发展变化的真正动因——社会经济发展及其外部表现——阶级力量的对比关系，并且容易导致产生刚性宪法比柔性宪法修改的频繁程度要少一些的想法。

其实，世界上绝大多数国家的宪法都对自身的修改做出了特别严格的程序规定，因此，都可照此分类为刚性宪法，只不过“刚”的程度不同而已。英国宪法是个例外，议会普通立法程序通过的任何宪法性法案，都自然地成为宪法的组成部分，无须特别的程序。这是“柔性宪法”的典型。①

4. 答案： 近代以来，一国的法律体系是由宪法、普通法律等诸多法的表现形式构成的。宪法是一个国家法律的重要渊源，具有法律所有的性质和特征，同时它还是国家的根本法和最高法。与普通法律相比较，宪法具有以下主要特征。

（1）宪法规定了一个国家最根本的问题

宪法的内容涉及国家的政治、经济、文化、社会、对外交往等各方面的重大原则性问题和根本性问题。例如，我国宪法规定了国家的指导思想、根本制度、根本任务、国家性质、中国共产党的领导、政权组织形式、国家结构形式、经济制度、文化制度、外交政策和处理国际关系的基本原则、公民的基本权利和义务、中央和地方国家机构的设置以及各国家机关之间的相互关系等。这些内容是我国国家生活和社会生活中最根本、最重要的问题。而普通法律规定的内容只涉及国家生活或者社会生活中某一方面的问题。

（2）宪法的制定和修改程序更为严格

为了维护宪法的尊严、保持内容的稳定性并从形式上赋予其最高法律效力，绝大多数国家在宪法的制定和修改程序上作了比普通法律更为严格的规定。

与普通法律的制定相比较，宪法制定程序的特殊性主要有两点：①宪法的制定一般要求成立一个专门机构，如制宪会议、制宪议会等，该专门机构的职责就是起草或者制定宪法，在完成起草或者制定宪法的任务以后，该专门机构即解散。如美国由各州推选的代表在费城召集“制宪会议”，起草了1787年宪法；法国为制定1791年宪法，由原来三级会议中的第三等级组成“制宪议会”；我国为制定1954年宪法，成立了以毛泽东为主席，朱德、宋庆龄等32人为委员的“宪法起草委员会”。一般情况下，普通法律的制定由常设的立法机关负责，无须成立专门机构。②宪法的通过程序比普通法律严格。宪法的通过一般要求制宪机关成员的2/3以上或者3/4以上同意，有的国家还需要举行全民公决。在一些联邦制国家，还要求由组成联邦的各个或者多数成员国（州、邦、共和国）批准。而普通法律的通过一般只要求立法机关的议员或者代表过半数同意即可。

与普通法律的修改相比较，宪法修改程序的特殊性主要有三点：①只有宪法规定的特定主体才可提出修改宪法的议案。如我国《宪法》第64条规定，宪法修改由全国人大常委会或者1/5以上的全国人大代表提议。而有权提议修改普通法律的主体则更广泛一些，即凡有权向立法机关提出法律草案的主体均可提议修改法律。②修改宪法的通过程序更严格。如我国《宪法》第64条规定，修改宪法由全国人大以全体代表的2/3以上的多数通过。而普通法律的修改由立法机关以全体成员或者参加会议成员的过半数通过即可。③有些国家宪法中明确规定对修改宪法内容的限制。

（3）宪法具有最高的法律效力

宪法调整的主要社会关系是国家与公民之间的关系。在国家与公民之间的关系上，宪法的主要功能是规范和限制国家权力。因此，宪法的最高法律效力是与国家权力相比较而言的，宪法设定、赋予了国家权力，并确定了国家权力的分配，还设定了行使国家权力的国家机构体系及其内部关系。在宪法层面上，国家权力运行的方式主要有两种，即依据宪法制定法律等规范性文件和依据宪法作出具体的宪法行为。因此，宪法的最高法律效力主要是与普通法律和直接依据宪法作出的具体宪法行为相比较而言的。其中，最基本的宪法行为是立法机关依据宪法制定法律等规范性文件。在这一意义上，宪法的最高法律效力通常是与普通法律相比较而

① 编者注：刚性宪法和柔性宪法是宪法学中非常重要的两个名词。在研究生入学考试、法律职业资格考试（司法考试）中出现率都很高，学习时应重点记忆和理解，不仅要明白刚性宪法和柔性宪法的含义、特点，对现实中的宪法还需能准确判断。

言的。

第一，宪法是普通法律制定的基础和依据。宪法确定了国家生活和社会生活中的根本制度、基本制度和基本原则，从宏观上和总体上确定规范、限制和保障国家权力运行的规则，规定公民的基本权利和义务等。立法机关通过立法将宪法的基本原则、基本精神、基本规范具体化，使之成为国家生活和社会生活的具体规范。因此，立法机关在立法时，必须依据宪法的规定，以宪法的规定为基础。无论普通法律是否明确规定其是依据宪法制定的，事实上它们都是依据宪法的规定制定的。如我国《国家赔偿法》第 1 条规定："为保障公民、法人和其他组织享有依法取得国家赔偿的权利，促进国家机关依法行使职权，根据宪法，制定本法。"其宪法依据主要是我国《宪法》第 41 条第 3 款，即："由于国家机关和国家工作人员侵犯公民权利而受到损失的人，有依照法律规定取得赔偿的权利。"有的法律的内容在宪法上可能没有直接的明确依据，但同样是依据宪法的规定制定的，只不过其依据的是宪法的原则和精神或者是宪法上的多项相关规定。

第二，与宪法相抵触的普通法律无效。立法机关制定的任何法律都具有法律效力，但其前提是必须与宪法不相抵触，这是保证一个国家具有统一宪法秩序的需要，也是从根本上保障人权的需要。如果法律与宪法相抵触，或者全部无效，或者相抵触的部分无效。违反宪法的法律不是法律，当然也就没有法律效力。例如，日本《刑法》第 200 条规定，对于杀害尊亲属者一律加罚。该条款因被最高法院认定违反日本宪法关于法律面前一律平等的规定而被废止。

为了保证宪法的最高法律效力，各国根据本国的具体国情，建立了各具特色的合宪性审查制度，以审查判断普通法律是否与宪法相抵触。合宪性审查机关如果认定某项普通法律违反宪法，或者直接撤销该法律，或者在具体案件中拒绝适用该法律。

第二章　宪法的历史发展

基础知识图解

宪法的历史发展
- 宪法的产生和发展
  - 近代意义宪法的产生：英国、美国、法国
  - 宪法的发展：近代、现代
  - 宪法的发展趋势
- 中华人民共和国成立前的宪法
  - 清末立宪：《钦定宪法大纲》《十九信条》
  - 中国民族资产阶级宪法：《中华民国临时约法》
  - 北洋军阀时期的宪法：《中华民国宪法（草案）》、《中华民国约法》（“袁记约法”）、《中华民国宪法》（“贿选宪法”）、《中华民国宪法草案》
  - 南京国民政府时期的宪法：《中华民国训政时期约法》、“五五宪草”、《中华民国宪法》
  - 新民主主义革命时期人民革命根据地的宪法性文件：《中华苏维埃共和国宪法大纲》《陕甘宁边区施政纲领》《陕甘宁边区宪法原则》
- 新中国宪法的产生和发展
  - 《中国人民政治协商会议共同纲领》
  - 1954 年《宪法》
  - 1975 年《宪法》
  - 1978 年《宪法》
  - 1982 年《宪法》：1988 年、1993 年、1999 年、2004 年、2018 年五次修正

配套测试

一、单项选择题

1. 下列哪项不属于宪法产生的思想基础？（　　）

A. 天赋人权论　　B. 社会契约论

C. 主权在民论　　D. 君权神授论

2. 下列选项中哪一项被认为是中国历史上第一部成文宪法？（　　）

A.《钦定宪法大纲》

B.《十九信条》

C.《五五宪草》

D.《中华民国临时约法》

3. 下列哪一文件属于英国于 1688 年“光荣革命”之后颁布的宪法性文件？（　　）

A.《权利请愿书》　　B.《人身保护法》

C.《权利法案》　　D.《自由大宪章》

4. 法国是欧洲大陆第一个制定成文宪法的国家，下列关于其首部成文宪法制定时间的选项哪项是正确的？（　　）

A. 1789 年　　B. 1790 年

C. 1791 年　　D. 1792 年

5. 下列哪一项被认为是近代宪法的起源地？（　　）

A. 美国　　B. 法国

C. 英国　　D. 希腊

6. 下列关于美国现行宪法制定时间的表述中哪一选项是正确的？（　　）

A. 1776 年第一届大陆会议

B. 1787 年费城会议

C. 1789 年

D. 1790 年

7. 下列关于《中国人民政治协商会议共同纲领》的性质的表述中哪一项是正确的？（　　）

A.《中国人民政治协商会议共同纲领》是新中国的第一部宪法

B.《中国人民政治协商会议共同纲领》是新中国的第一部宪法性文件

C.《中国人民政治协商会议共同纲领》是一部社会主义性质的宪法性法律

D.《中国人民政治协商会议共同纲领》是中国第一部通过民主制定的宪法

8. 世界历史上最早的资产阶级成文宪法是哪一部？（　　）

A. 1689 年通过的英国《权利法案》

B. 1776 年通过的美国的《独立宣言》

C. 1787 年通过的《美国宪法》

D. 1791 年通过的《法国宪法》

9. 把邓小平理论载入现行宪法是根据（　　）

A. 八届全国人大四次会议的决议

B. 八届全国人大五次会议的决议

C. 九届全国人大一次会议的决议

D. 九届全国人大二次会议的决议

10. 现行《宪法》颁布实施以来全国人大对宪法进行了（　　）

A. 二次修正　　B. 三次修正

C. 四次修正　　D. 五次修正

11. 世界上最早立宪的国家是（　　）

A. 美国　　B. 英国

C. 法国　　D. 德国

12. 世界上第一部资本主义的成文宪法是（　　）

A. 法国宪法　　B. 英国宪法

C. 美国宪法　　D. 德国宪法

13. 世界上第一部社会主义国家的成文宪法产生于（　　）

A. 巴黎公社时期

B. 十月革命胜利后

C. 第一次世界大战前

D. 第二次世界大战后

14. 中国历史上第一部由人民代表机关正式通过并公布实施的宪法性文件是（　　）

A.《陕甘宁边区施政纲领》

B.《陕甘宁边区宪法原则》

C.《中华苏维埃共和国宪法大纲》

D.《共同纲领》

15. 旧中国反动派正式公布的第一部宪法《中华民国宪法》又称“贿选宪法”，颁布于（　　）

A. 1923 年　　B. 1947 年

C. 1914 年　　D. 1946 年

16. 中国历史上仅有的一部资产阶级性质的宪法性文件是（　　）

A.《中华民国约法》

B.《中华民国临时约法》

C.《中华民国宪法》

D.《训政时期约法》

17.（　　）是 18 世纪末资产阶级在反封建革命斗争中的著名纲领性文件，以后成为法国宪法的序言。

A.《人权宣言》　　B.《独立宣言》

C.《自由大宪章》　　D.《人身保护法》

18. 在英国，尽管 1215 年的（　　）并不是近代意义的宪法性法律，但它对英国宪法的发展与英国宪法体制的确立，产生了非常大的影响。

A.《权利法案》　　B.《自由大宪章》

C.《人身保护法》　　D.《王位继承法》

19. 关于《中华民国临时约法》，下列哪一选项是正确的？（　　）（司考 2011. 1. 21）

A.《临时约法》是辛亥革命后正式颁行的宪法

B.《临时约法》设立临时大总统，采行总统制

C.《临时约法》是中国历史上唯一一部具有资产阶级共和国性质的宪法性文件

D.《临时约法》确立了五权分离的原则

20. 近代意义宪法产生以来，文化制度便是宪法的内容。关于两者的关系，下列哪一选项是不正确的？（　　）（司考 2013. 1. 23）

A. 1787 年美国宪法规定了公民广泛的文

化权利和国家的文化政策

B. 1919年德国魏玛宪法规定了公民的文化权利

C. 我国现行宪法对文化制度的原则、内容等作了比较全面的规定

D. 公民的文化教育权、国家机关的文化教育管理职权和文化政策，是宪法文化制度的主要内容

21. 武昌起义爆发后，清王朝于1911年11月3日公布了《宪法重大信条十九条》。关于该宪法性文件，下列哪一说法是错误的？（　　）（司考2014.1.19）

A. 缩小了皇帝的权力

B. 扩大了人民的权利

C. 扩大了议会的权力

D. 扩大了总理的权力

22. 关于宪法的历史发展，下列哪一选项是不正确的？（　　）（司考2014.1.21）

A. 资本主义商品经济的普遍化发展，是近代宪法产生的经济基础

B. 1787年美国宪法是世界历史上的第一部成文宪法

C. 1918年《苏俄宪法》和1919年德国《魏玛宪法》的颁布，标志着现代宪法的产生

D. 行政权力的扩大是中国宪法发展的趋势

23. 《中国人民政治协商会议共同纲领》是中国共产党主持制定的一个具有临时宪法作用的文件，于1949年9月29日经中国人民政治协商会议第一届全体会议通过。对于该文件，下列哪些选项是错误的（　　）

A. 该文件规定人民有选举权和被选举权

B. 该文件为社会主义性质的宪法文件

C. 中国人民政治协商会议的一项工作是在普选的全国人大召开之前行使全国人大的职权

D. 中华人民共和国的国家政权属于人民

二、多项选择题

1. 下列有关我国宪法的叙述不正确的有哪些？（　　）

A. 新中国成立后，我国共制定和颁布了5部宪法

B. 《共同纲领》是新中国成立之初的临时宪法

C. 《共同纲领》是我国第一部社会主义类型的宪法

D. 1982年宪法将县级人大代表由间接选举产生改为直接选举产生

2. 清朝末年，清政府为了挽救其覆灭的命运而颁布的两个宪法性文件是（　　）

A. 《钦定宪法大纲》

B. 《中华民国约法》

C. 《中华民国临时约法》

D. 《宪法重大信条十九条》

3. 下列选项中哪些是革命根据地制定的宪法性文件？（　　）

A. 《中华苏维埃共和国宪法大纲》

B. 《五五宪草》

C. 《陕甘宁边区施政纲领》

D. 《陕甘宁边区宪法原则》

4. 根据1954年《宪法》和现行《宪法》有关立法的规定，下列哪些选项是正确的？（　　）

A. 1954年《宪法》规定全国人民代表大会是行使国家立法权的唯一机关

B. 现行《宪法》则规定全国人民代表大会和全国人民代表大会常务委员会行使国家立法权

C. 1954年《宪法》没有授予国务院制定行政法规的权力

D. 现行《宪法》则明确规定了国务院有根据宪法和法律制定行政法规的权力

5. 根据《宪法》和法律的规定，下列哪些选项是错误的？（　　）

A. 2004年《宪法修正案》明确规定"非公有制经济的从业人员"是"我国社会主义事业的建设者"

B. 1999年《宪法修正案》明确规定非公有制经济是社会主义市场经济的组成部分

C. 1999年《宪法修正案》将国家保障公民的合法的私有财产权神圣不可侵犯写进宪法

D. 1988年《宪法修正案》明确规定集体土地所有权可以依法出租或者转让

三、名词解释

1. 《训政时期约法》
2. 《中国人民政治协商会议共同纲领》
3. 《天坛宪草》

四、简答题

1. 简述近代意义宪法产生的条件。
2. 简要说明近代宪法的基本特点。

五、论述题

1. 试述《共同纲领》的主要内容和历史意义。
2. 试论我国现行宪法是具有中国特色的社会主义宪法。
3. 社会主义宪法的主要特征

参考答案

一、单项选择题

1. **答案**：D。本题主要考查近代意义宪法产生的思想基础。
2. **答案**：A。《钦定宪法大纲》是清政府在20世纪初颁布的。选项B、C、D的宪法均晚于《钦定宪法大纲》。
3. **答案**：C。其他选项均是1688年以前颁布的。
4. **答案**：C。本题主要考查欧洲首部成文宪法制定的时间。
5. **答案**：C。1215年英国的《自由大宪章》是近代意义上宪法的渊源。
6. **答案**：B。本题主要考查美国现行宪法的制定时间。
7. **答案**：B。《中国人民政治协商会议共同纲领》是1949年制定的、在1954年宪法出台前起着临时宪法作用的规范性文件。它对国家的性质、领导阶级、政权组织、首都、国歌等内容都作了较为明确的规定。
8. **答案**：C。本题考查资本主义成文宪法的产生。此选项中，首先可以排除A、B两项，因为它们均非成文宪法。选项D是1791年通过的《法国宪法》，其是欧洲大陆上第一部资本主义宪法，晚于《美国宪法》。
9. **答案**：D。1999年的九届全国人大二次会议通过的宪法修正案第12条将邓小平理论载入现行宪法。
10. **答案**：D。现行宪法颁布实施以来，全国人大先后于1988年、1993年、1999年、2004年、2018年五次对其进行修正。
11. **答案**：B。
12. **答案**：C。美国宪法于1787年制定，于1789年生效，是世界上第一部资本主义的成文宪法。
13. **答案**：B。十月革命胜利推翻沙皇后不久便颁布的《苏俄宪法》是第一部社会主义国家的成文宪法。
14. **答案**：C。《中华苏维埃共和国宪法大纲》是于20世纪30年代在江西瑞金由中华苏维埃共和国全国代表大会通过并公布实施的宪法性文件。
15. **答案**：A。1923年《中华民国宪法》由当时的大总统曹锟贿赂议员勉强通过。
16. **答案**：B。《中华民国临时约法》于1912年由中华民国临时参议院通过，是中国历史上仅有的一部资产阶级性质的宪法性文件。
17. **答案**：A。本题考查要点是早期资本主义国家宪法产生的问题。宪法是人权的保障书。《人权宣言》是法国资产阶级在反封建的革命斗争中颁布的著名纲领性文件，法国资产阶级革命过程中以其作为反封建专制的重要武器和旗帜，并在1791年法国的第一部宪法中将其作为序言，以强调其重要地位和作用。选项C《自由大宪章》和选项D《人身保护法》是英国早期的重要宪法性文件；选项B《独立宣言》是美国宪法史上的重要文献。本题选A。
18. **答案**：B。本题考查英国早期宪法性文件问题。英国是世界上最早产生宪法的国家，1215年的《自由大宪章》并不是近代意义的宪法性文件，但它对英国宪法的发展产生了非常大的影响。而1679年《人身保护法》、1689年《权利法案》、1701年《王位继承法》都是现代意义上的宪法性文件，标志着英国宪法的产生。此题选B。
19. **答案**：C。辛亥革命胜利后，中华民国南京临时政府于1912年3月11日颁布了《中华民国临时约法》，它是中国历史上唯一一部具有资产阶级共和国性质的宪法性文件，C选项正确。《临时约法》具有临时宪法性质，并非正式颁行的宪法，中国近代史上首部正式颁行的宪法为北洋政府于1923年10月10日公布的《中华民国宪法》，A选项错误。为了限制和制约袁世凯的权力，《中华民国临时约法》改总统制为责任内阁制，确立五权分离原则的是南京国民政府于1947年公布施行的《中华民国宪法》，B、D选项错误。

20. 答案：A。文化制度是指一国通过宪法和法律调整以社会意识形态为核心的各种基本关系的规则、原则和政策的综合。本题A选项中1787年美国宪法是早期资产阶级宪法典型代表，其中仅就联邦国家机构以及联邦和州的权力界限问题进行了规定，而没有涉及公民文化权利和国家文化政策的内容，所以A选项是错误的。B选项是正确的，作为“现代宪法”开端的魏玛宪法中规定了广泛的积极性权利，其中就包括了公民的文化权利。C选项表述也是正确的，我国现行宪法对文化制度的原则、内容等作了比较全面的规定，宪法第19条、第20条、第21条和第22条分别对教育科学文化建设作出了具体规定，第24条对思想道德建设作出了明确规定。而宪法中的文化制度实际上又可以分为两个方面：一是从公民权利的角度，文化制度体现为公民的文化教育权；二是从国家权力的角度，文化制度体现为国家机关的文化教育管理职权和文化政策，所以D选项的表述也是正确的。

21. 答案：B。《宪法重大信条十九条》（“十九信条”）形式上被迫缩小了皇帝的权力，相对扩大了议会和总理的权力，但仍强调皇权至上，且对人民权利只字未提。故B项表述错误。

22. 答案：D。本题考查的是宪法的产生、发展和趋势。近代宪法的产生有着它深刻的经济、思想、政治和法律条件，其中就经济条件而言，资本主义商品经济发展是近代意义宪法产生的经济条件。资本主义商品经济要求所有社会成员具有最基本的人身自由，以适应市场经济对“劳动力”的需求；要求有统一的市场，打破封建社会地方割据的局面；要求平等，反对特权；要求统一而公平的规则——归根结底，市场经济要求建立民主制度，这导致了以宪法为载体的民主制度的产生，所以选项A的表述是正确的。

美国宪法是在《邦联条例》的基础上制定的，1787年2月邦联国会邀请各州代表在费城召开会议修改《邦联条例》，但与会代表起草了宪法，史称“制宪会议”。宪法草案于1787年9月通过，在邦联国会通过后送各州批准。1789年3月4日，美国第一届联邦国会开幕，正式宣布宪法生效。1787年美国宪法是世界第一部近代意义上的成文宪法，所以B选项的表述是正确的。

1918年《苏俄宪法》颁布，标志着第一部社会主义宪法诞生，其与1919年德国《魏玛宪法》的颁布，标志着现代宪法的产生。C选项的表述是正确的。

23. 答案：B。关于A，《中国人民政治协商会议共同纲领》的第4条和第5条简要地规定了人民的基本权利，第4条规定，中华人民共和国人民依法有选举权和被选举权。第5条规定，中华人民共和国人民有思想、言论、出版、集会、结社、通讯、人身、居住、迁徙、宗教信仰及示威游行的自由权，故A选项正确。关于B，新中国的建立标志着新民主主义革命的成功，在新中国成立后，我国通过社会主义改造的方式走上社会主义道路，而完成社会主义改造的时间是在1956年前后，因此1949年的《中国人民政治协商会议共同纲领》在性质上只能属于新民主主义性质，故B选项错误。关于C，由于我国一届全国人大直到1954年才召开一次会议，在普选的全国人大开会之前，一直由中国人民政治协商会议全体会议代行人大职权，故C选项正确。关于D，新民主主义革命的成功，意味着三座大山的推翻，也意味着人民掌握国家政权，翻身做主人，故D选项正确。

二、多项选择题

1. **答案**：ACD。本题主要考查新中国宪法的产生与发展。中华人民共和国成立后，我国共制定和颁布了1954年《宪法》、1975年《宪法》、1978年《宪法》和1982年《宪法》四部宪法。

2. **答案**：AD。清朝末年，清政府为了挽救其覆灭的命运而颁布了《钦定宪法大纲》和《宪法重大信条十九条》两个宪法性文件，但未能挽救其覆灭的命运。

3. **答案**：ACD。解答此题时要注意是革命根据地制定的宪法性文件，而《中华民国宪法草案》是国民党政府于1936年颁布的，因此答案应为ACD。

4. **答案**：ABCD。本题主要考查1954年《宪法》与现行《宪法》的比较。关于A，1954年《宪法》第22条规定，全国人民代表大会是行使国家立法权的唯一机关，故A正确。关于B，现行《宪法》第58条规定，全国人民代表大会和全国人民代表大会常务委员会行使国家立法权，故B正确。关于C，1954年《宪法》第49条规定："国务院行使下列职权：（一）根据宪法、法律和法令，规定行政措施，发布决议和命令，并且审查这些决议和命令的实施情况……"可见1954年《宪法》没有授予国务院有根据宪法和法律制定行政法规的权力，故C正确。关于D，现行《宪法》第89条规定："国务院行使下列职权：（一）根据宪法和法律，规定行政措施，制定行政法规，发布决定和命令……"故D正确。

5. **答案**：ACD。本题主要考查宪法修正案的内容。关于A，2004年《宪法修正案》在宪法序言关于爱国统一战线组成结构的表述中增加"社会主义事业的建设者"，没有明确规定"非公有制经济的从业人员"是"我国社会主义事业的建设者"，故A错误。关于B，1999年《宪法修正案》明确规定非公有制经济是社会主义市场经济的重要组成部分，故B正确。关于C，1999年《宪法修正案》并没有将国家保障公民的合法的私有财产权神圣不可侵犯写进宪法，是2004年《宪法修正案》第22条才写入的，故C错误。关于D，1988年《宪法修正案》删去了不得出租土地的规定，增加了土地使用权可以依照法律的规定转让的规定，而土地所有权是不能转让的，因此，D是错误的。①

三、名词解释

1. **答案**：1931年5月12日，国民党一手操办的"国民会议"通过了《训政时期约法》，共8章89条。它是国民党政府的第一部宪法性文件。其主要内容是确认国民党一党专政与个人独裁的政治制度。

2. **答案**：1949年9月，在北京召开了中国人民政治协商会议第一次全体会议，通过了起临时宪法作用的《中国人民政治协商会议共同纲领》，简称《共同纲领》。该纲领包括序言和7章共60条，它总结了我国人民百年来反帝、反封建、反官僚资本主义的革命斗争经验，主要内容包括：确认国家性质和任务、确认政权组织和原则、赋予人民权利和义务、规定国家的大政方针。

3. **答案**：1913年10月31日由国会宪法起草委员会三读通过的《中华民国约法（草案）》，简称《天坛宪草》，因宪法起草活动在北京天坛祈年殿进行而得名，其是北洋军阀统治时期的第一部宪法性法律草案。它的具体内容反映了制宪过程中国会与袁世凯的权力争夺。

四、简答题

1. **答案**：英、美、法等国近代意义宪法产生的事件已成为历史，从现象上看它们都直接产生于各具特色的资产阶级革命之后，因而不难发现它们是资产阶级革命的产物和结果。然而，资产阶级革命之所以会导致一种新的法现象的产生，应引起深思。一般认为，宪

---

① 编者注：宪法修正案是宪法发展最直观的体现，因此研究宪法的发展及规律，对宪法历次修正的修正案必须熟稔于心。

法是一定社会政治、经济和思想文化等因素互动的结果，具体表现为以下几个方面：

（1）比较发达的商品经济是近代意义宪法产生的经济条件

在商品经济条件下，在商品生产和商品交换过程中必然自发产生平等观念。商品的自由竞争必然导致自由观念的产生。且只有在较为发达的商品经济条件下，平等自由的观念才会普及并为全社会所接受。只有当商品经济已处于社会经济的主导地位，伴随商品经济的平等自由观念才会成为时代精神。近代宪法正是以平等自由为思想基础和价值追求的，所以较为发达的商品经济是近代宪法产生的经济条件。

（2）比较发达的民主政治是近代意义宪法产生的政治条件

近代以来的民主政治是较为发达和成熟的民主政治。一方面，它以平等自由为目标和追求；另一方面，它有较为完备的制度形式。最为重要的是，它以发达的商品经济为经济基础。随着商品经济的发展，作为先进生产关系代表的资产阶级逐渐在经济生活中处于支配地位，日益不满其在政治和其他社会生活中的无权地位。随着资产阶级革命的爆发和最终取得胜利，资产阶级需要将有利于自己的政治体制和政治权利及自由，以最高法律效力的宪法固定下来。正是在这种意义上，才有宪法是资产阶级革命的产物之说。

（3）民主的、大众的和科学的文化是宪法产生的思想文化条件

近代民主的、大众的和科学的文化，对宪法的产生起了重要的作用。首先，近代资产阶级的文化革命对近代宪法的产生起到直接的促进作用。启蒙思想家高举理性的大旗，运用自然法理论的武器，用科学批判神学，用人权反对专制，使自由、平等、博爱等思想观念得以传播和普及，为宪法的产生提供了思想条件。其次，近代资本主义文化为宪法的产生提供了理论和技术条件。近代社会科学，特别是政治学、社会学、法学尤其起了重要作用。因此，近代文化是宪法产生的重要思想条件。

2. 答案：近代宪法主要有以下特点：（1）确立了主权在民的原则，民主共和是宪法的主流；（2）强调公民的自由权利；（3）国家权力受到限制，国家的作用主要被限制在政治生活领域，宪法具有政治法的特色；（4）从形式上看，成文宪法形式被普遍采用；（5）虽然亚洲的日本等国也出现了宪法，但在整个近代，宪法基本上仍然是西方的一种政治法律现象，局限于西方文化圈。

五、论述题

1. 答案：《共同纲领》包括序言和7章共60条，它总结了我国人民百年来反帝、反封建、反官僚资本主义的革命斗争经验，主要内容包括以下四个方面。

（1）确认国家性质和任务

在序言中，《共同纲领》规定“中国人民民主专政是中国工人阶级、农民阶级、小资产阶级、民族资产阶级及其他爱国民主分子的人民民主统一战线的政权，而以工农联盟为基础，以工人阶级为领导”。在总纲部分，《共同纲领》规定“中华人民共和国为新民主主义即人民民主主义的国家，实行工人阶级领导的、以工农联盟为基础的、团结各民主阶级和国内各民族的人民民主专政，反对帝国主义、封建主义和官僚资本主义，为中国的独立、民主、和平、统一和富强而奋斗”。

（2）确认政权组织和原则

《共同纲领》规定，我国的基本政治制度是人民代表大会制。“中华人民共和国的国家政权属于人民。人民行使国家政权的机关为各级人民代表大会和各级人民政府。各级人民代表大会由人民用普选方法产生之。”各级政权机关一律实行民主集中制。“在普选的全国人民代表大会召开以前，由中国人民政治协商会议的全体会议执行全国人民代表大会的职权，制定中华人民共和国中央人民政府组织法，选举中华人民共和国中央人民政府委员会，并付之以行使国家权力的职权”；“在普选的地方人民代表大会召开以前，由地方各界人民代表会议逐步地代行人民代表大会的职权”；在全国人民代表大会

召开之后，中国人民政治协商会议作为统一战线的组织形式而存在，可以就有关国家建设事业的根本大计及其他重要措施，向全国人大或中央人民政府提出建议。这是从当时的实际情况与具体国情出发作出的正确规定，它既确立了民主集中制的人民代表大会制是我国的基本政治制度，同时又提出了有效的过渡形式，是原则性与灵活性相结合在政权组织方面的范例。

（3）赋予人民权利和义务

《共同纲领》规定人民享有选举权和被选举权，享有思想、言论、出版、集会、结社、通信、人身、居住、迁徙、宗教信仰、示威游行的自由及男女平等权利，同时还规定国民有保卫祖国、遵守法律、爱护公共财产、应征公役兵役和缴纳赋税的义务。

（4）规定国家的大政方针

①经济政策。规定了五种经济成分，即国营经济、合作社经济、农民和手工业者的个体经济、私人资本主义经济、国家资本主义经济。其中，国营经济为社会主义性质的经济，合作社经济、农民和手工业者的个体经济、私人资本主义经济和国家资本主义经济都要在国营经济领导下，分工合作，各得其所，以促进整个社会经济的发展。

②文教政策。《共同纲领》规定，人民政府的文化教育工作，应以提高人民文化水平，培养国家建设人才，肃清封建的、买办的、法西斯主义的思想，发展为人民服务的思想为主要任务。还规定发展自然科学、奖励优秀的社会科学著作，发展文学艺术和扫盲事业，改革旧的教育制度、教育和教学法，提倡国民体育，发展卫生事业，保护新闻自由和发展新闻出版事业。

③民族政策。《共同纲领》宣布，我国各民族一律平等。中华人民共和国应成为各民族友爱合作的大家庭。在少数民族聚居的地区，实行民族区域自治。各少数民族有发展其语言文字，保持和改革其风俗习惯及宗教信仰的自由，人民政府应帮助各少数民族发展政治、经济、文化、教育等各项建设事业。

④外交政策。《共同纲领》规定，国家外交政策的原则是保障本国独立、自由和领土主权的完整，拥护国际的持久和平和各国人民间的友好合作，反对帝国主义的侵略政策和战争政策。

⑤军事制度。《共同纲领》规定，加快部队建设以巩固国防等。

《共同纲领》并没有明确提出社会主义的目标和任务。因为在新中国成立之初，国内还有大量资产阶级性质的民主革命任务有待继续彻底地完成，全国的军事行动还没有最后结束，领导建设国家的经验不足，资本主义和社会主义的矛盾尚不能立即着手解决，只能确立新中国社会制度和国家制度的基本原则，规定新中国成立初期的革命和建设目标以及一些基本政策。由此可见，《共同纲领》无疑具有明显的过渡性和临时性。

《共同纲领》的贯彻实施，对新中国成立初期国家的政治、经济、文化和社会生活起了很好的作用。它不但巩固和发展了人民民主专政，完成了民主革命的历史遗留任务，恢复和发展了长期被破坏的国民经济，为国家的社会主义改造和建设事业创造了良好的前提条件，而且推动和加强了新中国的民主法制建设。

2. 答案：我国是社会主义国家，我们当前所走的道路是中国特色社会主义道路，我们的宪法是中国特色社会主义宪法。具体表现在以下五个方面：

（1）确认我国社会主义初级阶段的基本路线，即“一个中心，两个基本点”，以经济建设为中心，坚持四项基本原则，坚持改革开放的总方针，为国家在新时期的根本任务，具有最高法律效力。成为根本法律保障。

现行宪法于序言中规定，我国将长期处于社会主义初级阶段。国家的根本任务是，沿着中国特色社会主义道路，集中力量进行社会主义现代化建设。中国各族人民将继续在中国共产党的领导下，在马克思列宁主义、毛泽东思想、邓小平理论、“三个代表”重要思想、科学发展观、习近平新时代中国特色社会主义思想指引下，坚持人民民主专政，坚持社会主义道路，坚持改革开放，不断完善社会主义的各项制度，发展社会主义市场经济，发展社会主义民主，健全社会主义法治，贯彻新发展理念，自力更生，艰苦奋斗，逐步实现工业、农业、国防和科学技术的现代化，推动物质文明、政治文明、精神文明、社会文明、生态文明协调发展，把我国建设成为富强、民主、文明、和谐、美丽的社会主义现代化强国，实现中华民族伟大复兴。

(2) 首先，规定人民民主专政的国体、人民代表大会制的政体、统一的多民族国家结构三部分所组成的国家根本制度，并各具特色。其次，宪法还在序言中对人民民主专政的政权基础作了规定。指出将进一步继续巩固和发展爱国统一战线，进一步发挥人民政协的重要作用。最后，现行宪法通过宪法修正案，强调中国共产党领导的多党合作和政治协商制度将长期存在和发展。

在政权组织形式层面上的人民代表大会制度，是指依据宪法和有关法律的规定，由人民按照一定的原则和程序，选举人民代表组成全国人民代表大会和地方各级人民代表大会作为国家的权力机关，再由各级权力机关产生同级其他国家机关，这些国家机关要对人民代表大会负责，并接受其监督的一种国家政权组织形式。

在国家结构形式中，特别行政区是最具中国特色的。特别行政区是我国的特别地方。它是指根据我国宪法和有关特别行政区基本法规定，在我国领土范围内设立的，具有特殊法律地位，实行特别的政治、经济和社会制度的地方，它的“特殊的法律地位”主要表现在：①特别行政区作为国家一个不可分割的地方行政区域，直辖于中央人民政府。②特别行政区作为一个具有相对独立性的政治主体，享有高度的自治权。③特别行政区所实行的各种制度，由全国人民代表大会以专门制定的基本法律确定，这种基本法具有特别法的性质。所谓“实行特别的政治、经济和社会制度”主要是针对中国现行的各种制度而言的。

(3) 首先，国家的根本任务是，沿着中国特色社会主义道路，集中力量进行社会主义现代化建设。其目的在于促进经济持续、快速、协调发展，保障经济建设的顺利进行。其次，以公有制为主体、多种所有制经济共同发展，是我国现阶段的一项基本经济制度。最后，实行社会主义市场经济体制后，我国现阶段的分配制度是以按劳分配为主体，多种分配方式并存，这是由我国社会主义初级阶段以公有制为主体、多种所有制经济并存的所有制结构决定的。

(4) 规定建设社会主义精神文明，包括科学与思想道德两个主要内容及其相互关系。现行宪法对精神文明建设的规定主要表现在两个方面：第一，在宪法序言中把精神文明建设作为国家根本任务进行了规定。第二，《宪法》第24条对加强精神文明建设的形式和内容作出了规定。

(5) 赋予公民广泛真实的权利自由与必要义务。以上特色表明：现行宪法在性质上不同于资本主义宪法，国情上不同于其他社会主义国家的宪法，阶段上不同于以往的我国各部宪法。所以，宪法的特色取决于国家的特色，这种特色也会随着国家在各历史时期的形势发展而有所变化。

3. 答案：社会主义宪法是无产阶级革命的产物。它植根于社会主义生产资料公有制的经济基础，以维护无产阶级统治、实现人民群众的根本利益为价值追求，始终坚持马克思主义基本理论与各国实际相结合，借鉴和吸收了人类历史上包括资本主义宪法在内的各种法律文明的有益成分和合理要素，顺应了人类历史发展规律，推动了社会的进步，最大限度地获得了人民群众的支持和拥护。社会主义宪法的主要特征如下：

第一，社会主义宪法明确规定了国家性质。无产阶级夺取政权之后，同样需要通过实施新宪法来确认并不断巩固无产阶级政权，切实保证人民当家作主。为此，社会主义宪法明确规定了国家的阶级本质，确立了无产阶级专政或人民民主专政，确认工人阶级和广大劳动人民在国家生活中的主人翁地位，并按照民主集中制原则建立国家政权，保卫人民民主，镇压一切敌人的破坏活动，保证社会主义革命、建设和改革事业顺利进行。随着社会主义建设的深入发展，在国家性质不变的情况下，尽管还存在着阶级差别，但已不再是阶级对立的社会，阶级斗争也不再是社会的主要矛盾。国家的一切权力属于人民并服务于人民。在人民内部，尽管也存在着不同群体之间的利益差别和矛盾，但全体人民的根本利益是一致的。社会主义宪法既是作为领导阶级的工人阶级利益和意志的体现，也是最广大人民群众利益和意志的体现。

第二，社会主义宪法确立并维护社会主义生产资料公有制。社会主义宪法普遍将公有制作为国家的基本经济制度加以明确，并规定国家按照经济发展的客观规律组织社会主义经济建设。公有制是社会主义经济制度的基础，是社会主义生产关系区别于资本主义的本质特征，是劳动人民当家作主的经济基础，也是社会化大生产的客观要求。以公有制为主体，既为国家主导经济社会发展提供了可资利用的经济资源，也为广大人民行使民主权利、建设社会主义政治文明奠定了物质基础。

第三，与资本主义宪法不同，社会主义宪法直接确认了作为工人阶级先锋队的无产阶级政党在国家中的领导地位。

第四，社会主义宪法集中体现了马克思主义政权建设理论。马克思主义认为，一切国家权力集中于人民代表机关，人民通过这个机关行使国家权力。无产阶级掌握国家政权后，通过制定宪法来贯彻马克思主义有关政权建设的思想。社会主义宪法规定了国家的根本政治制度，由人民通过选举组成代表机关，进而产生行政机关、司法机关等其他国家机关，形成国家机构体系。这种政权组织形式把民主集中制原则作为基本原则，把民主的普遍性与科学性有机统一起来，遵循多数决定的原则，同时尊重和保护少数人的权利，有利于保证国家机关高效运转，集中力量办大事。

第五，社会主义宪法保证人民真正实现当家作主。社会主义宪法建立在以生产资料公有制为主体的经济基础之上，这就决定了它所规定的民主权利不受资本和金钱的操纵，是广大人民群众能够享受到的真实而广泛的民主权利。社会主义宪法不仅保障个人权利，而且保障集体权利；不仅保障人民的政治权利，而且注重保障人民的经济、社会和文化等方面权利的实现。人民依照宪法和法律规定，通过各种途径和形式，管理国家事务和社会事务，管理经济和文化事业，在社会主义建设的各个领域保障民主权利。人民群众真正成为国家和社会的主人，并按照民主的原则建立起各种平等的社会政治关系，不受财产、民族、种族、性别、年龄等差异的限制，在法律面前人人平等，在享受权利和履行义务方面一律平等。为了保障人民当家作主，社会主义宪法还规定了人民通过行使参与权、表达权和监督权来保障国家权力的正确行使。

第三章　宪法的制定

基础知识图解

- 宪法的制定
  - 制定权
    - 性质
    - 基本特征：正当性、阶级性与公共性的统一、统一性、自律性
    - 界限：受制宪目的、法的理念、自然法、国际法等的制约
  - 制定机关
    - 制宪权主体——→国民
    - 制宪机关——→具体行使制宪权
  - 制定程序
    - 制宪机构的设立
    - 宪法草案的提出
    - 宪法草案的通过
    - 公布

配套测试

一、单项选择题

1. 根据宪法制定的机关不同，可以把宪法分为民定宪法、钦定宪法和协定宪法。下列哪一部宪法是协定宪法？（　　）

A. 1830 年法国宪法

B. 1779 年美国《邦联条例》

C. 1889 年日本宪法

D. 1919 年德国魏玛宪法

2. 与制宪权属于同一范畴的是（　　）

A. 质询权　　B. 修宪权

C. 立法权　　D. 合宪性审查权

3. 下列选项中曾受国际法制约宪法制定权的是（　　）

A. 1946 年日本宪法

B. 1982 年中国宪法

C. 1918 年苏俄宪法

D. 1919 年魏玛宪法

二、多项选择题

1. 下列关于制宪权的论述正确的是（　　）

A. 制宪权不能游离于国家权力活动以外

B. 制宪权不以任何国家权力或任何意义上的实定法存在为其条件

C. 制宪权决定立法、司法和行政权的组织和活动原则

D. 制宪权的特征只在于其阶级性

2. 宪法的制定程序包括（　　）

A. 制宪机构的设立

B. 宪法草案的提出

C. 宪法草案的通过

D. 公布

3. 制宪权的界限有（　　）

A. 制宪目的的限制

B. 法的理念的限制

C. 自然法的制约

D. 国际法的制约

三、名词解释

1. 制宪权

2. 宪法制定程序

四、简答题

1. 法国大革命时期的学者西耶斯对宪法制定权是如何定义的？
2. 比较制宪机关与宪法起草机构的区别。
3. 简述宪法制定的程序。

五、论述题

1. 论制宪权与立法权的关系。
2. 论制宪权的性质及其主要特征。

参考答案

一、单项选择题

1. **答案**：A。根据宪法制定的机关不同，可以把宪法分为民定宪法、钦定宪法和协定宪法。所谓民定宪法是指由民意机关或者全民公决制定的宪法。钦定宪法是指由君主或以君主名义制定和颁布的宪法。协定宪法是指由君主与国民或者与国民代表机关协商制定的宪法。根据外国宪法的历史知识，1830 年法国宪法是由法国人民代表与君主协商制定的宪法，是协定宪法。1779 年美国《邦联条例》、1919 年德国魏玛宪法是由人民或人民代表机关制定的，属于民定宪法。1889 年日本宪法是以日本天皇名义颁布的宪法，属于钦定宪法。故，本题答案为 A。
2. **答案**：B。修宪权是依据制宪权而产生的一种权力，可以理解为制度化的制宪权。而制宪权与立法权属于不同层次的权力形态。
3. **答案**：A。1946 年日本宪法为日本战后制定的宪法，其基本原则受波茨坦宣言的制约与美国宪法的影响。

二、多项选择题

1. **答案**：AC。制宪权不能游离于国家权力活动以外，所以 B 项显然错误。制宪权的特点有正当性、阶级性与公共性的统一、统一性、自律性等，因此 D 项说法错误。
2. **答案**：ABCD。宪法的制定程序较一般法律的制定程序更为严格，本题全选。
3. **答案**：ABCD。四个方面都从不同程度上制约着国家制宪权的运用过程与程序，以保证制宪权与制宪目的的一致性。

三、名词解释

1. **答案**：制宪权又称宪法制定权，是制宪主体按照一定原则创造作为国家根本法的宪法的一种权力。制宪权是一种价值体系，既包括制宪事实的力量，也包括把宪法加以正当化的权威与价值。
2. **答案**：宪法制定程序是指制宪机关制定宪法时所经过的阶段和具体步骤。为了保证制宪工作的权威性与严肃性，它一般包括制宪机构的设立、宪法草案的提出、宪法草案的通过及公布四个步骤。

四、简答题

1. **答案**：制宪权概念是在社会变迁过程中产生和发展的，它标志着宪法制定行为的规范化与自我完善程度。制宪权理论源于古希腊、罗马的法治思想以及中世纪的根本法思想，但最早系统提出宪法制定权概念及其理论体系的学者是法国大革命时期的著名学者西耶斯。他在《第三等级是什么?》一书中提出了制宪权主体、制宪权性质等理论。他指出：“在所有自由国家中——所有的国家均应当自由，结束有关宪法的种种分歧的方法只有一种。那就是要求助于国民自己，而不是求助于那些显贵。如果我们没有宪法，那就必须制定一部：唯有国民拥有制宪权。”他在解释制宪权的特点时，强调国民意志的权威性，提出国民不仅不受制于宪法，而且不能受制于宪法，也不应受制于宪法。

   西耶斯的制宪权理论与他的宪法观有着密切的联系。在他看来，宪法是既规定立法机构的组织与作用，又规定执行机构的组织与作用的根本法，从根本上说宪法从属于国民，只有国民才有权改变宪法，判断由宪法引起的争端，国民意志永远是最高法律。
2. **答案**：制宪机关与宪法起草机构是不同的，主要区别在于：制宪机关是行使制宪权的国家机关，宪法起草机构是具体工作机关，不能独立地行使制宪权；制宪机关一般是常设的，而宪法起草机构是临时性的机关，起草任务结束后便解散；制宪机关有权批准通过宪法，而宪法起草机构则并无权批准宪法；制宪机关由公民选举产生，具有广泛的民意基础，宪法起草机构则主要通过任命的方式产生，注重来源的广泛性。

3. 答案： 宪法制定程序是指制宪机关制定宪法时所经过的阶段和具体步骤。由于宪法是国家的根本法，其制定程序不同于普通法律，程序比较严格。在具体制定程序的设计上，各国宪法的规定不尽相同，从而形成了行使制宪权的不同方式。例如，国民可以通过国民投票方式直接行使制宪权；也可通过国民选出的代议机关制定宪法；有些国家则把代议机关的制宪权行使与国民投票方式结合起来确定具体的制宪程序等。为了保证制宪工作的权威性与严肃性，制定宪法一般包括如下程序：(1) 制宪机构的设立；(2) 宪法草案的提出；(3) 宪法草案的通过；(4) 公布。

五、论述题

1. 答案： (1) 宪法制定权（简称制宪权）是制宪主体按照一定原则创造作为国家根本法的宪法的一种权力。制宪权是一种价值体系，既包括制宪的事实的力量，也包括把宪法加以正当化的权威与价值。立法权是指有权的国家机关，按照一定的程序，制定、修改和废止法律的权力。在近代国家，哪些国家机关有权立法，以及享有多大的立法权，即立法权的划分，一般都是由该国宪法加以确定的。

(2) 从宪法学上来看，宪法制定权与立法权是两个不同的概念，制宪权和立法权在近现代民主社会是被区分开来的。

有学者认为，如果把制宪权看作国家权力体系中的组成部分的话，那么，其与立法权并不存在根本的区别，实质上他们都是创制法律规范、确认人民意志的国家权力，甚至可以认为制宪权是立法权的一部分，是立法权中的特殊部分。其特殊性仅仅在于它们所创制的法律规范不同，从而导致了其行使主体、行使程序以及它们在国家权力体系中的地位不同。

在现代法治社会中，创制宪法与创制法律在宪法学上是性质截然不同的立法活动。创制宪法的活动是人民意志的直接体现，而创制法律的活动是人民意志的间接体现，表现为立法机关自身的意志。国家机关的立法权限可以通过创制宪法的活动来确定，但却不能由立法机关自己规定自己的立法权限。否则，就违背了宪法赖以存在的最基本的人民主权原则，立法机关就成了国家权力的来源了。这种理念与人民主权的理念不相符。制宪权与立法权的分离使得制宪权更直接、更准确地表达主权的意志，进而使立法权表现形式受到制宪权的规制，以防止国家立法权的异化，保证国家立法权的国民自治性质。

宪法制定权与立法权的区别在于：

首先，享有主体不同。制宪权的所有者应当且只能是人民。立法权则往往由宪法设立的议会等民意代表机关行使。民意代表机关与人民显然是不同的主体。

其次，制宪权具有“至高性，独立性”，制宪权本身是宪法与法律的合法性基础。

再次，制宪权要受人类理性认识能力等客观因素限制，但不受实定法约束。而立法权只能依宪法而存在，受宪法约束，从来都是有限的。

最后，立法权的行使是国家政治生活的常态；而行使制宪权的社会基础是特定的。社会内部蕴含着的处于不断变化状态的经济政治因素是推动宪法变革的主要根源，社会基本矛盾的运动和发展是决定宪法制定的终极原因。总的来看，社会革命、社会剧变、社会变革都会导致社会的转型，也都可能为制宪权的行使提供契机。当然，由于制宪权是对国家的政治生活作根本而整体决定的最高权力，这种权力运行的结果往往意味着一个国家的总体政治格局在相当长时期内的定型；制宪权的再度启动也就意味着这种格局彻底地打破或调整，其间必然伴随着激烈的社会震荡和利益关系的重新安排。因此，制宪权的启动应当非常慎重，不能像其他国家权力那样简单地反复行使，只有当各种社会矛盾积聚到无法在现有法律秩序内得到解决且通过对宪法的文字条款作适当的伸缩或修补已实在无法满足现实的合理需要时，才有发动制宪权的必要。

（3）宪法制定权与立法权也是密切联系的。制宪权是一种“前宪法现象”，正是由于制宪权的这种性质，使得人民亲自或者通过一定的组织形式来行使制宪权，以建立或改变一种宪法秩序成为可能。而立法权、行政权与司法权的组织与活动原则由制宪权决定，它是一种制度化的权力形态。因此：

首先，制宪权是立法权的正当性基础与合法性源泉。只有通过制宪权解决宪法的正当性才能解决由宪法产生的权力，包括立法权的合法性问题。

其次，制宪权是宪法与法律的合法性基础，立法权则是宪法所创设的一种国家权力，要受宪法约束。立法权活动要从属于制宪权宗旨，不能脱离制宪的目的与原则。

有学者认为，制宪权本质上是一种具有法的创造效力的“始原的创造性权力”，是一切权利的总的依据。制宪权作为“始原的创造性权力”，在国家和宪法存在以前，作为制宪权主体的国民就已在特定的“自然状态”中存在，即制宪权是不以国家权力或任何实定法存在为其条件的。从这个意义上讲，制宪权是一种创造的权力，不同于国家权力，国家权力是依据制宪权而产生的“形成的权力”，制宪权是国家权力存在的前提。这种观点是不准确的，它实际上混淆了制宪权的理论形态和实践形态的界限，把制宪权理解为纯粹自然法意义上的权力。

事实上，制宪权是一个国家统治的最高决定权，制宪权本身不能成为游离于国家权力活动的权力，它实际上是最高决定权的具体表现，即有权决定国家统治形态的阶级运用制宪权具体创造宪法，以巩固统治关系。通过制宪权的运用反映主权者根本意志的同时，制宪权也可起到决定具体权力活动方式与界限的功能，有助于强化宪法规范的效力，建立以宪法为基础的权力制约机制。

在理解制宪权与国家权力相互关系时，应注意区分根源意义上的国家权力与具体组织化的国家权力，不能简单地把制宪权表述为始原性的权力，否则会导致制宪权与国家权力的相互冲突。即在认识制宪权本质之前首先应区分作为制宪权产生前提的国家权力和由制宪权产生的国家权力这两种不同层次的国家权力。

2. 答案：制宪权作为一种创造宪法的力量或权限，它的产生需要一种合理基础，而且应具有合法性与权威性。

围绕制宪权的性质与来源问题，学者们提出了不同的学术主张。有的学者认为，制宪权是自然法中存在的一种“始原的创造性”权力，在国家和宪法存在以前，作为制宪权主体的国民就在特定的“自然状态”中存在，即制宪权是不以国家权力或任何意义上的实定法存在为其条件的。从这种意义上讲，制宪权是一种创造的权力，它不同于国家权力，国家权力是依据制宪权而产生的“形成的权力”，制宪权是国家权力存在的前提。这种观点是不准确的，它实际上混淆了制宪权的理论形态与实践形态的界限，把制宪权理解为纯粹自然法意义上的权力。如果我们把制宪权看成一个国家统治的最高决定权的话，那么制宪权本身不能成为游离于国家权力活动以外的权力，它实际上是最高决定权的具体表现，即有权决定国家统治形态的阶级运用制宪权，具体创造宪法，以巩固统治关系。在通过制宪权的运用反映主权者根本意志的同时，制宪权也可起到决定具体权力活动方式与界限的功能，从而有助于强化宪法规范的效力，建立以宪法为基础的权力制约机制。这样，在理解制宪权与国家权力之间的相互关系时，应注意区分根源意义上的国家权力与具体组织化的国家权力，不能简单地把制宪权表述为始原性的权力，否则会导致制宪权与国家权力的相互冲突。

从对制宪权性质的分析我们可以归纳出制宪权的基本特征，即第一，制宪权的正当性。制宪权的行使要服从一定的制宪目的，遵循宪法发展的客观规律。第二，制宪权是阶级性与公共性的统一。一方面，在特定社会发展中，制宪权反映特定阶级的根本意志，具有阶级性，另一方面，制宪作为人类治理国家经验的总结与升华，又在客观上反映着社会公共职能，具有公共性。第三，制宪权的统一性。制宪权作为一种权限，其存在形态具有完整性和统一性，不可分割和转让。第四，制宪权的自律性。制宪权是主权国家独立意志的体现，它的具体运用过程与制宪内容，体现特定民族意志的自律性，不受除本民族意志外的其他意志制约。从某种意义上说，制宪权的自律性是国家权力独立性价值的必然要求。

第四章　宪法的基本原则

基础知识图解

宪法的基本原则
- 坚持中国共产党的领导
- 人民主权
- 社会主义法治
- 尊重和保障人权
- 权力监督与制约
- 民主集中制

配套测试

一、单项选择题

1. 最早将资产阶级人权理论予以规范化的是（　　）

A. 1789 年法国的《人权宣言》

B. 1776 年美国的《独立宣言》

C. 1787 年美国宪法

D. 1689 年英国的《权利法案》

2. 根据我国宪法的规定，下列哪一种说法不正确？（　　）

A. 城市的土地属于国家所有。农村和城市郊区的土地，除由法律规定属于国家所有的以外，属于集体所有

B. 宅基地、自留地、自留山属于集体所有

C. 国家为了公共利益的需要，可以对土地实行征收或征用

D. 土地的所有权可以依照法律的规定转让

3. 全面依法治国，必须坚持人民的主体地位。对此，下列哪一理解是错误的？（　　）（司考 2016. 1. 1）

A. 法律既是保障人民自身权利的有力武器，也是人民必须遵守的行为规范

B. 人民依法享有广泛的权利和自由，同时也承担应尽的义务

C. 人民通过各种途径直接行使立法、执法和司法的权力

D. 人民根本权益是法治建设的出发点和落脚点，法律要为人民所掌握、所遵守、所运用

4. 相传，清朝大学士张英的族人与邻人争宅基，两家因之成讼。族人驰书求助，张英却回诗一首：“一纸书来只为墙，让他三尺又何妨？万里长城今犹在，不见当年秦始皇。”族人大惭，遂后移宅基三尺。邻人见状亦将宅基后移三尺，两家重归于好。根据上述故事，关于依法治国和以德治国的关系，下列哪一理解是正确的？（　　）（司考 2016. 1. 2）

A. 在法治国家，道德通过内在信念影响外部行为，法律的有效实施总是依赖于道德

B. 以德治国应大力弘扬“和为贵、忍为高”的传统美德，不应借诉讼对利益斤斤计较

C. 道德能够令人知廉耻、懂礼让、有底线，良好的道德氛围是依法治国的重要基础

D. 通过立法将“礼让为先”“勤俭节约”“见义勇为”等道德义务全部转化为法律义务，有助于发挥道德在依法治国中的作用

5. 公平正义是社会主义法治的价值追求。关于我国宪法与公平正义的关系，下列哪一选项是不正确的？（　　）

A. 树立与强化宪法权威，必然要求坚定地守持和维护公平正义

B. 法律面前人人平等原则是公平正义在宪法中的重要体现

C. 宪法对妇女、老人、儿童等特殊主体权利的特别保护是实现公平正义的需要

D. 禁止一切差别是宪法和公平正义的要求

二、名词解释

1. 宪法基本原则

2. 法治

三、论述题

1. 试述宪法基本原则。

2. 试述我国宪法的基本原则。

参考答案

一、单项选择题

1. **答案**：B。《独立宣言》被马克思誉为“世界上第一个人权宣言”。《独立宣言》明确宣布“我们认为这些真理是不言而喻的：人人生而平等，他们都从他们的造物主那里被赋予了某些不可能转让的权利，其中包括生命权、自由权和追求幸福的权利”。

2. **答案**：D。《宪法》第10条规定，城市的土地属于国家所有。农村和城市郊区的土地，除由法律规定属于国家所有的以外，属于集体所有；宅基地和自留地、自留山，也属于集体所有。国家为了公共利益的需要，可以依照法律规定对土地实行征收或者征用并给予补偿。任何组织或者个人不得侵占、买卖或者以其他形式非法转让土地。土地的使用权可以依照法律的规定转让。D项错误，应选。

应当注意，在我国，土地的所有权归国家或集体所有，公民和单位只有土地的使用权。土地的所有权不能转让，土体的使用权可以依法转让。

3. **答案**：C。《宪法》第2条规定：“中华人民共和国的一切权力属于人民。人民行使国家权力的机关是全国人民代表大会和地方各级人民代表大会。人民依照法律规定，通过各种途径和形式，管理国家事务，管理经济和文化事业，管理社会事务。”可见，人民并非直接行使立法、执法和司法的权力，故C项错误。ABD正确。

4. **答案**：C。道德有助于法律的有效实施，但法律的有效实施从根本上依靠的是国家强制力，并非总是依赖于道德，故A项错误。“忍为高”并非以德治国应大力弘扬的传统美德，故B项错误。依法治国需要法律和道德共同发挥作用，而不必也不可能将道德义务全部转化为法律义务，故D项错误。C项正确。

5. **答案**：D。关于A，宪法必须体现公平正义，树立和强化宪法的权威，必须坚持公平正义，A选项正确。关于B，《宪法》明确规定，法律面前人人平等，而公平正义的第一要求就是平等，B选项正确。关于C，平等不是均等，不是一刀切，而是根据具体情况对特殊人群进行特殊待遇。因此，《宪法》对妇女、老人、儿童等特殊主体权利的特别规定是公平正义的体现，C选项正确。关于D，平等反对歧视，反对特权，但是它容忍合理的差别对待，比如对弱势群体的特殊待遇，故D项说法错误。

二、名词解释

1. **答案**：宪法基本原则是指宪法在调整社会关系时所采取的基本立场和准则。宪法基本原则既是宪法的重要内容，也是宪法学的基本范畴。

2. **答案**：法治是相对于人治而言的，是指宪法和法律规定的治国理政的价值、原则和方式。

三、论述题

1. **答案**：宪法基本原则是指宪法在调整社会关系时所采取的基本立场和准则。在法学原理上，原则不同于规则。规则是指具体规定权利和义务及其法律后果的准则；而原则更具有抽象性、综合性和稳定性，是指可以作为法律规则基础的原理和准则。原则不预先设

定任何确定的、具体的事实状态，不规定具体权利和义务，也不规定确定的法律后果，但是其适用范围较宽，涵盖的社会生活和社会关系较广，且在较大范围和较长过程中对人们的行为具有指导作用。宪法基本原则既是宪法的重要内容，也是宪法学的基本范畴。在宪法学上，虽然对宪法基本原则的概念存在不同观点，但强调宪法基本原则在宪法中的重要地位和指导作用则是共识。

不同国家的宪法基本原则、同一国家不同时期的宪法基本原则不尽相同。宪法基本原则具有多重属性和不同特征，因此，从不同角度对宪法基本原则进行分类是认识和研究宪法基本原则的重要方法和途径。比如，按照宪法的性质不同，可以将宪法基本原则分为资本主义宪法的基本原则和社会主义宪法的基本原则；按照宪法基本原则作用的社会关系领域的不同，可以将宪法基本原则划分为政治性原则、经济性原则、社会性原则、文化性原则和法治原则等。

就宪法的制定、修改和实施而言，宪法基本原则主要有以下作用：第一，在宪法制定和修改中，宪法基本原则具有衔接宪法指导思想和宪法规范、构建宪法规则体系的作用。第二，在宪法实施中，宪法基本原则是遵守宪法和适用宪法的重要依据。第三，宪法基本原则在维护宪法稳定与社会发展关系方面发挥着重要作用。第四，宪法基本原则在宪法解释中发挥着重要作用。

2. 答案：我国现行宪法的基本原则反映了我国社会主义初级阶段的基本国情，体现了新中国成立以来中华民族从站起来、富起来到强起来的历史跨越，总结了我国宪法理论创新和实践发展的基本经验，是我国制定、修改和实施宪法的基本准则。

下面就我国宪法的基本原则作简要论述。

（1）坚持中国共产党的领导

①坚持中国共产党的领导，是历史和人民的选择。我国宪法序言记叙20世纪中国发生的翻天覆地的伟大变革，肯定我们党带领人民进行革命、建设、改革取得的伟大成果，确认了中国共产党的领导。②坚持中国共产党的领导，是由我国的国体决定的。我国宪法立足国家的阶级本质，明确规定我国的国体是工人阶级领导的、以工农联盟为基础的人民民主专政的社会主义国家。而中国工人阶级的领导，只有通过其先锋队即中国共产党才能实现。③坚持中国共产党的领导，是由中华民族伟大复兴崇高目标和国家根本任务决定的。我国宪法着眼于“两个一百年”的奋斗目标，确认中国各族人民将继续在中国共产党领导下，不断完善社会主义的各项制度，发展社会主义市场经济，发展社会主义民主，健全社会主义法治，努力把我国建设成为社会主义现代化国家。

（2）人民主权

我国是工人阶级领导的、以工农联盟为基础的人民民主专政的社会主义国家，国家的一切权力属于人民。

人民主权原则主要通过宪法规定得以实现。具体内容包括：①确认人民民主专政的国家性质，保障一切权力属于人民；②规定社会主义经济制度，奠定人民当家作主原则的社会主义经济基础；③规定社会主义政治制度，保障广大人民通过全国人民代表大会和地方各级人民代表大会，实现对国家权力的行使；④规定中华人民共和国武装力量属于人民，捍卫国家主权，防止国内外敌对势力颠覆，保障人民当家作主原则的实现；⑤根据宪法和法律的规定，人民通过其他各种民主途径和形式，如民族区域自治、基层群众自治、职工代表大会等，管理国家事务，管理经济和文化事业，管理社会事务，保障各民族一律平等，将人民当家作主原则贯彻于国家与社会生活的各个领域、各个方面；⑥规定广泛的公民基本权利及其保障措施，切实尊重和保障人权，保障人民当家作主原则得以实现。

（3）社会主义法治

法治是相对于人治而言的，是指宪法和法律规定的治国理政的价值、原则和方式。它以社会公平正义为价值取向，以民主政治为基础，以宪法法律至上为前提，以尊重和保障人权为核心，以确保权力正当运行为重点，是人类政治文明进步的重要标志。

坚持社会主义法治，推进全面依法治国，是坚持和发展中国特色社会主义的本质要求和重要保障，是党领导人民治理国家的一项基本方略，是我国宪法制度体系的重要原则。我国宪法确立了社会主义法治的基本原则，明确规定中华人民共和国实行依法治国，建设社会主义法治国家，国家维护社会主义法制的统一和尊严；规定任何组织或者个人都不得有超越宪法和法律的特权，一切违反宪法和法律的行为，必须予以追究；规定不同国家机构的职权范围，保证国家的立法、行政、监察和司法等公权力在宪法框架下和法治轨道上有序运行。

(4) 尊重和保障人权

我国宪法尊重和保障人权原则，集中体现了中国特色社会主义人权观，与西方国家的人权观有重大区别。从宪法的规定和实施来看，这一原则的特点主要表现在：①宪法一方面规定国家尊重和保障人权，另一方面根据国情和社会发展状况具体列举了公民的基本权利和义务，体现了人权的普遍性和中国具体国情的结合，使国家尊重和保障人权的宪法原则具有真实性。②宪法规定了公民广泛的基本权利，不仅包括狭义的公民权利和政治权利，还包括公民的经济、社会和文化权利，不仅包括个人人权，还包括集体人权，充分体现了我国宪法规定的尊重和保障人权的广泛性。③从宪法规定的权利内容和保障措施看，尊重和保障人权的宪法原则突出了生存权和发展权的重要性，体现了我国人权观以生存权和发展权为首要人权的立场。我们一贯主张，人权实现的根本途径是经济发展和社会进步。对于发展中国家，生存权、发展权是最基本最重要的人权。我国有14亿多人口，保护和促进人权，必须从这些权利入手，否则其他一切权利都无从谈起。④宪法不仅规定了公民的基本权利，而且规定了公民的基本义务，体现了人权是权利与义务相统一的基本观念。⑤尊重和保障人权的宪法原则注重人权在社会主义中国实现的基本条件，强调稳定是实现人权的前提，发展是实现人权的关键，法治是实现人权的保障。此外，尊重和保障人权的宪法原则，必须强调人权是一个国家主权范围内的问题，反对借口人权干涉一个国家的内政，也反对把人权作为实现对别国的某种政治企图的工具；强调国家尊重和保障人权的义务和责任，体现了国家主权在实现和保护人权方面的重要作用；强调国际社会应在平等和相互尊重的基础上进行合作，共同推进世界人权事业。

(5) 权力监督与制约

权力监督与制约原则是为确保人民的权力属于人民、避免权力滥用而设计各种制度和方法以规范和控制国家权力范围及其行使方式的原则。

依法治国不仅要依法治权，还要依法治官、从严治吏。在我国，必须健全党统一领导、全面覆盖、权威高效的监督体系，增强监督严肃性、协同性、有效性，形成决策科学、执行坚决、监督有力的权力运行机制，确保党和人民赋予的权力始终用来为人民谋幸福。

根据我国宪法的相关规定，权力监督与制约原则主要体现在以下三个方面：

①人民对国家权力的监督。②公民对国家机关和国家工作人员的监督。③国家机关之间的制约和监督。

(6) 民主集中制

民主集中制原则是我国宪法的一项基本原则，它主要体现在国家机关的组织与活动中。

根据《宪法》规定，民主集中制原则的主要内容是：①在国家机构和人民的关系上，国家权力来自人民，人民代表大会由民主选举产生，对人民负责，受人民监督。②在国家权力机关与其他国家机关的关系上，国家权力机关居于核心地位，其他的国家机关包括行政机关、监察机关、审判机关、检察机关都由它产生，对它负责，受它监督。国家机构的这种合理分工，既可以避免权力过分集中，又可以使国家的各项工作协调顺畅地进行。③在中央国家机关和地方国家机关的关系上，遵循在中央的统一领导下，充分发挥地方的主动性与积极性的原则。④国家权力机关的运行高度重视运用民主机制。国家权力机关制定法律和作出决策，都经过广泛讨论，实行少数服从多数的原则，集中体现人民的意志和利益。同时，全国人大及其常委会、地方各级人大及其常委会实行集体领导体制，集体行使职权，集体决定问题。

第五章　宪法渊源、宪法形式与宪法结构

基础知识图解

- 宪法渊源、宪法形式与宪法结构
  - 宪法渊源与宪法形式
    - 渊源
    - 形式：成文宪法典、宪法性法律、宪法惯例、宪法判例、宪法解释、国际条约和国际习惯
  - 成文宪法的结构
    - 宪法体系
    - 形式结构
    - 内容结构
      - → 序言、正文
    - 我国宪法的结构
      - 体系上属于成文宪法体系
      - 体例（形式结构）设置章、节、条、款等
      - 内容结构包括国家的根本制度，公民的基本权利和义务，国家机关的组织、权限和活动原则，国家的标志等

配套测试

一、单项选择题

1. 下列关于宪法结构的说法哪一项正确？（　　）

A. 各国的宪法典在总体结构上一般包括序言、正文和附则三个部分

B. 我国1982年宪法把国旗、国徽和首都规定在附则当中

C. 附则是宪法的特别规定，其效力比一般条文高

D. 我国1982年宪法把国歌规定在正文当中

2. 综观世界各国宪法，下列关于宪法的总体结构方面的表述哪一选项是恰当的？（　　）

A. 总纲、正文、附则和修正案四个部分

B. 序言、正文、附则三个部分

C. 序言、总纲、正文、附则四个部分

D. 序言、总纲、正文、附则、修正案五个部分

3. 宪法附则是指宪法对于特定事项需要特殊规定而作出的附加条款。下列关于宪法附则的表述哪一项是错误的？（　　）

A. 附则是宪法的一部分，因而其法律效力当然应与一般条款相同

B. 附则是宪法的特定条款，因而仅对特定事项具有法律效力

C. 附则是宪法的临时条款，因而仅在特定的时限内具有法律效力

D. 附则是宪法的特别条款，根据特别法优于普通法的原则，其法律效力高于宪法一般条款

4. 宪法结构指宪法内容的组织和排列形式。关于我国宪法结构，下列哪一选项是不正确的？（　　）（司考2011.1.22）

A. 宪法序言规定了宪法的根本法地位和最高法律效力

B. 现行宪法正文的排列顺序是：总纲、公民的基本权利和义务、国家机构以及国旗、国歌、国徽、首都

C. 宪法附则没有法律效力

D. 宪法没有附则

5. 宪法的渊源即宪法的表现形式。关于宪法渊源，下列哪一表述是错误的？（　　）（司考

2015.1.21）

A. 一国宪法究竟采取哪些表现形式，取决于历史传统和现实状况等多种因素

B. 宪法惯例实质上是一种宪法和法律条文无明确规定，但被普遍遵循的政治行为规范

C. 宪法性法律是指国家立法机关为实施宪法典而制定的调整宪法关系的法律

D. 有些成文宪法国家的法院基于对宪法的解释而形成的判例也构成该国的宪法渊源

二、多项选择题

1. 从宪法的结构上而言，我国现行宪法包括下列选项的哪几项内容？（　　）

A. 序言　　B. 修正案

C. 正文　　D. 附则

2. 宪法的正文是宪法的重要内容，也是宪法的核心，具体包括下列选项中的哪些内容？（　　）

A. 社会制度和国家制度的基本原则

B. 公民的基本权利和义务

C. 国家机构

D. 国旗、国徽、首都和国歌

3. 作为国家根本法的宪法涉及国家生活的各个方面，其基本内容大致可以分为下列哪几项？（　　）

A. 国家权力的依法行使

B. 公民权利的有效保障

C. 宪法指导思想

D. 宪法实施及其保障

4. 下列哪些法律文件属于宪法性文件？（　　）

A.《义务教育法》

B.《未成年人保护法》

C.《国籍法》

D.《关于授权国务院在经济体制改革和对外开放方面可以制定暂行的规定或者条例的决定》

5. 关于宪法表现形式的说法，下列哪些选项是正确的？（　　）（司考 2010.1.62）

A. 宪法典是所有国家宪法结构体系的核心，均具有内容完整、逻辑严谨的特征

B. 宪法判例主要存在于普通法系国家，这些国家具有“遵从先例”的司法传统

C. 宪法判例在美国只能通过联邦最高法院新的宪法判例才能推翻

D. 宪法判例在英国有着调整英王、议会、内阁之间关系的决定性作用

三、名词解释

1. 宪法形式

2. 宪法结构

3. 宪法惯例

4. 宪法解释

5. 宪法体系

6. 宪法渊源

四、简答题

宪法典的结构有哪两种形式？并简述其内容。

五、论述题

1. 简析宪法的结构及其要素。

2. 论宪法内容与宪法形式的关系。

3. 比较宪法结构与宪法形式的不同。

4. 论宪法序言。

参考答案

一、单项选择题

1. 答案：A。本题考查的是对宪法结构的理解。附则是宪法的组成部分，其效力与一般条文相同，我国 1982 年宪法没有附则，另外，我国 1982 年宪法没有规定国歌。

2. 答案：B。本题考查的是各国宪法通行的总体结构。

3. 答案：D。本题考查宪法的附则的效力问题。宪法的附则是指宪法对于特定事项需要特殊规定而作出的附加条款，是宪法的一部分，因而其法律效力当然应该与一般条文相同。而且其效力还有两大特点：一是特定性，即附则只对特定的条文或者事件适用，有一定的范围，超出范围则无效力；二是临时性，即只对特定的时间或者情况适用，有时间限制，一旦时间届满或者情况发生变化，其法律效力自然应该终止。因此，选项 D 正确。

4. **答案**：C。我国现行宪法序言最后自然段规定，“本宪法以法律的形式确认了中国各族人民奋斗的成果，规定了国家的根本制度和根本任务，是国家的根本法，具有最高的法律效力”，A选项正确。我国现行宪法正文的排列顺序是：第一章“总纲”、第二章“公民的基本权利和义务”、第三章“国家机构”和第四章“国旗、国歌、国徽、首都”，B选项正确。我国现行宪法没有附则，D选项正确。由于附则是宪法的一部分，因而其法律效力当然应该与一般条文相同，其法律效力还有特定性和临时性，C选项不正确，是本题答案。

5. **答案**：C。综观世界各国宪法，宪法的渊源主要有宪法典、宪法性法律、宪法惯例、宪法判例、国际条约和国际习惯等。但一国或一国不同历史时期的宪法究竟采取哪些渊源形式，则取决于其本国的历史传统和现实政治状况等综合因素。故A项正确。宪法惯例是指宪法条文无明确规定，但在实际政治生活中已经存在，并为国家机关、政党及公众所普遍遵循，且与宪法具有同等效力的习惯或传统。故B项正确。宪法性法律是从部门法意义上按法律规定的内容、调整的社会关系进行分类所得出的结论。它是指一国宪法的基本内容不是统一规定在一部法律文书之中，而是由多部法律文书表现出来的宪法。主要有两种情况：一是指在不成文宪法国家中，国家最根本、最重要的问题不采用宪法典的形式，而由多部单行法律文书予以规定。宪法性法律制定和修改的机关、程序通常与普通法律制定和修改的机关和程序相同。二是指在成文宪法国家中，由国家立法机关为实施宪法而制定的有关规定宪法内容的法律，即部门法意义上的宪法，如组织法、选举法、代表法、代议机关议事规则等。故C项错误。宪法判例是指宪法条文明文规定，而由司法机关在审判实践中逐渐形成并具有实质性宪法效力的判例。宪法判例在普通法系国家的宪法渊源中占有重要地位。在成文宪法国家，尽管法院的判决必须符合宪法的规定，因而不能创造宪法规范，但有些国家的法院享有宪法解释权，因而法院在具体案件中基于对宪法的解释而作出的判决对下级法院也有约束力。故D项正确。

二、多项选择题

1. **答案**：AC。《宪法》目录：(1) 序言；(2) 正文（第一章总纲；第二章公民的基本权利和义务；第三章国家机构；第四章国旗、国歌、国徽、首都）。

2. **答案**：ABCD。宪法的正文部分应该对以上内容作出明确规定。

3. **答案**：AB。任何现代意义上的宪法都必须包含国家权力的依法行使和公民权利的有效保障这两个方面的内容，否则就不成为真正的宪法。

4. **答案**：ABCD。《宪法》这一部门法里面，还包括下列宪法性文件：主要国家机关组织法、选举法、民族区域自治法、特别行政区基本法、国籍法和其他公民权利法，如《义务教育法》《未成年人保护法》《妇女权益保障法》等，但不包括根据全国人大及其常委会授权而制定的规范性文件。因此，本题中A、B、C、D都是正确答案。

5. **答案**：BD。选项A错误。宪法典是绝大多数国家采用的形式，考虑不成文宪法国家的因素，不能说宪法典是所有国家宪法结构体系的核心。选项B正确。宪法判例是指宪法条文无明文规定，而由司法机关在审判实践中逐渐形成并具有宪法效力的判例，主要存在于普通法系国家。选项C错误。宪法判例在美国联邦最高法院和其他联邦上诉法院都可以用新的宪法判例进行推翻。选项D正确。宪法判例作为英国的不成文宪法的组成部分，主要就是调整英王、议会、内阁之间的关系，并且起决定性作用。

三、名词解释

1. **答案**：宪法形式是宪法的外部表现形式，包括宪法的渊源形式和宪法的结构形式。宪法的渊源形式是指宪法基于不同的效力来源所形成的外部表现形式；宪法的结构形式包括宪法体系和成文宪法典的结构形式。

2. **答案**：宪法结构指构筑宪法的各个组成部分的有机组合和有序排列。从宪法渊源形式的角度理解，宪法结构是指宪法体系；从成文宪法典的角度理解，宪法结构是指一国宪法典各组成部分的外部排列和内部组合，包括形式结构和内容结构两个方面。

3. **答案**：宪法惯例指宪法条文无明确规定，但在实际政治生活中存在和通行并经国家认可、具有宪法效力的习惯和传统。

4. **答案**：宪法解释是指在制定和修改宪法的过程中，对宪法条文、规范、原则、结构、功能及其相关法律关系所作的释义和说明、补充。

5. **答案**：宪法体系是指一国宪法由不同渊源形式的宪法规范所组成的有逻辑、有系统的结构形态。构筑宪法体系的要素包括宪法典、宪法性法律、宪法惯例、宪法判例和宪法解释等。

6. **答案**：宪法渊源指一个国家中宪法规范所赖以存在的法律形式，既包括明示的宪法规范，也包括默示的宪法规范，被宪法制定者确认为可以承载宪法规范的法律形式才能成为宪法渊源。在世界范围内主要包括：宪法典、宪法性法律、宪法惯例、宪法判例、欧盟宪章。在我国主要是指宪法典、宪法修正案、全国人大常委会的宪法解释，其中最重要的是宪法典。

四、简答题

答案：宪法典的结构可分为形式结构与内容结构：

（1）宪法典的形式结构是指构筑一国成文宪法典的各个要素的外部组合，具体包括宪法典的体例和宪法典的格式两个方面。①宪法典的体例是指构筑宪法典的全部条文，划分为大小不同、层次各异的部分，分别由相应的文字符号排列而成的形式结构。这些文字符号有篇、章、节、条、款、项、目等。当今世界各国宪法典的体例没有固定模式，各国宪法的制定者根据需要进行设定和编排。②宪法典的格式是指宪法典的整体布局，具体是指由名称、目录、序言、正文（总则、分则、附则）、附件以及制定机构、制定时间和公布令等所组成的形式结构。就宪法的格式而言，各国宪法没有统一标准，由各国制宪者根据情况而定。

（2）宪法典的内容结构是指宪法典的整体内容，由于调整对象的性质和调整方式不同，因而划分为若干部分，并由此形成的有机组合和有序排列。宪法典的内容根据调整对象的性质不同，可划分为国家的根本制度、公民的基本权利与义务、国家机关的组织、权限和活动原则等；按照调整对象的方式不同，可以划分为目的性条款、纲领性条款、基本原则条款、规则模式条款、效力条款、修订条款和过渡性条款等。尽管世界各国宪法典编排的体例、格式不完全统一，以及各部分内容的顺序安排不完全一样，但构筑内容结构的要素基本一致。

五、论述题

1. **答案**：从宪法渊源形式的角度理解，宪法结构是指宪法体系；从成文宪法典的角度理解，宪法结构是指一国宪法典各组成部分的外部排列和内部组合，包括形式结构和内容结构两个方面。

宪法体系是指一国宪法由不同渊源形式的宪法规范所组成的有逻辑、有系统的结构形态。构筑宪法体系的要素包括宪法典、宪法性法律、宪法惯例、宪法判例和宪法解释等。当今世界主要有成文宪法体系和不成文宪法体系两种宪法体系。成文宪法体系是指一国宪法是以成文宪法典为主体，以宪法惯例、宪法判例、宪法解释等为补充的结构体系。其中宪法典规定的一国的根本制度，具有最高法律效力，是成文宪法体系的轴心。而不成文宪法体系则指一国宪法是由一系列宪法性法律、宪法惯例、宪法判例、宪法解释等组成的结构体系，没有形成核心层。

宪法典的形式结构是指构筑一国成文宪法典各个要素的外部组合，具体包括宪法典的体例和宪法典的格式两个方面。宪法典的体例是指构筑宪法典的全部条文，划分为大小不同、层次各异的部分，分别由相应的文字符号排列而成的形式结构。宪法典的格式是指宪法典的整体布局。

宪法典的内容结构是指宪法典的整体内

容，由于调整对象的性质和调整方式的不同，因而划分为若干部分，并由此形成的有机组合和有序排列。

2. 答案：宪法内容与宪法形式之间的相互关系，主要包括两点：

（1）宪法内容决定宪法形式。宪法内容决定宪法形式，首先，主要指宪法的本质内容决定宪法作为一种规范性文件形式的产生。通常说，宪法是民主事实的法律化和制度化，也就是说宪法是基于民主事实的产生而出现的。资产阶级革命胜利后，推翻了封建专制的独裁统治，建立了形式上的平等自由关系，因此出现了近代意义的资产阶级宪法；无产阶级革命取得胜利后，建立了广大劳动者阶级实质上的平等自由关系，创制了社会主义宪法。其次，宪法内容决定宪法形式，又指宪法内容的根本性、全面性和宏观性，决定了宪法规范结构形式的最高性和原则性。宪法调整的对象是民主社会中最一般的社会关系。它是民主制国家存在的前提，是其他社会关系得以存在的基础，而它自身又具有综合性、宏观性和根本性的特点。这就决定了作为宪法形式在规范上的特点就是，多为原则性规定，而且宪法规范的要素多为行为模式，没有具体规定法律后果。最后，宪法内容的发展变化决定宪法形式的发展变化。

（2）宪法形式服务于宪法内容，并具有相对的独立性。宪法形式服务于宪法内容主要是指宪法形式是宪法内容的存在方式，任何形式的宪法始终是反映一定内容的宪法；反过来说，任何内容的宪法都必须通过一定的形式表现出来。宪法形式依赖于宪法内容，同时又为宪法内容服务。宪法形式又具有相对的独立性。这种独立性具体表现为同一内容的宪法在不同国家或同一国家的不同时期，由于文化传统、政治习惯、社会环境和法治水平的不同，采取的形式也不一样。

3. 答案：宪法形式是指宪法内容的外部表现形式，而宪法结构则指构筑宪法的各要素的组合和排列。从广义上说，宪法结构属于宪法形式范畴，因而可以将宪法结构归并为宪法形式的一个方面。但从严格意义上说，宪法结构与宪法形式并非等同的概念，两者之间存在显著区别。

首先，二者的内涵和外延不同。宪法结构和宪法形式都是宪法内容的表征状态。但宪法结构内涵包括宪法的内容要素、形式要素及其排列组合的方式和方法等问题，这是“宪法形式”难以涵盖的，而宪法形式不仅包括宪法的结构形式，还包括宪法的渊源形式。也就是说，宪法结构侧重于宪法内容的内部组合方式，而宪法形式侧重于宪法内容的外部表现形式。

其次，二者的作用和功能不同。既然宪法结构侧重于宪法内容要素之间的组合方式和方法，因而内容要素相同的宪法，由于组合方式、方法不同，宪法的表现形式也不一样，宪法规范的地位和效力等级自然存在差别。各国宪法在形式上的差别，在一定程度上决定于各国宪法构成要素及其组合方式的不同。

4. 答案：（1）宪法序言的含义和分类

宪法序言是指独立于宪法正文之外的一部分叙述性文字。从表述上看，有明示序言和非明示序言两种。前者以“序言”为明示标题，后者无“序言”的明确标题，根据宪法序言繁简程度和表现形式的不同，可将其作如下分类：

①目的性序言。从内容上说，这类序言仅陈述制定宪法的目的，而且字数不多。②原则性序言。这类序言主要表述宪法的基本原则，字数一般在100~200字左右。③纲领性序言。采用这类序言的多为第三世界国家的宪法，如中国、越南、蒙古国、阿尔巴尼亚等。我国1982年宪法在总结历史经验的基础上，提出了四项基本原则，并规定了我国人民的根本任务和对外政策等。④综合性序言。为数最少，但篇幅最长。

（2）宪法序言产生的原因

无论是资产阶级，还是无产阶级，当他们取得革命胜利制定宪法的时候，都需要宣布已经取得的胜利成果，还需要宣布自己的建国纲领、建国方案以及适应本阶级利益和意志的民主政治原则。但宪法是一种规范性的法律文件，宪法规范是一种现实的行为规则，对过去已经取得的胜利成果和未来的行动纲领，不便以现实的行为规则加以规定，这样就产生了宪法序言。而且宪法序言的产生和保留还有一国文化传统和立宪技术等方面的原因。从宪法结构上看，名称和正文（包括总则、分则、附则）是一部成文宪法典必不可少的内容。而宪法规范的构成要件，即原则、规则和技术性事项等是宪法正文的内容，因而只能规定在宪法正文之中。但也有些国家的成文宪法，将宪法原则规定在序言中，如上文提到的原则性序言和综合性序言等。这类宪法序言的产生和保留，则是由该国文化传统和立宪技术决定的。

（3）宪法序言的法律效力

我国宪法学界对宪法序言的法律效力问题存在不同意见。有学者认为，宪法是一个整体，序言作为它的重要组成部分，当然应该具有最高的法律效力；也有学者认为，序言所宣布的原则过于抽象，不能作为具体的行为准则，不具有法律效力；还有学者认为，陈述性序言，尤其是其中关于历史事实记载的部分没有法律效力，而原则性序言、纲领性序言，以及综合性序言中关于基本原则、基本国策、基本任务和宣布宪法本身效力的部分，属于宪法规范的内容，应该具有法律效力。我们认为，宪法序言是宪法的重要组成部分，而且从其规定的内容及地位和作用来看，大部分宪法序言与总则或总纲的内容有重合或交叉之处，因此应该具有最高法律效力。我国现行宪法序言，在叙述了中华民族的灿烂文化、光荣传统、民主革命历程、社会主义制度的确立和完善、国家的根本任务、祖国统一、民族平等、团结、互助和平等互利、和平共处的对外政策等问题之后，明确宣布，“本宪法以法律的形式确认了中国各族人民奋斗的成果，规定了国家的根本制度和根本任务，是国家的根本法，具有最高的法律效力”。其中“宪法以法律形式确认了中国各族人民奋斗的成果”就包含了历史事实的记载部分。也就是说，宪法本身就赋予了“历史事实部分”有根本法的法律效力，因此如果说它没有法律效力，就很难令人信服。

宪法序言的法律效力毋庸置疑，但其效力的作用方式和效果表现则不完全相同。一般来讲，序言中的基本原则条款、基本任务条款、基本国策条款及关于宪法本身的效力条款，属于规范性条文，具有规范性作用和效果，即具有明确、具体的指引、评价和教育作用，它们的实施能够给国家、社会和公民个人带来相对确定的利益和影响。而序言中的目的条款、史实条款等则属于非规范性条文，虽不具有直接的规范性作用和效果，但史实的记载表明了统治阶级对前人奋斗历程和胜利成果的确认和赞扬，也对后人有教育和感化作用，并能促使人们振奋精神、发愤图强，从而达到一定的社会效果。

（4）宪法序言的功能

宪法序言是宪法的重要组成部分，一般置于宪法条文的开首部分，如有目录的排列，则在目录之后，具有统率全文、指导全文的重要作用。特别是原则性序言和综合性序言中的原则条款，类似宪法正文总则（总纲）中的内容，其作用和意义就更大了。具体说来，宪法序言的功能有如下几个方面。

①它是国家的宣言书，宣告该国民主政治的建立，宣布该国公民基本权利和自由的原则和精神。宪法是公民权利的确认书，而宪法对公民权利和自由的确认，往往首见于宪法序言之中。

②它是国家的总纲领，明确规定该国在一定历史时期的根本任务，有利于组织动员全国人民朝着共同的目标前进。

③它规定一国的基本原则，对具体宪法规范、普通法律原则和规范的制定、实施具有指导作用。宪法序言关于基本原则的规定位居篇首、统领全文，无疑是宪法分则内容的纲目，也是其他部门立法的基础，对一国的执法、司法等活动和法制的统一具有重要意义。

第六章 宪法规范

基础知识图解

宪法规范
- 概念：指调整国家最基本、最重要的社会关系的各种规范的总和
- 特点：政治性、最高性、原则性、组织性和限制性
- 种类：授权性规范和义务性规范，宣告性规范和确认性规范，倡导性规范、任意性规范和强制性规范，保护性规范、奖励性规范和制裁性规范
- 逻辑结构：注意宪法规范的逻辑结构与宪法条文的关系

配套测试

一、单项选择题

1. 宪法规范调整有关社会制度、国家制度的根本原则和国家政权的组织以及公民的基本权利和义务的（　　）

A. 人身关系　　B. 财产关系

C. 社会关系　　D. 国家与公民的关系

2. 宪法是国家根本法，具有最高法律效力。下列有关宪法法律效力的哪一项表述是正确的？（　　）

A. 在不成文宪法的国家中，宪法的法律效力高于其他法律

B. 在我国，任何法律法规都不得与宪法规范、宪法基本原则和宪法精神相抵触

C. 宪法的法律效力主要表现为对公民的行为约束

D. 宪法的法律效力不具有任何强制性

3. 关于宪法规范的特性，下列哪一项表述不成立？（　　）

A. 政治性　　B. 原则性

C. 无制裁性　　D. 最高性

4. 下列有关宪法规范的组织性，表述错误的是（　　）

A. 宪法规范的价值不应只停留在组织层面上，还应积极发挥其限制功能

B. 宪法规范的组织性功能主要是合理地分配和确定国家权力

C. 宪法规范的组织性主要表现为禁止性规范，它构成确定国家机构活动的宪法基础

D. 宪法规范的组织性一方面通过具体规定的宪法规范实现，另一方面还可以通过实质意义上的宪法规定实现

5. 宪法效力是指宪法作为法律规范所具有的约束力与强制性。关于我国宪法效力，下列哪一选项是不正确的？（　　）（司考 2011.1.23）

A. 侨居国外的华侨受中国宪法保护

B. 宪法的效力及于中华人民共和国的所有领域

C. 宪法的最高法律效力首先源于宪法的正当性

D. 宪法对法院的审判活动没有约束力

二、多项选择题

1. 宪法规范所调整的社会关系包括（　　）

A. 有关社会制度和国家制度的根本原则

B. 国家政权的组织与活动

C. 公民的基本权利与义务

D. 对违宪行为的惩罚

2. 下列选项中有关宪法最高性的界定正确的是（　　）

A. 宪法规范是社会生活中具有最高价值的准则
B. 宪法规范的最高性体现在其法律效力的最高性
C. 宪法规范的最高性意味着宪法是调整社会主体行为的最高依据
D. 法律制度的建立与运行根源于宪法规范的最高性

3. 从逻辑结构上看，宪法规范与一般法律规范一样，是由下列哪些选项的内容组成？（　　）
A. 处理　　B. 假定
C. 制裁　　D. 条件

4. 关于宪法效力的说法，下列选项正确的是：（　　）（司考 2014. 1. 94）
A. 宪法修正案与宪法具有同等效力
B. 宪法不适用于定居国外的公民
C. 在一定条件下，外国人和法人也能成为某些基本权利的主体
D. 宪法作为整体的效力及于该国所有领域

三、名词解释

1. 宪法规范
2. 义务性规范
3. 宪法规范的效力

四、简答题

1. 简述宪法规范所调整社会关系的特点。
2. 宪法规范不正常变动的主要形式有哪些？
3. 简述宪法规范作用的主要方式。

五、论述题

1. 试述宪法规范具有哪些特点？
2. 怎样理解宪法规范的逻辑结构与宪法条文之间的关系？

参考答案

一、单项选择题

1. 答案： C。A、B、D 选项均不够全面。

2. 答案： B。国家的任何法律都应具有法律效力，但在成文宪法的国家中，宪法的法律效力高于一般法律，在国家法律体系中处于最高的法律地位，在不成文宪法国家中则不然。我国宪法在序言中明确规定，“本宪法以法律的形式确认了中国各族人民奋斗的成果，规定了国家的根本制度和根本任务，是国家的根本法，具有最高的法律效力”。宪法是制定普通法律的依据，任何普通法律、法规都不得与宪法的原则和精神相违背。宪法最主要、最核心的价值在于宪法是公民权利的保障书。ACD 错误，B 正确。

3. 答案： C。与一般法律规范相比，宪法规范具有以下主要特点：政治性，最高性，原则性，组织性与限制性。宪法是国家的根本法，是制定其他法律的基础。因此，宪法规范具有弱制裁性，在宪法监督中，对违宪的法律、法规的宣告无效或撤销，是一种直接制裁。

4. 答案： C。宪法规范的组织性主要表现为授权性规范，而非禁止性规范。授权性规范构成确定国家机构活动的宪法基础。换句话说，没有宪法规范的授权，任何一种国家权力的行使都是无效的。

5. 答案： D。《宪法》第 50 条规定，中华人民共和国保护华侨的正当的权利和利益。中国宪法适用于所有中国公民，不管公民生活在国内还是国外，侨居国外的华侨也受中国宪法保护，A 选项正确。我国宪法明确台湾是中国领土的一部分，宪法效力及于包括台湾在内的所有中国领土。由于宪法本身的综合性和价值多元性，宪法在不同领域的适用上有所差异，但宪法是一个整体，任何组成部分的特殊性并不意味着对整体的否定，宪法作为整体的效力是及于中华人民共和国所有领域的，B 选项正确。宪法之所以具有最高法律效力首先是宪法具有正当性基础，即宪法是社会共同体基本规则，是社会多数人共同意志的最高体现。其基础在于宪法制定权来源的正当性、宪法规定内容的合理性和宪法程序的正当性，C 选项正确。《宪法》第 5 条规定，一切国家机关和武装力量、各政党和各社会团体、各企业事业组织都必须遵守宪法和法律。法院作为国家审判机关，开展审判活动必须遵守宪法。D 选项不正确，是

本题答案。

在法院的审判活动中，宪法一般不直接适用来做裁判的法律依据，但并不能说宪法对法院的审判活动没有约束力。法院的组织、法院审判活动的基本原则等根本制度都是由宪法来规定的，如法院依法独立行使审判权等。

二、多项选择题

1. **答案：**ABC。宪法是国家的根本法，因而它必须对基本制度、国家政权、公民的权利和义务等重要内容作出明确规定。
2. **答案：**ABCD。本题考查对宪法效力最高性的理解，题中四项均为正确选项。
3. **答案：**ABC。宪法规范与一般的法律规范具有同样的逻辑结构，值得注意的是，宪法规范的假定和制裁要素隐藏在处理部分，并不具体表现在宪法条文中。从实质内容上看，宪法条文体现的宪法规范包含三要素，但在具体表现形式上，处理部分是主导性因素。
4. **答案：**ACD。本题考查的是宪法效力及其范围。宪法修正案是对宪法的完善和补充，它体现了宪法灵活性与稳定性的统一，是宪法的当然组成部分，与宪法其他条文具有同等的效力。所以A选项的表述是正确的。

宪法适用于所有本国公民，无论公民生活在国内还是国外。由于宪法效力适用于所有公民，定居国外的公民也应受宪法的保护。所以，B选项的表述是错误的。

外国人和法人在一定的条件下可以成为行使某些基本权利的主体，在享有基本权利的范围内，宪法效力适用于外国人和法人的活动。由此，C选项的表述是正确的。

宪法的空间效力及于国家行使主权的全部空间，即国家领土。领土包括一个国家的陆地、河流、湖泊、内海、领海以及它们的底床、底土和领空，是主权国家管辖的国家全部疆域。任何一个主权国家的宪法空间效力都及于国土的所有领域，也及于这一主权国家的所有公民，这是由主权的唯一性和不可分割性决定的，也是由宪法的根本法地位决定的。所以，D选项的表述是正确的。

三、名词解释

1. **答案：**宪法规范是指调整国家最基本、最重要的社会关系的各种规范的总和。宪法规范并不调整所有的社会关系，而只调整国家和社会生活中最基本的社会关系。
2. **答案：**义务性规范是指宪法规定特定主体必须为或不为某种行为，否则应承担宪法上的不良法律后果的规范。
3. **答案：**宪法规范的效力是指宪法规范对相关社会关系产生的拘束作用，其效力基础包括两个方面，宪法的法律效力和宪法实施的内在要求。

四、简答题

1. **答案：**宪法规范所调整的社会关系的特点是：（1）此类社会关系所涉及的领域非常广泛，几乎包括国家生活的各个方面，但均属原则性方面的关系。（2）此类社会关系的一方通常总是国家或者国家机关。
2. **答案：**宪法规范的不正常变动是指在宪法规范外发生的变化，亦即在一定条件下脱离了实定法的调整，导致宪法规范的变动，主要形式有：（1）宪法破坏。这种形式不仅全面改变现实的宪法典，而且从根本上排除成为宪法基础的宪法制定权；新旧宪法之间基本上找不出一致性。宪法破坏所带来的必然结果是，不仅出现新的制宪权主体，而且在宪法基本理念上也将发生重大变化。（2）宪法废除。这种变化的特点是，虽然改变了现实的宪法典，但宪法制定权主体并没有变化。同一制宪权主体根据社会生活中出现的特定情况，改变规范的内容。（3）宪法侵害。它是指明知违宪，但发布违背宪法规范的命令或采取违背宪法规范的措施。这时宪法规范本身的效力并没有被修改或中断，而继续保持其效力。因此宪法侵害本质上是一种违宪行为。（4）宪法停止。它是指因客观情况发生变化，暂时中止宪法规范中特定条款效力的情况。宪法中止分合宪的宪法中止和违宪的宪法中止两种。前者是指根据宪法规范的内容，暂时终止某一条款的效力，具有一定的合理性；后者则指没有宪法规范的依据，而根据临时命令或措施中止宪法规范的运用。

3. 答案：宪法规范是指调整国家最基本、最重要的社会关系的各种规范的总和。既可存在于宪法之中，也可存在于宪法性法律之中。宪法规范作用的主要方式：(1) 指引作用，宪法或宪法性法律对公民、国家等主体的行为起到导向、引路的作用；(2) 评价作用，宪法作为一种行为标准和尺度，具有判断、衡量人们行为的作用；(3) 预测作用，根据宪法或宪法性法律的规定，人们可以预先知晓或估计到其他人将如何行为以及行为的后果，从而对自己的行为作出合理的安排。宪法作用于公民和国家的方式的区别：宪法采用不完全列举的方式为公民设定各项自由与权利，宪法对国家权力的规范，则是具体的、确定的指引；宪法设定的权利，是以“可以这样做”的行为模式来确定的；宪法不仅限制国家权力的范围，而且限制国家权力行使的程序；在评价作用方面，宪法对公民权利的评价，主要在评价其行为本身，对其行为动机、目的、后果的评价则是次要的。

五、论述题

1. 答案：宪法规范是一种根本性的法律规范，与其他法律规范相比具有以下特点：

(1) 宪法规范的政治性

宪法规范是调整国家权力运行与人权保障的法律规范，宪法规范政治性的特征主要表现在：第一，制宪过程是一种政治选择过程。制宪的社会背景、制宪力量、制宪程序等并不是一种抽象的法律形式，它与一定的政治力量和具体利益联系在一起，反映特定的政治利益。第二，宪法规范具体内容的确定反映一种政治选择。在一个特定国家中，宪法规范的内容与所调整的宪法关系，体现国家的基本政策与政治理念。第三，宪法规范的调整方式与调整过程受一定政治利益的约束。宪法调整尽管有客观准则与客观事实，但其具体调整过程又受调整主体政治倾向的影响，从而使调整过程具有浓厚的政治色彩。各种不同的政治势力一方面通过宪法规范反映与满足自己的利益，另一方面又受宪法规范本身的限制。从这种意义上说，宪法规范是各种政治势力合法存在的保障，同时也是各种政治势力活动的自我限制。

(2) 宪法规范的最高性

宪法规范作为一种根本性的法律规范，在法律规范体系中居于最高地位，它制约和控制其他规范的存在。宪法规范的最高性是宪法特征的必然反映。宪法规范的最高性是指其在时间与空间上与其他规范相比较具有优位性与实效性，从而能够约束一切国家机关、社会团体与公民的活动。最高性是一种客观价值与事实的体现，具有客观性。

宪法规范的最高性具有丰富的内容。第一，宪法规范是社会生活中具有最高价值的准则，它构成一切政治社会的基础。宪法规范所确定的宪法秩序是社会秩序的基础，标志着一个国家法律的统一。第二，宪法规范的最高性体现其法律效力的最高性，即一切法律、行政法规等规范性文件不得同宪法相抵触，否则会失去效力。第三，宪法规范的最高性意味着宪法是调整社会生活的最高依据，是判断政治行为是否合法、合理的标准，是民意的最高体现。第四，在有关法律的规范体系中，合宪性审查制度、宪法诉讼制度等的建立与运行根据，也源于宪法规范的最高性。

(3) 宪法规范的原则性

宪法规范是宪法的细胞，宪法则是由众多规范构成的有机整体，宪法规范除具有法律规范的一般性质外，还具有自己的特殊性，其中，原则性被宪法学者概括为宪法规范的共同特性，为一切宪法规范所普遍具有。

宪法规范的原则性是由宪法规范调整内容的广泛性决定的。众所周知，宪法是国家的根本大法，是统治阶级建立民主制国家、管理国家和社会生活各方面意志和利益的集中体现，这就必然决定了宪法规范必须全方位地调整国家生活和社会生活，任何的立法缺位都可能导致社会的无序。也就是说，宪法规范调整的内容涉及政治、经济、教育、科学、文化等各个方面。然而，对如此广泛而复杂的问题，宪法规范不可能规定得非常具体，而只能从宏观上进行原则性规定，将统治阶级在政治、经济、教育、科学、文化等各个方面的利益和意志，以最基本的原则形式确认下来。另外，宪法规范的最高性以及稳定性和适应性等特征也决定了宪法规范不能规定得太具体。

（4）宪法规范的组织性与限制性

宪法规范的组织性主要表现在授权性规范上，它构成确定国家机构活动的宪法基础。宪法规范的组织性功能一方面通过宪法典中具体规定的宪法规范实现，另一方面还可以通过实质意义上的宪法规定实现。

为了保证权力运行的合宪性，宪法规范不仅要发挥组织功能，而且要发挥其限制功能。宪法规范的组织性与限制性是同一问题的两个方面。由于权力本身的属性，即使是合理地组织起来的权力体系也不一定按照规定的原则和程序运行，因而不可避免地存在因权力活动而产生的腐败和滥用权力的现象。因此，就宪法规范本身的价值而言，它不能只停留在组织这一层次，而应积极发挥其限制或控制功能。实际上，宪法典或宪法性法律中存在大量的限制性规范，除对国家权力运行本身设置各种限制外，人权保障规范本身也强化了规范的限制功能。限制人权合理界限的确定、国家权力之间的相互控制等，有助于强化宪法规范的限制功能，以保证宪法规范发挥其调整社会生活的功能。

2. 答案：传统的将宪法规则的逻辑结构分为假定、处理、制裁三部分的观点失之偏颇，我们主张，将宪法规则分为行为模式和法律后果两个部分。在理解这两个要素时，还需要正确处理宪法规范、宪法规则和宪法条文的关系。首先，宪法规范不等同于宪法条文。在大多数国家，宪法规范都不仅仅表现在成文宪法典之中，它也包括在各种宪法性法律、宪法惯例等其他宪法形式之中。因此，宪法规范的范围远比宪法条文要大。其次，宪法规范与宪法规则之间存在区别。最后，宪法规则与具体的宪法条文之间也不是一一对应的关系。宪法条文是宪法规则的具体表现形式，宪法规则是宪法条文的内在本质与内容。在逻辑结构上，宪法规则必须具备两个要素，但“宪法规范的逻辑结构并不等于宪法条文的内容结构。同一宪法规范，其逻辑结构的不同部分可能体现在不同的宪法条文中，而同一宪法条文也可能体现不同宪法规范逻辑结构的不同部分”① 因此，由宪法调整社会生活的特点所决定，宪法条文所反映的宪法规则要素不一定是完整的内容。宪法规则的逻辑结构与宪法条文的关系主要有以下几种形式：

第一种形式是宪法规则的两要素在同一宪法条文中全部体现。例如，我国《宪法》第 5 条第 4 款规定：“一切国家机关和武装力量、各政党和各社会团体、各企业事业组织都必须遵守宪法和法律。一切违反宪法和法律的行为，必须予以追究。”

第二种形式是宪法规则中的法律后果并不具体表现在宪法条文之中。一般而言，某一宪法条文直接规定法律后果的情况颇为少见，宪法规则往往只规定了行为模式，但不规定法律后果。例如，我国《宪法》第 46 条第 1 款规定：“中华人民共和国公民有受教育的权利和义务。”

第三种形式是宪法规则两要素各自以独立或分散的形式表现。宪法规则中可能仅仅规定了行为模式，相关法律后果则通过相应的部门法予以具体化。例如，我国《宪法》第 12 条第 2 款规定：“国家保护社会主义的公共财产。禁止任何组织或者个人用任何手段侵占或者破坏国家的和集体的财产。”这一规定的法律后果通过刑法规定的刑事制裁来表现。

---

① 董和平：《宪法规范若干问题研究》，载《当代法学》1998 年第 4 期。此处引文中将宪法规范与宪法规则视为同一概念。

第七章　宪法关系

基础知识图解

宪法关系
- 主体
- 内容
  - 国家与公民的关系
  - 国家与国内各民族的关系
  - 国家与社会团体、企业、事业组织及其他组织的关系
  - 国家机关之间的关系
  - 国家与政党的关系
  - 国家与外国人、无国籍人的关系

配套测试

一、单项选择题

1. 下列选项中不属于宪法关系内容的是哪一项？（　　）

A. 公民、组织之间的关系

B. 国家、公民之间的关系

C. 国家机关之间的关系

D. 国家机关内部的关系

2. 下列哪一选项是宪法关系中权利与权力转化为现实利益的唯一途径？（　　）

A. 宪法行为　　B. 宪法实施

C. 宪法适用　　D. 宪法条文

二、多项选择题

1. 宪法关系亦称宪法法律关系，是指根据一定的宪法规范，在宪法主体之间产生的、以宪法中的权利和义务为基本内容的社会政治关系。其性质和特征主要表现在下列哪几个方面？（　　）

A. 它是特定社会民主政治关系的法律形式，同时对政治关系进行规范和调整

B. 它是近现代社会法制体系中最为基本的法律关系

C. 它以宪法规范为调整依据，是宪法规范的具体化和现实化

D. 它既是宪法主体之间的事实关系，也是价值关系

2. 关于宪法关系的内容，以下理解正确的是（　　）

A. 权利与权力的关系是宪法关系的基本内核，决定了宪法关系的性质、基本结构形式

B. 公民权利制约着国家权力，是由人民作为主权者的地位决定的

C. 国家权力的互相制约，包括不同权力资源的各主体的权力配置，各权力机关之间的制约与配合

D. 国家权力的相互制约保持着稳定的静态模式

3. 在完善的宪法关系中，公民权利主要从以下哪些方面对国家权力进行制约和监督？（　　）

A. 从国家权力的来源对其进行制约和监督

B. 从国家权力的行使对其进行制约和监督

C. 从国家权力的行使后果对其进行制约和监督

D. 从国家权力的依据对其进行制约和监督

4. 关于权力的制约，表述错误的是（　　）

A. 国家权力的相互制约是权力制约权利的重要补充

B. 国家权力派生于公民权利，因此国家权力受到公民权利的限制
C. 对于权力的滥用公民可以通过法律途径要求权力滥用者承担法律责任
D. 对于行使国家权力却不能促进社会公共利益发展的权力行使者，公民只有权通过法律途径要求其承担责任

三、名词解释

1. 宪法关系
2. 宪法关系主体
3. 宪法关系客体
4. 宪法权利行为
5. 违宪行为

四、简答题

1. 怎样理解“公民是宪法关系中最活跃的主体因素”？
2. 权利制约权力的基本途径和方式有哪些？

五、论述题

1. 试论宪法关系的特点。
2. 怎样理解权利与权力关系在宪法关系中的地位？
3. 甲认为“宪法最主要、最核心的价值在于它是公民权利的保障书”。乙认为“公民权利制约国家权力是宪法关系的基本精神”。请评价甲乙二人的观点。

参考答案

一、单项选择题

1. **答案**：A。宪法关系主体的一方主要是国家或者国家机关。宪法关系主要包括四个方面：一是国家与公民之间的关系；二是国家与国内各民族、社会团体、企业、事业和其他组织的关系；三是国家机关之间的关系；四是国家机关内部的关系。在这些宪法关系中，国家或者国家机关始终是关系主体的一方。而在普通法律所调整的社会关系中，绝大多数情况下，国家或者国家机关并不是法律关系主体的一方。
2. **答案**：A。权利宪法行为和权力行为是宪法关系主体相互之间及其与宪法规范产生联系的唯一领域。

二、多项选择题

1. **答案**：ABCD。本题主要考查宪法法律关系的性质和特征。
2. **答案**：ABC。国家权力的相互制约保持着权力运行的动态平衡。其他选项都是宪法关系内容的表现。
3. **答案**：ABC。在现代宪法关系中，公民权利从国家权力来源、行使方式和后果等方面对国家权力进行制约与监督，这是公民权利制约国家权力的基本途径和方式。
4. **答案**：AD。国家权力的相互制约是权利制约权力的重要补充。在权力行使者行使国家权力却不能促进公共利益发展时，公民除有权通过法律途径外，还有权通过社会途径要求权力行使者承担责任。

三、名词解释

1. **答案**：宪法关系是指按照一定的宪法规范，在宪法主体之间所产生的，以宪法上的权利和义务为基本内容的社会关系，是立宪社会最基本的政治秩序在法律上，尤其是宪法上的表现。
2. **答案**：宪法关系主体是依据宪法规范直接参与宪法活动的政治实践主体，是宪法权力和宪法义务的直接承担者和直接行使者。
3. **答案**：宪法关系客体是宪法行为，是指公民和国家等主体依法行使宪法规范所赋予的权利和权力的行为，包括公民的宪法权利行为和国家的宪法权力行为两种基本类型。
4. **答案**：宪法权利行为是公民等宪法关系主体依法行使宪法赋予的权利的作为或不作为。
5. **答案**：违宪行为是以公民等的权利行为或国家的权力行为形式表现出来的违反宪法的作为或不作为。

四、简答题

1. **答案**：公民在宪法关系中的主体资格，既由人民的主权者地位所决定，又从个体方面体现并且不断实现着人民的主权，是人民主权在宪法关系中的现实表现形式。公民之所以

成为宪法关系的主体，是由其内在特征决定的。具体说来表现在：第一，平等性。公民在法律面前一律平等，是宪法制度的根本原则。这是商品经济条件下主体利益要求的社会价值平等化在政治法律领域的表现。它意味着社会政治关系只能由全体社会成员共同参与，任何人都不可能拥有独自控制国家政治事务的特权。第二，自由性。包括公民的内在自由和外在自由。一方面，公民具有意志的自由，这是公民参加宪法关系实践的必要条件。没有意志自由，就没有公民的社会政治实践活动；公民意志自由的程度，决定着他参与政治实践的程度。另一方面，公民有按照自己的意志参加宪法关系实践以及决定参与方式、参与程度的自由。当然，公民的自由不是绝对的，他必须以对宪法、法律的自我意识和自我认同为基础进行自我约束，公民的自律也是其自由性的表现形式。第三，主动性。公民在宪法关系实践中不是消极地适应社会政治结构和环境，不是消极地被统治者所统治，而是积极地参与社会政治生活，以其意志和行为反作用于社会、国家和其他公民。正因为公民具备了平等性、自由性和主动性的特征，所以才能摆脱政治关系的奴役和压迫，并且通过宪法权利的行使，充分地参与到国家政治决策中去，使自己的利益要求能够最大限度地得到满足，从而成为宪法关系中最为活跃、最为积极的因子。公民利用自己的主体地位，作用于宪法关系的途径多种多样，如参加选举和投票、参加政党活动、担任国家公职人员等。同时，公民对于宪法关系发展的作用是巨大和深远的，这表现在：一方面，通过权利的行使满足自己的利益要求，发挥自己的主体性和个体性，使人类在社会条件许可的范围内最大限度地发挥自己，在完成政治解放的基础上向人类解放的目标前进；另一方面，通过自己的宪法权利行为，制约着国家权力行使的方式、目的和效果，使之在法律规定的轨道上合理运行，并由此保证宪法关系的健康运作。由于公民权利与宪法关系在价值目标上的一致性，公民的权利行为一直是推动宪法关系内部结构和外在形式变革的最为活跃、最为积极的因素。因此，我们说公民是宪法关系中最活跃的主体因素。

2. **答案**：在完善的宪法关系中，公民权利主要从国家权力的来源、行使方式和后果等方面对权力进行制约和监督。从国家权力的来源看。宪法关系确定了国家权力是人民主权和公民权利的派生物，其主体根源是也只能是社会成员的大多数。既然国家权力来源于人民主权和公民权利，其产生途径就应该是人民的明确授予，所以，宪法和法律在确认公民的广泛政治社会权利的同时，也构建了完备的权力授予机制，即规定选举制度，掌握国家权力的重要公职人员要在普遍选举的基础上产生。人民通过这种机制行使权利，作为一定的意思表示，以形成社会公共意志来完成权力授予的过程。除实行代议制度以间接形式产生国家权力外，公民也能通过宪法关系的有关机制直接参与权力活动，全民公决和现代社会逐步发展起来的共同参与制度就是公民直接参政的主要体现。公民直接参与创制、复决和罢免活动，是从根本上体现权利产生权力的形式。

从国家权力的行使来看，既然国家权力派生于公民权利，由公民通过权利的行使明确授予，那么，国家权力就应该是有限的。这不仅体现在国家权力范围的有限性方面，更为重要的是，国家权力行使的方式、程序都必须经过公民的同意。宪法通过公民权利对国家权力的行使进行制约、监督的方式体现为：第一，法律制约。即作为社会公共意志存在形式的宪法和法律在保障公民权利的同时，明确规定各种国家权力的行使范围、行使程序以及滥用权力的法律责任。第二，政治制约。即在代议制条件下，宪法确定层层负责的政治责任制度，确保国家权力的行使最终向人民和全体公民负责。第三，社会制约。即在国家政治体制之外，由社会和公众通过各种形式对国家政治决策展开协商、讨论，对国家权力进行监督。

从国家权力的行使后果来看，宪法关系确定了公民权利对国家权利行使后果的控制机制，这在制度上体现为规定国家机关及其工作人员的法律责任和政治责任制度。一方面，对违反宪法和法律规定的范围和程序行使权力，滥用国家权力的国家机关及其工作人员，公民可以通过法律途径要求其承担法律责任；另一方面，对于行使国家权力却不能促进社会公共利益和公民个人利益的国家机关及其工作人员，公民既有权通过法律途径，又可以通过社会途径，要求其承担政治责任，包括行使政治选择权，使有关公职人员丧失对国家权力的掌握。这样，就不仅在形式上保证了国家权力的合法运作，而且能促使国家权力的行使产生积极后果。

五、论述题

1. 答案：宪法关系是宪法规范在调整人们行为的过程中形成的法律上的权利义务关系。由于宪法的性质及其所调整、规范的社会关系的重要性，决定了宪法关系是法律关系中最主要、最基本的一种。宪法关系的特点大致表现在以下几个方面：

(1) 宪法关系是由宪法所规定和调整的社会关系。宪法关系作为一种社会关系，并不是社会关系的全部，而只是基本的社会关系，但也不是某一社会基本社会关系的全部或整体，而是由宪法规定和调整的那部分基本社会关系。宪法关系也不是一般意义的权利义务关系，而是由宪法设定的基本权利义务关系。就这种意义而言，宪法关系是由宪法调整的，以基本权利与义务为构成内容的基本社会关系。

(2) 同其他法律关系一样，宪法对基本权利与义务的法律设定，并不能产生现实的宪法关系（只有在法律形式与社会内容相联系时，才会形成具体的宪法关系），而必须基于一定的法律事实。就宪法关系而言，作为其法律事实的主要是宪法主体的行为。按照产生法律关系的行为是合法还是非法，可将法律关系分为建立权利性的法律关系和保护性的法律关系，宪法关系同样包括建立权利性宪法关系和保护性宪法关系，所不同的是宪法关系主要是或大量是建立权利性的宪法关系。一方面，宪法调整的基本社会关系及其内容的基本权利与义务，必须而且应该能够得到遵守；另一方面，虽然有大量违反宪法的行为存在，但这些行为并不一定都能导致宪法关系的发生。

(3) 宪法关系以原有法律关系为主，以派生法律关系为辅。由于宪法是对既存民主事实以及经济关系和文化关系的确认，是阶级斗争的结果和总结，因而宪法所调整和确认的基本社会关系往往是先于宪法规范而存在的，由宪法规范对这些既存基本社会关系的规定与调整而形成的宪法关系，必然属于原有法律关系的范畴。当然也有一些宪法关系是基于宪法规范的规定和调整而产生的社会关系，虽然这种社会关系也是基本社会关系，或者服务于某种基本社会关系，但却不能脱离宪法规范的调整而独立存在，如合宪性审查或司法审查的宪法关系。这样的宪法关系是派生法律关系或派生宪法关系。

(4) 宪法关系具有政治性的特点。宪法关系中的政治性指有关国家权力的分工与制约，国家的意识形态以及公民与国家的关系。宪法所调整的基本社会关系既有纯粹的基本政治关系，如国家政治体制方面的一系列具体关系，也有带政治性色彩的其他基本社会关系，如基本经济关系。宪法关系的政治性特点是由宪法是政治法的特殊属性所决定的。其他法律关系虽然不排除某些政治色彩，如服务于一定的政治目的和需要，但其本身并不具有宪法关系那样鲜明的政治性。因为宪法本身以政治关系作为调整对象，宪法关系就是政治关系，而不论其具体内容是涉及经济还是涉及文化。

2. 答案：权利与权力，尤其是公民权利与国家权力在很大程度上决定着社会生活的基本秩序，体现着社会政治关系应当遵循的运动规律。宪法关系的中心任务，就是处理好公民与国家之间的关系，其实质也就是权利—权力关系。权利—权力关系对宪法关系的作用主要体现在：

(1) 权利与权力关系决定宪法关系的性质。社会政治关系的变革是宪法和宪法关系产生的前提条件之一，而政治关系的变革就其表现形式而言，则是权利与权力在社会政治生活中的重新定位和重新分配。权力社会向权利社会的转变，决定了宪法的产生，权利—权力关系的变革则决定了宪法的基本性质。

(2) 权利与权力关系决定宪法关系的基本结构形式。宪法关系是由宪法所确定的社会政治秩序的法律表现形式。它是对既定社会政治秩序的确认以及根据客观情况变化所作出的调整，是以权利与权力的分配和组合形式加以实现的。正是通过对权利、权力的分配和调整，宪法关系才确立起自己的秩序结构和外在表现形式。所以说，权利与权力关系是宪法关系得以外化的基本形式。

(3) 权利与权力关系是宪法关系各主体法律地位的体现。主体地位是宪法关系的关键问题。一方面，宪法明确规定了赋予公民多大的权利和怎样的权利，授予国家机关多大的权力和怎样的权力，以及规定其如何行使这些权力，这就通过宪法和法律把公民、国家等宪法关系主体的地位明确起来；另一方面，公民与国家的主体地位也在宪法关系的动态运作中得以体现，并且根据社会发展对权利和权力作出的调整，推动公民与国家的主体地位与相互关系向新的形态发展。

(4) 权利与权力的冲突与妥协是宪法关系运作的基本形式。公民的权利要求和国家的权力要求得到对方主体承认是这对矛盾相互作用的一种形式；而权利要求与权力要求的相互对立和抵触，则要求适用有关的宪法规范对冲突进行仲裁和协调，使这些冲突归于消灭，从而恢复宪法关系的稳定，这是二者相互影响更为常见的方式。但不论哪种形式，都推动着宪法关系的运作。宪法关系通过权力与权利冲突的调整规范，维持着宪法秩序的动态平衡发展。

(5) 权利与权力的互动关系推动宪法关系的发展。从微观上看，权利与权力在具体宪法事项中的运动是宪法关系运作的基本形式；从宏观上分析，权利与权力的矛盾运动是宪法关系发展的基本动力。首先，权利—权力关系的运转是宪法和宪法关系得以产生的重要政治条件。其次，全社会范围内权利与权力之间矛盾的“产生—调整—消灭—产生”的过程，使宪法关系的作用得以全面发挥，在运动过程中又不断对原有政治关系中不尽合理的部分进行扬弃，同时创造着新的宪法关系实践形式和内部结构，由此推动着宪法关系的发展。最后，权利与权力的矛盾运动必然促使国家权力向公民权利、人民主权的回归，从而实现宪法关系的终极价值。

3. 答案：针对这两个人的观点我们可以作如下三点评析：

(1) 甲将宪法最主要的价值定位于保障公民权利。这种观点可以从宪法的发展历史及基本内容得以证明。就宪法的发展历史而言，宪法最早是资产阶级在反对封建专制制度的斗争中，为了确认取得的权利而制定出来的。欧洲大陆的第一部宪法——法国1791年宪法把《人权宣言》作为宪法序言；世界上第一部社会主义宪法——1918年的苏俄宪法，也将《被剥削劳动人民权利宣言》列为第一篇。就宪法的基本内容而言，尽管涉及国家权力的依法行使和公民权利的有效保障两大方面，但公民权利的有效保障却居于支配地位。

(2) 乙将宪法关系的基本精神归结为公民权利制约国家权力。这种观点的逻辑起点是人民主权，而所谓人民主权概括地讲就是指国家的一切权力属于人民。如果说宪法学的基本问题在于公民权利与国家权力的关系，那么人民主权则是公民权利与国家权力关系这一基本宪法现象的高度抽象。宪法处理公民权利与国家权力关系的特点就在于确立公民权利的优势地位，并从整体上对国家权力进行控制。

(3) 甲的观点没有揭示宪法在保障公民权利上的特殊性。宪法固然是公民权利的保障书，但其他法律也以保障公民权利为依归。宪法的特殊则在于，它的保障作用具有根本性，这主要体现在宪法通过规范国家权力来保障公民权利上。因此，严格地说，宪法是公民权利的根本保障书。乙只谈权利对权力的制约而不谈其落脚点——保障公民权利，有违宪法的旨趣；而且这里的“制约”一词似乎只看到了权力与权利这对矛盾体的矛盾方面，而忽略了其统一的一面。因此，如果把以上两种观点结合起来，我们似可得出这样的结论：宪法通过规范国家权力以保障公民权利，是宪法成为公民权利根本保障书的最重要途径。而且这主要通过三个原则和五种方式来体现。这三个原则分别是：第一，宪法通过权力制约权力；第二，宪法通过权利制约权力；第三，宪法通过程序来制约权力。这五种具体方式分别是：第一，宪法确定公民权利对于国家权力的优越地位；第二，宪法确定国家权力的主体，尽可能避免国家权力行使中的“错位”，尽可能使公民权利少受不当权力的制约；第三，宪法确定国家权力的内容和范围，尽可能防止国家权力的不当膨胀及滥用，尽可能减少国家权力对公民权利的侵犯；第四，宪法确定国家权力的行使原则和方式，尽可能使国家权力在法定轨道上运行；第五，宪法确定对国家权力的监督，把国家权力置于相对状态中，尽可能避免导致绝对腐败的绝对权力。

第八章　宪法的效力与作用

基础知识图解

宪法的效力与作用
- 效力：空间效力、时间效力、对人效力、对事效力、我国宪法序言的法律效力
- 作用：确认和规范国家权力，保障公民基本权利，维护国家法制统一，确认经济制度、促进经济发展，维护国家统一和世界和平

配套测试

一、不定项选择题

1. 下列有关宪法的评价作用正确的是（　　）

A. 宪法的评价作用与道德、宗教、风俗习惯的评价作用相同

B. 宪法的评价作用具有统一性、普遍性、强制性特点

C. 宪法评价作用的受重视程度及发挥状况很大程度上取决于社会形态

D. 宪法的评价作用是判断、衡量国家行为的标准和尺度

2. 有关宪法对人权的保护和促进的说法错误的是（　　）

A. 宪法规定并不断丰富人权的内涵

B. 许多国家的宪法提出生存权和发展权等集体人权也是人权的基本内容

C. 宪法对人权进行严格的保护

D. 宪法对人权的促进主要表现为宪法规定了人权实现的各类条件

3. 下列关于宪法作用方式的说法错误的有（　　）

A. 宪法采用列举方式来规定公民的各项权利与自由

B. 宪法对国家权力的规范不是具体的、确定的指引

C. 宪法设定公民权利主要以“可以这样做”的行为模式

D. 宪法不仅限制国家权力的范围还限定国家权力行使的程序

4. 关于宪法功能，下列说法正确的是（　　）

A. 宪法确认革命胜利成果，巩固国家政权

B. 宪法维护经济基础，促进经济发展

C. 宪法能够确认文化制度，促进精神文明的发展

D. 宪法保障维护公民的基本权利

5. 关于宪法在立法中的作用，下列说法不正确的是（　　）（司考 2010. 1. 19）

A. 宪法确立了法律体系的基本目标

B. 宪法确立了立法的统一基础

C. 宪法规定了完善的立法体制与具体规划

D. 宪法规定了解决法律体系内部冲突的基本机制

6. 2008 年修订的《中华人民共和国残疾人保障法》第 50 条规定：“县级以上人民政府对残疾人搭乘公共交通工具，应当根据实际情况给予便利和优惠。残疾人可以免费携带随身必备的辅助器具。盲人持有效证件免费乘坐市内公共汽车、电车、地铁、渡船等公共交通工具。盲人读物邮件免费寄递。国家鼓励和支持提供电信、广播电视服务的单位对盲人、听力残疾人、言语残疾人给予优惠。各级人民政府应当逐步增加对残疾人的其他照顾和扶助。”对此，下列说法错误的是（　　）（司考 2010. 1. 92）

A. 该规定体现了立法者在残疾人搭乘公共交

通工具问题上的价值判断和价值取向

B. 从法的价值的角度分析，该规定的主要目的在于实现法的自由价值

C. 该规定对于有关企业、政府及残疾人均具有指引作用

D. 该规定在交通、邮政、电信方面给予残疾人的优待有悖于法律面前人人平等原则

7. 宪法作为国家根本法，在国家和社会中发挥重要作用。关于宪法作用和宣誓制度，下列选项正确的是（　　）

A. 宪法为避免法律体系内部冲突，提供了具体机制

B. 宪法宣誓制度有助于宪法作用发挥

C. 宪法能够为司法活动提供明确直接依据

D. 宪法的修改是宪法作用发挥的重要前提

二、名词解释

1. 宪法的指引作用

2. 宪法的评价作用

3. 宪法的预测作用

三、简答题

宪法规范作用的主要方式有哪些？

四、论述题

1. 论宪法的作用。

2. 阅读下列宪法条文，说明其含义及相互关系。

第5条第1款　中华人民共和国实行依法治国，建设社会主义法治国家。

第15条第1款、第2款　国家实行社会主义市场经济。

国家加强经济立法，完善宏观调控。

参考答案

一、不定项选择题

1. 答案：B。宪法的评价作用与道德、宗教、风俗习惯的评价作用不同，A错误；宪法评价作用很大程度上取决于公民的法律意识，因此C不正确；宪法评价作用是判断、衡量宪法主体行为的标准和尺度，不只有国家，因此D不全面。

2. 答案：D。宪法对人权的保护和促进作用主要体现在宪法为人权的实现规定了各项政治、法律条件，而非D项所说的各项条件。

3. 答案：AB。宪法采用不完全列举的方式为公民设定各项权利和自由，并且这些自由、权利的设定对于公民来讲，都是一种原则性的、有选择性的指引；同时，在权利的列举之外，只要宪法未禁止和限制的领域就视为公民的自由。而宪法对国家权力的规范则是具体、确定的指引。因此，A、B项错误。

4. 答案：ABCD。通说认为宪法功能就是宪法作用，宪法功能除本题所列选项外，还具有健全法律制度、推动法治建设的功能。

5. 答案：C。宪法是立法体制发展与完善的基础与依据，而不是规定了完善的立法体制和具体规划。

6. 答案：BD。选项B错误。从法的价值角度分析，该规定的主要目的是实现法的正义价值。选项D错误。这样规定，恰恰是体现了法律面前人人平等原则。

7. 答案：B。宪法为避免法律体系内部冲突，并没有明确提供具体机制，故A项错误。宪法宣誓有助于彰显宪法权威，激励和教育国家工作人员忠于宪法、遵守宪法、维护宪法，加强宪法实施。故B项正确。宪法的规定笼统、抽象，并没有为司法活动提供明确直接依据，故C项错误。宪法即使没有修改，也可发挥宪法作用，故D项错误。

二、名词解释

1. 答案：宪法的指引作用是指宪法或宪法性法律对公民、国家等主体的行为起到的导向、引路作用。这主要通过权利和权力的设定来实现，即宪法通过规定公民、国家（主要表现为国家机关）的权利、义务、权力和职责以及违反宪法规定所应承担的责任，引导公民、国家机关实施一定的行为或不实施一定的行为。

2. 答案：宪法的评价作用是指宪法作为一种行为标准和尺度，具有判断、衡量人们行为的作用。评价的对象包括主体行为的动机与目的、行为的手段及后果等。

3. 答案：宪法的预测作用是指根据宪法或宪法

性法律的规定，人们可以预先知晓或估计到其他人将如何行为以及行为的后果，从而对自己的行为作出合理安排。

三、简答题

答案：宪法对国家、国家机关、公民、社会团体等宪法关系主体都具有规范作用。但由于公民与国家是宪法关系最基本的主体，因此宪法也主要是对公民的权利行为和国家的权力行为进行规范。而宪法对这两种基本主体的行为的规范作用，主要包括指引、预测和评价等方面。(1) 指引作用，是指宪法或宪法性法律对公民、国家等主体的行为起到导向、引路的作用。(2) 评价作用，是指宪法作为一种行为标准和尺度，具有判断、衡量人们行为的作用。宪法的评价包括专门评价和一般评价。(3) 预测作用，是指根据宪法或宪法性法律的规定，人们可以预先知晓或估计到其他人将如何行为以及行为的后果，从而对自己的行为作出合理安排。

除指引、评价、预测作用外，宪法的规范作用还可以表现为教育作用和强制作用。宪法的教育作用在于，通过宪法的实施对宪法关系主体今后的行为发生影响。宪法的强制作用则在于通过制裁违宪行为，加强宪法的权威性，保护公民权利和国家权力的正当行使，维护既定的宪法秩序。

四、论述题

1. 答案：宪法作用是宪法调整国家的政治、经济、文化和社会各个领域所产生的具体影响。作为国家的根本法，宪法对我国政治和社会生活发挥着规范、引领、推动、保障的作用。

宪法在社会生活中发挥作用需要一定的前提条件，具体是指：(1) 宪法自身要具有正当性。这要求宪法必须以民主事实为基础，符合社会发展的客观要求。(2) 社会成员要具备宪法意识。社会成员要形成尊崇宪法、遵守宪法、维护宪法和运用宪法的意识，国家公权力也要形成严格依据宪法行使职权的意识。(3) 法律体系完备。宪法的原则性规定需要由普通法律予以具体化。此外，宪法作用的发挥还需要稳定的政治、经济、文化条件。如果社会不稳定，宪法的权威往往受到挑战，从而无法充分发挥作用。(4) 实施宪法。宪法的生命在于实施，宪法的权威也在于实施。为此必须深入贯彻依法治国、依宪治国基本方略，积极稳妥推进合宪性审查工作，维护宪法在中国特色社会主义法律体系和法治体系中的核心地位。

宪法的规范、引领、推动、保障作用主要表现在以下方面：

(1) 确认和规范国家权力

确认国家权力是指宪法规定国家权力的归属，以表明社会各阶级在国家中的地位。统治阶级通过革命斗争取得的国家权力，通过宪法的确认获得正当性和合法性。宪法对国家权力的确认集中体现为宪法对国家性质的宣告。

规范国家权力是指宪法规定国家权力的分工、行使的方式和程序，使国家权力的运行受到严格的监督和约束。宪法对国家权力进行配置，规定职权划分，并规定其相互配合或者相互制约的关系。在我国，实行民主集中制的人民代表大会制，国家权力分为立法权、行政权、监察权、审判权、检察权和武装力量领导权等，宪法规定各种国家权力的组织机构、行使权力的具体方式与程序。此外，宪法还规定对国家权力的监督方式，以及纠正国家机关违法行为的程序和途径。

(2) 保障公民基本权利

公民的基本权利和义务是宪法的核心内容，宪法是每个公民享有权利、履行义务的根本保证。宪法的产生与公民基本权利的保障有着密切的联系，许多国家的宪法都是人民争取自身权利的斗争的产物。各国宪法基本都以专章规定公民的基本权利，确认公民在政治、经济、文化、社会生活的各个领域的自由和利益。同时，宪法还规定限制基本权利的条件和方式，避免公民基本权利被随意地剥夺。为了充分保障公民的基本权利，许多国家宪法还以概括条款对宪法未列举的权利予以保护。

宪法上的基本权利条款的落实，还需要各种制度上的保障。宪法所规定的各种制度，比如新闻出版制度、社会保障制度等，都为基本权利的实现提供了制度基础。在许多国家，基本权利的实现还依赖于合宪性审查制度，通过合宪性审查，可以纠正公权力对公民基本权利的不当限制。

我国宪法对公民的基本权利作出了具体的规定，为广大人民群众充分享有权利和自由、广泛参与国家政治生活提供了法律保障。我国宪法确立了“国家尊重和保障人权”的原则，形成了具有中国特色的马克思主义人权观，并根据宪法制定了一系列保护公民基本权利的法律，签署了一批保护公民权利的国际公约，建立健全社会保障体系，通过人权实践全面推进了我国人权事业的发展。

(3) 维护国家法制统一

一个国家的法律制度，必须是一个完整统一的整体。宪法是最高法，也是根本法，为一切法律的制定提供立法依据。各部门法的制定须以宪法为依据，所有的法律都不得与宪法相抵触，与宪法相抵触的法律是无效的。此外，对普通法律的解释也应当贯彻宪法的精神，以保证法律体系在宪法统领下的一致性。

一个立足中国国情和实际、适应改革开放和社会主义现代化建设需要、集中体现党和人民意志的，以宪法为统帅，以宪法相关法、民法商法等多个法律部门的法律为主干，由法律、行政法规、地方性法规等多个层次的法律规范构成的中国特色社会主义法律体系已经形成。在中国特色社会主义法律体系中，宪法居于核心地位，是这一法律体系统一性的基础与保障。重大改革必须于法有据，于宪有源。任何改革必须在宪法和法律的框架内运行。

(4) 确认经济制度、促进经济发展

宪法作为上层建筑，对于经济基础具有能动的反作用。这种反作用具体表现在以下方面：首先，宪法确认和维护经济制度；其次，宪法规范经济生活，保证经济有序运行；最后，宪法通过规制、维护和保障经济关系，最终对生产力发展起到促进的作用。

我国宪法对于符合社会主义生产力发展要求的生产关系在法律制度上予以确定和认可。

(5) 维护国家统一和世界和平

宪法是一个国家中全体人民的政治共识的体现。基于人民主权原则制定的宪法汇总了全国人民共同认可的价值观念，有利于增强全民族的凝聚力和向心力。宪法在维护国家统一方面发挥着积极的作用。许多国家在宪法中明确规定国家的领土组成，任何分裂行为都会被视为对宪法的违反。

宪法有利于促进世界和平。有的国家的宪法序言中将和平作为宪法的基本价值追求，有的国家将和平主义规定为宪法的基本原则，有的国家将破坏国际和平的行为规定为违宪，这些规定对于世界和平这一全人类的共同目标的实现有着积极作用。

以上几个方面共同体现了我国宪法的规范、引领、推动、保障作用。新中国成立以来特别是改革开放以来，根据宪法规定和宪法精神，我国不断发展完善社会主义民主政治，实行民主选举、民主决策、民主管理和民主监督，保证人民依法管理国家事务，管理经济文化事业，管理社会事务；大力推进社会主义文化建设，构建社会主义核心价值体系，开展精神文明建设和思想道德建设，积极发展教育、科技、卫生、体育等各项事业，建立和健全社会保障体系，不断推进社会全面进步。宪法有力促进了物质文明、政治文明、精神文明、社会文明、生态文明的协调发展，对国家的政治建设、经济建设、文化建设、社会建设等各个领域产生了深刻影响，对国家的各方面事业发挥着积极的促进作用。只有认真贯彻实施宪法，坚持和完善宪法确立的各方面的制度和体制，才能保证改革开放和社会主义现代化建设不断向前发展，保证最广大人民的根本利益不断得到实现，保证国家安全和社会稳定，实现长治久安。

2. 答案： 市场经济就是法治经济、市场经济和社会主义法治相辅相成，相互促进。

我国的社会主义市场经济作为一种新型

的市场经济体制，它的孕育和发展，强烈地呼唤法治。法治经济即指国家在宪法的基础上，制定完备的市场经济法律法规，并使其在实际生活中得到严格的执行和遵守，以保证市场经济的健康发展和有效运行的经济状态。我国宪法中将市场经济和依法治国两者同时规定下来，具有重要意义。

市场经济需要法治的保障。首先，社会主义市场经济体制需要法律确认。我国发展社会主义市场经济的一个法律前提，就是要变宪法所肯定的计划经济体制为市场经济体制，并以此为根据废除和修改一切与市场经济体制不相适应的法律制度，依靠法律手段为市场经济的发展扫清道路。正是如此，全国人大于 1993 年 3 月将宪法关于“国家在社会主义公有制基础上实行计划经济”的规定修改为“国家实行社会主义市场经济”，从而为其他相应法律的修改和制定提供了母法依据。其次，市场经济秩序需要法律维护。依法维护正常的市场秩序，是市场经济健康发展的基础。最后，市场经济行为需要法律规范。在市场经济条件下允许怎样做、禁止怎样做、必须怎样做，都迫切需要法律划定其边界，提供行为的模式和标准。否则，就难以保证市场经济的有序运行。

第二编　宪法基本制度

第九章　国家性质

基础知识图解

- 国家性质
  - 国家政权的阶级归属
    - 国家政权的阶级归属是国家性质的政治要素
    - 我国是人民民主专政的社会主义国家
    - 国家的根本领导制度
    - 爱国统一战线——→无产阶级专政理论的重要组成部分
  - 国家的基本经济制度
    - 经济制度及其在各国宪法中的表现
    - 社会主义公有制是我国经济制度的基础
    - 我国社会主义市场经济的重要组成部分
    - 我国社会主义经济建设的基本方针
  - 国家的基本文化制度
    - 文化制度及其在各国宪法中的表现
    - 我国宪法关于根本文化制度等的规定
      - 坚持以社会主义核心价值观引领文化建设制度
      - 文化建设是我国社会主义现代化建设的重要内容
      - 国家发展教育事业
      - 国家发展科学事业
      - 国家发展医疗卫生和体育事业
      - 国家发展文学艺术及其他文化事业

配套测试

一、单项选择题

1. 下列关于国家制度的表述，正确的是哪一项？(　　)

A. 国家制度包括国体、政体、国家结构形式、领土结构形式、政权组织形式等内容

B. 国家制度包括国体、政体、国家结构形式、选举制度、地方制度等内容

C. 国家制度包括国体、政体、领土结构形式、选举制度、地方制度等内容

D. 国家制度包括国体、领土结构形式、选举制度、地方制度、政权组织形式等内容

2. 根据我国《宪法》第 26 条的规定，国家保护和改善生活环境和（　　），防治污染和其他公害。

A. 生态平衡　　B. 生存环境

C. 自然环境　　D. 生态环境

3. 根据我国现行《宪法》第 1 条的规定，下列选项中的哪一制度是我国的根本制度？(　　)

A. 人民民主专政　　B. 生产资料公有制

C. 社会主义制度　　D. 人民代表大会制度

4. 我国《宪法》第 25 条规定，国家推行计划生育，使人口的增长同经济和（　　）相适应。

A. 社会发展　B. 社会资源的增长
C. 生态环境　D. 社会发展计划

5. 根据我国《宪法》的规定，在社会主义初级阶段，国家坚持下列选项中哪一种形式的分配制度？（　　）
A. 按劳分配
B. 按劳分配与按需分配相结合
C. 按需分配
D. 按劳分配为主体、多种分配方式并存

6. 我国《宪法》第 2 条第 1 款规定："中华人民共和国的一切权力属于（　　）。"
A. 公民　B. 人民
C. 人民代表大会　D. 工农联盟

7. 我国《宪法》规定，城镇中的手工业、工业、建筑业、运输业、商业、服务业等行业的各种形式的合作经济是下列哪种形式的经济形式？（　　）
A. 国有　B. 集体所有制
C. 个体　D. 私营

8. 根据我国《宪法》的规定，下列关于私有财产权的表述哪一项是不正确的？（　　）
A. 公民合法的私有财产不受侵犯
B. 国家依照法律规定保护公民的私有财产权和继承权
C. 任何人不得剥夺公民的私有财产
D. 国家为了公共利益的需要，可以依照法律规定对公民的私有财产实行征收或者征用并给予补偿

9. 我国《宪法》规定：社会主义的公共财产神圣不可侵犯，国家保护社会主义的公共财产，禁止任何组织或者个人用任何手段（　　）国家和集体的财产。
A. 侵占或者买卖　B. 买卖或者出租
C. 买卖或者破坏　D. 侵占或者破坏

10. 尽管不同国家或者一国不同历史时期具体历史条件的不同，决定了其阶级关系状况存在差异，但一般来说，在下列选项中的哪一领域中居主导地位的阶级总是控制或者掌握着国家政权，处于统治者或领导者的地位？（　　）
A. 经济生活领域　B. 政治生活领域
C. 阶级斗争　D. 革命战争

11. 下列选项中哪一项最能体现国家的性质？（　　）
A. 社会各阶级、各阶层在国家生活中的地位
B. 精神文明的发展程度
C. 社会各阶级、阶层的人数多少
D. 政权机关的组织体系

12. 根据我国现行《宪法》的规定，个体经济、私营经济等非公有制经济在社会主义市场经济中的地位可以表达为下列哪一选项？（　　）
A. 重要组成部分
B. 必要补充
C. 重要基础
D. 最具活力、最有前途的部分

13. 在我国，国民经济的主导力量是（　　）
A. 国有经济　B. 集体经济
C. 私营经济　D. 个体经济

14. 现行《宪法》规定，国家保护城乡集体经济组织的合法权利和利益。对集体经济发展的政策是（　　）
A. 保障
B. 监督、管理和指导
C. 保护
D. 鼓励、指导和帮助

15. 我国《宪法》规定土地使用权可以依法律的规定（　　）
A. 买卖　B. 出租
C. 转让　D. 变更

16. 现阶段我国存在多种经济形式，从根本上说是由（　　）
A. 党的政策决定的
B. 国家法律决定的
C. 生产力发展水平决定的
D. 人们的科学文化水平决定的

17. 关于经济制度与宪法的关系，下列哪一选项是错误的？（　　）（司考 2009.1.22）
A. 自德国《魏玛宪法》以来，经济制度便成为现代宪法的重要内容之一
B. 宪法对经济关系特别是生产关系的确认与调整构成一国的基本经济制度
C. 我国《宪法修正案》第 16 条规定，法律范围内的非公有制经济是社会主义市

场经济的重要组成部分

D. 私有财产神圣不可侵犯是我国宪法的一项基本原则

18. 社会主义公有制是我国经济制度的基础。根据现行《宪法》的规定，关于基本经济制度的表述，下列哪一选项是正确的（　　）

A. 国家财产主要由国有企业组成

B. 城市的土地属于国家所有

C. 农村和城市郊区的土地都属于集体所有

D. 国营经济是社会主义全民所有制经济，是国民经济中的主导力量

二、多项选择题

1. 依照我国《宪法》的规定，可以依法属于集体所有的有哪些？（　　）

A. 森林、草原

B. 荒地、滩涂

C. 农村和城市郊区的土地

D. 宅基地和自留山

2. 下列有关我国国家性质的论述，哪些是正确的？（　　）

A. 我国的国家性质即指我国的国体，也即我国的阶级本质

B. 我国是人民民主专政的社会主义国家

C. 人民民主专政的实质是无产阶级专政

D. 在我国，人民民主专政和无产阶级专政可以通用

3. 根据我国《宪法》的规定，农村中的下列哪些形式的合作经济，是社会主义劳动群众集体所有制经济？（　　）

A. 生产　　B. 供销

C. 信用　　D. 消费

4. 我国《宪法》规定，矿藏、水流、森林、山岭、草原、荒地、滩涂等自然资源，都属于国家所有，即全民所有。其中下列哪些内容不得由法律规定为集体所有？（　　）

A. 矿藏　　B. 水流

C. 草原　　D. 荒地

5. 下列选项中关于国体的表述哪几项是正确的？（　　）

A. 国家的性质

B. 国家的阶级本质

C. 社会各阶级在国家生活中的地位和作用

D. 国家的根本制度

6. 人民民主专政与无产阶级专政相比，具有下列哪些特点？（　　）

A. 中国共产党领导的爱国统一战线的存在和发展

B. 中国共产党是人民民主专政的领导核心

C. 工农联盟是无产阶级专政的最高原则

D. 中国共产党领导的多党合作和政治协商制度的存在和发展

7. 我国《宪法》规定，要在人民中进行（　　）教育，进行辩证唯物主义和历史唯物主义的教育，反对资本主义的、封建主义的和其他的腐朽思想。

A. 爱国主义　　B. 集体主义

C. 国际主义　　D. 共产主义

8. 我国现阶段的爱国统一战线是由中国共产党领导的，由各民主党派和各人民团体参加的，包括（　　）的广泛的政治联盟。

A. 全体社会主义劳动者

B. 拥护社会主义的爱国者

C. 拥护祖国统一和致力于中华民族伟大复兴的爱国者

D. 海外朋友

9. 从我国现行《宪法》的规定看，宪法对下列哪些选项的内容没有授权普通法律规定为国家所有？（　　）

A. 农村和城市郊区的土地

B. 农村宅基地

C. 自留山、自留地

D. 森林

10. 根据我国现行《宪法》的规定，国家对个体经济、私营经济实行下列哪些策略？（　　）

A. 引导　　B. 鼓励

C. 监督　　D. 管理

11. 现阶段我国公有制经济包括下列选项中的哪些成分？（　　）

A. 国有经济

B. 劳动群众集体所有制经济

C. 股份制经济

D. 合资企业

12. 人民民主专政的国家担负着以下哪些基本职能？（　　）
A. 维护人民当家作主的权利
B. 保卫社会主义制度
C. 组织社会主义经济和文化建设
D. 维护世界和平

13. 我国人民民主专政的实质是无产阶级专政，下列哪几项体现了二者的一致？（　　）
A. 领导力量　　B. 阶级基础
C. 历史使命　　D. 具体任务

14. 在人类国家发展史上，先后出现过以下几种不同历史类型的国家？（　　）
A. 原始社会
B. 奴隶制国家和封建制国家
C. 剥削阶级国家和民主国家
D. 资本主义国家和社会主义国家

15. 现行《宪法》规定：国家发展自然科学和社会科学事业，普及科学和技术知识，奖励（　　）
A. 勇于献身的精神　　B. 科学研究成果
C. 文学艺术成果　　D. 技术发明创造

16. 现行《宪法》规定国家鼓励依照法律规定举办各种教育事业的组织分别是（　　）
A. 集体经济组织　　B. 科技协作集团
C. 国家企业事业组织　　D. 其他社会力量

17. 根据《宪法》的规定，关于我国基本经济制度的说法，下列选项正确的是（　　）
A. 国家实行社会主义市场经济
B. 国有企业在法律规定范围内和政府统一安排下，开展管理经营
C. 集体经济组织实行家庭承包经营为基础、统分结合的双层经营体制
D. 土地的使用权可以依照法律的规定转让

18. 关于国家文化制度，下列哪些表述是正确的？（　　）（司考 2015. 1. 62）
A. 我国宪法所规定的文化制度包含了爱国统一战线的内容
B. 国家鼓励自学成才，鼓励社会力量依照法律规定举办各种教育事业
C. 是否较为系统地规定文化制度，是社会主义宪法区别于资本主义宪法的重要标志之一
D. 公民道德教育的目的在于培养有理想、有道德、有文化、有纪律的社会主义公民

19. 我国的基本社会制度是基于经济、政治、文化、社会、生态文明“五位一体”的社会主义建设的需要，在社会领域所建构的制度体系。关于国家的基本社会制度，下列哪些选项是正确的？（　　）（司考 2016. 1. 62）
A. 我国的基本社会制度是国家的根本制度
B. 社会保障制度是我国基本社会制度的核心内容
C. 职工的工作时间和休假制度是我国基本社会制度的重要内容
D. 加强社会法的实施是发展与完善我国基本社会制度的重要途径

三、名词解释

1. 国家性质
2. 统一战线
3. 经济制度
4. 文化制度

四、简答题

1. 简述人民民主专政的阶级构成。
2. 简述经济制度和宪法的关系。
3. 决定国家性质的基本因素有哪些？
4. 人民民主专政的主要内容和特点。

五、论述题

1. 如何理解现行宪法对“社会主义的公共财产神圣不可侵犯”的规定？
2. 为什么说人民民主专政是民主与专政的结合？
3. 概述建设中国特色社会主义民主政治的基本内容。

参考答案

一、单项选择题

1. **答案**：B。本题主要考查国家制度的概念。
2. **答案**：D。《宪法》第 26 条规定：国家保护和改善生活环境和生态环境，防治污染和其他

公害。国家组织和鼓励植树造林，保护林木。

3. **答案**：C。《宪法》第1条规定：中华人民共和国是工人阶级领导的、以工农联盟为基础的人民民主专政的社会主义国家。社会主义制度是中华人民共和国的根本制度。中国共产党领导是中国特色社会主义最本质的特征。禁止任何组织或者个人破坏社会主义制度。
4. **答案**：D。《宪法》第25条规定：国家推行计划生育，使人口的增长同经济和社会发展计划相适应。
5. **答案**：D。《宪法》第6条第2款规定：国家在社会主义初级阶段，坚持公有制为主体、多种所有制经济共同发展的基本经济制度，坚持按劳分配为主体、多种分配方式并存的分配制度。
6. **答案**：B。《宪法》第2条第1款规定：中华人民共和国的一切权力属于人民。
7. **答案**：B。《宪法》第8条第2款规定：城镇中的手工业、工业、建筑业、运输业、商业、服务业等行业的各种形式的合作经济，都是社会主义劳动群众集体所有制经济。
8. **答案**：C。《宪法》第13条规定：公民的合法的私有财产不受侵犯。

   国家依照法律规定保护公民的私有财产权和继承权。

   国家为了公共利益的需要，可以依照法律规定对公民的私有财产实行征收或者征用并给予补偿。

   选项C不正确。公民不合法的私有财产，如侵占他人的财产，人民法院可以采用强制执行的方式予以剥夺。
9. **答案**：D。《宪法》第12条规定：社会主义的公共财产神圣不可侵犯。国家保护社会主义的公共财产。禁止任何组织或者个人用任何手段侵占或者破坏国家的和集体的财产。
10. **答案**：A。经济基础决定上层建筑，因而居主导地位的阶级总是控制或者掌握着国家政权，处于统治者或领导者的地位。
11. **答案**：A。所谓国家性质就是社会各阶级、各阶层在国家生活中的地位及相互关系。
12. **答案**：A。《宪法》第11条第1款规定：在法律规定范围内的个体经济、私营经济等非公有制经济，是社会主义市场经济的重要组成部分。
13. **答案**：A。《宪法》第7条规定：国有经济，即社会主义全民所有制经济，是国民经济中的主导力量。国家保障国有经济的巩固和发展。
14. **答案**：D。《宪法》第8条第3款规定：国家保护城乡集体经济组织的合法的权利和利益，鼓励、指导和帮助集体经济的发展。
15. **答案**：C。《宪法》第10条第4款规定：任何组织或者个人不得侵占、买卖或者以其他形式非法转让土地。土地的使用权可以依照法律的规定转让。
16. **答案**：C。生产力发展水平高低不齐决定了现阶段只有实行以公有制为主体，多种经济成分并存和共同发展的所有制形式。
17. **答案**：D。A、B项属于宪法基础理论的内容，都是正确的。C项有法条依据，D项没有法条依据。我国宪法规定：公有财产神圣不可侵犯。可见D项错误。因此，本题的正确答案应当是D项。
18. **答案**：B。关于A，国家财产即全民所有制财产主要由矿藏、水流、海域、城市的土地等其他自然资源组成，国有企业是国家开放利用上述自然资源的基本组织形式，A选项错误。关于B，按照《宪法》规定，矿藏、水流、海域、城市的土地绝对归国家所有，B选项正确。关于C，农村和城市郊区的土地，原则上归集体所有，但是按照法律规定属于国家所有的例外，C选项错误。关于D，在1993年宪法修正案中，国营经济被国有经济取代，国有经济是国民经济中的主导力量，D选项错误。

二、多项选择题

1. **答案**：ABCD。《宪法》第9条第1款规定：矿藏、水流、森林、山岭、草原、荒地、滩涂等自然资源，都属于国家所有，即全民所有；由法律规定属于集体所有的森林和山岭、草原、荒地、滩涂除外。第10条第2款规定：农村和城市郊区的土地，除由法律规定属于国家所有的以外，属于集体所有；宅基地和自留地、自留山，也属于集体所有。

2. **答案**：ABC。本题主要考查人民民主专政制度、国体概述、人民民主专政的实质。
3. **答案**：ABCD。《宪法》第8条第1款规定，农村集体经济组织实行家庭承包经营为基础、统分结合的双层经营体制。农村中的生产、供销、信用、消费等各种形式的合作经济，是社会主义劳动群众集体所有制经济。
4. **答案**：AB。《宪法》第9条第1款规定：矿藏、水流、森林、山岭、草原、荒地、滩涂等自然资源，都属于国家所有，即全民所有；由法律规定属于集体所有的森林和山岭、草原、荒地、滩涂除外。
5. **答案**：ABC。本题主要考查国体的概念。
6. **答案**：AD。本题主要考查我国人民民主专政与无产阶级专政相比所具有的特点。
7. **答案**：ABCD。《宪法》第24条第2款规定：国家倡导社会主义核心价值观，提倡爱祖国、爱人民、爱劳动、爱科学、爱社会主义的公德，在人民中进行爱国主义、集体主义和国际主义、共产主义的教育，进行辩证唯物主义和历史唯物主义的教育，反对资本主义的、封建主义的和其他的腐朽思想。
8. **答案**：ABC。《宪法》序言第十段规定：社会主义的建设事业必须依靠工人、农民和知识分子，团结一切可以团结的力量。在长期的革命、建设、改革过程中，已经结成由中国共产党领导的，有各民主党派和各人民团体参加的，包括全体社会主义劳动者、社会主义事业的建设者、拥护社会主义的爱国者、拥护祖国统一和致力于中华民族伟大复兴的爱国者的广泛的爱国统一战线，这个统一战线将继续巩固和发展。中国人民政治协商会议是有广泛代表性的统一战线组织，过去发挥了重要的历史作用，今后在国家政治生活、社会生活和对外友好活动中，在进行社会主义现代化建设、维护国家的统一和团结的斗争中，将进一步发挥它的重要作用。中国共产党领导的多党合作和政治协商制度将长期存在和发展。
9. **答案**：BC。《宪法》第10条规定，城市的土地属于国家所有。农村和城市郊区的土地，除由法律规定属于国家所有的以外，属于集体所有；宅基地和自留地、自留山，也属于集体所有。
10. **答案**：ABCD。《宪法》第11条第2款规定：国家保护个体经济、私营经济等非公有制经济的合法的权利和利益。国家鼓励、支持和引导非公有制经济的发展，并对非公有制经济依法实行监督和管理。
11. **答案**：AB。《宪法》第6条第1款规定：中华人民共和国的社会主义经济制度的基础是生产资料的社会主义公有制，即全民所有制和劳动群众集体所有制。社会主义公有制消灭人剥削人的制度，实行各尽所能、按劳分配的原则。题目中并没有使用股份制经济的国有成分或集体成分这种表述方式。
12. **答案**：ABCD。见宪法序言。
13. **答案**：ABC。我国人民民主专政由于在领导力量、阶级基础、历史使命等方面与无产阶级专政相同，因而其实质是无产阶级专政。
14. **答案**：BD。本题主要考查国家的历史类型，即奴隶制国家、封建制国家、资本主义国家和社会主义国家。
15. **答案**：BD。《宪法》第20条规定：国家发展自然科学和社会科学事业，普及科学和技术知识，奖励科学研究成果和技术发明创造。
16. **答案**：ACD。《宪法》第19条第4款规定：国家鼓励集体经济组织、国家企业事业组织和其他社会力量依照法律规定举办各种教育事业。
17. **答案**：AD。本题考查的是我国宪法中的经济制度。《宪法》第15条第1款规定，国家实行社会主义市场经济。故A项正确。

　　《宪法》第16条规定：国有企业在法律规定的范围内有权自主经营。国有企业依照法律规定，通过职工代表大会和其他形式，实行民主管理。因此，B项错误。

　　《宪法》第8条第1款规定：农村集体经济组织实行家庭承包经营为基础、统分结合的双层经营体制。农村中的生产、供销、信用、消费等各种形式的合作经济，是社会主义劳动群众集体所有制经济。参加农村集体经济组织的劳动者，有权在法律规定的范围内经营自留地、自留山、家庭副业和饲养自留畜。所以，C 选项的表述错误。

《宪法》第 10 条规定，土地的使用权可以依照法律的规定转让。所以 D 选项的表述是正确的。

18. **答案**：BD。爱国统一战线是我国人民民主专政的主要特色，不属于文化制度的内容，故 A 项错误。近代意义的宪法产生以来，文化制度便成为宪法不可缺少的重要内容。1919 年德国《魏玛宪法》第一次比较全面系统地规定了文化制度，为许多资本主义国家宪法所效仿。因此不能认为是否较为系统地规定文化制度，是社会主义宪法区别于资本主义宪法的重要标志之一。故 C 项错误。B、D 项明显是正确的。

19. **答案**：BCD。《宪法》第 1 条第 2 款规定："社会主义制度是中华人民共和国的根本制度……" 故 A 项错误。我国现行宪法对基本社会制度的规定主要包括社会保障制度、医疗卫生事业、劳动保障制度、人才培养制度、计划生育制度、社会秩序及安全维护制度等方面，其中，社会保障制度是基本社会制度的核心内容，故 B 项正确。职工的工作时间和休假制度是劳动保障制度的内容，故 C 项正确。易知，D 项亦正确。

三、名词解释

1. **答案**：国家性质是指通过特定的宪法规范和宪法制度所反映的一国在政治、经济和文化方面的基本特征，它反映着该国社会制度的根本属性。

2. **答案**：统一战线是指无产阶级及其政党在进行革命和建设过程中，为了获得最广泛的同盟军以壮大自己的力量，同其他革命阶级以及一切可以团结的人们所结成的政治联盟。

3. **答案**：经济制度是指一国通过宪法和法律调整以生产资料所有制形式为核心的各种基本经济关系的规则、原则和政策的总和。

4. **答案**：文化制度是指一国通过宪法和法律调整以社会意识形态为核心的各种基本文化关系的规则、原则和政策的总和，主要包括教育事业，科技事业，文学艺术事业，广播电影电视事业，医疗、卫生、体育事业，新闻出版事业，文物事业，图书馆事业，以及社会意识形态等方面。

四、简答题

1. **答案**：我国人民民主专政的国家政权，就其阶级构成来说，是以工人阶级为领导，以工农联盟为基础建立起来的：

(1) 工人阶级是人民民主专政的领导力量。

(2) 工农联盟是人民民主专政的基础。

(3) 知识分子已成为工人阶级的组成部分。

2. **答案**：经济制度是国家通过宪法、法律、政策等在确认和调整经济关系时所形成的制度。经济制度与宪法的关系不能被简单地视为经济基础和上层建筑的关系，而应该进行更深入的分析。

(1) 从历史发展来看，宪法是经济制度发展到一定阶段的产物。每一种社会形态，都有与该社会形态的经济基础相联系的经济制度。国家产生后，经济制度主要表现为有一定联系的法律、政策。经济制度的发展应与生产关系的发展相适应，资本主义生产关系的建立对经济制度提出了新的要求。资本主义生产关系是建立在发达生产力基础上的，因而先前建立在小生产基础上的生产关系制度化的形式已经不能满足它的要求了。资本主义生产关系需要有更权威、更有效、更能反映其本质并促进其发展的制度化形式。作为资产阶级革命的产物，宪法是经济制度发展到需要用根本法予以制度化时产生的。

(2) 从经济制度各种表现形式的关系来看，宪法是经济制度化的基本形式。经济制度是国家确认为调整经济关系的制度，它由宪法、法律、政策等构成。宪法是国家根本法，是国家制定一切法律、法规和政策的依据。在确认经济关系的诸法律、法规和政策中，宪法是最重要的形式。宪法对经济关系，特别是对生产关系的确认与调整构成一个国家的基本经济制度。

(3) 经济制度是宪法的重要内容。既然近代宪法是经济制度发展到一定阶段的产物，宪法是经济制度化的基本形式，那么确认和调整一定的经济关系就是宪法不可缺少的一个重要内容。从宪法发展史来看，无论是近代宪法，还是现代宪法和当代宪法，无论是资本主义的宪法，还是社会主义的宪法，尽管规定的内容不尽相同，但是都对经济制度作出了明确规定。第一次世界大战以后，特别是社会主义国家建立后，宪法规定经济制度的内容越来越多、越来越系统，规定经济制度已成为宪法不可缺少的重要内容。宪法中是否有较为完备的经济制度，可以说是衡量一个国家有无现代宪法的标准之一。

综上所述，从社会形态的角度考察，经济制度与宪法的关系是社会上层建筑构成要素间的关系，而不是经济基础与上层建筑的关系。尽管这样，正如理解上层建筑各要素之间的关系一样，理解经济制度与宪法的关系也必须从它们赖以建立的经济基础出发。

3. **答案**：不同国家的性质之所以各有特点，主要是因为它们具有不同的政治、经济和文化背景。国家性质归根结底是各种社会因素交互作用的结果。概括来说，体现和制约一国国家性质的因素主要有如下三个方面：

一是，社会各阶级在国家政治生活中的地位直接体现和决定着国家性质。

二是，社会经济基础是国家性质根本的决定因素。

三是，社会文化制度也是影响和体现国家性质的重要因素。

最后，需要指出的是，除了以上三种主要因素之外，特定国家的国家性质还深受该国特定历史条件的影响和制约。

4. **答案**：现行《宪法》第 1 条第 1 款规定："中华人民共和国是工人阶级领导的、以工农联盟为基础的人民民主专政的社会主义国家。"这是关于我国国家性质的规定，是我国的国体。我国人民民主专政的主要内容和特点是：

(1) 我国的人民民主专政经历了民主革命和社会主义革命与建设两个时期。我国工人阶级领导的、以工农联盟为基础的人民民主专政，实质上即无产阶级专政。

(2) 人民民主专政的国家性质决定，在我国，只有人民才是国家和社会的主人。

(3) 人民民主专政是新兴的民主与专政的结合，即对广大人民实行民主和对极少数敌人实行专政。人民民主专政的民主与专政两个方面，作为一种国家制度是不可分割的，两者相互依赖、相互联系，只有对极少数敌对分子实行专政才能保障最大多数人的民主自由，只有在人民内部实行最广泛的民主，才能调动人民的积极性。

(4) 工人阶级是人民民主专政的领导力量。工人阶级通过自己的先锋队——中国共产党来实现对人民民主专政的领导。

(5) 人民民主专政有着广泛的阶级基础。这主要体现在人民民主专政以工农联盟为基础。

(6) 在人民民主专政的国家中，存在着广泛的爱国统一战线。

五、论述题

1. **答案**：(1) 社会主义的公有财产包括全民所有财产，即国有财产和劳动群众集体所有的财产。

(2) 社会主义公共财产是巩固和发展社会主义制度和建立富强、民主、文明的社会主义现代化国家的物质基础，是逐步提高人民物质和文化生活水平的物质源泉，也是人民享有各项权利和自由的物质保证。保护公共财产不受侵犯，既是国家的任务，也是公民、法人和其他组织的义务。

(3) 保护社会主义公共财产不受侵犯，就必须坚决地同经济领域的犯罪现象作斗争，同侵犯公共财产的犯罪分子作斗争，在干部和群众中开展艰苦奋斗和反对铺张浪费的教育。

2. **答案**：人民民主专政是人民民主和人民对敌人专政的有机统一，是新型的民主和新型专政的结合。对人民实行民主和对敌人实行专政是我国人民民主专政的两个方面。在人民内部实行民主是实现对敌人专政的前提和基础，而对敌人实行专政又是人民民主的有力保障。民主与专政是统一的辩证关系，两者紧密相连，相辅相成，不可偏废。

人民民主，亦即社会主义民主，就是社会绝大多数人享有管理国家和社会的一切权力，就是人民当家作主。社会主义民主就其内容而言至少包含着以下三个方面：

(1) 社会主义民主是指社会主义的国家制度。

(2) 社会主义民主还包含着人民群众在国家和社会生活中所享有广泛的权利和自由。

(3) 社会主义民主也表现为人们在国家和社会生活中的民主意识、习惯和作风。

在我国，剥削阶级作为阶级已经消灭，阶级斗争虽然已经不是社会的主要矛盾，但是阶级斗争并没有消失，还将在一定范围内长期存在。同时人民民主专政的国家政权在对外方面还必须执行抵御和防止外来侵略保卫祖国领土完整和主权，同国家外部敌人进行斗争的职能。只有坚持全体人民对极少数敌人的专政，才能维护社会主义民主。忽视或削弱对敌人的专政，广大人民的民主就会处于一种不稳定、无保障的状态，这与广大人民群众的利益是相违背的，是有损于人民民主专政的。

3. **答案**：我国是社会主义国家，我们要建设的民主政治是中国特色社会主义民主政治。其基本内容如下：

第一，我国是人民民主专政的社会主义国家。

《宪法》第1条第1款规定，中华人民共和国是工人阶级领导的、以工农联盟为基础的人民民主专政的社会主义国家。这里宪法明确规定了我国的国家性质是人民民主专政。它包含了以下几方面的内容：(1) 人民民主专政的国家政权是以工人阶级为领导的。(2) 工农联盟是人民民主专政的阶级基础。(3) 人民民主专政包括对人民民主和对敌人专政两个方面的内容。(4) 统一战线是人民民主专政的重要特色。

第二，中国共产党领导的多党合作和政治协商制度是我国的政党制度。

八届全国人大一次会议通过的《宪法修正案》第4条规定，中国共产党领导的多党合作和政治协商制度将长期存在和发展。就政党制度而言，这一规定表明：(1) 中国共产党领导的多党合作制度是我国的政党制度；(2) 它将长期存在和发展。中国共产党的领导是我国民主政治制度的基本内容。中国共产党的领导有两个方面的含义：其一是指它作为执政党，对国家进行领导。其二是指它在政党关系中对民主党派的政治领导。党领导的多党合作的新型政党关系在政治实践中主要有三个方面的内容：参加政权、政治协商、民主监督。

第三，政治协商制度。

政治协商制度是与多党合作制度共列的，应作狭义理解，指的是在中国共产党领导下，以多党合作为基础，有各民主党派、各人民团体、各爱国人士、无党派人士和少数民族代表参加的，以中国人民政治协商会议为组织形式，就国家的大政方针，各族人民生活中的重大问题进行民主、平等的讨论和协商的一种政治制度。中国共产党领导的政治协商制度是中国特色社会主义民主政治的重要组成部分。政治协商制度所体现的中国特色主要表现在以下方面：

(1) 中国共产党的领导是政治协商制度的重要内容，这种领导是在中国共产党领导中国人民进行革命和建设的斗争中形成的。

(2) 政治协商制度是以中国人民政治协商会议为组织形式的政治制度。

(3) 政治协商制度比多党合作制度的范围更为广泛。政治协商制度既包括了在中国人民政治协商会议组织形式内作为多党合作内容的政治协商，还包括中国共产党与各人民团体、各爱国人士、无党派人士和少数民族代表的政治协商。

第四，我国的政权组织形式是人民代表大会制度。

在政权组织形式层面上的人民代表大会制度，是指依据宪法和有关法律的规定，由人民按照一定的原则和程序，选举人民代表组成全国人民代表大会和地方各级人民代表大会，作为国家的权力机关；再由各级权力机关产生同级其他国家机关，这些国家机关要对人民代表大会负责，并接受其监督的一种国家政权组织形式。根据我国宪法的规定，人民代表大会制度具有以下特点：

（1）人民代表大会制度全面反映了人民同国家的关系，体现了主权在民原则。

（2）人民代表大会制度突出了人民代表大会的权力机关地位。

（3）人民代表大会制度下的代表机关采取一院制的组织形式。

第五，有中国特色的选举制度。

在我国，选举制度主要指的是选举全国人民代表大会和地方各级人民代表大会的组织、原则、程序以及方式方法的制度。我国选举制度的特点主要表现为：实行民主集中制原则；采取地域代表制和职业代表制相结合的制度；重视对选举的物质保障和法律保障等。

我国选举制度的基本原则表现在以下几个方面：

（1）选举权的普遍性原则。它是指依照法律规定，公民除年龄和被依法剥夺政治权利外，在法律上不受其他条件限制而享有选举权。

（2）选举的平等性原则。它是指在选举中，一切选民具有同等法律地位，其投票具有同等法律效力。选举权的平等性原则的要求主要表现在：①除法律规定当选人应具有的条件外，选民平等地享有选举权和被选举权；②在一次选举中，选民平等地拥有相同的投票权，一般表现为只有一个投票权；③每一代表所代表的选民人数相同；④一切代表在代表机关具有平等的法律地位，也在一定程度上体现了选举权的平等性；⑤对在选举中处于弱者地位的选民进行特殊的保护性规定，也是选举权平等性的表现。

（3）直接选举和间接选举并用的原则。所谓选举是指由选民直接投票选举产生应选的国家代表机关代表和国家公职人员的一种选举方法。间接选举一般是指由选民选举产生的代表或机关再选举产生应选的代表和国家公职人员的一种选举方法。直接选举直接表达人民的选举意向，较之间接选举更为民主，更有效率，大多数国家都采用直接选举的方式。

（4）无记名投票的原则。无记名投票又称秘密投票，是指选民在选票上只对候选人通过一定的方式表明同意、不同意、弃权等选举意向，而不写自己姓名以及其他标识身份的符号和文字等的投票方式。无记名投票包括：秘密填写选票；在选票上不标识选民身份；投票时不显露选举意向等内容。

（5）选举权的保障。我国选举制度一向重视对选举权的保障。根据我国选举法的规定，选举权的保障主要有物质保障和法律保障两种。选举权的物质保障主要表现为国家对选举提供其他物质条件，选举的法律保障是指由法律对破坏选举的行为进行的制裁。

第十章　国家形式（上）

基础知识图解

- 国家形式（上）
  - 政权组织形式
    - 国家形式概述
    - 政体与政权组织形式的概念
    - 政体与政权组织形式的种类
    - 政体与政权组织形式的意义
  - 人民代表大会制度
    - 概念
    - 是我国实现社会主义民主的基本形式
    - 优越性
    - 加强和完善人民代表大会制度
  - 基层群众性自治制度
    - 城市居民委员会
    - 村民委员会

配套测试

一、单项选择题

1. 下列有关国体和政体关系的表述，哪一项不正确？(　　)

A. 国体是国家的内在表现形式，政体是国家的外在表现形式

B. 国体是政体存在和发展的基础，决定着政体的存在形态

C. 没有政体，国体照样可以存在

D. 政体是国体的体现和反映，对国体有能动的反作用

2. 根据《村民委员会组织法》的规定，村民委员会由村委会主任、副主任和法定名额的委员组成。这里的法定名额是指下列哪一选项的数目？(　　)

A. 5~9 人　　B. 3~7 人

C. 4~8 人　　D. 6~11 人

3. 居民委员会和村民委员会是（　　）

A. 基层群众性自治组织

B. 基层政权机关

C. 基层政权机关的派出机关

D. 基层群众性团体

4. 基层政权同居民委员会和村民委员会的关系是（　　）

A. 行政领导关系　　B. 指导关系

C. 监督关系　　D. 行政管理关系

5. 现行宪法规定，居民委员会、村民委员会的主任、副主任和委员由（　　）

A. 居民选举　　B. 选民选举

C. 公民选举　　D. 村民选举

6. 根据《村民委员会组织法》的规定，有关村规民约的下列哪一选项是正确的？(　　)（司考 2007. 1. 18）

A. 村民委员会有权制定村规民约，报乡、民族乡、镇的人民政府批准生效

B. 村民会议有权制定村规民约，报乡、民族乡、镇的人民代表大会备案

C. 村规民约由村民会议制定，报乡、民族乡、镇的人民政府备案

D. 村规民约由村民委员会制定，报乡、民族乡、镇的人民政府备案

7. 依照法律规定的权限，民族乡的人民代表大会可以从事下列哪一行为？（　　）（司考 2007.1.19）
A. 制定自治条例和单行条例
B. 制定具有民族特点的政府规章
C. 自行确定经济社会发展政策
D. 采取适合民族特点的具体措施

8. 根据我国《村民委员会组织法》的规定，关于村民委员会的范围调整，下列哪一选项是正确的？（　　）（司考 2008.1.15）
A. 由村民委员会主任提出，经村民会议讨论同意后，报乡级人民政府批准
B. 由村民委员会主任提出，经村民会议讨论同意后，报乡级人民代表大会批准
C. 由乡级人民政府提出，经村民会议讨论同意后，报县级人民政府批准
D. 由乡级人民政府提出，经村民会议讨论同意后，报县级人民代表大会批准

9. 关于村民委员会，下列哪一说法是正确的？（　　）（司考 2010.1.21）
A. 村民委员会实行村务公开制度，涉及财务的事项至少每年公布一次
B. 村民委员会决定问题，采取村民委员会主任负责制
C. 村民委员会根据需要设人民调解、治安保卫、公共卫生委员会
D. 村民委员会由主任、副主任和村民小组长若干人组成

10. 国家的基本社会制度是国家制度体系中的重要内容。根据我国宪法规定，关于国家基本社会制度，下列哪一表述是正确的？（　　）（司考 2015.1.22）
A. 国家基本社会制度包括发展社会科学事业的内容
B. 社会人才培养制度是我国的基本社会制度之一
C. 关于社会弱势群体和特殊群体的社会保障的规定是对平等原则的突破
D. 社会保障制度的建立健全同我国政治、经济、文化和生态建设水平相适应

11. 某乡政府为有效指导、支持和帮助村民委员会的工作，根据相关法律法规，结合本乡实际作出了下列规定，其中哪一规定是合法的？（　　）
A. 村委会的年度工作报告由乡政府审议
B. 村民会议制定和修改的村民自治章程和村规民约，报乡政府备案
C. 对登记参加选举的村民名单有异议并提出申诉的，由乡政府作出处理并公布处理结果
D. 村委会组成人员违法犯罪不能继续任职的，由乡政府任命新的成员暂时代理至本届村委会任期届满

二、多项选择题

1. 人民代表大会制度作为我国人民行使当家作主权利，实现社会主义民主的基本形式，是由下列选项中的哪些因素决定的？（　　）
A. 人民代表来自人民
B. 人民代表大会之权力来自人民
C. 人民代表大会对人民负责、受人民监督
D. 人民代表大会坚持中国共产党的领导

2. 某村村委会未经村民会议讨论，制订了土地承包经营方案，侵害了村民的合法权益，引发了村民的强烈不满。根据《村民委员会组织法》的规定，下列哪些做法是正确的？（　　）（司考 2015.1.64）
A. 村民会议有权撤销该方案
B. 由该村所在地的乡镇级政府责令改正
C. 受侵害的村民可以申请法院予以撤销
D. 村民代表可以就此联名提出罢免村委会成员的要求

3. 人民代表大会制度是我国的根本政治制度。关于人民代表大会制度，下列表述正确的是（　　）（司考 2017.1.92）
A. 国家的一切权力属于人民，这是人民代表大会制度的核心内容和根本准则
B. 各级人大都由民主选举产生，对人民负责，受人民监督
C. “一府两院”都由人大产生，对它负责，受它监督
D. 人民代表大会制度是实现社会主义民主的唯一形式

4. 下列哪些情况，代表要终止代表资格？（　　）

A. 被行政拘留的
B. 未经批准一次不出席本级人大会议的
C. 被判处管制并附加剥夺政治权利
D. 丧失行为能力的

5. 监察委员会是国家的监察机关，根据《宪法》和法律的规定，下列说法正确的是（ ）
A. 国家监察委员会和地方各级监察委员会是监督与被监督的关系
B. 地方监察委员会主任由本级人大选举产生，任期五年，且没有连任限制
C. 监察机关可以制定监察法规
D. 上级监察机关必要时可以办理所辖各级监察机关管辖范围内的监察事项

三、名词解释

1. 国家形式
2. 政体
3. 政权组织形式
4. 人民代表大会制度
5. 基层群众性自治制度
6. 村民委员会

四、简答题

1. 试分析国家结构形式与国家政权组织形式之间的关系。
2. 简要分析政体和政权组织形式之间的关系。
3. 简述基层群众性自治组织的性质和特点。
4. 全国人民代表大会代表有哪些主要权力？

五、论述题

如何完善我国的人民代表大会制度？

参考答案

一、单项选择题

1. 答案：C。本题考查国体和政体的关系。没有政体，国体就无从体现；没有国体，政体就无从存在，所以国体也不能离开政体。

2. 答案：B。《村民委员会组织法》第6条第1款规定，村民委员会由主任、副主任和委员共3至7人组成。

3. 答案：A。此题考查居民委员会和村民委员会的性质问题。我国《宪法》第111条第1款规定：城市和农村按居民居住地区设立的居民委员会或者村民委员会是基层群众性自治组织……此题选A。

4. 答案：B。参见《村民委员会组织法》第5条第1款和《城市居民委员会组织法》第20条的规定，两者的关系是指导关系。

5. 答案：A。《宪法》第111条第1款规定：城市和农村按居民居住地区设立的居民委员会或者村民委员会是基层群众性自治组织。居民委员会、村民委员会的主任、副主任和委员由居民选举。居民委员会、村民委员会同基层政权的相互关系由法律规定。

6. 答案：C。《村民委员会组织法》第27条第1款规定：“村民会议可以制定和修改村民自治章程、村规民约，并报乡、民族乡、镇的人民政府备案。”因此，村规民约是由村民会议制定，报乡、民族乡、镇的人民政府备案，由村民委员会监督、执行的。故C正确。

7. 答案：D。关于A，根据《宪法》第112条“民族自治地方的自治机关是自治区、自治州、自治县的人民代表大会和人民政府”及第116条“民族自治地方的人民代表大会有权依照当地民族的政治、经济和文化的特点，制定自治条例和单行条例……”的规定可知，民族乡不属于民族自治地方，民族乡的人民代表大会不能制定自治条例和单行条例。关于B，《立法法》第93条第1款规定：“省、自治区、直辖市和设区的市、自治州的人民政府，可以根据法律、行政法规和本省、自治区、直辖市的地方性法规，制定规章。”民族乡的人民代表大会无权制定政府规章。关于C，根据《宪法》第99条第2款的规定，县级以上的地方各级人民代表大会审查和批准本行政区域内的国民经济和社会发展计划、预算以及它们的执行情况的报告，因此C项不是民族乡人民代表大会的职权。关于D，《宪法》第99条第3款规定：“民族乡的人民代表大会可以依照法律规定的权限采取适合民族特点的具体措施。”因

此，D 正确。

8. **答案**：C。村委会的设立、撤销、范围调整，直接涉及村民自治，应当由村民会议集体讨论同意，不能由村委会几个人说了算，也不能只由乡镇人民政府决定。根据《村民委员会组织法》第 3 条第 1 款、第 2 款的规定，村民委员会根据村民居住状况、人口多少，按照便于群众自治，有利于经济发展和社会管理的原则设立。村民委员会的设立、撤销、范围调整，由乡、民族乡、镇人民政府提出，经村民会议讨论同意，报县级人民政府批准。村委会的设立、撤销、范围调整的具体程序：第一，乡镇人民政府提出方案。乡镇人民政府可以先让村民提出意见，由乡镇人民政府按照便于群众自治的原则进行研究后，再正式提出，交村民会议讨论同意；也可以由乡镇人民政府在征求各方面意见的基础上，按照便于群众自治的原则提出，交村民会议讨论同意。第二，乡镇人民政府提出意见后，要经过村民会议同意。要尊重村民的意愿，认真听取各种不同意见，真正按多数村民的意见办。第三，为了统筹全局，做好协调工作，村委会的设立、撤销、范围调整的意见在经村民会议讨论同意后，要报县人民政府批准。可见 C 项正确。

9. **答案**：C。选项 A 错误。《村民委员会组织法》第 30 条第 1 款规定，村民委员会实行村务公开制度。一般事项至少每季度公布一次；集体财务往来较多的，财务收支情况应当每月公布一次。选项 B 错误。《村民委员会组织法》第 29 条规定，村民委员会决定问题，采取少数服从多数的原则。选项 C 正确。《村民委员会组织法》第 7 条规定，村民委员会根据需要设人民调解、治安保卫、公共卫生与计划生育等委员会。村民委员会成员可以兼任下属委员会的成员。人口少的村的村民委员会可以不设下属委员会，由村民委员会成员分工负责人民调解、治安保卫、公共卫生与计划生育等工作。选项 D 错误。《村民委员会组织法》第 6 条第 1 款规定，村民委员会由主任、副主任和委员共三至七人组成。不包括村民小组长。

10. **答案**：B。我国现行《宪法》对基本社会制度的规定主要包括以下方面：社会保障制度、医疗卫生事业、劳动保障制度、社会人才培养制度、计划生育制度、社会秩序及安全维护制度。故 B 项正确。发展社会科学事业是国家基本文化制度的内容，故 A 项错误。关于社会弱势群体和特殊群体的社会保障的规定是社会实质平等原则的体现，故 C 项错误。《宪法》第 14 条第 4 款规定，国家建立健全同经济发展水平相适应的社会保障制度。故 D 项表述错误。

11. **答案**：B。关于 A，村委会属于基层群众自治组织，因此其职权上有相当的自主性，基层政府无法随意干预，其工作报告也不由乡政府审议通过，而是需要向村民会议负责并报告工作，A 选项错误。关于 B，村规民约由村民会议制定，无需乡政府批准，但需要向乡政府备案，B 选项正确。关于 C 选项，村委会成员由村民直接选举产生，具体工作由选举委员会主持，因此如果遇到对选民名单有争议的情形，应当向选举委员会申诉反映情况，C 选项错误。D 选项，村民委员会出缺的，可以由村民会议或者村民代表会议进行补选而不是由乡政府任命新的成员，D 选项错误。

二、多项选择题

1. **答案**：ABC。《宪法》第 2 条第 1 款、第 2 款规定：中华人民共和国的一切权力属于人民。人民行使国家权力的机关是全国人民代表大会和地方各级人民代表大会。第 3 条第 1 款、第 2 款规定：中华人民共和国的国家机构实行民主集中制的原则。全国人民代表大会和地方各级人民代表大会都由民主选举产生，对人民负责，受人民监督。

2. **答案**：ABCD。《村民委员会组织法》第 23 条规定，村民会议有权撤销或者变更村民委员会不适当的决定。故 A 项正确。《村民委员会组织法》第 36 条第 1 款、第 2 款规定："村民委员会或者村民委员会成员作出的决定侵害村民合法权益的，受侵害的村民可以申请人民法院予以撤销，责任人依法承担法律责任。村民委员会不依照法律、法规的规定履行法定义务的，由乡、民族乡、镇的人民政府责令改正。”故B、C项正确。《村民委员会组织法》第16条第1款规定：“本村五分之一以上有选举权的村民或者三分之一以上的村民代表联名，可以提出罢免村民委员会成员的要求，并说明要求罢免的理由……”故D项正确。

3. **答案**：ABC。人民代表大会制度是我国人民行使当家作主权利、实现社会主义民主的一种形式。在各种实现社会主义民主的形式中，人民代表大会制度居于最重要的地位。但是人民代表大会制度不是实现社会主义民主的唯一形式。故D错误。

4. **答案**：CD。根据《全国人民代表大会和地方各级人民代表大会代表法》第49条的规定，代表有下列情形之一的，其代表资格终止：(1) 地方各级人民代表大会代表迁出或者调离本行政区域的；(2) 辞职被接受的；(3) 未经批准两次不出席本级人民代表大会会议的；(4) 被罢免的；(5) 丧失中华人民共和国国籍的；(6) 依照法律被剥夺政治权利的；(7) 丧失行为能力的。故C、D选项正确，当选。A、B选项错误，不当选。

5. **答案**：BD。关于A，《监察法》第10条规定：“国家监察委员会领导地方各级监察委员会的工作，上级监察委员会领导下级监察委员会的工作。”陷阱在于上下级监察委之间是领导关系，并非监督关系。选错原因是背诵不到位造成的知识点混淆，A选项错误。关于B，监察委主任由本级人大选举，副主任和委员由主任提请同级人大常务委员会任免。每届人大任期是5年，因此由人大选举产生的相应官员的任期也需要和人大保持一致，均为5年。并且在我国的监察系统中，只有最高监察机关，即国家监察委的主任有连续任职不得超过两届的限制，其余监察委主任均没有连任限制，B选项正确。关于C，根据全国人大常委会的授权，只有国家监察委有权制定监察法规（效力等级相当于行政法规），陷阱在于地方监察委是没有监察法规的制定权的，C选项错误。关于D，监察委上下级为领导关系，因此在办理监察事项时，上级监察委对下级监察委绝对指挥，上命下从，当然可以办理下级管辖的案件。《监察法》第16条第2款规定：“上级监察机关可以办理下一级监察机关管辖范围内的监察事项，必要时也可以办理所辖各级监察机关管辖范围内的监察事项。”D选项正确。

三、名词解释

1. **答案**：国家形式就是一国统治阶级实现国家权力的形式，包括国家政权组织形式和国家结构形式。

2. **答案**：政体是指拥有国家主权的统治阶级实现其国家主权的宏观体制。具体而言，其内容包括应当设立哪些国家机关，以及以什么原则组织国家机关，各个国家机关应如何行使国家权力，如何处理国家机关之间的关系。我国的政体是人民代表大会制度。

3. **答案**：政权组织形式是指实现国家权力的机关以及各机关之间的相互关系，因而它实际上是指国家机关的组织体系，或者说是指国家机构的内部构成形式。

4. **答案**：人民代表大会制度是指拥有国家权力的我国人民根据民主集中制原则，通过民主选举组成全国人民代表大会和地方各级人民代表大会，并以人民代表大会为基础，建立全部国家机构，对人民负责，受人民监督，以实现人民当家作主的国家根本政治制度。

5. **答案**：基层群众性自治制度是指基层群众性自治组织形式及其运作方式，它是基层群众性自治组织自我教育、自我管理、自我服务的方式、方法、程序的总和，是人民直接参与管理国家事务和社会事务的一种形式，是社会主义民主制度的一个重要方面。

6. **答案**：村民委员会是村民自我管理、自我教育、自我服务的基层群众性自治组织，实行民主选举、民主决策、民主管理、民主监督。

四、简答题

1. **答案**：国家结构形式是指表现一国的整体与组成部分之间，中央政权与地方政权之间相互关系的一种形式，它所表现的是一种职权划分关系。国家依据这种关系确定行政区划，设立行政单位。

国家政权组织形式是指一个国家实现国家权力的机关组织形式，反映政权的构成、组织程序和行使国家权力的分配情况，以及公民参加管理国家和社会事务的程序和方式。

国家结构形式与政权组织形式同属国家形式，都是国家统治权力实现的途径。国家结构形式侧重解决的是领土结构划分整体与组成部分之间的关系，即体现政权体系纵的方面。政权组织形式侧重解决的是权力机关同行政机关、司法机关以及其他国家机关之间的相互关系，权力机关同人民之间的关系，即体现政权横的方面。国家政权就是这样表现出来的。这两种形式都是实现国家政权职能必要的、不可缺少的表现形式。

2. 答案：政体是指拥有国家主权的统治阶级实现其国家主权的宏观体制。政权组织形式是指实现国家权力的机关以及各机关之间的相互关系。二者之间虽然存在着密切的联系，但也存在显著区别。政体是对政权组织形式的抽象和概括，政权组织形式则是政体的具体化。它们各自的侧重点不同：政体着重于体制，政权组织形式着重于机关；体制粗略地说明国家权力的组织过程和基本形态，政权组织形式则着重于说明实现国家权力的机关以及各机关之间的相互关系。

3. 答案：基层群众性自治组织指的是依照有关法律规定，以城乡居（村）民一定的居住地为纽带和范围设立，并由居（村）民选举产生的成员组成的，实行自我管理、自我教育、自我服务的社会组织。基层群众性自治是非政权型的，即非国家性质的自治，而是一种社会自治。基层群众性自治组织具有以下几个方面的特点：

第一，基层性。基层群众性自治组织的这一特点，主要表现在三个方面：一是从组织构成上看，居民委员会和村民委员会成员都是由社会最基本的单元——个人组成的，每个社会成员都平等地参加了该自治组织。二是从组织系统上看，居民委员会和村民委员会只存在于居住地区范围的基层社区。它们都没有上级组织，更没有全国性、地区性的统一组织。三是从自治内容上看，居民委员会和村民委员会的任务及所从事的工作，都是居（村）民居住范围内社区的公共事务和公益事业，不涉及其他地区。

第二，独立性。居民委员会和村民委员会在组织上具有独立性。它既不是国家机关的下级组织，也不隶属于任何社会团体和社会经济组织，它们之间不存在领导与被领导的关系，国家机关及其派出机构无权对它发布指示和命令。

第三，自治性。居民委员会和村民委员会在活动上具有自治性。它通过居（村）民的自我管理、自我教育、自我服务开展工作，实行民主选举、民主政策、民主管理、民主监督。尽管不设区的市、市辖区的人民政府或者它的派出机关、乡、民族乡、镇的人民政府，对居民委员会和村民委员会的工作可给予指导、支持和帮助，但不得干预依法应属于居（村）民自治范围的事项。

4. 答案：根据我国宪法规定，全国人民代表大会行使下列职权：

第一，修改宪法并监督宪法的实施。

第二，制定和修改基本法律。

第三，选举、决定和罢免国家机关领导人。

第四，决定国家重大问题。包括审查和批准国民经济和社会发展计划以及计划执行情况的报告；审查和批准国家预算和预算执行情况的报告；批准省、自治区、直辖市的建置；决定特别行政区的设立及制度；决定战争与和平的问题。

第五，最高监督权。全国人大有权改变或撤销全国人大常委会不适当的决定；全国人大常委会、国务院、最高人民法院和最高人民检察院向全国人大负责并报告工作；中央军委主席也要对全国人大负责。

第六，应当由最高国家权力机关行使的其他职权。

五、论述题

答案：我国宪法明确规定，国家的一切权力属于人民。人民行使国家权力的机关是全国人民代表大会和地方各级人民代表大会。人民代表大会制度是指拥有国家权力的我国人民根据民主集中制原则，通过民主选举组成全国人民代表大会和地方各级人民代表大会，并以人民代表大会为基础，建立全部国家机构，对人民负责，受人民监督，以实现人民当家作主的国家根本政治制度。国家行政机关、监察机关、审判机关和检察机关都由人民代表大会产生，对它负责，受它监督。由此可见，人民代表大会制度是我国的根本政治制度，是我国的政权组织形式。

人民代表大会制度是坚持党的领导、人民当家作主、依法治国有机统一的根本政治制度安排，是支撑中国国家治理体系和治理能力的根本政治制度，集中体现社会主义民主政治的特点和优势，必须长期坚持、全面贯彻、不断发展人民代表大会制度，充分发挥国家根本政治制度作用，通过人民代表大会制度把国家和民族前途命运牢牢掌握在人民手中。然而，各种主客观因素却使各级人民代表大会及其常务委员会往往权力不实、威信不高，宪法和法律规定的国家权力机关，在实际政治生活中往往演化为“二线机关”。因此，只有不断完善和健全人民代表大会制度，切实加强人民代表大会制度建设，保证人民代表大会及其常委会依法履行职能，保证立法和决策更好地体现人民的意志，优化人大常委会组成人员的结构，才能树立其权威，充分发挥人民代表大会制度的实际作用。从我国现阶段的实际状况来看，完善人民代表大会制度应从以下两个方面进行。

1. 理顺各级人大及其常委会与其他机关、组织的关系

各级人大及其常委会在行使职权、开展工作过程中，必然会与其他机关、组织、团体发生各种关系，而且我国宪法、法律对此也有规定。但由于各种原因，以往各级人大及其常委会与同级其他机关、组织的关系并不十分通畅，因而妨碍了各级人大及其常委会有效地行使职权，极有必要予以理顺。

第一，各级人大及其常委会与同级党组织的关系。中国共产党是我国最高政治领导力量。必须坚持党总揽全局、协调各方的领导核心作用，维护党中央权威和集中统一领导，通过人民代表大会制度，保证党的路线方针政策和决策部署在国家工作中得到全面贯彻和有效执行，使党的主张通过法定程序成为国家意志，使党组织推荐的人选通过法定程序成为国家政权机关的领导人员，保证党领导人民有效治理国家。各级人大及其常委会与同级党组织的关系，可以用两句话来概括：一是各级人大及其常委会依法行使职权就坚持和实现了党的领导；二是同级党组织的职责是为人大及其常委会依法行使职权提供保障。它们的目标和宗旨是一致的，即真正保障广大人民当家作主。

第二，各级人大及其常委会与同级国家行政机关的关系。根据宪法和法律的规定，国家行政机关是人大的执行机关，由人大产生，向人大负责并报告工作。因此，各级人大及其常委会与同级国家行政机关是决定与执行、监督与被监督的关系。

第三，各级人大及其常委会与同级国家监察机关的关系。根据宪法和法律的规定，中华人民共和国各级监察委员会是国家的监察机关。各级监察委员会由本级人民代表大会产生，主任由本级人民代表大会选举，副主任、委员由监察委员会主任提请本级人民代表大会常务委员会任免。国家监察委员会对全国人民代表大会和全国人民代表大会常务委员会负责。地方各级监察委员会对产生它的国家权力机关和上一级监察委员会负责。因此，各级监察委员会应当接受本级人民代表大会及其常务委员会的监督。在具体监督方式上，对监察机关的监督与行政机关、审判机关、检察机关有所不同，包括由各级人大常委会听取和审议本级监察委员会的专项工作报告，组织执法检查。县级以上各级人大及其常委会举行会议时，可以依法对监察机关提出询问或质询。

第四，各级人大及其常委会与同级人民法院、人民检察院的关系。根据宪法的规定，人民法院、人民检察院都由人大选举产生，对它负责，受它监督。同时宪法还规

定，人民法院、人民检察院分别依照法律规定独立行使审判权和检察权。据此，各级人大及其常委会与同级人民法院、人民检察院的关系问题主要就是人大监督与司法机关行使职权的关系问题。

2. 加强人民代表大会制度的自身建设

完善人民代表大会制度，不仅必须理顺各级人大及其常委会与其他机关组织的关系，还须解决内部问题，亦即必须从自身制度方面予以完善。

（1）组织机构建设。根据各级人大及其常委会的现状，在组织机构建设方面主要应该抓住两个问题：一是使已有的工作机构充分、有效地运转起来，特别是各级人大常委会和各专门委员会应该发挥其应有作用；二是应该在结合现实情况的基础上，根据客观需要加强机构建设和组织建设。这里着重谈谈后一方面。在此问题上，主要应从三方面入手：

第一，增设专门委员会。尽管专门委员会只是人大及其常委会辅助性的工作机关，但其任务和作用极为重要。全国人民代表大会专门委员会，目前包括民族委员会、宪法和法律委员会、监察和司法委员会、财政经济委员会、教育科学文化卫生委员会、外事委员会、华侨委员会、环境与资源保护委员会、农业与农村委员会、社会建设委员会。应当根据实际情况，在全国人大和地方各级人大层面增设若干专门委员会，以更好地行使人大的监督职能。

第二，加强地区、乡、镇人大的机构建设。根据宪法、法律的规定，地区不是一级国家政权。但实际上，地区不仅在事实上行使着一级国家政权的职能，而且在组织机构上，根据有关法律，既有地区行政公署，又有地区中级人民法院、省级人民检察院地区分院，单单缺少相应的人大机构。这样配置的结果自然不利于加强人民代表大会制度。尽管各地在工作中都进行过探索，但无论在名称、机构级别，待遇、人员配备、工作条件等方面均有较大差异。因此有权机关对有关法律进行修改解释，明确地区设置人大的相应机构十分必要。在乡、镇人大机构建设方面，主要应该进一步健全其常设机关，以便落实本级人大的决议，经常性地监督乡、镇人民政府的工作，加强与代表和选民的联系，及时听取和反映群众的意见和要求。

第三，加强各级人大及其常委会的组织建设。一方面应尽快实现代表结构的合理化，另一方面应实现各级人大常委会委员的专职化。由于人大常委会是经常性地行使国家权力的机关，因此，实现其委员的专职化，是提高各级人大及其常委会行使职权能力的必要条件。

（2）制度建设。各级人大及其常委会依法行使职权，必然要采取一定的方式、方法，遵循一定的工作程序。具体说来主要包括：

第一，会议制度。《全国人民代表大会议事规则》和《全国人民代表大会常务委员会议事规则》的颁布实施，为建立、健全有关制度提供了法律依据。由于议事规则中的诸多内容尚很原则，还有不少内容尚未涉及，因而必须制定其他有关条例。诸如《议案条例》《质询条例》《罢免条例》等都应起草制定，以建立系统、全面的议案制度、质询制度、罢免制度等。

第二，各级人大常委会与代表的联系制度。建立、健全人大常委会与代表的联系制度很有必要。实践工作中的主任接见代表日制度，代表小组活动日制度，常委会组成人员和机关干部分片负责、深入基层走访代表制度等都是行之有效的，必须将其固定化、法律化。

第三，人大代表与选民的联系制度。从实际工作来看，这主要是指双向联系的制度化，监督、罢免的制度化。代表向选民收集情况、向选民汇报工作等应该形成制度，而且，这应该成为选民考察代表是否称职以及应否罢免的主要依据。

第四，人大代表的视察、调查制度。这既包括以法律的形式规定视察、调查的范围、程序等，也包括为进行视察、调查提供必要的条件，如交通工具、人员配备、有调阅有关案卷并询问有关人员的权利等。

第五，人大代表的学习制度。培养代表的参政议政能力，也是人大工作的一部分，因此，这项工作同样应形成制度。

(3) 成员素质的提高。人大代表是人民代表大会的细胞，人大代表的素质如何，直接影响各级人民代表大会行使职权的能力。但要提高其素质，必须而且也只能分两步走：第一，在选举过程中，尽可能地将那些政治品德、政治思想好，参政议政能力强的人选进去。这就要求我们既要依法选举，又要改革选举制度。第二，通过学习、培训等各种形式提高当选代表的素质，以保证各级人大及其常委会有效地行使职权。

第十一章　国家形式（下）

基础知识图解

- 国家形式（下）
  - 国家结构形式
    - 国家结构形式的概念和种类
    - 决定国家结构形式的主要因素
      - 民族因素
      - 经济因素
      - 地理因素
      - 历史因素
  - 我国是单一制的国家结构形式
    - 原因
    - 优越性
    - 行政区划
  - 民族区域自治
    - 概念和内容、历史发展、优越性
    - 民族自治地方和民族自治机关、坚持和完善民族区域自治
  - 特别行政区
    - "一国两制"构想的产物
    - 特别行政区的概念与特点，政治制度和法律制度
    - 中央与特别行政区的关系
  - 国旗、国徽、国歌和首都

配套测试

一、单项选择题

1. 下列哪个选项不属于民族自治地方，不享有宪法和有关法律规定的自治权？（　　）

A. 自治区　　B. 自治州

C. 自治县　　D. 民族乡

2. 根据我国《宪法》规定，民族自治地方的自治机关依照国家的军事制度和当地的实际需要，经国务院批准，可以组织本地方维护社会治安的是（　　）

A. 武装部队　　B. 武警部队

C. 民兵部队　　D. 公安部队

3. 我国采取的是哪种形式的国家结构形式？（　　）

A. 一国两制　　B. 统一的多民族

C. 复合制　　D. 单一制

4. 我国《宪法》规定，国家在必要时设立特别行政区。在特别行政区内实行的制度按照具体情况由下列选项中的哪一机关以法律规定？（　　）

A. 全国人大常委会

B. 全国人民代表大会

C. 国家

D. 国务院

5. 下列哪个选项不属于民族自治地方的自治机关？（　　）

A. 自治区的人民代表大会

B. 自治州的人民法院

C. 自治县的人民政府

D. 自治县的人民代表大会

6. 现行《宪法》规定，自治区的自治条例和单

行条例的审批权属于（　　）

A. 全国人民代表大会

B. 全国人大常委会

C. 国务院

D. 本级人民代表大会

7. 有权决定特别行政区的设立及其制度的机关是（　　）

A. 全国人大

B. 国务院

C. 全国人大常委会

D. 全国人大和全国人大常委会

8. 特别行政区的法律地位是（　　）

A. 一级地方政权

B. 享有高度自治权的区域

C. 享有高度自治权的地方行政区域

D. 享有自治权的地方自治区域

9.《澳门特别行政区基本法》① 的修改权，依法应由下列哪个机关行使？（　　）

A. 全国人民代表大会

B. 全国人大常委会

C. 澳门特别行政区立法会

D. 国务院港澳办

10. 根据《中华人民共和国民族区域自治法》的规定，下列哪一机关不享有自治条例、单行条例的制定权？（　　）

A. 自治区人民代表大会

B. 自治州人民代表大会

C. 自治县人民代表大会

D. 辖区内有自治州、自治县的省人民代表大会

11. 下列选项中哪个有权决定乡、民族乡、镇的建置和区域划分？（　　）

A. 国务院

B. 省、直辖市的人民政府

C. 自治州、设区的市的人民政府

D. 县级人民政府

12. 根据《香港特别行政区基本法》《澳门特别行政区基本法》的规定，下列哪一选项是正确的？（　　）（司考 2007. 1. 20）

A. 香港特别行政区终审法院和高等法院的法官，应由在外国无居留权的香港特别行政区永久性居民中的中国公民担任

B. 香港特别行政区的法官，根据当地法官和法律界及其他方面知名人士组成的独立委员会推荐，由行政长官征得立法会同意后任命，并报全国人民代表大会常务委员会备案

C. 澳门特别行政区检察长由澳门特别行政区永久性居民中的中国公民担任，由行政长官提名，报中央人民政府任命

D. 澳门特别行政区设立行政法院。行政法院是管辖行政诉讼和税务诉讼的法院。不服行政法院裁决者，可向终审法院上诉

13. 香港特别行政区的下列哪一项职务可由特区非永久性居民担任？（　　）（司考 2008. 1. 16）

A. 行政长官　　B. 政府主要官员

C. 立法会议员　　D. 法院法官

14. 关于我国的行政区域划分，下列说法不成立的是（　　）（司考 2012. 1. 91）

A. 是国家主权的体现

B. 属于国家内政

C. 任何国家不得干涉

D. 只能由《宪法》授权机关进行

15. 根据我国《宪法》和《香港特别行政区基本法》《澳门特别行政区基本法》的规定，关于港、澳基本法的修改，下列哪一选项是不正确的？（　　）（司考 2011. 1. 26）

A. 在不同港、澳基本法基本原则相抵触的前提下，全国人大常委会在全国人大闭会期间有权修改港、澳基本法

B. 港、澳基本法的修改提案权属于全国人大常委会、国务院和港、澳特别行政区

C. 港、澳特别行政区对基本法的修改议案，由港、澳特别行政区出席全国人大会议的代表团向全国人大会议提出

D. 港、澳基本法的任何修改，不得同我国

---

① 《中华人民共和国香港特别行政区基本法》《中华人民共和国澳门特别行政区基本法》，以下简称《香港特别行政区基本法》《澳门特别行政区基本法》，下文不再提示。

对港、澳既定的基本方针政策相抵触

16. 根据《宪法》和法律的规定，关于特别行政区，下列哪一选项是正确的？（　　）（司考 2014. 1. 23）

A. 澳门特别行政区财政收入全部由其自行支配，不上缴中央人民政府

B. 澳门特别行政区立法会举行会议的法定人数为不少于全体议员的三分之二

C. 非中国籍的香港特别行政区永久性居民不得当选为香港特别行政区立法会议员

D. 香港特别行政区廉政公署独立工作，对香港特别行政区立法会负责

17. 根据《宪法》和法律的规定，关于民族自治地方自治权，下列哪一表述是正确的？（　　）（司考 2015. 1. 24）

A. 自治权由民族自治地方的权力机关、行政机关、审判机关和检察机关行使

B. 自治州人民政府可以制定政府规章对国务院部门规章的规定进行变通

C. 自治条例可以依照当地民族的特点对宪法、法律和行政法规的规定进行变通

D. 自治县制定的单行条例须报省级人大常委会批准后生效，并报全国人大常委会备案

18. 根据我国民族区域自治制度，关于民族自治县，下列哪一选项是错误的？（　　）（司考 2017. 1. 23）

A. 自治机关保障本地方各民族都有保持或改革自己风俗习惯的自由

B. 经国务院批准，可开辟对外贸易口岸

C. 县人大常委会中应当有实行区域自治的民族的公民担任主任或者副主任

D. 县人大可自行变通或者停止执行上级国家机关的决议、决定、命令和指示

19. 根据《宪法》和《香港特别行政区基本法》规定，下列哪一选项是正确的？（　　）（司考 2017. 1. 24）

A. 行政长官就法院在审理案件中涉及的国防、外交等国家行为的事实问题发出的证明文件，对法院无约束力

B. 行政长官对立法会以不少于全体议员 2/3 多数再次通过的原法案，必须在 1 个月内签署公布

C. 香港特别行政区可与全国其他地区的司法机关通过协商依法进行司法方面的联系和相互提供协助

D. 行政长官仅从行政机关的主要官员和社会人士中委任行政会议的成员

20. 根据《宪法》和《民族区域自治法》的规定，下列选项不正确的是（　　）

A. 民族区域自治以少数民族聚居区为基础，是民族自治和区域自治的结合

B. 民族自治地方的国家机关既是地方国家机关，又是自治机关

C. 上级国家机关应该在收到自治机关变通执行或者停止有关决议、决定执行的报告之日起 60 日内给予答复

D. 自治机关自主地管理本地方的教育、科学、文化、卫生、体育事业、保护和整理本民族的文化遗产、发展和繁荣民族文化

21. 关于民族自治区域国家机关领导人员的任职资格，下列哪一职位必须由实行区域自治的民族的公民担任？（　　）

A. 人大常委会主任

B. 自治州州长

C. 法院院长

D. 检察院检察长

二、多项选择题

1. 我国是统一的多民族国家。下列关于我国国家结构形式的表述哪些是正确的？（　　）

A. 我国是单一制的国家

B. 我国的国家结构形式是由我国的历史传统和民族状况决定的

C. 民族区域自治以少数民族聚居区为基础，实行民族自治

D. 民族自治地方设立自治机关，行使自治权

2. 依据《香港特别行政区基本法》的有关规定，香港居民享有下列哪些自由？（　　）

A. 言论、新闻、出版自由

B. 通讯自由

C. 移居其他国家和出入境的自由

D. 公开传教的自由

3. 依据《澳门特别行政区基本法》的有关规定，下列表述哪些是正确的？（　　）

A. 中央人民政府所属各部门，各省、自治区、直辖市均不得干预澳门特别行政区依基本法自行管理的事务

B. 澳门特别行政区各级法院的法官，根据当地法官、律师和知名人士组成的独立委员会的推荐，由行政长官任命

C. 澳门特别行政区检察长由澳门特别行政区永久性居民中的中国公民担任，由行政长官提名，报中央人民政府任命

D. 澳门特别行政区可以“中国澳门”的名义参加不以国家为单位参加的国际组织和国际会议

4. 在我国，下列哪些机构的印章应当刻有中华人民共和国国徽图案？（　　）

A. 各级人民法院和人民检察院

B. 乡、民族乡、镇人民代表大会常务委员会和人民政府

C. 国家驻外使馆、领馆

D. 监狱

5. 我国的行政区划遵循以下基本原则：（　　）

A. 政治原则　　B. 经济原则

C. 文化原则　　D. 历史原则

6. 国家赋予特别行政区行使的高度自治权包括哪些内容？（　　）

A. 行政管理权　　B. 立法权

C. 独立的司法权　　D. 独立的外交权

7. 民族自治地方的人民代表大会有权依照当地民族的政治、经济和文化特点，制定下列哪些规范性文件？（　　）

A. 自治条例　　B. 单行条例

C. 地方性法规　　D. 地方性规章

8. 以下各项权力中，香港特别行政区不享有的是哪几项？（　　）

A. 国家主权

B. 货币发行权

C. 基本法的修改权

D. 整部基本法的解释权

9. 下列有关我国民族自治地方的论述不正确的是哪些？（　　）

A. 民族自治地方包括自治区、自治州、自治县、自治乡四级

B. 我国民族自治地方的人大常委会主任应由实行区域自治的民族的公民担任

C. 民族自治地方的自治区主席、副主席、自治州州长、副州长应由实行区域自治的民族的公民担任

D. 民族自治地方的自治机关是中央人民政府统一领导下的一级地方政府

10. 根据《香港特别行政区基本法》第23条规定，香港特别行政区有权自行进行如下立法：（　　）

A. 禁止任何叛国、分裂国家、煽动叛乱、颠覆中央人民政府及窃取国家机密的行为

B. 禁止外国政治性组织或团体在香港特别行政区进行政治活动

C. 禁止香港特别行政区的政治性组织或团体与外国政治性组织或团体建立联系

D. 禁止香港特别行政区的政党与境内的异己分子建立联系

11. 香港特别行政区的政治体制包括以下哪些内容？（　　）

A. 高度自治权

B. 独立司法权和终审权

C. 行政与立法既相制衡又相配合

D. 行政长官负责制

12. 下列有关《香港特别行政区基本法》的说法正确的选项是哪些？（　　）

A. 是中华人民共和国的法律

B. 其法律地位和效力仅次于宪法

C. 仅在香港地区实行

D. 是特别行政区的最高法

13. 下列选项中哪些属于香港特别行政区长官的职权？（　　）

A. 签署立法会通过的法案，公布法律

B. 赦免或减轻刑事罪犯的刑罚

C. 根据需要，随时解散立法会

D. 依照法定程序任免各级法院法官

14. 依照特别行政区基本法的规定，特别行政区的行政长官对以下哪些部门负责？（　　）

A. 中央人民政府

B. 全国人民代表大会

C. 特别行政区
D. 全国人民代表大会常务委员会

15. 根据《澳门特别行政区基本法》，下列选项中哪些是澳门特别行政区设立的法院？（　　）
A. 终审法院　　B. 行政法院
C. 中级法院　　D. 初级法院

16. 现代国家主要的结构形式有下列哪几种？（　　）
A. 单一制　　B. 复合制
C. 联邦制　　D. 共和制

17. 联邦制国家结构形式的基本特点包括哪些内容？（　　）
A. 联邦成员单位拥有独立的主权
B. 除联邦宪法外，各成员国有自己的宪法
C. 公民具有联邦和州的双重国籍
D. 虽然成员单位可以与外国签订某些协定，但联邦是国际法的唯一主体

18. 根据我国《宪法》和法律，我国民族自治地方的自治权主要有哪些内容？（　　）
A. 制定自治条例和单行条例
B. 制定地方性法律、法规
C. 可以变通或者停止执行国家法律和政策
D. 可以组织维护社会治安的公安部队

19. 香港特别行政区长官的任职资格包括哪些条件？（　　）
A. 年满 40 周岁
B. 在外国无居留权
C. 香港特别行政区永久性居民
D. 在香港连续居住满 20 年

20. 特定国家采用何种国家结构形式取决于很多因素，其中决定因素包括以下哪些方面？（　　）
A. 军事因素　　B. 历史因素
C. 民族因素　　D. 地理因素

21. 下列各项中，属于我国现行行政区域的是（　　）
A. 一般行政区域　　B. 民族自治地方
C. 特别行政区　　D. 经济特区

22. 1997 年 7 月 1 日，我国恢复对香港行使主权。作为我国的单独关税区，香港不适用以下哪些法律、国际公约和国际惯例？（　　）
A. 中华人民共和国对外贸易法
B. 中华人民共和国反倾销和反补贴条例
C. 世界贸易组织协议
D. 跟单信用证统一惯例（600 号）

23. 依照《香港特别行政区基本法》《澳门特别行政区基本法》，下列哪些是特别行政区的对外事务权限内的事项？（　　）
A. 签发护照和其他旅行证件
B. 实行出入境管制
C. 对国际协议是否适用特别行政区发表意见
D. 参与和香港有关的外交谈判

24. 联邦制国家是一种（　　）
A. 复合制国家　　B. 单一主权的国家
C. 联盟的国家　　D. 国家的联合

25. 根据《香港特别行政区基本法》的规定，下列哪些选项是正确的？（　　）
A. 香港特别行政区行政长官如认为立法会通过的法案不符合香港特别行政区的整体利益，可在 3 个月内将法案发回立法会重议
B. 如果立法会拒绝通过政府提出的财政预算案或其他重要法案，香港特别行政区行政长官在征询行政会议的意见之后可解散立法会
C. 因立法会拒绝通过财政预算案或其他重要法案而解散立法会，重选的立法会继续拒绝通过所争议的原案，香港特别行政区行政长官必须辞职
D. 香港特别行政区行政长官因两次拒绝签署立法会通过的法案而解散立法会后，重选的立法会仍通过原法案，行政长官与立法会协商不成的，行政长官有权再次解散立法会

26. 关于民族自治地方财政的说法，下列哪些选项符合《民族区域自治法》的规定？（　　）（司考 2009. 1. 63）
A. 国家财政体制下属于民族自治地方的财政收入，由自治机关自主地安排使用
B. 民族自治地方的财政预算支出，按国家规定设机动资金，但预备费在预算中不得高于一般地区

C. 自治机关对本地方的各项开支标准、定员、定额，按照国家规定的原则，结合本地方的实际情况，可以制定补充规定和具体办法，并须分别报国务院、省、自治区、直辖市批准

D. 民族自治地方在全国统一的财政体制下，通过国家实行的规范的财政转移支付制度，享受上级财政的照顾

27. 关于我国的国家结构形式，下列选项正确的是：（　　）（司考 2012.1.90）

A. 我国实行单一制国家结构形式

B. 维护宪法权威和法制统一是国家的基本国策

C. 在全国范围内实行统一的政治、经济、社会制度

D. 中华人民共和国是一个统一的国际法主体

28. 根据《宪法》和法律的规定，关于民族区域自治制度，下列哪些选项是正确的？（　　）（司考 2014.1.63）

A. 民族自治地方法院的审判工作，受最高法院和上级法院监督

B. 民族自治地方的政府首长由实行区域自治的民族的公民担任，实行首长负责制

C. 民族自治区的自治条例和单行条例报全国人大批准后生效

D. 民族自治地方自主决定本地区人口政策，不实行计划生育

三、名词解释

1. 国家结构形式
2. 邦联
3. 君合国
4. 政合国
5. 行政区划
6. 议会制

四、简答题

1. 联邦制国家结构形式的主要特点。
2. 简述我国特别行政区的法律地位。
3. 简述中央政府在特别行政区的权限。

五、论述题

1. 特别行政区在政治体制方面有哪些规定。
2. 试述我国民族自治地方的建立原则。
3. 试述民族自治地方所享有的自治权。

参考答案

一、单项选择题

1. **答案**：D。本题考民族自治地方的类型。《民族区域自治法》第 2 条第 1 款、第 2 款规定：各少数民族聚居的地方实行区域自治。民族自治地方分为自治区、自治州、自治县。

2. **答案**：D。《宪法》第 120 条规定：民族自治地方的自治机关依照国家的军事制度和当地的实际需要，经国务院批准，可以组织本地方维护社会治安的公安部队。

3. **答案**：D。我国现行的国家结构形式是单一制。

4. **答案**：B。《宪法》第 31 条规定：国家在必要时得设立特别行政区。在特别行政区内实行的制度按照具体情况由全国人民代表大会以法律规定。

5. **答案**：B。《宪法》第 112 条规定：民族自治地方的自治机关是自治区、自治州、自治县的人民代表大会和人民政府。

6. **答案**：B。《宪法》第 116 条规定：民族自治地方的人民代表大会有权依照当地民族的政治、经济和文化的特点，制定自治条例和单行条例。自治区的自治条例和单行条例，报全国人民代表大会常务委员会批准后生效。自治州、自治县的自治条例和单行条例，报省或者自治区的人民代表大会常务委员会批准后生效，并报全国人民代表大会常务委员会备案。

7. **答案**：A。《宪法》第 62 条规定："全国人民代表大会行使下列职权：……（十四）决定特别行政区的设立及其制度；……"

8. **答案**：C。《香港特别行政区基本法》第 12 条规定：香港特别行政区是中华人民共和国的一个享有高度自治权的地方行政区域，直辖于中央人民政府。《澳门特别行政区基本

法》第 12 条规定：澳门特别行政区是中华人民共和国的一个享有高度自治权的地方行政区域，直辖于中央人民政府。

9. 答案：A。根据我国《宪法》第 62 条的规定，全国人大有修改基本法律的权力，同时《澳门特别行政区基本法》第 144 条明确规定，该法的修改权属于全国人民代表大会。全国人大常委会有对澳门基本法的修改提案权。

10. 答案：D。《民族区域自治法》第 19 条规定："民族自治地方的人民代表大会有权依照当地民族的政治、经济和文化的特点，制定自治条例和单行条例……" D 项正确。

11. 答案：B。《宪法》第 107 条第 3 款规定："省、直辖市的人民政府决定乡、民族乡、镇的建置和区域划分。"所以有权决定乡、民族乡、镇的建置和区域划分的主体是省、自治区、直辖市的人民政府。应选 B。根据《宪法》第 89 条第 15 项的规定，国务院对省、自治区、直辖市的区域划分，自治州、县、自治县、市的建置和区域划分行使批准权。乡级的行政区划的建置和区域划分的决定权在于省、自治区、直辖市。所以不选 A。根据《宪法》第 62 条第 13 项和第 14 项的规定，批准省、自治区、直辖市的建置和设立特别行政区的职权由全国人大行使，所以不选 C、D。

12. 答案：C。关于 A，《香港特别行政区基本法》第 90 条第 1 款规定："香港特别行政区终审法院和高等法院的首席法官，应由在外国无居留权的香港特别行政区永久性居民中的中国公民担任。"故 A 项错误。关于 B，《香港特别行政区基本法》第 88 条规定："香港特别行政区法院的法官，根据当地法官和法律界及其他方面知名人士组成的独立委员会推荐，由行政长官任命。"因此 B 错误。关于 C，《澳门特别行政区基本法》第 90 条第 2 款规定："澳门特别行政区检察长由澳门特别行政区永久性居民中的中国公民担任，由行政长官提名，报中央人民政府任命。"因此 C 正确。关于 D，《澳门特别行政区基本法》第 86 条规定："澳门特别行政区设立行政法院。行政法院是管辖行政诉讼和税务诉讼的法院。不服行政法院裁决者，可向中级法院上诉。"因此 D 错误。

13. 答案：D。根据《香港特别行政区基本法》第 44 条的规定，香港特别行政区行政长官由年满四十周岁，在香港通常居住连续满二十年并在外国无居留权的香港特别行政区永久性居民中的中国公民担任。可见，A 项错误。根据第 61 条的规定，香港特别行政区的主要官员由在香港通常居住连续满十五年并在外国无居留权的香港特别行政区永久性居民中的中国公民担任。可见，B 项错误。根据第 67 条的规定，香港特别行政区立法会由在外国无居留权的香港特别行政区永久性居民中的中国公民组成。但非中国籍的香港特别行政区永久性居民和在外国有居留权的香港特别行政区永久性居民也可以当选为香港特别行政区立法会议员，其所占比例不得超过立法会全体议员的 20%。可见，C 项错误。根据第 90 条第 1 款的规定，香港特别行政区终审法院和高等法院的首席法官，应由在外国无居留权的香港特别行政区永久性居民中的中国公民担任。因为"法院法官"的内涵和外延明显宽于"终审法院和高等法院的首席法官"，而且本题考查的是"可由特区非永久性居民担任"而不是"应由特区非永久性居民担任"，所以 D 项正确。

14. 答案：D。行政区域划分包括行政区域划分的机关、原则、程序以及行政区域边界处理等内容，而这些不仅仅是由《宪法》来规定，或者说《宪法》只规定了一部分。行政区域划分的机关，可以由宪法和法律以及有关法规授权。从立法实例上来说，《行政区域边界争议处理条例》作为行政法规，都具体授权有关机关进行行政区域划分。所以 D 项说法错误。A、B、C 项表述均正确。

15. 答案：A。《香港特别行政区基本法》第 159 条规定，香港特别行政区基本法的修改权属于全国人民代表大会。香港特别行政区基本法的修改提案权属于全国人民代表大会常务委员会、国务院和香港特别行政区。香港特别行政区的修改议案，由香港特别行政区出席全国人民代表大会的代表团向全国人民代表大会提出。香港特别行政区基本法的任何修改，均不得同中华人民共和国对香港既定的基本方针政策相抵触。《澳门特别行政区基本法》第144条作了基本相同的规定。据此，B、C、D、选项正确，A选项认为“全国人大常委会有权修改基本法”是错误的，本题选项为A。

16. 答案：A。本题考查的是香港基本法与澳门基本法的相关知识点。根据“一国两制”的原则，特别行政区享有包括“财税自治”在内的高度自治权。特别行政区保持财政独立，其财政收入全部用于自身需要，不上缴中央人民政府。中央人民政府不在特别行政区征税。特别行政区实行独立的税收制度，也是单独的关税地区。特别行政区有权发行自己的货币并自行制定货币金融制度等。所以，A选项的表述是正确的。

根据《澳门特别行政区基本法》的规定，澳门特别行政区立法会举行会议的法定人数为不少于全体议员的1/2。除基本法另有规定外，立法会的法案、议案由全体议员过半数通过。所以，B选项的表述是错误的。

根据《香港特别行政区基本法》的规定，香港特别行政区立法会由在外国无居留权的香港特别行政区永久性居民中的中国公民组成。但非中国籍的香港特别行政区永久性居民和在外国有居留权的香港特别行政区永久性居民也可以当选为香港特别行政区立法会议员，其所占比例不得超过立法会全体议员的20%。所以，C选项的表述是错误的，香港立法会可以有外籍议员的存在，但是应该符合基本法规定的比例限制。

根据《香港特别行政区基本法》的规定，香港特别行政区设立廉政公署，独立工作，对行政长官负责。所以，D选项的表述也是错误的，廉政公署并非对立法会负责，而是对行政长官负责。

17. 答案：D。民族自治权由民族自治地方的自治机关行使。《宪法》第112条规定，民族自治地方的自治机关是自治区、自治州和自治县的人民代表大会和人民政府。不包括审判机关和检察机关。故A项错误。《立法法》第93条第1款规定：“省、自治区、直辖市和设区的市、自治州的人民政府，可以根据法律、行政法规和本省、自治区、直辖市的地方性法规，制定规章。”可见自治州人民政府可以制定政府规章。《立法法》第85条第2款规定：“自治条例和单行条例可以依照当地民族的特点，对法律和行政法规的规定作出变通规定，但不得违背法律或者行政法规的基本原则，不得对宪法和民族区域自治法的规定以及其他有关法律、行政法规专门就民族自治地方所作的规定作出变通规定。”可知，只有自治条例和单行条例可以对法律和行政法规作出变通规定，法律没有规定民族自治地方的政府规章可以对部门规章作出变通规定，故B项错误；自治条例不得对宪法和民族区域自治法的规定以及其他有关法律、行政法规专门就民族自治地方所作的规定作出变通规定，故C项错误。《民族区域自治法》第19条规定，自治州、自治县的自治条例和单行条例报省、自治区、直辖市的人民代表大会常务委员会批准后生效，并报全国人民代表大会常务委员会和国务院备案。故D项正确。

18. 答案：D。《民族区域自治法》第10条规定：“民族自治地方的自治机关保障本地方各民族都有使用和发展自己的语言文字的自由，都有保持或者改革自己的风俗习惯的自由。”故A正确。第31条第1款规定：“民族自治地方依照国家规定，可以开展对外经济贸易活动，经国务院批准，可以开辟对外贸易口岸。”故B正确。第16条第3款规定：“民族自治地方的人民代表大会常务委员会中应当有实行区域自治的民族的公民担任主任或者副主任。”故C项正确。第20

条规定："上级国家机关的决议、决定、命令和指示，如有不适合民族自治地方实际情况的，自治机关可以报经该上级国家机关批准，变通执行或者停止执行；该上级国家机关应当在收到报告之日起六十日内给予答复。"可知，自治地方变通执行或停止执行权需上级国家机关批准。故D错误。

19. 答案：C。《香港特别行政区基本法》第19条第3款规定："香港特别行政区法院对国防、外交等国家行为无管辖权。香港特别行政区法院在审理案件中遇有涉及国防、外交等国家行为的事实问题，应取得行政长官就该等问题发出的证明文件，上述文件对法院有约束力。行政长官在发出证明文件前，须取得中央人民政府的证明书。"故A错误。第49条规定："香港特别行政区行政长官如认为立法会通过的法案不符合香港特别行政区的整体利益，可在三个月内将法案发回立法会重议，立法会如以不少于全体议员三分之二多数再次通过原案，行政长官必须在一个月内签署公布或按本法第五十条的规定处理。"第50条规定："香港特别行政区行政长官如拒绝签署立法会再次通过的法案或立法会拒绝通过政府提出的财政预算案或其他重要法案，经协商仍不能取得一致意见，行政长官可解散立法会。行政长官在解散立法会前，须征询行政会议的意见。行政长官在其一任任期内只能解散立法会一次。"故B错误，题中情形，依据基本法规定，行政长官可以签署公布或者解散立法会。第95条规定："香港特别行政区可与全国其他地区的司法机关通过协商依法进行司法方面的联系和相互提供协助。"故C正确。第55条第1款规定："香港特别行政区行政会议的成员由行政长官从行政机关的主要官员、立法会议员和社会人士中委任，其任免由行政长官决定……"故D错误。

20. 答案：B。关于A，民族区域自治是指在少数民族聚居的区域当中实行区域自治，设立自治机关，行使自治权，保障少数民族当家作主，因此是民族自治和区域自治的结合，A选项正确。关于B，《民族区域自治法》第15条第1款规定："民族自治地方的自治机关是自治区、自治州、自治县的人民代表大会和人民政府。"司法机关与监察机关作为贯彻国家统一法制的地方国家机关，不是自治机关，B选项错误。关于C，《民族区域自治法》第20条规定："上级国家机关的决议、决定、命令和指示，如有不适合民族自治地方实际情况的，自治机关可以报经该上级国家机关批准，变通执行或者停止执行；该上级国家机关应当在收到报告之日起六十日内给予答复"。C选项正确。关于D，《民族区域自治法》第38条第1款规定："民族自治地方的自治机关自主地发展具有民族形式和民族特点的文学、艺术、新闻、出版、广播、电影、电视等民族文化事业，加大对文化事业的投入，加强文化设施建设，加快各项文化事业的发展。"发展具有民族特色的教科文卫事业，是民族自治地方自治权的重要内容之一，D选项正确。

21. 答案：B。《民族区域自治法》第16条第3款规定："民族自治地方的人民代表大会常务委员会中应当有实行区域自治的民族的公民担任主任或者副主任。"第17条第1款规定："自治区主席、自治州州长、自治县县长由实行区域自治的民族的公民担任……"第46条第3款规定："民族自治地方的人民法院和人民检察院的领导成员和工作人员中，应当有实行区域自治的民族的人员。"

二、多项选择题

1. 答案：ABD。我国的民族区域自治是指在国家的统一领导下，以少数民族聚居区为基础，建立相应的自治地方，设立自治机关，行使自治权，使实行区域自治的本民族人民自主地管理本民族地方性事务的制度。

2. 答案：ABCD。《香港特别行政区基本法》第27条规定："香港居民享有言论、新闻、出版的自由，结社、集会、游行、示威的自由，组织和参加工会、罢工的权利和自由。"

第30条规定："香港居民的通讯自由和

通讯秘密受法律的保护。除因公共安全和追查刑事犯罪的需要，由有关机关依照法律程序对通讯进行检查外，任何部门或个人不得以任何理由侵犯居民的通讯自由和通讯秘密。”

第31条规定：“香港居民有在香港特别行政区境内迁徙的自由，有移居其他国家和地区的自由。香港居民有旅行和出入境的自由。有效旅行证件的持有人，除非受到法律制止，可自由离开香港特别行政区，无需特别批准。”

第32条规定：“香港居民有信仰的自由。香港居民有宗教信仰的自由，有公开传教和举行、参加宗教活动的自由。”

3. **答案**：ABCD。《澳门特别行政区基本法》第22条第1款规定：“中央人民政府所属各部门、各省、自治区、直辖市均不得干预澳门特别行政区依照本法自行管理的事务。”

《澳门特别行政区基本法》第87条第1款规定：“澳门特别行政区各级法院的法官，根据当地法官、律师和知名人士组成的独立委员会的推荐，由行政长官任命。法官的选用以其专业资格为标准，符合标准的外籍法官也可聘用。”

第90条第1款、第2款、第3款规定：“澳门特别行政区检察院独立行使法律赋予的检察职能，不受任何干涉。澳门特别行政区检察长由澳门特别行政区永久性居民中的中国公民担任，由行政长官提名，报中央人民政府任命。检察官经检察长提名，由行政长官任命。”

第137条第2款规定：“澳门特别行政区可以‘中国澳门’的名义参加不以国家为单位参加的国际组织和国际会议。”

注意澳门特别行政区和香港特别行政区的法官和检察官任命方式和条件的区别。

4. **答案**：AC。注意应当有国徽图案印章的机构与应当悬挂国徽的机构的共同和不同之处。B项中应为县级以上人大常委会和人民政府，再者根据《宪法》的规定，乡级人大不设人大常委会，因此B显然不对。D项中监狱的印章不刻有国徽图案，也不悬挂国徽。

5. **答案**：ABD。我国行政区划所遵循的政治原则指符合人民民主专政的要求，经济原则指服务于社会主义现代化建设，历史原则指尊重历史发展脉络，文化原则其实涵盖于历史原则之中。民族区域自治制度和特别行政区制度就是这些原则在实践中的具体运用。

6. **答案**：ABC。《澳门特别行政区基本法》第2条规定：中华人民共和国全国人民代表大会授权澳门特别行政区依照本法的规定实行高度自治，享有行政管理权、立法权、独立的司法权和终审权。

7. **答案**：AB。《宪法》第116条规定：民族自治地方的人民代表大会有权依照当地民族的政治、经济和文化的特点，制定自治条例和单行条例。自治区的自治条例和单行条例，报全国人民代表大会常务委员会批准后生效。自治州、自治县的自治条例和单行条例，报省或者自治区的人民代表大会常务委员会批准后生效，并报全国人民代表大会常务委员会备案。

8. **答案**：ACD。《香港特别行政区基本法》第1条规定：香港特别行政区是中华人民共和国不可分离的部分。第110条规定：香港特别行政区的货币金融制度由法律规定。香港特别行政区政府自行制定货币金融政策，保障金融企业和金融市场的经营自由，并依法进行管理和监督。第158条第1款、第2款规定：本法的解释权属于全国人民代表大会常务委员会。全国人民代表大会常务委员会授权香港特别行政区法院在审理案件时对本法关于香港特别行政区自治范围内的条款自行解释。第159条第1款规定：本法的修改权属于全国人民代表大会。

9. **答案**：ABCD。根据《民族区域自治法》相关规定，依行政地位划分，民族自治地方分为自治区、自治州、自治县三级。民族自治地方的自治机关是自治区、自治州、自治县的人民代表大会和人民政府。民族自治机关是当地聚居的民族的人民行使自治权的政权机关。因此，民族自治地方的人大及其常委会、人民政府在组成方面又具有不同于一般地方国家权力机关和行政机关的特点：(1) 民族自治地方的人大中，除实行区域自治的民族的代表外，其他居住在本行政区域内的民族也应当有适当名额的代表；(2) 民族自治地方的人大常委会中应当有实行区域自治的民族的公民担任主任或者副主任；(3) 自治区主席、自治州州长、自治县县长由实行区域自治的民族的公民担任；(4) 民族自治地方的人民政府的其他组成人员和自治机关所属工作部门的干部中，要尽量配备实行区域自治的民族和其他少数民族的人员。

10. 答案：ABC。《香港特别行政区基本法》第23条规定：香港特别行政区应自行立法禁止任何叛国、分裂国家、煽动叛乱、颠覆中央人民政府及窃取国家机密的行为，禁止外国的政治性组织或团体在香港特别行政区进行政治活动，禁止香港特别行政区的政治性组织或团体与外国的政治性组织或团体建立联系。

11. 答案：ABCD。本题主要考查特别行政区的政治体制。《香港特别行政区基本法》第12条规定：香港特别行政区是中华人民共和国的一个享有高度自治权的地方行政区域，直辖于中央人民政府。第43条第1款规定：香港特别行政区行政长官是香港特别行政区的首长，代表香港特别行政区。第60条第1款规定：香港特别行政区政府的首长是香港特别行政区行政长官。第85条规定：香港特别行政区法院独立进行审判，不受任何干涉，司法人员履行审判职责的行为不受法律追究。

12. 答案：ABD。本题主要考查特别行政区基本法的法律地位、基本法的实施范围，因此C项错误，见《香港特别行政区基本法》序言。

13. 答案：ABD。《香港特别行政区基本法》第48条规定："香港特别行政区行政长官行使下列职权：(一) 领导香港特别行政区政府；(二) 负责执行本法和依照本法适用于香港特别行政区的其他法律；(三) 签署立法会通过的法案，公布法律；签署立法会通过的财政预算案，将财政预算、决算报中央人民政府备案……(六) 依照法定程序任免各级法院法官；(七) 依照法定程序任免公职人员……(十二) 赦免或减轻刑事罪犯的刑罚……"

14. 答案：AC。《香港特别行政区基本法》第43条规定，香港特别行政区行政长官是香港特别行政区的首长，代表香港特别行政区。香港特别行政区行政长官依照本法的规定对中央人民政府和香港特别行政区负责。《澳门特别行政区基本法》第45条规定，澳门特别行政区行政长官是澳门特别行政区的首长，代表澳门特别行政区。澳门特别行政区行政长官依照本法规定对中央人民政府和澳门特别行政区负责。

15. 答案：ABCD。《澳门特别行政区基本法》第84条规定：澳门特别行政区设立初级法院、中级法院和终审法院。澳门特别行政区终审权属于澳门特别行政区终审法院。澳门特别行政区法院的组织、职权和运作由法律规定。第86条规定：澳门特别行政区设立行政法院。行政法院是管辖行政诉讼和税务诉讼的法院。不服行政法院裁决者，可向中级法院上诉。

16. 答案：AB。本题考查国家结构形式，联邦制是复合制的一种形式。共和制属于国家政体的范围。

17. 答案：BCD。本题主要考查联邦制国家结构形式的基本特点。

18. 答案：AD。《宪法》第116条规定：民族自治地方的人民代表大会有权依照当地民族的政治、经济和文化的特点，制定自治条例和单行条例……第115条规定：自治区、自治州、自治县的自治机关行使宪法第三章第五节规定的地方国家机关的职权，同时依照宪法、民族区域自治法和其他法律规定的权限行使自治权，根据本地方实际情况贯彻执行国家的法律、政策。第120条规定：民族自治地方的自治机关依照国家的军事制度和当地的实际需要，经国务院批准，可以组织本地方维护社会治安的公安部队。

19. 答案：ABCD。《香港特别行政区基本法》

第 44 条规定：香港特别行政区行政长官由年满四十周岁，在香港通常居住连续满二十年并在外国无居留权的香港特别行政区永久性居民中的中国公民担任。

20. 答案：BC。本题主要考查国家结构形式的决定因素，即历史因素和民族因素，军事因素和地理因素是次要因素。

21. 答案：ABC。经济特区不是《宪法》规定的行政区域。见《宪法》第 30 条、第 31 条。

22. 答案：AB。在特别行政区适用的全国性法律仅限于有关国防外交和其他不属于特别行政区自治范围的法律，对基本法附件三所列举的应在特别行政区适用的全国性法律的增减，应由全国人大常委会在征询其所属的基本法委员会和特别行政区政府的意见后决定。C、D 中的国际公约和惯例，香港作为一个经济性的地区应当实施。

23. 答案：ABCD。港、澳特别行政区的对外事务权限包括：（1）特别行政区的代表的成员，参加中央人民政府进行的同其直接有关的外交谈判；（2）可以在经济、贸易、金融、航运、通信、旅游、文化、体育等领域以“中国香港”或“中国澳门”的名义，单独地同世界各国、各地区及有关国际组织保持和发展关系，签订和履行有关协议；（3）以适当的形式和名义参加国际组织和国际会议；（4）对于国际协议的适用有发表意见权；（5）签发特别行政区护照和其他旅行证件的权利，并有实行出入境管制的权利；（6）中央人民政府协助或授权特别行政区政府与各国和各地区缔结互相免签证协议的权利；（7）可根据需要在外国设立官方或半官方的经济和贸易机构的权利，但行使此项权利需报中央人民政府备案；（8）经中央批准，外国可以在特别行政区设立领事机构或其他官方、半官方机构，因此选 A、B、C、D。

24. 答案：ABC。本题主要考联邦制国家的特点。

25. 答案：ABC。《香港特别行政区基本法》第 49 条规定：“香港特别行政区行政长官如认为立法会通过的法案不符合香港特别行政区的整体利益，可在三个月内将法案发回立法会重议，立法会如以不少于全体议员三分之二多数再次通过原案，行政长官必须在一个月内签署公布或按本法第五十条的规定处理。”因此，A 正确。第 50 条规定：“香港特别行政区行政长官如拒绝签署立法会再次通过的法案或立法会拒绝通过政府提出的财政预算案或其他重要法案，经协商仍不能取得一致意见，行政长官可解散立法会。行政长官在解散立法会前，须征询行政会议的意见……”因此 B 正确。关于 D，根据该法第 50 条第 2 款的规定：“……行政长官在其一任任期内只能解散立法会一次。”故 D 项错误。关于 C，在基本法中，如果出现上述情况，香港特别行政区行政长官必须辞职，故 C 正确。

26. 答案：AD。根据《民族区域自治法》第 32 条第 2 款的规定，民族自治地方的自治机关有管理地方财政的自治权。凡是依照国家财政体制属于民族自治地方的财政收入，都应当由民族自治地方的自治机关自主地安排使用。可见 A 项正确。根据《民族区域自治法》第 32 条第 4 款的规定，民族自治地方的财政预算支出，按照国家规定，设机动资金，预备费在预算中所占比例高于一般地区。可见 B 项错误。根据《民族区域自治法》第 33 条的规定，民族自治地方的自治机关对本地方的各项开支标准、定员、定额，根据国家规定的原则，结合本地方的实际情况，可以制定补充规定和具体办法。自治区制定的补充规定和具体办法，报国务院备案；自治州、自治县制定的补充规定和具体办法，须报省、自治区、直辖市人民政府批准。可见 C 项错误。根据《民族区域自治法》第 32 条第 3 款的规定，民族自治地方在全国统一的财政体制下，通过国家实行的规范的财政转移支付制度，享受上级财政的照顾。可见 D 项正确。因此，本题的正确答案应当是 A、D 项。

27. 答案：ABD。选项 A 正确。单一制对应的是复合制（主要体现为联邦制），是指由若干不享有独立主权的一般行政区域单位组成的统一主权国家的制度。我国《宪法》序言宣称，中华人民共和国是全国各族人民共同缔造的统一的多民族国家。《宪法》第3条第1款也规定，中华人民共和国的国家机构实行民主集中制的原则。因此根据宪法，我国的国家结构形式采单一制。选项B正确。我国是单一制国家，只有一部宪法，只有一套以宪法为基础的法律体系，因此维护宪法的权威和法制的统一是国家的基本国策。选项C不正确。香港和澳门特别行政区根据宪法的授权，实行资本主义政治、经济与社会制度。选项D正确。单一制国家意味着主权的统一，因此在对外方面只能由一个主体来代表国家。

28. **答案**：AB。本题考查的是民族区域自治制度的运行。根据《民族区域自治法》的规定，民族自治地方的人民法院和人民检察院对本级人民代表大会及其常务委员会负责。民族自治地方人民法院的审判工作，受最高人民法院和上级人民法院监督。所以，选项A的表述是正确的。

根据《宪法》第113条、第114条的规定，自治区、自治州、自治县的人民代表大会中，除实行区域自治的民族的代表外，其他居住在本行政区域内的民族也应当有适当名额的代表。自治区、自治州、自治县的人民代表大会常务委员会中应当有实行区域自治的民族的公民担任主任或者副主任。自治区主席、自治州州长、自治县县长由实行区域自治的民族的公民担任。我国包括民族自治地方政府在内的地方各级人民政府均实行行政首长负责制。所以，选项B的表述是正确的。

《宪法》第116条规定，民族自治地方的人民代表大会有权依照当地民族的政治、经济和文化的特点，制定自治条例和单行条例。自治区的自治条例和单行条例，报全国人民代表大会常务委员会批准后生效。自治州、自治县的自治条例和单行条例，报省或者自治区的人民代表大会常务委员会批准后生效，并报全国人民代表大会常务委员会备案。所以，C选项的表述是错误的，民族自治区的自治条例和单行条例由全国人民代表大会常务委员会批准后生效，而非由全国人大批准。

《民族区域自治法》第44条规定，民族自治地方实行计划生育和优生优育，提高各民族人口素质。民族自治地方的自治机关根据法律规定，结合本地方的实际情况，制定实行计划生育的办法。所以，D选项的表述是错误的。

三、名词解释

1. **答案**：国家结构形式是指国家整体与其组成部分之间、中央政权与地方政权之间相互关系的形式。
2. **答案**：邦联是指若干主权独立国家为了实现某种共同目的而结成的松散的国家联盟。这种联盟一般以条约为基础。
3. **答案**：君合国又称“两合君主国”“人合国”或“身合国”，是指两个君主国由一个君主实行统治的国家联合。
4. **答案**：政合国又称“物合国”，是指两个或者两个以上的国家在缔结条约基础上组成的国家联合。
5. **答案**：行政区划是“行政区域划分”的简称，是指统治阶级为便于管理，兼顾地理条件、历史传统、风俗习惯、经济联系、民族分布等因素，把国家领土分成层次不同、大小不等的若干区域的制度。
6. **答案**：议会制又叫责任内阁制，是资产阶级共和国政体中以议会为国家最高机关的政权组织形式。意大利、德国等国家是实行议会制的典型，其主要特点是：议会在国家生活中占主导地位；内阁由议会产生，向议会负责；总统由选举产生，一般不掌握实际权力，只为名义上的国家元首。

四、简答题

1. **答案**：联邦制国家结构形式的主要特点为：

（1）从国家的法律体系看，除有联邦宪法外，各成员国还有各自的宪法。

（2）从国家机构的组成看，除设有联邦立法机关、政府和司法系统外，各成员国还设有各自的立法机关、政府和司法系统。

(3) 从联邦与各成员国的职权划分看，联邦宪法在规定联邦行使国家的立法、外交、军事、财政等主要国家权力的同时，又规定各成员国享有较大范围的自治权。

(4) 从对外关系上看，有些国家允许其成员国享有一定的外交权。

(5) 联邦国家的公民既有联邦的国籍，又有其成员国的国籍。

2. 答案：根据《宪法》《香港基本法》《澳门基本法》的有关规定，香港、澳门特别行政区的法律地位，包括以下几个方面：

(1) 特别行政区是中华人民共和国不可分离的部分

我国是单一制国家，国家的任何地方都是国家不可分离的部分。这同有些联邦制国家的联邦成员在一定条件下可以退出联邦有根本的区别。不可分离，是指特别行政区在任何情况下都没有退出中华人民共和国的权利。我国宪法、两部基本法既没有赋予特别行政区举行公投的权利，香港、澳门也不存在所谓民族自决的权利。

(2) 特别行政区是直辖于中央人民政府的地方行政区域

我国内地的行政区域划分基本上采用四级，即省（自治区、直辖市）、设区的市（自治州、不设区的地级市）、县（自治县、县级市、市辖区）和乡（民族乡、镇）。特别行政区直辖于中央人民政府，是指特别行政区属于我国第一级地方行政区域，是相当于省、自治区、直辖市一级的地方行政区域。特别行政区由我国最高国家权力机关即全国人民代表大会决定设立。

(3) 特别行政区是实行高度自治的地方行政区域

香港、澳门特别行政区与我国内地省级地方的不同，不仅在于名称上，还在于香港、澳门特别行政区实行高度自治，保持原有的资本主义制度和生活方式长期不变，不实行社会主义制度和政策。特别行政区根据全国人民代表大会授权，享有行政管理权、立法权、独立的司法权和终审权，并享有一定的对外事务处理权。香港、澳门特别行政区除悬挂和使用中华人民共和国国旗、国徽外，还可使用自己的区旗、区徽。

香港、澳门特别行政区享有的高度自治在性质上是一种地方自治，只是其自治的程度不仅超越我国各省、直辖市和自治区，还在许多方面超越了联邦制下各联邦成员的自治程度，因此称为“高度自治”。香港、澳门特别行政区的高度自治权并非其本身所固有，而是中央通过基本法授予的。高度自治既不是“完全自治”，也不是“最大程度的自治”。《香港基本法》和《澳门基本法》第20条均规定，特别行政区还可以享有中央授予的其他权力，特别行政区不存在联邦制下的“剩余权力”问题。

香港、澳门特别行政区有维护国家安全的宪法责任。《香港基本法》和《澳门基本法》第23条均规定，香港、澳门特别行政区应自行立法禁止任何叛国、分裂国家、煽动叛乱、颠覆中央人民政府及窃取国家机密的行为，禁止外国的政治性组织或团体在特别行政区进行政治活动，禁止特别行政区的政治性组织或团体与外国的政治性组织或团体建立联系。2009年，澳门特别行政区制定了《维护国家安全法》（第2/2009号法律）；2020年，十三届全国人大常委会第二十次会议通过了《香港特别行政区维护国家安全法》。

3. 答案：根据基本法的规定，由中央（包括国务院和全国人大及其常委会）管理特别行政区涉及外交、国防等国家主权方面的事务。主要是：(1) 负责管理与特别行政区有关的外交事务；(2) 负责管理特别行政区的防务；(3) 任命行政长官和主要官员；(4) 决定特别行政区进入紧急状态；(5) 解释特别行政区基本法；(6) 修改特别行政区基本法等。

五、论述题

1. 答案：特别行政区是我国享有高度自治权并直辖于中央人民政府的地方行政区域。特别行政区政治体制是一种地方政治体制，它在根本上不同于国家政治体制。两部基本法所确定的政治体制体现了以下特点：

第一，从香港和澳门的法律地位和实际情况出发，实行不同的政治体制。第二，特别行政区实行以行政为主导的政治体制，行政机关与立法机关之间既相互配合又相互制衡。第三，“港人治港”“澳人治澳”。

现就主要方面介绍如下：

(1) 行政长官

香港、澳门基本法规定行政长官具有双重法律地位，既是特别行政区的首长，代表特别行政区，又是特别行政区政府的首长，对中央人民政府和特别行政区负责。行政长官在当地通过选举或协商产生，由中央人民政府任命。行政长官任期 5 年，可连任一次。

香港特别行政区行政长官由年满 40 周岁，在香港通常居住连续满 20 年并在外国无居留权的香港特别行政区永久性居民中的中国公民担任。澳门特别行政区行政长官由年满 40 周岁，通常居住连续满 20 年的澳门特别行政区永久性居民中的中国公民担任。澳门特别行政区行政长官在任职期内不得具有外国居留权。

(2) 行政机关

香港、澳门特别行政区政府是香港、澳门特别行政区的行政机关。行政长官是特别行政区政府的首长。香港特别行政区政府设政务司、财政司、律政司和各局、处、署；澳门特别行政区政府设司、局、厅、处。

香港特别行政区的主要官员由在香港通常居住连续满 15 年并在外国无居留权的香港特别行政区永久性居民中的中国公民担任。澳门特别行政区政府的主要官员由在澳门通常居住连续满 15 年的澳门特别行政区永久性居民中的中国公民担任。

(3) 立法机关

立法会是特别行政区的立法机关。香港特别行政区立法会由在外国无居留权的香港特别行政区永久性居民中的中国公民组成，但非中国籍的香港特别行政区永久性居民和在外国有居留权的香港特别行政区永久性居民也可以当选为香港立法会议员，其所占比例不得超过立法会全体议员的 20%。澳门特别行政区立法会议员由澳门特别行政区永久性居民组成。

(4) 司法机关

香港特别行政区设立终审法院、高等法院、区域法院、裁判署法庭和其他专门法庭。高等法院设上诉法庭和原讼法庭。香港特别行政区法院的法官，根据当地法官和法律界及其他方面知名人士组成的独立委员会推荐，由行政长官任命。香港特别行政区终审法院和高等法院的首席法官，应由在外国无居留权的香港特别行政区永久性居民中的中国公民担任。终审法院的法官和高等法院的首席法官的任命或免职，还须由行政长官征得立法会同意，并报全国人大常委会备案。

(5) 非政权性的区域组织和市政机构

香港特别行政区可设立非政权性的区域组织，接受香港特别行政区政府就有关地区管理和其他事务的咨询，或负责提供文化、康乐和环境卫生等服务。香港目前设有 18 个区议会。

澳门特别行政区可设立非政权性的市政机构，受政府委托为居民提供文化、康乐和环境卫生等方面的服务，并就上述有关事务向澳门特别行政区政府提供咨询意见。市政机构的职权和组成由法律规定。2018 年 7 月 30 日，澳门特别行政区立法会通过第 9/2018 号法律——《设立市政署》，规定成立非政权性的市政机构——市政署。

2. 答案： 实行民族区域自治，首先要建立民族自治地方。根据《宪法》租《民族区域自治法》的规定和历史经验，建立民族自治地方应遵循以下基本原则。

第一，以少数民族聚居区为基础。以少数民族聚居区为基础，一是指建立民族自治地方应以少数民族聚居为基础，而不是以少数民族所占当地人口的比例为基础；二是指建立民族自治地方应以少数民族聚居的地区为基础，而不是单纯以民族成分为基础。民族区域自治是民族在一定“地区”范围内的自治，不能离开一定地域实行自治。同时，民族区域自治是“民族”在一定地区的自治，不能离开实行自治的民族实行自治。民族区域自治是民族自治和区域自治的结合。

第二，尊重历史传统。在长期的历史发展中，我国各民族人民之间相互杂居，在政治、经济、文化、社会生活各个方面已经形成密不可分的关系。各民族共同开拓了祖国的疆域，共同创造了悠久的历史和灿烂的文化，形成了汉族离不开少数民族、少数民族也离不开汉族的格局。因此，建立民族自治地方必须考虑历史因素，以增强民族团结，促进各民族共同繁荣。

第三，各民族共同协商。建立什么样的自治地方，直接关系到当地有关民族的切身利益。因此，在民族自治地方的建立、区域界线的划分、名称的组成等一系列问题上，应由上级国家机关会同有关地方的国家机关和有关民族的代表充分协商拟订，按照法律规定的程序报请批准。根据宪法的规定，自治区的建置由全国人民代表大会批准，自治州、自治县的建置由国务院批准。

3. 答案：民族自治地方的自治机关除行使一般的地方国家机关的职权外，还可以依照宪法和法律的规定行使自治权。主要有：

（1）根据本地区的实际情况，经过该上级国家机关批准可以变通或者停止执行国家的法律、政策或上级国家机关的决议、决定、命令和指示。

（2）制定自治条例和单行条例。民族自治地方的人民代表大会有权依照当地民族的政治、经济和文化特点，制定自治条例和单行条例。

（3）管理地方财政。民族自治地方的自治机关有管理地方财政的自治权。凡是依照国家财政体制，属于民族自治地方的财政收入，都应当由民族自治地方的自治机关自主地安排使用。

（4）在国家计划指导下，自主地安排和管理地方性的经济建设事业。根据本地方的特点和需要，制定经济发展的方针、政策和计划；在坚持社会主义原则的前提下，根据法律规定和本地方经济发展的特点，合理调整生产关系、改革经济管理体制。

（5）自主地管理本地方的教育、科学、文化、卫生、体育事业，保护和整理民族的文化遗产，发展和繁荣民族文化。根据国家的教育方针，确立本地方的教育规划、教育体制和教育设施。

（6）依照国家的军事制度和当地的实际需要，经国务院批准，可以组织本地方维护社会治安的公安部队。

（7）自治机关在执行职务的时候，依照自治条例的规定，使用当地通用的一种或者几种语言文字。同时使用几种通用的语言文字执行职务的，可以实行区域自治的民族的语言文字为主。

第十二章　公民的基本权利和义务（上）

基础知识图解

- 公民的基本权利和义务（上）
  - 概说
    - 公民和国籍
    - 公民与人民
    - 基本权利和义务的概念
    - 公民基本权利的内涵
    - 基本权利的分类
  - 公民基本权利和自由的保障及其界限
    - 保障
      - 物质保障
      - 政治保障
      - 法律保障
    - 界限
      - 不妨碍他人的权利和自由
      - 不违反国家承认的公民权利和自由的目的
    - 限制方式

配套测试

一、单项选择题

1. 对一个国家和民族来说，哪一权利是首要权利？（　　）

A. 发展权

B. 独立权

C. 自由权

D. 生存权

2. “公民”这一称谓普遍适用于社会全体成员，是从下列选项中的哪一时期开始的？（　　）

A. 古希腊时期

B. 古罗马时期

C. 欧洲中世纪

D. 资产阶级革命和资产阶级国家建立时

3. 下列选项中哪一项可以作为权利和义务的根本区别？（　　）

A. 权利可以放弃，义务必须履行

B. 权利是与生俱来的，义务则是由法律规定的

C. 权利对于一切人都是平等的，义务则因人而异

D. 权利应当享有，义务可以放弃

4. 下列选项中关于我国现行《宪法》“公民的基本权利和义务”一章在宪法典中的位置的表述正确的是哪一项？（　　）

A. 序言之后

B. 国家机构之后

C. 总纲之后，国家机构之前

D. 国体之后，政体之前

5. 在我国，公民一词的含义是指（　　）

A. 出生在我国的人

B. 具有我国国籍的人

C. 享有政治权利的人

D. 年满 18 周岁具有我国国籍的人

6. 中华人民共和国确定国籍的原则是（　　）

A. 血统主义原则

B. 出生地主义原则

C. 出生入籍原则
D. 出生地主义和血统主义相结合的原则

7. 国家机关和国家工作人员侵犯公民权利而受到损失的人有依照法律规定（　　）
A. 提出批评的权利
B. 提出申诉的权利
C. 取得赔偿的权利
D. 提起刑事诉讼的权利

8. 下列哪一项是我国宪法界定公民资格的依据？（　　）
A. 出生地主义原则
B. 血统主义原则
C. 国籍
D. 以血统主义为主、以出生地主义为辅的原则

9. 中华人民共和国公民在法律面前一律平等。关于平等权，下列哪一项表述是错误的？（　　）（司考 2015. 1. 25）
A. 我国宪法中存在一个关于平等权规定的完整规范系统
B. 犯罪嫌疑人的合法权利应该一律平等地受到法律保护
C. 在选举权领域，性别和年龄属于宪法所列举的禁止差别理由
D. 妇女享有同男子平等的权利，但对其特殊情况可予以特殊保护

二、多项选择题

1. 我国《宪法》规定，公民在行使自由和权利时应符合以下哪些要求？（　　）
A. 不得侵害国家利益
B. 不得侵害社会利益
C. 不得侵害集体利益
D. 不得侵害其他公民合法的自由和权利

2. 国籍是指一个人隶属于某个国家的法律上的身份。取得国籍通常有下列哪些方式？（　　）
A. 出生国籍　　B. 继有国籍
C. 定居　　D. 移民

3. 所谓出生国籍是指因出生而取得国籍，对此各国通常采用下列哪些原则？（　　）
A. 要么采取血统主义原则
B. 要么采取出生地主义原则
C. 要么采取出生地主义与血统主义相结合的原则
D. 要么采取双重国籍原则

4. 在我国，“公民”和“人民”是两个不同的概念。它们的区别主要有（　　）
A. 性质不同。公民是与外国人相对应的法律概念；人民是与敌人相对应的概念
B. 范围不同。公民的范围比人民的范围更加广泛，公民中除包括人民外，还包括敌人
C. 后果不同。所有的人民都享有宪法和法律规定的权利并履行相应的义务；但并非所有的公民都能享有宪法和法律规定的权利并履行相应的义务
D. 公民所表达的一般是个体概念，而人民所表达的往往是群体概念

5. 公民的基本权利也称宪法权利，它与一般权利相比较具有自身的法律特性。其特性包括下列选项的哪些内容？（　　）
A. 它决定着公民在国家中的法律地位
B. 它是公民在社会生活中最主要、最基本而又不可缺少的权利
C. 它具有母体性，能派生出公民的一般权利
D. 它具有稳定性和排他性，是“不证自明”的权利

6. 在长期的人权实践中，中国政府和人民形成了自己独立的人权观。主要包括下列选项中的哪几项内容？（　　）
A. 人权是有阶级性的
B. 各国人权实践总要受历史、经济、社会、文化等因素的制约
C. 对于一个国家和民族而言，生存权是首要人权。国家的独立权和发展权则是生存权的保障
D. 人权在本质上属于一国内部管辖的问题，受国内法调整

7. 我国公民的基本权利和义务的特点，除包括权利和自由的广泛性外，还有（　　）
A. 权利义务的相对性
B. 权利义务的现实性
C. 权利义务的统一性
D. 权利义务的平等性

8. 根据《宪法》的规定，下列哪些权利是公民享有的监督权？（　　）（司考 2009. 1. 64）
A. 罢免权
B. 集会、游行、示威自由
C. 批评和建议的权利
D. 申诉、控告或者检举的权利

9. 基本权利的效力是指基本权利规范所产生的拘束力。关于基本权利效力，下列选项正确的是（　　）（司考 2017. 1. 94）
A. 基本权利规范对立法机关产生直接的拘束力
B. 基本权利规范对行政机关的活动和公务员的行为产生拘束力
C. 基本权利规范只有通过司法机关的司法活动才产生拘束力
D. 一些国家的宪法一定程度上承认基本权利规范对私人产生拘束力

三、名词解释

1. 公民的基本权利
2. 公民的基本义务

四、简答题

1. 如何理解我国公民权利和自由的现实性？
2. 简述基本权利的概念和特点。
3. 简述宪法规定的基本权利的性质。

参考答案

一、单项选择题

1. **答案**：D。生存权对一个国家和民族来说是首要权利，离开生存权，其他权利都无从谈起。

2. **答案**：D。本题考查“公民”这一称谓的发展史。

3. **答案**：A。本题主要考查权利与义务的根本区别。

4. **答案**：C。

5. **答案**：B。《宪法》第 33 条第 1 款规定：凡具有中华人民共和国国籍的人都是中华人民共和国公民。

6. **答案**：D。《国籍法》第 4 条规定：父母双方或一方为中国公民，本人出生在中国，具有中国国籍。第 5 条规定：父母双方或一方为中国公民，本人出生在外国，具有中国国籍；但父母双方或一方为中国公民并定居在外国，本人出生时即具有外国国籍的，不具有中国国籍。第 6 条规定：父母无国籍或国籍不明，定居在中国，本人出生在中国，具有中国国籍。

7. **答案**：C。《宪法》第 41 条规定：中华人民共和国公民对于任何国家机关和国家工作人员，有提出批评和建议的权利；对于任何国家机关和国家工作人员的违法失职行为，有向有关国家机关提出申诉、控告或者检举的权利，但是不得捏造或者歪曲事实进行诬告陷害。对于公民的申诉、控告或者检举，有关国家机关必须查清事实，负责处理。任何人不得压制和打击报复。由于国家机关和国家工作人员侵犯公民权利而受到损失的人，有依照法律规定取得赔偿的权利。

8. **答案**：C。根据《宪法》第 33 条第 1 款的规定，凡具有中华人民共和国国籍的人都是中华人民共和国公民，因此判断一个人是否为中华人民共和国公民的标准是他是否具有中华人民共和国的国籍。由此可知，本题答案为 C。

本题需要注意的是：根据我国《宪法》，只要具有中华人民共和国国籍的，就是我国公民。因此在宪法上，以国籍作为确定公民资格的依据。而血统主义、出生地主义等原则是确定某一自然人国籍的依据和标准。

9. **答案**：C。《宪法》规定，中华人民共和国年满 18 周岁的公民，不分民族、种族、性别、职业、家庭出身、宗教信仰、教育程度、财产状况、居住期限，都有选举权和被选举权；但是依照法律被剥夺政治权利的人除外。可知，性别是宪法列举的禁止差别的依据，但年龄不是，年满 18 周岁始享有选举权。故 C 项错误，当选。A、B、D 项均表述正确。

二、多项选择题

1. **答案**：ABCD。《宪法》第 51 条规定：中华人民共和国公民在行使自由和权利的时候，不得损害国家的、社会的、集体的利益和其他公民的合法的自由和权利。

2. **答案**：AB。出生国籍、继有国籍是公民取得国籍的两种主要方式。

3. **答案**：ABC。血统主义原则、出生地主义原则、出生地主义与血统主义相结合的原则是各国对出生国籍采取的三原则。

4. **答案**：ABCD。本题主要考查人民与公民概念的区别。

5. **答案**：ABCD。本题主要考查宪法权利的法律特性。

6. **答案**：ABCD。本题主要考查我国政府的人权观。

7. **答案**：BCD。见《宪法》第二章公民的基本权利和义务。

8. **答案**：CD。监督权，是指宪法赋予公民监督国家机关和国家工作人员活动的权利，是公民作为国家管理活动的相对人对抗国家机关和国家工作人员违法失职行为的权利，其具体包括批评、建议、申诉、控告、检举权。监督权不仅是公民监督国家机关和国家工作人员履行职责的“监督性权利”，而且是公民受到国家机关和国家工作人员不公正对待时的“防御权”。监督权受到宪法的绝对保障，即使被判处刑罚的人也享有监督权，不得因公民行使监督权而带来不利后果。根据《宪法》第41条的规定，中华人民共和国公民对于任何国家机关和国家工作人员，有提出批评和建议的权利；对于任何国家机关和国家工作人员的违法失职行为，有向有关国家机关提出申诉、控告或者检举的权利，但是不得捏造或者歪曲事实进行诬告陷害。因此，本题的正确答案应当是C、D。

9. **答案**：ABD。基本权利的效力直接拘束国家权力活动是现代各国宪法普遍确认的一项原则，同时也是宪法的基本功能之一。国家权力活动既包括立法活动，也包括行政活动、司法活动。故A、B正确，C错误。基本权利效力的目的在于有效保障人权，因此具有广泛性，即基本权利拘束一切国家权力活动和社会生活领域。可知，D正确。

三、名词解释

1. **答案**：公民的基本权利是指由宪法规定的，公民为实现自己必不可少的利益、主张或自由，从而为或不为某种行为的资格或可能性。可见，公民是宪法所确定的基本权利的一般主体。基本权利在庞大的权利体系中，属于具有重要地位的人们所必不可少的权利。毋庸置疑，公民的法律权利种类繁多，范围广泛，既有基本权利，也有一般权利。然而，宪法作为国家根本法，不可能也没有必要对公民的各种权利一一加以规定。因此，宪法所确认的只能是一些基本权利，即那些表明权利人在国家生活基本领域所处法律地位的权利。

2. **答案**：公民的基本义务是指由宪法规定的，为实现公共利益，公民必须为或不为某种行为的必要性。公民的基本义务是公民对于国家的具有首要意义的义务，它构成普通法律所规定的义务的基础。公民的基本义务与基本权利一起共同反映并决定着公民在国家中的政治与法律地位，构成普通法律规定的公民权利和义务的基础和原则。

四、简答题

1. **答案**：（1）宪法在确定公民的权利和义务时，总是从我国的实际情况出发，充分考虑到现阶段政治、经济、文化发展的实际水平，来确认权利和自由的范围、内容以及物质保障问题。具体表现为：①客观上十分需要，又非确认不可的就坚决写入宪法；②能够做到的或者经过创造条件可以逐步实现的，就根据能够做到的程度，作出实事求是的规定；③从实际条件来看，在相当长的时间内不能做到的，宪法就不予确认。

　　（2）我国公民权利自由的实现是有法律保障和物质保障的。我国宪法在确认公民权利和义务的同时，也规定了具体措施来保障它们的实现。

2. **答案**：一般认为，基本权利是指人作为人所应享有的固有权利，即由人性所派生的或为维护“人的尊严”而应享有的、不可或缺的、具有重要意义的权利。许多国家的宪法或宪法学理论将“基本权利”称为“基本人权”。而我国历部宪法一直使用“公民的基本权利”这一概念。

由于“公民的基本权利”是宪法所规定的权利，由宪法的公法属性所决定，这种权利也是公法权利。由于公法主要是调整私主体（如个人）与公权力（如国家）之间或公权力内部之间关系的法，在权利结构上，作为公法权利的基本权利主要是私主体针对公权力所享有的权利。例如，民法和宪法分别规定财产权，但民法上的财产权指的是平等主体之间的财产权，即某一私主体针对其他私主体的财产权利；宪法上的财产权则是某一私主体针对公权力所享有的财产权利。

基本权利具有以下特点：首先，在一般意义上，它是公民个人享有的权利，而非集体的或者组织的权利。其次，在宪法关系属性上，它主要是个人针对国家的权利，而非私法关系中平等主体之间的权利。再次，近代以来的基本权利主要是个人针对国家的防御性权利，指国家不得在没有法律根据或者授权的情况下干预或者限制个人权利，现代以后，基本权利扩展到要求国家积极作为以帮助个人实现权利。最后，基本权利需要通过一定途径予以救济。当基本权利受到国家公权力的不法侵害时，公民个人有权向法院或者其他机关提起诉讼或以其他方式请求救济。

3. 答案：宪法规定的基本权利具有以下性质：

第一，基本权利既是固有权利，也是法定权利。基本权利是宪法所确认的权利，而宪法“确认”基本人权的外化形式，就是通过宪法规范对基本权利的内容加以表述和规定。从历史发展看，基本权利是个人为确保自身生存和发展、维护其作为人的尊严而享有的，在人类社会历史进程中不断形成和发展的权利，其既不是造物主或君主赐予的，也不是国家或宪法赋予的，而是人类社会发展到一定历史阶段，人们通过各种方式不断斗争得来的，并为宪法所确认和保障。因此，基本权利既有固有性，又具有宪法规定性，二者是相互统一的。

第二，基本权利不受侵犯，但在特定条件下也受到限制和制约。基本权利不受侵犯是由基本权利的固有性和宪法规定性决定的。因此，许多国家宪法将基本权利不受侵犯作为一项原则性条款。我国宪法则将对某些基本权利的保障表述为“……不受侵犯”，如《宪法》第 37 条、第 38 条和第 39 条分别明确规定“人身自由不受侵犯”“人格尊严不受侵犯”和“住宅不受侵犯”。但在特定条件下，基本权利也会受到一定程度的限制和制约，主要表现在两个方面：一是宪法学意义上的限制和制约，包括内在的限制和外在的限制；二是法社会学意义上的制约，即人们享有基本权利的程度以及基本权利保障的具体状态，不得不受到一个国家或民族的历史文化、地理环境、社会制度、经济水平以及人权观念等多方面的制约。

第三，基本权利既有普遍性，又有特殊性。基本权利是人本身所固有的、不受侵犯的权利，那么人们享有这些基本权利就不应该受性别、职业、家庭出身、宗教信仰、教育程度、财产状况乃至民族、种族、国籍等方面因素的影响。这种普遍性特点也促使基本权利保障呈现国际化趋势。这种趋势表现为人权宣言、人权公约的国际化。在我国具体表现为，《宪法》第 32 条规定保护在中国境内的外国人的合法权利和利益，同时我国还先后签署了《经济、社会及文化权利国际公约》与《公民权利和政治权利国际公约》，既尊重人权普遍性原则，又从国情出发，依据宪法和法律保障公民的各项基本权利。

基本权利的保障必须与各国的具体国情相结合，人们享有基本权利的程度以及基本权利保障的具体状态受一个国家或民族的社会历史条件等方面的制约，这就决定了基本权利具有一定的特殊性。同时，在不同国家的宪法和法律制度下，基本权利的具体保障方式也各不相同。但基本权利的普遍性与特殊性之间并不存在不可调和的矛盾。一般来说，应然形态下的基本权利都具有一定的普遍性，而实然形态下的基本权利多受制于一个国家或民族具体的社会历史条件，表现出一定的特殊性。

第十三章　公民的基本权利和义务（下）

基础知识图解

- 公民的基本权利和义务（下）
  - 我国公民的基本权利
    - 参与政治生活方面的权利和自由
      - 平等权
      - 选举权和被选举权
      - 政治自由：言论自由，出版自由，结社自由，集会、游行、示威自由，批评、建议、申诉、控告或者检举的权利
  - 公民的生命权、人身自由和信仰自由
    - 生命权
    - 人身自由
    - 人格尊严不受侵犯
    - 住宅不受侵犯
    - 通信自由和通信秘密受法律保护
    - 宗教信仰自由
  - 公民的社会、经济、教育和文化方面的权利
    - 公民的私有财产权
    - 公民的劳动权
    - 劳动者的休息权
    - 获得物质帮助权
    - 受教育的权利和义务
    - 进行科学研究、文学艺术创作和其他文化活动的自由
  - 特定人的权利
    - 退休人员、军烈属
    - 妇女、青少年、婚姻、家庭、母亲、儿童、老人
    - 华侨
  - 我国公民的基本义务
    - 维护国家统一和各民族团结
    - 遵守宪法和法律、保守国家秘密、爱护公共财产、遵守劳动纪律、遵守公共秩序、尊重社会公德
    - 维护祖国的安全、荣誉和利益
    - 保卫祖国、依法服兵役和参加民兵组织
    - 依照法律纳税
    - 其他：计划生育、抚养教育、赡养扶助
  - 我国公民基本权利和义务的特点
    - 权利和自由的广泛性
    - 权利和义务的平等性
    - 权利和义务的现实性
    - 权利和义务的统一性
  - 公民正确行使权利和自由的原则
    - 权利和自由的相对性
    - 权利和自由的有限制性
    - 不损害整体利益

配套测试

一、单项选择题

1. 下列哪一项不属于《宪法》规定的公民的基本权利？（　　）

A. 环境权　　B. 平等权

C. 出版自由　　D. 受教育权

2. 下列选项中哪一组织是我国社会团体的登记管理机关？（　　）

A. 民政部和县级以上的地方各级民政部门

B. 统战部和县级以上的地方各级统战部门

C. 公安部和县级以上的公安机关

D. 司法部和县级以上的司法厅行政部门

3. 根据《集会游行示威法》的规定，主管机关接到集会、游行、示威的申请书后，应当在申请举行日期的下列选项中的哪一法定时间之前，将许可或不许可的决定书面通知其负责人？（　　）

A. 3 日　　B. 2 日

C. 4 日　　D. 5 日

4. 我国《宪法》规定，中华人民共和国保护华侨的何种权利？（　　）

A. 正当的权利和利益

B. 合法权利

C. 合法权益

D. 权利和自由

5. 我国现行《宪法》规定，中华人民共和国公民在下列选项中的何种情况下，有从国家和社会获得物质帮助的权利？（　　）

A. 下岗或失业

B. 未成年

C. 生活确有困难

D. 年老、疾病或者丧失劳动能力

6. 根据《集会游行示威法》的规定，集会、游行、示威的主管机关是集会、游行、示威举行地的下列选项中的哪一机关？（　　）

A. 市、县公安局、城市公安分局

B. 市县司法局

C. 市、县人民政府

D. 市、县党委

7. 根据《集会游行示威法》的规定，如果集会、游行、示威的负责人对主管机关不许可的决定不服的，可以自接到决定通知书之日起在下列选项中的哪一个法定时间内向同级人民政府申请复议？（　　）

A. 2 日　　B. 3 日

C. 4 日　　D. 5 日

8. 根据我国宪法制定的《劳动法》规定，我国实行职工每日工作 8 小时，平均每周工作时间不超过下列选项中的哪一法定时间的工作制度？（　　）

A. 48 小时　　B. 40 小时

C. 44 小时　　D. 45 小时

9. 我国《宪法》规定宗教团体和宗教事务不受下列何种势力的支配？（　　）

A. 敌对势力　　B. 外国势力

C. 西方势力　　D. 国际宗教组织

10. 下列哪项权利属于公民的基本权利中的政治权利和自由？（　　）

A. 言论自由　　B. 宗教信仰自由

C. 批评建议权　　D. 平等权

11. 下列选项中，哪一项不属于《宪法》所规定的公民的文化权利？（　　）

A. 科学研究自由　　B. 出版自由

C. 文艺创作自由　　D. 欣赏自由

12. 根据我国现行《宪法》规定，依法被剥夺政治权利的人（　　）

A. 丧失选举权和被选举权

B. 享有选举权、丧失被选举权

C. 选举权和被选举权仍可有条件地保留

D. 是否丧失选举权和被选举权，可由居住地的权力机关决定

13. 我国现行《宪法》规定，禁止破坏婚姻自由，禁止虐待（　　）

A. 老人、儿童

B. 儿童

C. 妇女

D. 老人、妇女、儿童

14. 我国现行《宪法》规定父母有抚养教育未成年子女的义务，（　　）

A. 子女有赡养扶助父母的义务

B. 成年子女有赡养扶助年老父母的义务

C. 子女有赡养扶助丧失劳动能力的父母的义务
D. 成年子女有赡养扶助父母的义务

15. 社会公德，是指（　　）
A. 为社会全体成员所公认的道德
B. 一定社会里占统治地位的道德
C. 有关维护社会正常秩序的道德规范
D. 一般社会道德规范

16. 现行《宪法》规定，依法服兵役和参加民兵组织是我国公民的（　　）
A. 神圣权利　　B. 光荣义务
C. 权利和义务　　D. 神圣职责

17. 我国最早写入人格尊严内容的《宪法》是（　　）
A. 1954 年宪法　　B. 1975 年宪法
C. 1978 年宪法　　D. 1982 年宪法

18. 根据现行《宪法》规定，关于公民权利和自由，下列哪一选项是正确的？（　　）
A. 劳动、受教育和依法服兵役既是公民的基本权利又是公民的基本义务
B. 休息权的主体是全体公民
C. 公民在年老、疾病或者未丧失劳动能力的情况下，有从国家和社会获得物质帮助的权利
D. 2004 年《宪法修正案》规定，国家尊重和保障人权

19. 关于文化教育权利是公民在教育和文化领域享有的权利和自由的说法，下列哪一选项是错误的？（　　）（司考 2009. 1. 23）
A. 受教育既是公民的权利，又是公民的义务
B. 宪法规定的文化教育权利是公民的基本权利
C. 我国公民有进行科学研究、文学艺术创作和其他文化活动的自由
D. 同社会经济权利一样，文化教育权利属于公民的积极收益权

20. 根据我国《宪法》关于公民基本权利的规定，下列哪一说法是正确的？（　　）（司考 2010. 1. 17）
A. 我国公民在年老、疾病或者遭受自然灾害时有获得物质帮助的权利
B. 我国公民被剥夺政治权利的，其出版自由也被剥夺
C. 我国公民有信仰宗教与公开传教的自由
D. 我国公民有任意休息的权利

21. 关于《宪法》对人身自由的规定，下列哪一选项是不正确的？（　　）（司考 2013. 1. 25）
A. 禁止用任何方法对公民进行侮辱、诽谤和诬告陷害
B. 生命权是《宪法》明确规定的公民基本权利，属于广义的人身自由权
C. 禁止非法搜查公民身体
D. 禁止非法搜查或非法侵入公民住宅

22. 王某为某普通高校应届毕业生，23 岁，尚未就业。根据《宪法》和法律的规定，关于王某的权利义务，下列哪一选项是正确的？（　　）（司考 2014. 1. 24）
A. 无需承担纳税义务
B. 不得被征集服现役
C. 有选举权和被选举权
D. 有休息的权利

23. 某市执法部门发布通告：“为了进一步提升本市市容和环境卫生整体水平，根据相关规定，全市范围内禁止设置各类横幅标语。”根据该通告，关于禁设横幅标语，下列哪一说法是正确的？（　　）（司考 2017. 1. 25）
A. 涉及公民的出版自由
B. 不构成对公民基本权利的限制
C. 在目的上具有正当性
D. 涉及宪法上的合理差别问题

二、多项选择题

1. 下列关于我国《宪法》规定的公民在法律面前一律平等原则的理解，错误的是哪些？（　　）
A. 居住在中国境内的公民在法律面前平等
B. 人民在法院面前平等
C. 18 周岁以上公民在法律面前平等
D. 凡具有中华人民共和国国籍的人在法律面前平等

2. 我国公民广义的人身自由包括（　　）
A. 人身自由不受侵犯
B. 人格尊严不受侵犯

C. 住宅不受侵犯
D. 通信自由和通信秘密受法律保护

3. 下列选项中，哪些内容属于我国公民的基本义务体系？（　　）
A. 保卫祖国、抵抗侵略
B. 维护国家统一和全国各民族的团结
C. 维护祖国的安全、荣誉和利益
D. 依照法律纳税

4. 根据我国《宪法》规定，公民的政治自由包括以下哪几项内容？（　　）
A. 言论自由
B. 出版自由
C. 集会、结社、游行、示威的自由
D. 宗教信仰自由

5. 依据有关法律规定，下列哪些机关所在地周边距离 10 米至 300 米内，不得举行集会、游行、示威？（　　）
A. 全国人大常委会　　B. 国务院
C. 外国驻华使领馆　　D. 中央军事委员会

6. 以下选项中，不属于劳动权核心内容的是哪些？（　　）
A. 劳动就业权　　B. 取得报酬权
C. 休息权　　D. 物质帮助权

7. 在我国，所谓“特定人的权利”中的“特定人”，是指下列选项中的哪些人？（　　）
A. 妇女
B. 烈士家属、军属
C. 老人、母亲和儿童
D. 华侨、归侨和侨眷

8. 我国《宪法》规定的公民的言论自由具有特定的范围和表现形式。一般而言它包括下列选项的哪几项内容？（　　）
A. 公民都有以言论方式表达思想和见解的权利
B. 通过言论自由表达的有关政治、经济、文化、社会等方面的看法和见解受法律保护，不受非法干涉
C. 言论自由的表现形式多样，包括口头形式、书面形式，以及广播、电视等
D. 在法定范围内，公民不应因某种言论而承担不利后果

9. 结社自由一般具有如下哪些特征？（　　）
A. 具有持续性和稳定性
B. 遵循法定程序
C. 有固定的组织机构和人员
D. 与一定的利益选择有关

10. 根据我国《宪法》规定，我国公民的监督权主要包括下列哪些内容？（　　）
A. 批评、建议权　　B. 申诉权
C. 控告、检举权　　D. 调查权

11. 我国《宪法》规定：“中华人民共和国公民有宗教信仰自由。”其含义包括下列选项的哪些内容？（　　）
A. 公民有信教的自由
B. 公民有不信教的自由
C. 公民有信仰这种宗教或那种宗教的自由
D. 任何国家机关、社会团体和个人都不得强制公民信仰宗教或者不信仰宗教

12. 我国《宪法》第 36 条第 4 款规定：“宗教团体和宗教事务不受外国势力的支配。”因此，宗教团体必须坚持下列哪些原则？（　　）
A. 自主　　B. 自办
C. 自传　　D. 自立

13. 中华人民共和国公民的人格尊严不受侵犯，禁止用任何方法对公民进行（　　）
A. 侮辱　　B. 诽谤和诬告陷害
C. 批评　　D. 控告

14. 我国现行《宪法》规定：“中华人民共和国公民在法律面前一律平等。”其含义包括下列选项中哪些内容？（　　）
A. 任何公民都一律平等地享有宪法和法律规定的权利
B. 任何人的合法权益都一律平等地受到保护，对违法行为一律平等地予以追究
C. 不允许任何人有超越法律的特权
D. 一切公民在适用法律上和守法上都一律平等

15. 我国现行《宪法》第 39 条规定，“中华人民共和国公民的住宅不受侵犯”。其含义包括下列选项中的哪些内容？（　　）
A. 禁止非法搜查公民住宅
B. 禁止非法侵入公民住宅
C. 未经法律许可或公民同意禁止随意进入公民住宅
D. 禁止侵占、毁损公民住宅

16. 我国《宪法》规定，中华人民共和国下列选项中的哪一主体有休息的权利？（　　）
A. 劳动者　　B. 公民
C. 职工　　D. 工人

17. 我国现行《宪法》规定。中华人民共和国公民有下列选项中的哪些自由？（　　）
A. 言论、出版　　B. 集会、结社
C. 游行、示威　　D. 罢工、迁徙

18. 现行《宪法》规定，退休人员的生活受到下列选项的哪些主体的保障？（　　）
A. 国家劳动机关　　B. 社会
C. 国家　　D. 所在单位

19. 公民结社因目的不同可以分为以下哪些类型？（　　）
A. 营利性结社　　B. 非营利性结社
C. 政治性结社　　D. 非政治性结社

20. 在我国狭义的人身自由是指公民的肉体和精神不受非法侵犯。这些不法侵犯主要包括下列选项中的哪些行为？（　　）
A. 限制人身自由　　B. 搜查
C. 传唤　　D. 拘留和逮捕

21. 我国《宪法》和法律规定公民享有的政治权利和自由主要包括（　　）
A. 公民的人格尊严不受侵犯
B. 选举权和被选举权
C. 言论、出版、集会、结社、游行、示威的自由
D. 批评建议权

22. 公民应当履行宪法规定的义务，下列哪些是公民应尽的义务？（　　）
A. 国家安全受到威胁时，公民应积极报名参军，保卫国家
B. 公民若获悉国家秘密，应保守国家秘密
C. 公民不得借检举为名，对国家工作人员捏造或歪曲事实进行诬告陷害
D. 有劳动能力的公民应参加劳动

23. 根据我国《宪法》第41条的规定，公民对于任何国家机关和国家机关工作人员的违法失职行为，有向有关国家机关提出（　　）的权利，但是不得捏造或者歪曲事实进行诬告陷害。
A. 申诉　　B. 起诉
C. 控告　　D. 检举

24. 公民行使集会、游行、示威权利时应向主管机关提出申请并获得许可。下列选项中哪些属于依法不予许可的情形？（　　）
A. 对社会环境不满意
B. 危害国家的统一
C. 危害国家的主权和领土完整
D. 反对宪法所确定的基本原则

25. 根据《宪法》和法律，下列哪些表述是不正确的？（　　）
A. 被剥夺政治权利的公民不再享有科学研究的自由
B. 被剥夺政治权利的公民不再享有艺术创作的自由
C. 被剥夺政治权利的公民不再享有出版著作的自由
D. 被剥夺政治权利的公民不再享有宗教信仰的自由

26. 我国《宪法》规定，公民有遵守公共秩序的义务。公共秩序是指（　　）
A. 社会秩序
B. 生产秩序、工作秩序、教学秩序和人民群众的生活秩序
C. 公共场所的道德规范
D. 由统治阶级按照自己的意志规定或确认的社会生活规则

27. 任何公民，非经（　　）并由公安机关执行，不受逮捕。
A. 人民检察院批准或者决定
B. 人民法院决定
C. 公安机关批准
D. 国家安全机关批准

28. 根据现行《宪法》和法律的规定，下列表述哪些正确？（　　）
A. 公民在年老、疾病或丧失劳动能力的情况下，有从国家和社会获得物质帮助的权利
B. 劳动、受教育和依法服兵役既是公民的基本权利又是公民的基本义务
C. 我国的民族自治地方包括自治区、自治州和自治县
D. 民族自治地方的国家机关即民族自治机关

29. 根据我国《宪法》和法律的规定，下列哪些说法不正确？（ ）

A. 为了收集“第三者插足”的证据，公民可以委托私人调查机构以各种形式对“第三者”进行跟踪

B. 为了收集犯罪证据，公民可以委托法官对犯罪嫌疑人的通信进行监听

C. 商场保安人员有权根据商场的规定，对“盗窃嫌疑人”当场进行搜身检查

D. 商场保安人员有权对拒绝搜身检查的顾客采取限制人身自由的措施

30.《宪法》规定公民享有的下列社会经济权利、文化教育权利中，哪些不属于公民可以积极主动地向国家提出请求的权利？（ ）

A. 受教育权　　B. 财产权

C. 继承权　　D. 劳动权

31. 我国《宪法》规定公民的住宅不受侵犯。下列哪些选项属于侵犯公民住宅的行为？（ ）（司考 2008. 1. 60）

A. 非法侵入公民住宅

B. 非法搜查公民住宅

C. 非法买卖公民住宅

D. 非法出租公民住宅

32. 根据《宪法》的规定，下列哪些选项是正确的？（ ）（司考 2012. 1. 60）

A. 社会主义的公共财产神圣不可侵犯

B. 社会主义的公共财产包括国家的和集体的财产

C. 国家可以对公民的私有财产实行无偿征收或征用

D. 土地的使用权可以依照法律的规定转让

33. 根据我国《宪法》规定，关于公民住宅不受侵犯，下列哪些选项是正确的？（ ）（司考 2012. 1. 61）

A. 该规定要求国家保障每个公民获得住宅的权利

B.《治安管理处罚法》第 40 条规定，非法侵入他人住宅的，视情节给予不同时日的行政拘留和罚款。该条规定体现了宪法保障住宅不受侵犯的精神

C.《刑事诉讼法》第 71 条规定，被取保候审的犯罪嫌疑人、被告人未经执行机关批准不得离开所居住的市、县。该条规定是对《宪法》规定的公民住宅不受侵犯的合理限制

D. 住宅自由不是绝对的，公安机关、检察机关为了收集犯罪证据、查获犯罪嫌疑人，严格依法对公民住宅进行搜查并不违宪

34. 根据《宪法》的规定，关于公民纳税义务，下列哪些选项是正确的？（ ）（司考 2012. 1. 62）

A. 国家在确定公民纳税义务时，要保证税制科学合理和税收负担公平

B. 要坚持税收法定原则，税收基本制度实行法律保留

C. 纳税义务直接涉及公民个人财产权，宪法纳税义务具有防止国家权力侵犯其财产权的属性

D. 履行纳税义务是公民享有其他权利的前提条件

35. 根据《宪法》和法律的规定，下列哪些选项是不正确的？（ ）（司考 2012. 1. 63）

A. 生命权是我国宪法明确规定的公民基本权利

B. 监督权包括批评建议权、控告检举权和申诉权

C.《宪法》第 43 条第 1 款规定，中华人民共和国公民有休息的权利

D. 受教育既是公民的权利也是公民的义务

36. 某县政府以较低补偿标准进行征地拆迁。张某因不同意该补偿标准，拒不拆迁自己的房屋。为此，县政府责令张某的儿子所在中学不为其办理新学期注册手续，并通知财政局解除张某的女婿李某（财政局工勤人员）与该局的劳动合同。张某最终被迫签署了拆迁协议。关于当事人被侵犯的权利，下列选项正确的是（ ）（司考 2015. 1. 92）

A. 张某的住宅不受侵犯权

B. 张某的财产权

C. 李某的劳动权

D. 张某儿子的受教育权

37. 张某对当地镇政府干部王某的工作提出激烈批评，引起群众热议，被公安机关以诽谤他人为由行政拘留5日。张某的精神因此受到严重打击，事后相继申请行政复议和提起行政诉讼，法院依法撤销了公安机关《行政处罚决定书》。随后，张某申请国家赔偿。根据《宪法》和法律的规定，关于本案的分析，下列哪些选项是正确的？（　　）（司考 2016. 1. 63）
   A. 王某因工作受到批评，人格尊严受到侵犯
   B. 张某的人身自由受到侵犯
   C. 张某的监督权受到侵犯
   D. 张某有权获得精神损害抚慰金
38. 我国《宪法》第13条规定，“公民的合法的私有财产不受侵犯。国家依照法律规定保护公民的私有财产权和继承权”。关于这一规定，下列哪些说法是正确的？（　　）（司考 2017. 1. 61）
   A. 国家不得侵犯公民的合法的私有财产权
   B. 国家应当保护公民的合法的私有财产权不受他人侵犯
   C. 对公民私有财产权和继承权的保护和限制属于法律保留的事项
   D. 国家保护公民的合法的私有财产权，是我国基本经济制度的重要内容之一
39. 关于《宪法》对人身自由的规定，下列选项正确的是（　　）
   A. 禁止用任何方法对公民进行侮辱、诽谤和诬告陷害
   B. 在诉讼过程中，为了搜集证据，法院可以对公民的电话进行监听
   C. 禁止非法搜查公民身体
   D. 禁止非法搜查或非法侵入公民住宅
40. 我国《宪法》明确规定：“国家为了公共利益的需要，可以依照法律规定对公民的私有财产实行征收或者征用并给予补偿。”关于公民财产权限制的界限，下列选项正确的是（　　）
   A. 对公民私有财产的征收或征用构成对公民财产权的外部限制
   B. 对公民私有财产的征收或征用必须具有明确的法律依据
   C. 只要满足合目的性原则即可对公民的财产权进行限制
   D. 对公民财产权的限制应具有宪法上的正当性

三、名词解释

1. 政治自由
2. 人身自由
3. 求偿权
4. 物质帮助权
5. 言论免责权
6. 社会权
7. 劳动权

四、简答题

1. 简述我国公民人身自由的主要内容。
2. 简述宗教信仰自由的基本内容。
3. “集会、游行、示威”的含义是什么？它们有什么特点？
4. 宪法对公民财产的保障制度。
5. 简述公民基本义务的主要内容。
6. 简述我国宪法对公民平等权保障的主要内容。
7. 言论自由的界限。

五、论述题

1. 试论我国公民基本权利和义务的统一性。
2. 如何理解我国公民的通信自由和通信秘密受法律保护？
3. 怎样理解我国宪法规定的公民在法律面前一律平等？

参考答案

一、单项选择题

1. **答案**：A。《宪法》第33条规定：“凡具有中华人民共和国国籍的人都是中华人民共和国公民。中华人民共和国公民在法律面前一律平等。国家尊重和保障人权。任何公民享有宪法和法律规定的权利，同时必须履行宪法和法律规定的义务。”第35条规定：“中

华人民共和国公民有言论、出版、集会、结社、游行、示威的自由。”公民享有出版自由。第46条第1款规定：“中华人民共和国公民有受教育的权利和义务。”公民享有受教育权。

2. **答案**：A。《社会团体登记管理条例》第6条第1款规定：国务院民政部门和县级以上地方各级人民政府民政部门是本级人民政府的社会团体登记管理机关。

3. **答案**：B。《集会游行示威法》第9条规定，主管机关接到集会、游行、示威申请书后，应当在申请举行日期的二日前，将许可或者不许可的决定书面通知其负责人。不许可的，应当说明理由。逾期不通知的，视为许可。

4. **答案**：A。《宪法》第50条规定：中华人民共和国保护华侨的正当的权利和利益，保护归侨和侨眷的合法的权利和利益。

5. **答案**：D。《宪法》第45条规定：中华人民共和国公民在年老、疾病或者丧失劳动能力的情况下，有从国家和社会获得物质帮助的权利。国家发展为公民享受这些权利所需要的社会保险、社会救济和医疗卫生事业。国家和社会保障残废军人的生活，抚恤烈士家属，优待军人家属。国家和社会帮助安排盲、聋、哑和其他有残疾的公民的劳动、生活和教育。

6. **答案**：A。《集会游行示威法》第6条规定：集会、游行、示威的主管机关，是集会、游行、示威举行地的市、县公安局、城市公安分局；游行、示威路线经过两个以上区、县的，主管机关为所经过区、县的公安机关的共同上一级公安机关。

7. **答案**：B。《集会游行示威法》第13条规定：集会、游行、示威的负责人对主管机关不许可的决定不服的，可以自接到决定通知之日起三日内，向同级人民政府申请复议，人民政府应当自接到申请复议书之日起三日内作出决定。

8. **答案**：C。《劳动法》第36条规定：国家实行劳动者每日工作时间不超过八小时、平均每周工作时间不超过四十四小时的工时制度。

9. **答案**：B。《宪法》第36条第1款规定：中华人民共和国公民有宗教信仰自由。第4款规定：宗教团体和宗教事务不受外国势力的支配。

10. **答案**：A。本题考查公民的政治权利和自由的内容。

根据《宪法》的规定，中华人民共和国年满18周岁的公民，不分民族、种族、性别、职业、家庭出身、宗教信仰、教育程度、财产状况、居住期限，都有选举权和被选举权；但是依照法律被剥夺政治权利的人除外。即规定了公民的选举权与被选举权。以及第35条规定的言论、出版、集会、结社、游行、示威的自由。故选项B、C、D均不属于政治权利与自由范畴。

11. **答案**：B。本题考查的是公民基本权利中的文化权利。

《宪法》第47条规定：中华人民共和国公民有进行科学研究、文学艺术创作和其他文化活动的自由。国家对于从事教育、科学、技术、文学、艺术和其他文化事业的公民的有益于人民的创造性工作，给以鼓励和帮助。选项D的欣赏自由同于科学研究、文学艺术创作以外的其他文化活动的自由。第35条规定：中华人民共和国公民有言论、出版、集会、结社、游行、示威的自由。可见，出版自由属于政治权利。

12. **答案**：A。《宪法》第34条规定：中华人民共和国年满十八周岁的公民，不分民族、种族、性别、职业、家庭出身、宗教信仰、教育程度、财产状况、居住期限，都有选举权和被选举权；但是依照法律被剥夺政治权利的人除外。

13. **答案**：D。《宪法》第49条第4款规定：禁止破坏婚姻自由，禁止虐待老人、妇女和儿童。

14. **答案**：D。《宪法》第49条第3款规定：父母有抚养教育未成年子女的义务，成年子女有赡养扶助父母的义务。

15. **答案**：B。此题主要考查社会公德的含义。

16. **答案**：B。《宪法》第55条规定：保卫祖国、抵抗侵略是中华人民共和国每一个公民的神圣职责。依照法律服兵役和参加民兵组织是中华人民共和国公民的光荣义务。

17. 答案：D。1982年《宪法》第38条规定：中华人民共和国公民的人格尊严不受侵犯。禁止用任何方法对公民进行侮辱、诽谤和诬告陷害。

18. 答案：D。根据《宪法》第42条第1款的规定，中华人民共和国公民有劳动的权利和义务。根据第46条第1款的规定，中华人民共和国公民有受教育的权利和义务。根据第55条的规定，保卫祖国、抵抗侵略是中华人民共和国每一个公民的神圣职责。依照法律服兵役和参加民兵组织是中华人民共和国公民的光荣义务。可见，A项错误。根据第43条第1款的规定，中华人民共和国劳动者有休息的权利。由于“劳动者”的内涵和外延不同于“全体公民”，所以B项错误。根据第45条第1款的规定，中华人民共和国公民在年老、疾病或者丧失劳动能力的情况下，有从国家和社会获得物质帮助的权利。国家发展为公民享受这些权利所需要的社会保险、社会救济和医疗卫生事业。可见，C项错误。根据《中华人民共和国宪法修正案（2004年）》第24条的规定，宪法第33条增加1款，作为第3款：“国家尊重和保障人权。”第3款相应地改为第4款。可见，D项正确。

19. 答案：D。根据《宪法》第46条的规定，中华人民共和国公民有受教育的权利和义务。可见A项正确。宪法规定的文化教育权利在本质上属于公民的基本权利，可见B项正确。根据《宪法》第47条的规定，中华人民共和国公民有进行科学研究、文学艺术创作和其他文化活动的自由。可见C项正确。同社会经济权利一样，文化教育权利属于公民的“积极收益权”是错误的，正确的表述是“积极受益权”，是要求国家积极保障的权利。可见D项错误。因此，本题的正确答案应当是D项。

20. 答案：B。选项A错误。我国公民在年老、疾病或者丧失劳动能力的情况下，有从国家和社会获得物质帮助的权利。选项B正确。根据《刑法》第54条的规定，“剥夺政治权利是剥夺下列权利：（一）选举权和被选举权；（二）言论、出版、集会、结社、游行、示威自由的权利；（三）担任国家机关职务的权利；（四）担任国有公司、企业、事业单位和人民团体领导职务的权利”。选项C错误。宪法没有规定我国公民有公开传教的自由。选项D错误。劳动者根据国家法律和制度的有关规定享有休息权。

21. 答案：B。宪法中的人身自由包括广义和狭义两方面：狭义的人身自由主要指公民的身体不受非法侵犯，广义的人身自由则还包括与狭义的人身自由相联系的人格尊严、住宅不受侵犯、通信自由和通信秘密等与公民个人生活相关的权利和自由。人身自由是公民参加各种社会活动和实际享受其他权利的前提。其中人格尊严包括姓名权、肖像权、名誉权、荣誉权、隐私权等，我国宪法规定：中华人民共和国公民的人格尊严不受侵犯。禁止用任何方法对公民进行侮辱、诽谤和诬告陷害。所以，A选项正确。

在宪法学理论上，生命权是重要的公民人身自由的范畴，但需要注意的是，我国宪法中并没有明确规定生命权，仅就人身自由、人格尊严、住宅权、通信自由和通信秘密进行了规定。因此，生命权确属于广义的人身自由权，但并不是《宪法》明确规定的公民基本权利，B项表述错误。

在狭义的人身自由的概念中，又包括了三个方面的内容：（1）人身自由不受侵犯。（2）任何公民，非经人民检察院批准或者决定或者人民法院决定，并由公安机关执行，不受逮捕。（3）禁止非法拘禁和以其他方法非法剥夺或者限制公民的人身自由，禁止非法搜查公民的身体。所以，C项的表述是正确的。

广义上的人身自由包括了住宅权，住宅权包括两个方面的内容：（1）中华人民共和国公民的住宅不受侵犯。（2）禁止非法搜查或者非法侵入公民的住宅。所以，D项正确。

【陷阱】本题的重点是对于“宪法学”

和《宪法》区别的把握，有些权利是宪法学中的重要概念，如生命权、环境权、迁徙自由等，但是在现行《宪法》文本中并没有规定这些权利。所以命题陷阱就设置在这里，具有较强的迷惑性，这要求对宪法知识和条文准确把握。

22. 答案：C。本题考查的是公民的基本权利和义务。宪法规定，公民有纳税的义务。在本题中，作为待业人员的王某不具有收入来源，不缴纳个人所得税，但是其仍需要缴纳其他税种，所以A选项的表述是错误的。

《宪法》第55条规定：保卫祖国、抵抗侵略是中华人民共和国每一个公民的神圣职责。依照法律服兵役和参加民兵组织是中华人民共和国公民的光荣义务。根据《兵役法》的规定，我国公民不分民族、种族、职业、家庭出身、宗教信仰和教育程度，凡年满18周岁的，都有义务依法服兵役。同时，针对全日制学校就学的学生可以缓征兵役，但毕业后，凡符合服现役条件的，仍可征集服现役。所以，B选项的表述也是错误的。

根据《宪法》第34条“中华人民共和国年满十八周岁的公民，不分民族、种族、性别、职业、家庭出身、宗教信仰、教育制度、财产状况、居住期限，都有选举权和被选举权”的规定，在我国选举权与被选举权一般是统一的，且除国籍、年龄、是否被剥夺政治权利三项条件外，其他不作任何限制。在本题中，王某符合上述条件，因此具有选举权和被选举权，C选项的表述是正确的。

我国《宪法》第43条第1款规定：中华人民共和国劳动者有休息的权利。休息权的主体仅限于“劳动者”，在本题中王某作为待业人员，并不属于劳动者的范畴，所以不享有宪法意义上的休息权。因此，D项错误。

23. 答案：C。禁设横幅标语，涉及公民的言论自由和社会经济权利，自然构成对公民基本权利的限制，但不涉及出版自由。故A、B错误。该做法在目的上具有正当性，即为了提升本市市容和环境卫生整体水平。故C正确。因禁设横幅标语是全市范围一体要求，没有差别，故不涉及宪法上的合理差别问题。故D错误。

二、多项选择题

1. 答案：ABC。本题主要考查平等权之法律面前人人平等。应注意：中华人民共和国公民在法律面前一律平等。

2. 答案：ABCD。此题考查我国公民广义的人身自由的内容问题。人身自由有广义和狭义两个方面。广义的人身自由包括狭义的人身自由，还包括与狭义的人身自由有关的人格尊严、住宅不受侵犯，与公民个人私生活有关的通信自由和通信秘密等权利与自由。因此，此题选ABCD。

3. 答案：ABCD。《宪法》第52条规定：中华人民共和国公民有维护国家统一和全国各民族团结的义务。第54条规定：中华人民共和国公民有维护祖国的安全、荣誉和利益的义务，不得有危害祖国的安全、荣誉和利益的行为。第55条规定：保卫祖国、抵抗侵略是中华人民共和国每一个公民的神圣职责。依照法律服兵役和参加民兵组织是中华人民共和国公民的光荣义务。第56条规定：中华人民共和国公民有依照法律纳税的义务。

4. 答案：ABC。《宪法》第35条规定：中华人民共和国公民有言论、出版、集会、结社、游行、示威的自由。

5. 答案：ABD。《集会游行示威法》第23条规定：在下列场所周边距离十米至三百米内，不得举行集会、游行、示威，经国务院或者省、自治区、直辖市的人民政府批准的除外：（1）全国人民代表大会常务委员会、国务院、中央军事委员会、最高人民法院、最高人民检察院的所在地；（2）国宾下榻处；（3）重要军事设施；（4）航空港、火车站和港口。前款所列场所的具体周边距离，由省、自治区、直辖市的人民政府规定。

6. 答案：BCD。劳动权主要包括劳动就业权和取得报酬权。劳动就业权是劳动权的核心内容，是公民行使劳动权的前提。

7. 答案：ABCD。《宪法》第45条第2款规定：

国家和社会保障残废军人的生活，抚恤烈士家属，优待军人家属。第48条第1款规定：中华人民共和国妇女在政治的、经济的、文化的、社会的和家庭的生活等各方面享有同男子平等的权利。第49条第1款规定：婚姻、家庭、母亲和儿童受国家的保护。第50条规定：中华人民共和国保护华侨的正当的权利和利益，保护归侨和侨眷的合法的权利和利益。宪法以专门条款对这些特定人进行保护。

8. **答案**：ABCD。本题主要考查言论自由的内容和范围。

9. **答案**：ABCD。本题主要考查结社自由的法律特征。

10. **答案**：ABC。《宪法》第41条第1款规定：中华人民共和国公民对于任何国家机关和国家工作人员，有提出批评和建议的权利；对于任何国家机关和国家工作人员的违法失职行为，有向有关国家机关提出申诉、控告或者检举的权利，但是不得捏造或者歪曲事实进行诬告陷害。

11. **答案**：ABCD。《宪法》第36条第1款规定：中华人民共和国公民有宗教信仰自由。第2款规定：任何国家机关、社会团体和个人不得强制公民信仰宗教或者不信仰宗教，不得歧视信仰宗教的公民和不信仰宗教的公民。

12. **答案**：ABC。我国宗教团体和宗教事务实行“三自”方针，即自主、自办、自传。

13. **答案**：AB。《宪法》第38条规定：中华人民共和国公民的人格尊严不受侵犯。禁止用任何方法对公民进行侮辱、诽谤和诬告陷害。

14. **答案**：ABCD。本题主要考查“中华人民共和国公民在法律面前一律平等”的具体含义。

15. **答案**：ABCD。本题主要考查“中华人民共和国公民的住宅不受侵犯”的具体含义。

16. **答案**：ACD。《宪法》第43条规定：中华人民共和国劳动者有休息的权利。国家发展劳动者休息和休养的设施，规定职工的工作时间和休假制度。

17. **答案**：ABC。《宪法》第35条规定：中华人民共和国公民有言论、出版、集会、结社、游行、示威的自由。

18. **答案**：BC。《宪法》第44条规定：国家依照法律规定实行企业事业组织的职工和国家机关工作人员的退休制度。退休人员的生活受到国家和社会的保障。

19. **答案**：AB。本题主要考查公民结社的分类。

20. **答案**：ABD。《宪法》第37条规定：中华人民共和国公民的人身自由不受侵犯。任何公民，非经人民检察院批准或者决定或者人民法院决定，并由公安机关执行，不受逮捕。禁止非法拘禁和以其他方法非法剥夺或者限制公民的人身自由，禁止非法搜查公民的身体。

21. **答案**：BC。见《宪法》第34条和第35条，A是人身权，D由《宪法》第41条单独规定，未被列入政治权利和自由范畴。

22. **答案**：ABD。A选项是公民有服兵役的义务，参见《宪法》第55条；B选项是保守国家秘密的义务，参见《宪法》第53条；D选项是公民有劳动的义务，参见《宪法》第42条；C选项并不是作为一项《宪法》规定的义务而出现的。

23. **答案**：ACD。参见《宪法》第41条的规定。

24. **答案**：BCD。《集会游行示威法》第12条规定：“申请举行的集会、游行、示威，有下列情形之一的，不予许可：（一）反对宪法所确定的基本原则的；（二）危害国家统一、主权和领土完整的；（三）煽动民族分裂的；（四）有充分根据认定申请举行的集会、游行、示威将直接危害公共安全或严重破坏社会秩序的。”因此选B、C、D。

25. **答案**：ABD。本题测试公民政治权利的内容。根据《刑法》第54条的规定，剥夺政治权利是剥夺下列权利：(1)选举权和被选举权；(2)言论、出版、集会、结社、游行、示威自由的权利；(3)担任国家机关职务的权利；(4)担任国有公司、企业、事业单位和人民团体领导职务的权利。C选项的说法是正确的。

26. **答案**：AB。本题主要考查公共秩序的含义。

27. 答案：AB。此题考查公民的人身自由问题。公民的人身有不受非法侵害和限制的自由，这是我国宪法规定公民的基本权利之一。但任何自由都不是绝对的，人身自由也不例外。必要时，国家可以通过搜查、拘留、逮捕等措施限制甚至剥夺公民的人身自由，但必须合法。所以，我国《宪法》第37条第2款明确规定，任何公民，非经人民检察院批准或者决定或者人民法院决定，并由公安机关执行，不受逮捕。因此选A、B。

28. 答案：AC。《宪法》第45条第1款规定：中华人民共和国公民在年老、疾病或者丧失劳动能力的情况下，有从国家和社会获得物质帮助的权利。国家发展为公民享受这些权利所需要的社会保险、社会救济和医疗卫生事业。《民族区域自治法》第2条第1款、第2款规定，各少数民族聚居的地方实行区域自治。民族自治地方分为自治区、自治州、自治县。

29. 答案：ABCD。本题考查公民的人身自由、通信自由和通信秘密权。《宪法》第37条规定："中华人民共和国公民的人身自由不受侵犯。任何公民，非经人民检察院批准或者决定或者人民法院决定，并由公安机关执行，不受逮捕。禁止非法拘禁和以其他方法非法剥夺或者限制公民的人身自由，禁止非法搜查公民的身体。"第40条规定："中华人民共和国公民的通信自由和通信秘密受法律的保护。除因国家安全或者追查刑事犯罪的需要，由公安机关或者检察机关依照法律规定的程序对通信进行检查外，任何组织或者个人不得以任何理由侵犯公民的通信自由和通信秘密。"由此可知，答案为A、B、C、D。

30. 答案：BC。《宪法》第13条第1款、第2款规定："公民的合法的私有财产不受侵犯。国家依照法律规定保护公民的私有财产权和继承权。"对于公民的财产权和继承权来说，国家负有保护的义务，公民不能积极主动地向国家提出请求。但《宪法》第42条规定："中华人民共和国公民有劳动的权利和义务。国家通过各种途径，创造劳动就业条件，加强劳动保护，改善劳动条件，并在发展生产的基础上，提高劳动报酬和福利待遇。……国家对就业前的公民进行必要的劳动就业训练。"第46条规定："中华人民共和国公民有受教育的权利和义务。国家培养青年、少年、儿童在品德、智力、体质等方面全面发展。"因此，对于受教育权、劳动权是可以由公民积极主动地向国家提出请求的。因此，本题应选B、C。

31. 答案：AB。人身自由是以人身保障为核心而构成的权利体系，是公民参加国家生活、社会生活和享受其他权利的前提条件。人身自由的主要内容，包括人身自由不受侵犯、人格尊严不受侵犯、住宅不受侵犯、通信自由和通信秘密受法律保护。根据《宪法》第39条的规定，中华人民共和国公民的住宅不受侵犯。禁止非法搜查或者非法侵入公民的住宅。公民的住宅不受侵犯是指任何机关、团体或者个人，非经法律许可，不得随意侵入、搜查或者查封公民的住宅。公安机关、检察机关为了收集犯罪证据、查获犯罪嫌疑人，需要对犯罪嫌疑人及有关场所进行搜查时，必须严格依照法律规定的程序进行。我国《刑法》规定，非法搜查他人住宅，或者非法侵入他人住宅的，处3年以下有期徒刑或者拘役。可见，选项A和B正确。

32. 答案：ABD。根据我国《宪法》第12条、第10条第4款的规定，选项A、B、D是正确的。根据《宪法》第13条第3款规定，国家为了公共利益的需要，可以依照法律规定对公民的私有财产实行征收或者征用并给予补偿。此条规定了征收或征用是有偿而非无偿，所以选项C错误。

33. 答案：BD。公民住宅不受侵犯的权利属于消极权利的范畴，属于第一代人权，即防御权，其要义在于排除国家对基于人身自由而拥有的公民住宅不受侵犯的权利的非法侵犯。"国家保障每个公民获得住宅的权利"就其权利内容而言，是公民要求国家履行积极给付义务给公民提供住宅，属于受益权，这种权利属于第二代人权，与公民住宅不受侵犯的权利并不相同，目前尚不受宪法保障。所以A项错误。《宪法》第39条规定："中华人民共和国公民的住宅不受侵犯。禁止非法搜查或者非法侵入公民的住宅。"B项体现了国家对侵犯公民住宅行为的惩罚，是对公民住宅权的保护，所以B项正确。公民住宅不受侵犯的权利是指不得非法侵入、破坏公民住宅，在这一点上，它与公民人身自由不受侵犯的权利有所区别。选项C所指的情形是对公民人身自由进行限制的情形，不是限制公民住宅不受侵犯的权利的情形。所以选项C错误。D项体现了对公民住宅不受侵犯的合理限制，所以D项说法也正确。综上，本题正确答案为BD。

34. **答案**：ABC。选项A正确。公民纳税义务意味着公民要将自己的部分财产转交给国家，因此纳税义务的本质是国家拥有的要求公民交税的权利，是对公民财产的合法剥夺，因此必须遵循比例原则，为了公益的需要而进行征收。同时，征收也要符合平等原则。

选项B正确。《宪法》第56条规定，"中华人民共和国公民有依照法律纳税的义务"，另根据《立法法》第11条第9项的规定，基本经济制度以及财政、海关、金融和外贸的基本制度，只能制定法律。由此可见，基本税收制度须实行法律保留。

选项C正确。纳税义务与国家的征税权力紧密相依，公民纳税义务的边界也同时限定着国家征税权力的边界，因此，公民只在其法定范围内纳税的义务也就同时意味着国家只能在法定范围内征税，这样，宪法纳税义务具有防止国家权力侵犯公民财产权的属性。

选项D错误。不履行纳税义务，只是意味着公民要承担违反此义务带来的法律责任，但这不能否定公民依然享有人身权、财产权等基本权利。

35. **答案**：AC。选项A不正确。生命权是我国宪法要保护的公民基本权利，但不是我国宪法明确规定的基本权利，其归属于人身自由权范畴。选项B正确，符合《宪法》第41条的规定。选项C不正确。《宪法》第43条第1款规定，中华人民共和国劳动者有休息的权利。选项D正确，符合《宪法》第46条的规定。休息权是多次考到的一个考点，只有劳动者才有休息的权利。

36. **答案**：BCD。政府违法拆迁侵犯张某的财产权；中学不给办理新学期注册手续，侵犯张某儿子的受教育权；财政局解除劳动合同，侵犯李某的劳动权。故B、C、D正确。题中某县政府是以较低补偿标准进行征地拆迁，并未采取进一步措施侵犯和破坏张某的住宅，故A项错误。

【陷阱】住宅不受侵犯是指任何机关、团体的工作人员或者其他个人，未经法律许可或未经户主等居住者的同意，不得随意进入、搜查或查封公民的住宅。住宅不受侵犯属于广义的人身自由权的范围。住宅是公民日常生活、工作、学习的场所，因此保护了公民的住宅，也就保护了公民的居住安全和生活安定，也就进一步保护了公民的人身自由权利。题中政府违法拆迁侵犯的是张某的财产权（补偿标准较低），而不是人身自由权意义上的住宅不受侵犯权。当然，如果政府强拆，侵占、损毁张某房屋，那么不仅侵犯其财产权，也侵犯其人身自由权。

37. **答案**：BCD。公民对国家机关和国家工作人员，具有监督权。《宪法》第41条规定："中华人民共和国公民对于任何国家机关和国家工作人员，有提出批评和建议的权利；对于任何国家机关和国家工作人员的违法失职行为，有向有关国家机关提出申诉、控告或者检举的权利，但是不得捏造或者歪曲事实进行诬告陷害。对于公民的申诉、控告或者检举，有关国家机关必须查清事实，负责处理。任何人不得压制和打击报复。由于国家机关和国家工作人员侵犯公民权利而受到损失的人，有依照法律规定取得赔偿的权利。"本案中，王某作为国家工作人员，其工作负有接受监督的义务，故A项错误；张某因行使监督权被公安机关以诽谤他人为由行政拘留5日，其人身自由权和监督权受到侵犯，故B、C项正确，同时张某有要求国家赔偿的权利。《国家赔偿法》第35条规定："有本法第三条或者第十七条规定情形之一，致人精神损害的，应当在侵权行为影响的范围内，为受害人消除影响，恢复名誉，赔礼道歉；造成严重后果的，应当支付相应的精神损害抚慰金。"该条所说"本法第三条"规定："行政机关及其工作人员在行使行政职权时有下列侵犯人身权情形之一的，受害人有取得赔偿的权利：（一）违法拘留或者违法采取限制公民人身自由的行政强制措施的……"本案中，张某的精神受到严重打击，符合精神损害抚慰金的条件，故D项正确。

38. **答案**：ABCD。易知，A、B正确。根据《宪法》第6条的规定，我国的基本经济制度是公有制为主体、多种所有制经济共同发展。这就意味着国家保护公民的合法的私有财产权，是我国基本经济制度的重要内容之一。根据《立法法》第11条的规定，"基本经济制度""对非国有财产的征收、征用"属于法律保留事项，故对公民私有财产权和继承权的保护和限制属于法律保留的事项。故C、D正确。

【陷阱】C、D容易漏选。《立法法》规定的法律保留事项没有把"公民私有财产权和继承权的保护和限制"单列，但是明确规定了"基本经济制度"属于法律保留事项。要理解选项C，就要理解选项D，也就是要理解私有财产权（或者说私有产权）与经济制度和基本经济制度的关系。经济制度是指一国通过宪法和法律调整，以生产资料所有制形式为核心的各种基本经济关系的规则、原则和政策的总称；它包括生产资料的所有制形式、各种经济成分的相互关系及其宪法地位、国家发展经济的基本方针和基本原则等内容。而产权是所有制的法律表现形式，因此产权是经济制度的重要内容。我国实行以公有制为主体、多种所有制经济共同发展的基本经济制度，公有制对应的是社会主义公有财产权，而非公有制对应的是私有财产权。故D正确，相应地C也正确。

39. **答案**：ACD。宪法当中规定的广义的人身自由权包括人格尊严权、非经法定程序不受逮捕的权利（狭义人身自由权）、住宅权、通信自由和通信秘密受保护权等内容，需要注意的是，公民的通信自由和通信秘密受到宪法保护，除因国家安全和追查刑事犯罪的需要外，由公安机关或者检察机关依照法定程序对通信进行检查外，其他任何组织和个人都不得以任何理由侵犯公民的通信自由和通信秘密。故B选项错误，不当选，A、C、D选项均正确，当选。

40. **答案**：ABD。关于A，对公民合法私有财产的征收和征用，并非公民对自身财产进行利用的限制，而是一种外部限制，A选项正确。关于B，对公民财产的征收和征用属于法律保留事项，必须要有明确的法律依据，B选项正确。关于C，合目的性原则是对公民财产权进行限制的条件之一，征收征用公民财产，除了要有正当的目的之外，还必须严格依法进行，遵守法律规定的条件和程序，C选项错误。关于D，对任何公民基本权的限制均需要具备宪法上的正当性，D选项正确。

三、名词解释

1. **答案**：政治自由是指公民根据宪法享有的通过一定方式表达自己思想和见解的自由，主要是指言论、出版、集会、结社、游行和示威的自由。

2. **答案**：人身自由是指公民的人身（包括肉体和精神）不受非法限制、搜查、拘留和逮捕。

3. **答案**：求偿权是指公民个人或其他权利主体在其权利因国家或公共权力的行为而蒙受损害时，依法享有的向国家提出赔偿或补偿的权利。

4. **答案**：物质帮助权是公民在失去劳动能力或者暂时失去劳动能力而不能获得必要的物质生活资料时，有从国家和社会获得生活保障、享有集体福利的一种权利。

5. **答案**：言论免责权是指全国人大代表在全国

人民代表大会各种会议，包括大会全体会议、代表团全体会议、代表团小组会议上的发言和表决不受法律追究。同时，全国人大代表在列席原选举单位的人民代表大会各种会议上的发言，也不受法律追究。此外，地方各级人民代表大会代表在人民代表大会会议上的发言和表决，也不受法律追究。言论免责权意在充分保护人大代表的言论自由，有利于真正利国利民的好决策的形成。

6. 答案：社会权，又称生存权或受益权，它是指公民从社会获得基本生活条件的权利，主要包括经济权、受教育权和环境权三类。社会权概念有两层含义：一是公民有依法从社会获得其基本生活条件的权利；二是在这些条件不具备的情况下，公民有依法向国家要求提供这些生活条件的权利。

7. 答案：劳动权是指有劳动能力的公民享有的获得劳动并按照劳动的数量和质量取得报酬的权利。劳动权是人们赖以生存的基本权利，也是其他权利的基础。

四、简答题

1. 答案：（1）人身自由是指公民的人身不受非法逮捕、拘禁、搜查和限制。

（2）根据宪法和法律的规定，在我国任何公民非经人民检察院批准或决定，或者非经人民法院决定，并由公安机关（包括国家安全机关）执行，不受逮捕。

（3）宪法还规定，禁止非法拘禁或者以其他方法限制、剥夺公民的人身自由，禁止非法搜查公民身体。

（4）对于违法逮捕、拘留和搜查公民的负责人员，应由人民检察院进行追究；如果这种违法行为出于陷害、报复、贪赃或者其他个人目的，则应追究刑事责任。

2. 答案：所谓宗教信仰自由，是指公民有信仰宗教或不信仰宗教的自由；有信仰这种宗教或那种宗教的自由；在同一种宗教里面，有信仰这个教派或那个教派的自由；有过去不信教而现在信教的自由，也有过去信教而现在不信教的自由。总之，宗教信仰自由是公民个人自愿选择的私事，国家不加干涉。但是，绝不允许利用宗教信仰自由来进行破坏社会秩序、损害公民身体健康、妨碍国家教育制度的活动。为了保护公民宗教信仰自由的基本人权，我国以宪法的形式规定了国家的宗教政策。现行宪法对公民享有宗教信仰自由权作了全面的规定：

（1）信仰宗教自愿。《宪法》第36条第2款规定：任何国家机关、社会团体和个人不得强制公民信仰宗教或者不信仰宗教，不得歧视信仰宗教的公民和不信仰宗教的公民。其实质就是要使宗教信仰问题成为公民个人自由选择的问题，成为公民个人的私事。

（2）宗教活动应在宪法和法律允许的范围内进行。《宪法》第36条第3款规定：国家保护正常的宗教活动。任何人不得利用宗教进行破坏社会秩序、损害公民身体健康、妨碍国家教育制度的活动。宗教活动应当是公开的、有组织的活动。

正常的宗教活动还应当在宗教场所进行，由宗教组织和宗教教徒自理，受法律保护。但宗教活动不得妨碍社会秩序、生产秩序和工作秩序。任何人不应当到宗教场所进行无神论的宣传，而任何宗教组织和教徒也不应在宗教活动场所以外布道、传教、宣传有神论。

（3）宗教不受外国势力的支配。现行《宪法》第36条第4款规定：宗教团体和宗教事务不受外国势力支配。这是我国宗教自治的原则。在宗教对外友好关系方面，我们应当积极发展宗教方面的国际友好往来，抵制外国宗教中敌对势力的渗透，抵制外国宗教的控制，拒绝任何外国社会和宗教界人士干预我国宗教事务，不允许外国宗教组织用任何方式来我国传教，也不允许偷运和散发宗教宣传材料，坚持独立自主，自办教会。

3. 答案：集会、游行、示威自由，是指公民按照法律规定，享有通过集会、游行、示威活动，发表意见，表达某种共同意愿的政治自由权利。《集会游行示威法》规定，集会是指聚集于露天公共场所，发表意见，表达意愿的活动。游行是指在道路、露天场所列队行进，表达共同意愿的活动。示威是指在露天公共场所或者公共道路上以集会、游行、静坐的方式，表达要求、抗议或者支持、声援等共同意愿的活动。集会、游行、示威自由，是我国一项极为重要的政治自由，国家十分重视保障公民行使这项政治自由，除在宪法中明确规定公民有集会、游行、示威自由外，还专门通过制定集会游行示威法把宪法原则具体化，对公民依法行使集会、游行、示威的自由和权利予以充分保障，同时也对公民行使这一权利加以规范化。

综观这三种自由，有以下特点：(1) 集会、游行、示威是公民所举行的活动。国家或者根据国家决定举行的庆祝、纪念等活动，以及国家机关、政党、社会团体、企业事业组织依照法律、章程举行的集会，不属于集会、游行、示威法的调整范围。(2) 集会、游行、示威是公民表达意愿、实现自我价值的主观性权利，通过公民的群体性活动而得到实现。(3) 集会、游行、示威自由作为公民表达意愿与思想的形式，实际反映了言论自由的价值与要求，是言论自由的具体化。(4) 集会、游行、示威自由在行使过程中，公民利用公共场所、公共道路、公共设施等，实际上表现为公民对公物的利用权。

4. 答案：公民的个人财产权是各国宪法都特别重视的一项基本权利。早期的资本主义宪法都确立了一条基本原则，即私有财产神圣不可侵犯，维护和保障私有财产权是资本主义国家的主要职能；我国宪法明确规定保护公民个人的合法财产。公民的合法财产，应当受到法律保护，禁止任何组织或者个人侵占、哄抢、私分、破坏或者非法查封、扣押、冻结、没收。

我国《宪法》第 13 条第 1 款规定：“公民的合法的私有财产不受侵犯。”我国《民法典》规定，私人的合法财产受法律保护，禁止任何组织或者个人侵占、哄抢、破坏。保护公民合法财产权同时还意味着保护公民的财产继承权。我国《宪法》第 13 条第 2 款规定：“国家依照法律规定保护公民的私有财产权和继承权。”1985 年国家制定了第一部继承法，对保障公民的财产继承权作了详尽的规定。

5. 答案：根据我国现行《宪法》的规定，我国公民的基本义务是：

(1) 维护国家统一和各民族团结；

(2) 必须遵守宪法和法律，保守国家秘密，爱护公共财产，遵守劳动纪律，遵守公共秩序，尊重社会公德；

(3) 维护祖国的安全、荣誉和利益；

(4) 保卫祖国，依法服兵役和参加民兵组织；

(5) 依照法律纳税；

(6) 其他方面的义务，主要包括：“夫妻双方有实行计划生育的义务”“父母有抚养教育未成年子女的义务，成年子女有赡养扶助父母的义务”。这是我国公民在家庭生活方面对国家、社会、家庭和个人的重要义务。

6. 答案：我国《宪法》第 33 条第 2 款规定：中华人民共和国公民在法律面前一律平等。从内涵上来讲，公民在法律面前一律平等是指：(1) 公民平等地享有宪法和法律规定的权利，也平等地履行宪法和法律规定的义务。(2) 任何人的合法权益都一律平等地受到保护，对违法行为一律依法予以追究。(3) 在法律面前，不允许任何公民享有法律以外的特权。这一宪法原则既包括司法平等，即公民在适用法律上一律平等，又包括公民在守法上一律平等。

从我国宪法中所包含的平等权的种类来看，主要有：

(1) 民族平等。民族平等是指各民族不分大小一律平等，共同构成中华民族。强调各民族在国家统一的大家庭内的团结与合作，既要反对大汉族主义，也要反对地方民族主义和民族分裂主义，维护中华民族的大团结。民族语言平等，国家尊重和保障各少数民族充分地使用本民族语言进行生产、生活和了解国家事务的自由。

(2) 男女平等。男女平等包括妇女享有与男子平等的政治权利、文化教育权利、劳动权益、财产权益、人身权益和婚姻家庭权益，还包括对妇女权益的特别保护。

(3) 社会平等。社会平等是指国家在机会与社会条件方面，对公民应当平等对待，设定法律权利义务应当一视同仁，禁止差别对待。

(4) 经济平等。国家对包括个人在内的各类经济主体，在法律上一视同仁，相同对待，保障其相同的法律权利与义务，不得做出歧视性的区别，从而实现在经济活动中的平等。在我国，非公有制经济与公有制经济，都是社会主义市场经济的组成部分，具有相同的法律地位与性质。

7. 答案：言论自由是指公民有权通过各种语言形式，针对政治和社会生活中的各种问题表达其思想和见解的自由。由于言论自由是公民表达意愿，相互交流思想、传播信息的必要手段和工具，也是形成人民意志的基础，因而言论自由在公民的各项政治自由中居于首要地位。

言论自由有其自身的界限：(1) 行使言论自由不能侵犯他人的名誉权，否则就可能构成诽谤。(2) 行使言论自由不能侵犯他人的隐私权，否则就可能构成侵权行为。(3) 一定限度和一定方式上的猥亵性、淫秽性的言论必然受到限制或禁止。(4) 行使言论自由不能煽动或教唆他人实施违法行为。(5) 行使言论自由与保护国家秘密之间也可能存在冲突。

五、论述题

1. 答案：权利义务的统一性，是指权利和义务互相依存、互相促进、互为条件的辩证统一关系，具体表现是：

(1) 宪法要求公民既享有宪法和法律规定的权利，又必须履行宪法和法律规定的义务。不允许只享受权利而不履行义务，也不允许只履行义务而不享有权利的现象存在。

(2) 公民的某些权利和义务是相互结合的，如劳动权、受教育权，它们既是公民的权利，又是公民的义务。

(3) 权利和义务是相互促进的。在我国，国家为公民行使权利和自由提供保障，这有利于激发公民的政治热情和生产积极性，促进他们对义务的自觉履行。而公民履行义务的自觉性越高，国家就会建设得越富强，公民的权利自由也就越有保障。

2. 答案：《宪法》第40条规定：中华人民共和国公民的通信自由和通信秘密受法律的保护。除因国家安全或者追查刑事犯罪的需要，由公安机关或者检察机关依照法律规定的程序对通信进行检查外，任何组织或者个人不得以任何理由侵犯公民的通信自由和通信秘密。公民的通信自由和通信秘密，是指对于公民的通信（包括电报、电话和邮件），他人不得隐匿、毁弃、拆阅或者窃听。隐匿或毁弃公民的信件、电报，就是对公民通信自由的侵犯；拆阅或者窃听公民的通信内容，就是对公民通信秘密的侵犯。通信是公民进行社会交往的一种正常活动，也是公民日常生活中不可缺少的一项基本权利，保护这种权利，对于维护正常的社会生活秩序和公民的切身利益非常重要。为此，我国《刑法》第252条规定："隐匿、毁弃或者非法开拆他人信件，侵犯公民通信自由权利，情节严重的，处一年以下有期徒刑或者拘役。"此外，邮电职工如果私拆或者隐匿、毁弃邮件、电报，要依法以渎职罪论处。

3. 答案：(1) 公民在法律面前一律平等是我国公民的一项基本权利，也是社会主义法制的一个基本原则。

(2) 公民在法律面前一律平等是指：①我国公民不分民族、种族、性别、职业、家庭出身、宗教信仰、教育程度、财产状况、居住期限，都一律平等地享有宪法和法律规定的权利，也都平等地履行宪法和法律规定的义务；②公民的合法权益都一律平等地受到保护，对违法行为一律依法予以追究，绝不允许任何违法犯罪分子逍遥法外；③在法律面前，不允许任何公民享有法律以外的特权，不得强迫任何公民承担法律以外的义务，不得使公民受到法律以外的处罚。

(3) 我国宪法中规定的公民在法律面前一律平等原则，不包含立法平等，它只是指司法平等和守法平等。

第十四章　选举制度

基础知识图解

- 选举制度
  - 概念：近代选举制度的特点
  - 产生和发展
  - 作用
  - 体制
    - 地域代表制与职业代表制
    - 多数代表制与比例代表制
  - 基本原则：普遍性、平等性、直接选举与间接选举并用、无记名投票、差额选举、选举权利保障
  - 选举的民主程序
    - 直接选举程序：选举组织机构⟶划分选区⟶选民登记⟶提名并确定代表候选人⟶候选人的介绍⟶组织投票⟶确定当选⟶补选
    - 间接选举程序：选举工作的主持机构⟶代表候选人的提出⟶确定正式代表候选人⟶确定当选
  - 对代表的监督和罢免
    - 对直接选举的代表的罢免
    - 对间接选举的代表的罢免
    - 代表的辞职
    - 代表资格的终止和停止

配套测试

一、单项选择题

1. 根据法律规定，省、自治区、直辖市的代表名额基数为多少名？（　　）

A. 350　　B. 200

C. 400　　D. 500

2. 下列哪项说法是正确的？（　　）

A. 精神病患者无选举权

B. 因犯危害国家安全罪或者其他严重刑事犯罪案件被羁押、正在受侦查、起诉、审判的人无选举权

C. 正在取保候审或监视居住的人暂时停止行使选举权

D. 正在受拘留处罚的人准予行使选举权

3. 我国《选举法》① 规定，全国和地方各级人民代表大会代表的选举，一律采用下列选项中的哪种方式投票？（　　）

A. 公开　　B. 无记名

C. 统一　　D. 平等

4. 根据我国《选举法》，选民如果是文盲或者因残疾不能写选票的，可以采取下列选项中的哪种方式投票？（　　）

A. 委托他信任的人代写

B. 举手代替

C. 画圆圈表示

① 《中华人民共和国全国人民代表大会和地方各级人民代表大会选举法》，以下简称《选举法》。

D. 用其他符号表示

5. 我国《选举法》规定，选民或代表在下列选项中的哪种情形下可以推荐代表候选人？（　　）

A. 10 人以上联名　　B. 20 人以上联名

C. 30 人以上联名　　D. 50 人以上联名

6. 县级以上各级人民代表大会选举下列选项中哪一级别的代表时，代表候选人不限于各该级人民代表大会的代表？（　　）

A. 上一级人民代表大会代表

B. 下一级人民代表大会代表

C. 同级人民代表大会代表

D. 全国人民代表大会代表

7. 精神病患者不能行使选举权的，经下列选项中的哪一项确认，不列入选民名单？（　　）

A. 同级人民政府　　B. 选举委员会

C. 县级以上医院　　D. 选民小组

8. 列宁认为，任何由选举产生的机关或代表会议，只有承认和实行选举人对代表的下列选项中的哪种性质的权利，才能被认为是真正民主的、确实代表人民意志的机关？（　　）

A. 选举权　　B. 任命权

C. 表决权　　D. 罢免权

9. 某选区共有选民 13679 人，高先生是数位候选人之一。请问根据现行宪法和选举法律，在下列何种情况下，高先生可以当选？（　　）

A. 参加投票的人数为 6835 人，高获得选票 6831 张

B. 参加投票的人数为 6841 人，高获得选票 3421 张

C. 参加投票的人数为 13643 人，高获得选票 6749 张

D. 参加投票的人数为 13685 人，高获得选票 13073 张

10. 根据现行《选举法》的规定，选区的大小，按照每一选区选（　　）

A. 1~2 名代表划分　　B. 1~3 名代表划分

C. 3 名代表划分　　D. 2 名代表划分

11. 我国《选举法》规定："每一选民接受的委托不得超过（　　）。"

A. 二人　　B. 三人

C. 四人　　D. 五人

12. 全国人民代表大会任期届满的两个月以前，如果遇到不能进行选举的非常情况，可以推迟选举，延长本届全国人民代表大会的任期，但要经全国人民代表大会常务委员会的全体组成人员的（　　）

A. 三分之二以上的多数通过

B. 四分之三以上的多数通过

C. 二分之一以上的多数通过

D. 五分之一以上的提议

13. 我国《选举法》规定，由选民直接选举的代表候选人名额，应多于代表名额的（　　）

A. 1/2 至一倍　　B. 1/3 至一倍

C. 1/4 至一倍　　D. 2/3 至一倍

14. 公布选民名单应在选举日的前（　　）

A. 三十日以前　　B. 十五日以前

C. 二十日以前　　D. 二十五日以前

15. 对公布的选民名单有不同意见的，可以向（　　）

A. 选举办公室提出申诉

B. 人民法院起诉

C. 选举委员会提出申诉

D. 选举领导小组申诉

16. 由选民直接选举的代表候选人的当选须获得（　　）

A. 全体选民的过半数的选票

B. 参加选举的选民过半数的选票

C. 本选区人口的过半数的选票

D. 二分之一选民的过半数的选票

17. 根据《选举法》，省、自治区、直辖市，设区的市、自治州的人民代表大会的代表，由（　　）产生。

A. 上级任命　　B. 下级委派

C. 直接选举　　D. 间接选举

18. 我国现行《宪法》规定："全国人民代表大会由省、自治区、直辖市、特别行政区和军队选出的代表组成。（　　）都应当有适当名额的代表。"

A. 各民主党派

B. 各少数民族

C. 妇女和学生

D. 知识分子和海外侨胞

19. 某选区选举地方人民代表，代表名额 2 人，第一次投票结果，候选人按得票多少排序

为甲、乙、丙、丁，其中仅甲获得过半数选票。对此情况的下列处理意见哪一项符合法律的规定？（ ）

A. 宣布甲、乙当选
B. 宣布甲当选，同时以乙为候选人另行选举
C. 宣布甲当选，同时以乙、丙为候选人另行选举
D. 宣布无人当选，以甲、乙、丙为候选人另行选举

20. 根据《宪法》和《选举法》的规定，下列哪一选项是正确的？（ ）（司考 2009.1.21）

A. 选民登记按选区进行，每次选举前选民资格都要进行重新登记
B. 选民名单应在选举日的十五日以前公布
C. 对于公布的选民名单有不同意见的，可以向选举委员会申诉或者直接向法院起诉
D. 法院对于选民名单意见的起诉应在选举日以前作出判决

21. 关于各少数民族人大代表的选举，下列哪一选项是不正确的？（ ）（司考 2012.1.24）

A. 有少数民族聚居的地方，每一聚居的少数民族都应有代表参加当地的人民代表大会
B. 散居少数民族应选代表，每一代表所代表的人口数可少于当地人民代表大会每一代表所代表的人口数
C. 聚居境内同一少数民族的总人口占境内总人口数30%以上的，每一代表所代表的人口数应相当于当地人民代表大会每一代表所代表的人口数
D. 实行区域自治人口特少的自治县，每一代表所代表的人口数可以少于当地人民代表大会每一代表所代表的人口数的1/2

二、多项选择题

1. 我国选举制度有哪些基本原则？（ ）

A. 选举权的普遍性原则
B. 选举权的平等性原则
C. 选民对代表的监督、罢免原则
D. 秘密投票原则

2. 以下选项中关于有权通过对县级以上地方各级人民代表大会选出的代表的罢免案的说法，哪些是错误的？（ ）

A. 该级人民代表大会过1/3的代表
B. 该级人民代表大会常务委员会1/2的委员
C. 该级人民代表大会或其常务委员会过半数的代表
D. 该级人民代表大会过1/4的代表或其常务委员会过半数的委员

3. 根据《宪法》和法律，下列哪些行为符合法律规定？（ ）

A. 选民周某等11人联名推荐马某为乡人大代表
B. 某届全国人大共有代表2971名，邓某等337名代表联名提出对全国人大常委会组成人员的罢免案
C. 吴某等37名全国人大代表以书面形式提出对国务院的质询案
D. 汪某等31名选民向县级人大常委会提出对县人大代表张某的罢免案

4. 下列对全国人民代表大会专门委员会成员的代表职务被罢免的，其专门委员会成员的职务将受何种影响的表述，哪些是错误的？（ ）

A. 代表职务被撤销后，其专门委员会成员的职务不受影响
B. 代表职务被撤销后，其专门委员会成员的职务根据被罢免原因而定
C. 代表职务被撤销后，其专门委员会成员的职务相应被撤销
D. 代表职务被撤销后，其专门委员会成员的职务受影响较小

5. 下列有关选举制度的论述哪些是正确的？（ ）

A. 选举制度在现代社会中已成为调整国家权力活动的基本形式
B. 选举制度是民主政治发展的必然结果和标志
C. 选举制度的性质取决于一个国家的国体
D. 选举制度的性质决定一国的国体

6. 下列有关选民登记的论述哪些是正确的？（ ）

A. 凡年满18周岁未被剥夺政治权利的公民都应列入选民名单，但精神病患者，不能行使选举权的，经选举委员会确认，不列入选民名单
B. 选民名单在选举日的10日前公布
C. 对于公布的选民名单有不同意见的申诉人对选举委员会的处理决定不服时，可以向人民法院起诉，人民法院判决为最后决定
D. 经过登记确认的选民资格长期有效

7. 根据我国《宪法》和法律，下列选项中哪些是符合法律规定的？（　　）
A. 不设区的市、市辖区、县、自治县、乡、民族乡、镇的人民代表大会的代表由选民直接选举产生
B. 全国人民代表大会代表，省、自治区、直辖市、设区的市、自治州的人民代表大会代表由下一级人民代表大会选出
C. 县级以下的人民代表大会的代表由选民直接选举
D. 县级以下的人民代表大会的代表由选民间接选举

8. 下列有关直接选举的论述正确的是哪些？（　　）
A. 选区全体选民过半数参加投票选举有效
B. 每次选举所投的票数多于投票人数的无效
C. 每次选举所投的票数等于投票人数的有效
D. 代表候选人须获得选区全体选民的过半数选票才能当选

9. 下列人员中有选举权的是（　　）
A. 旅居国外的中华人民共和国公民
B. 精神病患者
C. 正在取保候审或被监视居住的
D. 被判处管制附加剥夺政治权利的

10. 根据《宪法》和法律，乡级人民代表大会有权选举下列哪些职位？（　　）
A. 乡长　　B. 副乡长
C. 乡人大主席　　D. 乡人大副主席

11. 由选民直接选举的人民代表大会代表候选人，由下列哪些组织提名推荐？（　　）
A. 各选区选民　　B. 各政党
C. 各人民团体　　D. 选举委员会

12. 与原始社会、奴隶社会和封建社会的选举活动相比，近代选举制应有如下哪些特点？（　　）
A. 被选举者往往是代议机关的代表或议员
B. 形式上采用普选制
C. 有一套比较完善的法律规范作指导
D. 以直接选举为原则

13. 在我国，享有选举权的基本条件包括下列哪些选项？（　　）
A. 具有中国国籍，是中华人民共和国公民
B. 年满18周岁
C. 有权利能力和行为能力
D. 依法享有政治权利

14. 根据我国《选举法》及其他有关法律规定，我国的选举程序主要包括下列选项中的哪几项？（　　）
A. 设立选举的组织
B. 划分选区和选民登记
C. 代表候选人的提出
D. 投票选举

15. 根据我国《选举法》的规定，下列选项中的哪些行为将依法受到行政处分或者刑事处罚？（　　）
A. 用暴力、威胁、欺骗、贿赂等非法手段破坏选举或者妨碍选民自由行使选举权和被选举权的
B. 伪造选举文件，虚报选举票数或者有其他违法行为的
C. 对于控告、检举选举中违法行为的人，或者对于提出要求罢免代表的人压制、报复的
D. 代替他人填写选票的

16. 根据我国《选举法》，选区可以按下列选项中的哪些方式划分？（　　）
A. 居住状况　　B. 生产单位
C. 事业单位　　D. 工作单位

17. 我国《选举法》规定，各政党、各人民团体，可以通过下列选项中的哪几种方式推荐代表候选人？（　　）
A. 单独　　B. 联合
C. 由主要负责人　　D. 通过选民

18. 选举人对于代表候选人可以投下列选项中的哪几种性质的票？（　　）

A. 赞成票　　B. 反对票

C. 弃权　　D. 另选其他选民

19. 根据《地方各级人民代表大会和地方各级人民政府组织法》的规定，下列选项中谁可以提出副省长的人选？（　　）

A. 省长

B. 本级人大主席团

C. 本级人大代表 30 人以上联名

D. 本级人大代表 10 人以上联名

20. 我国实行直接选举和间接选举并用的原则，其中实行直接选举的包括（　　）

A. 设区的市的人民代表大会代表

B. 不设区的市和市辖区的人民代表大会代表

C. 县、自治县的人民代表大会代表

D. 乡、民族乡、镇的人民代表大会代表

21. 根据《宪法》和法律的规定，关于选举程序，下列哪些选项是正确的？（　　）（司考 2013. 1. 60）

A. 乡级人大接受代表辞职，须经本级人民代表大会过半数的代表通过

B. 经原选区选民 30 人以上联名，可以向县级的人民代表大会常务委员会书面提出罢免乡级人大代表的要求

C. 罢免县级人民代表大会代表，须经原选区三分之二以上的选民通过

D. 补选出缺的代表时，代表候选人的名额必须多于应选代表的名额

22. 根据《选举法》的规定，关于选举制度，下列哪些选项是正确的？（　　）（司考 2014. 1. 62）

A. 全国人大和地方人大的选举经费，列入财政预算，由中央财政统一开支

B. 全国人大常委会主持香港特别行政区全国人大代表选举会议第一次会议，选举主席团，之后由主席团主持选举

C. 县级以上地方各级人民代表大会举行会议的时候，三分之一以上代表联名，可以提出对由该级人民代表大会选出的上一级人大代表的罢免案

D. 选民或者代表 10 人以上联名，可以推荐代表候选人

23. 甲市乙县人民代表大会在选举本县的市人大代表时，乙县多名人大代表接受甲市人大代表候选人的贿赂。对此，下列哪些说法是正确的？（　　）（司考 2015. 1. 63）

A. 乙县选民有权罢免受贿的该县人大代表

B. 乙县受贿的人大代表应向其所在选区的选民提出辞职

C. 甲市人大代表候选人行贿行为属于破坏选举的行为，应承担法律责任

D. 在选举过程中，如乙县人大主席团发现有贿选行为应及时依法调查处理

24. 某省人大选举实施办法中规定："本行政区域各选区每一代表所代表的人口数应当大体相等。各选区每一代表所代表的人口数与本行政区域内每一代表所代表的平均人口数之间相差的幅度一般不超过百分之三十。"关于这一规定，下列哪些说法是正确的？（　　）（司考 2017. 1. 62）

A. 是选举权的平等原则在选区划分中的具体体现

B. "大体相等"允许每一代表所代表的人口数之间存在差别

C. "百分之三十"的规定是对前述"大体相等"的进一步限定

D. 不保证各地区、各民族、各方面都有适当数量的代表

三、名词解释

1. 选举制度

2. 职业代表制

3. 比例代表制

4. 差额选举

5. 选举权的普遍性原则

6. 选区

四、简答题

1. 我国人大代表的罢免制度。

2. 近代选举制度的主要特点。

五、论述题

1. 试述选举委员会的性质及其职权。

2. 我国选举法对代表的罢免、辞职和补选是如何规定的？
3. 试述我国选举制度的基本原则。

六、案例题

某地选举人民代表时，张某在三次讨论候选人提名过程中，对群众提出的候选人都没有表示反对，也没有提出新的候选人。在正式选举中，张某到会场对一些选民说："我们不选他们（指两个候选人），我要选就选我自己。"他先向两名没有带笔的选民索要选票。因为这两名选民没有听到张某说"选我自己"的话，以为他为人代笔，便把选票交给他代写。就这样张某共收了33张选票，在未征求选举人同意的情况下，在两个候选人的名字上打了"×"，在另选人栏下填上自己的名字。经检查，这些选民都不同意选张某。由于他的破坏，两名候选人的选票都没有超过半数，造成选举无效的严重后果。

试用宪法学相关知识对之进行分析。

参考答案

一、单项选择题

1. **答案**：A。《选举法》第12条第1款第1项规定：省、自治区、直辖市的代表名额基数为三百五十名，省、自治区每十五万人可以增加一名代表，直辖市每二万五千人可以增加一名代表；但是，代表总名额不得超过一千名。
2. **答案**：D。《宪法》第34条规定，中华人民共和国年满十八周岁的公民，不分民族、种族、性别、职业、家庭出身、宗教信仰、教育程度、财产状况、居住期限，都有选举权和被选举权；但是依照法律被剥夺政治权利的人除外。《选举法》第27条规定，选民登记按选区进行，经登记确认的选民资格长期有效。每次选举前对上次选民登记以后新满十八周岁的、被剥夺政治权利期满后恢复政治权利的选民，予以登记。对选民经登记后迁出原选区的，列入新迁入的选区的选民名单；对死亡的和依照法律被剥夺政治权利的人，从选民名单上除名。精神病患者不能行使选举权利的，经选举委员会确认，不列入选民名单。
3. **答案**：B。《选举法》第40条规定，全国和地方各级人民代表大会代表的选举，一律采用无记名投票的方法。选举时应当设有秘密写票处。选民如果是文盲或者因残疾不能写选票的，可以委托他信任的人代写。
4. **答案**：A。《选举法》第40条规定，全国和地方各级人民代表大会代表的选举，一律采用无记名投票的方法。选举时应当设有秘密写票处。选民如果是文盲或者因残疾不能写选票的，可以委托他信任的人代写。
5. **答案**：A。《选举法》第30条第2款规定，各政党、各人民团体，可以联合或者单独推荐代表候选人。选民或者代表，十人以上联名，也可以推荐代表候选人。
6. **答案**：A。《选举法》第33条规定，县级以上的地方各级人民代表大会在选举上一级人民代表大会代表时，代表候选人不限于各该级人民代表大会的代表。
7. **答案**：B。《选举法》第27条第2款规定，精神病患者不能行使选举权利的，经选举委员会确认，不列入选民名单。
8. **答案**：D。本题考查列宁关于选举的基本观点。
9. **答案**：B。《选举法》第45条第1款规定："在选民直接选举人民代表大会代表时，选区全体选民的过半数参加投票，选举有效。代表候选人获得参加投票的选民过半数的选票时，始得当选。"因此选B。
10. **答案**：B。《选举法》第25条规定，不设区的市、市辖区、县、自治县、乡、民族乡、镇的人民代表大会的代表名额分配到选区，按选区进行选举。选区可以按居住状况划分，也可以按生产单位、事业单位、工作单位划分。选区的大小，按照每一选区选一名至三名代表划分。
11. **答案**：B。《选举法》第42条规定，选民如果在选举期间外出，经选举委员会同意，可以书面委托其他选民代为投票。每一选民接受的委托不得超过三人，并应当按照委托人的意愿代为投票。

12. 答案：A。《宪法》第60条规定，全国人民代表大会每届任期五年。全国人民代表大会任期届满的两个月以前，全国人民代表大会常务委员会必须完成下届全国人民代表大会代表的选举。如果遇到不能进行选举的非常情况，由全国人民代表大会常务委员会以全体组成人员的三分之二以上的多数通过，可以推迟选举，延长本届全国人民代表大会的任期。在非常情况结束后一年内，必须完成下届全国人民代表大会代表的选举。

13. 答案：B。根据《选举法》第31条的规定，全国和地方各级人民代表大会代表实行差额选举，代表候选人的人数应多于应选代表的名额。由选民直接选举人民代表大会代表的，代表候选人的人数应多于应选代表名额三分之一至一倍；由县级以上的地方各级人民代表大会选举上一级人民代表大会代表的，代表候选人的人数应多于应选代表名额五分之一至二分之一。

14. 答案：C。《选举法》第28条规定，选民名单应在选举日的二十日以前公布，实行凭选民证参加投票选举的，并应当发给选民证。

15. 答案：C。《选举法》第29条规定，对于公布的选民名单有不同意见的，可以在选民名单公布之日起五日内向选举委员会提出申诉。选举委员会对申诉意见，应在三日内作出处理决定。申诉人如果对处理决定不服，可以在选举日的五日以前向人民法院起诉，人民法院应在选举日以前作出判决。人民法院的判决为最后决定。

16. 答案：B。《选举法》第45条第1款规定，在选民直接选举人民代表大会代表时，选区全体选民的过半数参加投票，选举有效。代表候选人获得参加投票的选民过半数的选票时，始得当选。

17. 答案：D。此题考查我国选举法中代表的选举办法问题。所谓直接选举是指选民直接投票选举国家代表机关代表和国家机关公职人员的选举；间接选举是指由下一级国家代表机关，或者选民选出的代表选举上一级国家机关代表和国家机关公职人员的选举。根据我国选举法的规定，我国只有县级以下（含县级）的人大代表的选举实行直接选举，县级以上的人大代表的选举则是实行间接选举。因此，省、自治区、直辖市、设区的市、自治州的人民代表大会的代表是由间接选举产生。因此选D。

18. 答案：B。《宪法》第59条第1款规定，全国人民代表大会由省、自治区、直辖市、特别行政区和军队选出的代表组成。各少数民族都应当有适当名额的代表。

19. 答案：C。本题考查选民直接选举人民代表大会代表时的选举程序。

《选举法》第45条规定："在选民直接选举人民代表大会代表时，选区全体选民的过半数参加投票，选举有效。代表候选人获得参加投票的选民过半数的选票时，始得当选。

"县级以上的地方各级人民代表大会在选举上一级人民代表大会代表时，代表候选人获得全体代表过半数的选票时，始得当选。

"获得过半数选票的代表候选人的人数超过应选代表名额时，以得票多的当选。如遇票数相等不能确定当选人时，应当就票数相等的候选人再次投票，以得票多的当选。

"获得过半数选票的当选代表的人数少于应选代表的名额时，不足的名额另行选举。另行选举时，根据在第一次投票时得票多少的顺序，按照本法第三十一条规定的差额比例，确定候选人名单。如果只选一人，候选人应为二人。

"依照前款规定另行选举县级和乡级的人民代表大会代表时，代表候选人以得票多的当选，但是得票数不得少于选票的三分之一；县级以上的地方各级人民代表大会在另行选举上一级人民代表大会代表时，代表候选人获得全体代表过半数的选票，始得当选。"甲的选票超过了半数，甲应当当选。得过半数选票的当选代表的人数少于应选代表的名额时，不足的名额另行选举。另行选举时，如果只选一人，候选人应为二人。

注意直接选举人大代表和间接选举人大代表的选举程序的不同。

20. 答案：D。根据《选举法》第27条第1款的规定，选民登记按选区进行，经登记确认的选民资格长期有效。每次选举前对上次选民登记以后新满十八周岁的、被剥夺政治权利期满后恢复政治权利的选民，予以登记。对选民经登记后迁出原选区的，列入新迁入的选区的选民名单；对死亡的和依照法律被剥夺政治权利的人，从选民名单上除名。可见A项错误。根据《选举法》第28条的规定，选民名单应在选举日的二十日以前公布，实行凭选民证参加投票选举的，并应当发给选民证。可见B项错误。根据《选举法》第29条的规定，对于公布的选民名单有不同意见的，可以在选民名单公布之日起五日内向选举委员会提出申诉。选举委员会对申诉意见，应在三日内作出处理决定。申诉人如果对处理决定不服，可以在选举日的五日以前向人民法院起诉，人民法院应在选举日以前作出判决。人民法院的判决为最后决定。可见C项错误而D项正确。因此，本题的正确答案应当是D项。

21. 答案：D。本题选项A为《选举法》第19条第1款的规定；选项B为《选举法》第21条第1款的规定；选项C为第19条第2款的规定。A、B、C项是正确的。对于选项D，根据《选举法》第19条第3款的规定，实行区域自治的民族人口特少的自治县，必须“经省、自治区的人民代表大会常务委员会决定”，每一代表所代表的人口数才可以少于二分之一，该选项少了“经省、自治区的人民代表大会常务委员会决定”这一条件，所以错误。

二、多项选择题

1. 答案：ABD。关于A，我国的公民，非经法定程序被剥夺选举权，都享有选举权与被选举权，也即选举权的普遍性原则，故A正确。关于B，选民每人一票，每一张选票的效力是相同的，即选举权的平等性原则，故B正确。关于D，《选举法》第40条规定，全国和地方各级人民代表大会代表的选举，一律采用无记名投票的方法，即秘密投票原则，故D正确。选民对代表的监督、罢免并不是选举制度的原则，C错误。此外，我国选举制度采取直接选举和间接选举并用的原则，也是选举制度的基本原则之一。

2. 答案：ABD。《选举法》第53条规定：罢免县级和乡级的人民代表大会代表，须经原选区过半数的选民通过。罢免由县级以上的地方各级人民代表大会选出的代表，须经各该级人民代表大会过半数的代表通过；在代表大会闭会期间，须经常务委员会组成人员的过半数通过。罢免的决议，须报送上一级人民代表大会常务委员会备案、公告。

3. 答案：ABC。《选举法》第30条第1款、第2款规定：全国和地方各级人民代表大会的代表候选人，按选区或者选举单位提名产生。各政党、各人民团体，可以联合或者单独推荐代表候选人。选民或者代表，十人以上联名，也可以推荐代表候选人。推荐者应向选举委员会或者大会主席团介绍候选人的情况。《选举法》第51条第1款规定：县级以上的地方各级人民代表大会举行会议的时候，主席团或者十分之一以上代表联名，可以提出对由该级人民代表大会选出的上一级人民代表大会代表的罢免案。在人民代表大会闭会期间，县级以上的地方各级人民代表大会常务委员会主任会议或者常务委员会五分之一以上组成人员联名，可以向常务委员会提出对由该级人民代表大会选出的上一级人民代表大会代表的罢免案。罢免案应当写明罢免理由。《全国人民代表大会组织法》第21条规定：全国人民代表大会会议期间，一个代表团或者三十名以上的代表联名，可以书面提出对国务院以及国务院各部委、国家监察委员会、最高人民法院、最高人民检察院的质询案。《选举法》第50条规定：对于县级的人民代表大会代表，原选区选民五十人以上联名，对于乡级的人民代表大会代表，原选区选民三十人以上联名，可以向县级的人民代表大会常务委员会书面提出罢免要求。罢免要求应当写明罢免理由。被提出罢免的代表有权在选民会议上提出申辩意见，也可以书面提出申辩意见。县级的人民代表大会常务委员会应当将罢免要求和被提出罢免的代表的书面申辩意见印发原选区选民。表决罢免要求，由县级的人民代表大会常务委员会派有关负责人员主持。

4. **答案**：ABD。《选举法》第 54 条第 1 款规定，县级以上的各级人民代表大会常务委员会组成人员，县级以上的各级人民代表大会专门委员会成员的代表职务被罢免的，其常务委员会组成人员或者专门委员会成员的职务相应撤销，由主席团或者常务委员会予以公告。

5. **答案**：ABC。选举制度是民主政治发展的必然结果与标志，在现代社会中，它已成为调整国家权力活动的基本形式，选举制度的性质取决于一个国家的国体。

6. **答案**：ACD。详见《选举法》第 27 条、第 28 条、第 29 条。

7. **答案**：ABC。《选举法》第 3 条规定，全国人民代表大会的代表，省、自治区、直辖市、设区的市、自治州的人民代表大会的代表，由下一级人民代表大会选举。不设区的市、市辖区、县、自治县、乡、民族乡、镇的人民代表大会的代表，由选民直接选举。

8. **答案**：ABC。《选举法》第 44 条规定，每次选举所投的票数，多于投票人数的无效，等于或者少于投票人数的有效。每一选票所选的人数，多于规定应选代表人数的作废，等于或者少于规定应选代表人数的有效。

　　第 45 条第 1 款规定，在选民直接选举人民代表大会代表时，选区全体选民的过半数参加投票，选举有效。代表候选人获得参加投票的选民过半数的选票时，始得当选。

9. **答案**：ABC。《选举法》第 4 条第 1 款规定，中华人民共和国年满十八周岁的公民，不分民族、种族、性别、职业、家庭出身、宗教信仰、教育程度、财产状况和居住期限，都有选举权和被选举权。第 27 条规定，选民登记按选区进行，经登记确认的选民资格长期有效。每次选举前对上次选民登记以后新满十八周岁的、被剥夺政治权利期满后恢复政治权利的选民，予以登记。对选民经登记后迁出原选区的，列入新迁入的选区的选民名单；对死亡的和依照法律被剥夺政治权利的人，从选民名单上除名。精神病患者不能行使选举权利的，经选举委员会确认，不列入选民名单。依照法律被剥夺政治权利的人没有选举权和被选举权。

10. **答案**：ABCD。乡、民族乡、镇的人民代表大会代表有权依照法律规定的程序提出本级人民政府领导人员的人选，并有权对本级人民代表大会主席团和代表依法提出的上述人员的人选提出意见。各级人民代表大会代表有权对本级人民代表大会主席团的人选，提出意见。代表对确定的候选人，可以投赞成票，可以投反对票，可以另选他人，也可以弃权。

11. **答案**：ABC。《选举法》第 32 条第 1 款规定，由选民直接选举人民代表大会代表的，代表候选人由各选区选民和各政党、各人民团体提名推荐。选举委员会汇总后，将代表候选人名单及代表候选人的基本情况在选举日的十五日以前公布，并交各该选区的选民小组讨论、协商，确定正式代表候选人名单。

12. **答案**：ABC。本题主要考查近代选举制度的特点。

13. **答案**：ABD。《宪法》第 34 条规定，中华人民共和国年满十八周岁的公民，不分民族、种族、性别、职业、家庭出身、宗教信仰、教育程度、财产状况、居住期限，都有选举权和被选举权；但是依照法律被剥夺政治权利的人除外。

14. **答案**：ABCD。《选举法》目录：第六章选区划分，第七章选民登记，第八章代表候选人的提出，第九章选举程序。

15. **答案**：ABC。《选举法》第 58 条规定，为保障选民和代表自由行使选举权和被选举权，对有下列行为之一，破坏选举，违反治安管理规定的，依法给予治安管理处罚；构成犯罪的，依法追究刑事责任：（一）以金钱或者其他财物贿赂选民或者代表，妨害选民和代表自由行使选举权和被选举权的；（二）以暴力、威胁、欺骗或者其他非法手段妨害选民和代表自由行使选举权和被选举权的；（三）伪造选举文件、虚报选举票数或者有其他违法行为的；（四）对于控告、检举选举中违法行为的人，或者对于提出要求罢免代表的人进行压制、报复的。国家工作人员有前款所列行为的，还应当依法给予行政处分。以本条第一款所列违法行为当选的，其当选无效。

16. 答案：ABCD。《选举法》第25条规定，不设区的市、市辖区、县、自治县、乡、民族乡、镇的人民代表大会的代表名额分配到选区，按选区进行选举。选区可以按居住状况划分，也可以按生产单位、事业单位、工作单位划分。选区的大小，按照每一选区选一名至三名代表划分。

17. 答案：AB。根据《选举法》第30条。

18. 答案：ABCD。《选举法》第41条规定，选举人对于代表候选人可以投赞成票，可以投反对票，可以另选其他任何选民，也可以弃权。

19. 答案：BC。根据《地方各级人民代表大会和地方各级人民政府组织法》第26条第1款和第2款规定，省长、副省长等人的人选由本级人民代表大会主席团或者本级人民代表大会代表30人以上书面联合提名。因此选B、C项。

20. 答案：BCD。《选举法》第3条规定，全国人民代表大会的代表，省、自治区、直辖市、设区的市、自治州的人民代表大会的代表，由下一级人民代表大会选举。不设区的市、市辖区、县、自治县、乡、民族乡、镇的人民代表大会的代表，由选民直接选举。

21. 答案：AB。根据《选举法》第55条第2款的规定，乡级的人民代表大会代表可以向本级人民代表大会书面提出辞职。乡级的人民代表大会接受辞职，须经人民代表大会过半数的代表通过。所以，A选项是正确的。

《选举法》第50条第1款规定，对于县级的人民代表大会代表，原选区选民50人以上联名，对于乡级的人民代表大会代表，原选区选民30人以上联名，可以向县级的人民代表大会常务委员会书面提出罢免要求。《选举法》第53条第1款规定，罢免县级和乡级的人民代表大会代表，须经原选区过半数的选民通过。所以，B选项正确；C选项是错误的，罢免县级人民代表大会代表，须经原选区过半数的选民通过即可，而非三分之二以上的选民通过。

《选举法》第57条第1款、第4款规定：代表在任期内，因故出缺，由原选区或者原选举单位补选。补选出缺的代表时，代表候选人的名额可以多于应选代表的名额，也可以同应选代表的名额相等。补选的具体办法，由省、自治区、直辖市的人民代表大会常务委员会规定。所以，D选项表述是错误的。

22. 答案：BD。本题考查的是我国的选举和罢免制度。《选举法》第8条规定，全国人民代表大会和地方各级人民代表大会的选举经费，列入财政预算，由国库开支。也就是说，全国人民代表大会和地方各级人民代表大会因选举而发生的各项费用，均由国家财政开支。《中国人民解放军选举全国人民代表大会和县级以上地方各级人民代表大会代表的办法》① 第39条规定，人民解放军的选举经费，由军费开支。选项A的表述是不正确的，选举经费由国库开支，并不意味着由中央财政统一开支。

香港特别行政区全国人大代表的选举与一般省级地方人大的选举不同，采用选举会议的方式进行。香港特别行政区全国人大代表选举会议第一次会议由全国人民代表大会常务委员会召集，根据全国人民代表大会常务委员会委员长会议的提名，推选选举会议成员组成主席团。主席团从

① 此办法于2021年4月29日修正，2021年4月30日起施行。

其成员中推选常务主席一人。主席团主持选举会议。主席团常务主席主持主席团会议。所以，B 选项正确。

《选举法》第 51 条第 1 款规定，县级以上的地方各级人民代表大会举行会议的时候，主席团或者 1/10 以上代表联名，可以提出对由该级人民代表大会选出的上一级人民代表大会代表的罢免案。在人民代表大会闭会期间，县级以上的地方各级人民代表大会常务委员会主任会议或者常务委员会 1/5 以上组成人员联名，可以向常务委员会提出对由该级人民代表大会选出的上一级人民代表大会代表的罢免案。所以，C 选项错误。

《选举法》第 30 条第 2 款规定，各政党、各人民团体，可以联合或者单独推荐代表候选人。选民或者代表，10 人以上联名，也可以推荐代表候选人。所以，D 选项的表述是正确的。

23. 答案：ACD。根据《选举法》第 49 条、第 53 条，县人大代表由直接选举产生，乙县选民有权罢免之（须经原选区过半数的选民通过），故 A 项正确。根据《选举法》第 55 条的规定，县级的人民代表大会代表可以向本级人民代表大会常务委员会书面提出辞职。故 B 项错误。根据《选举法》第 58 条，破坏选举，应承担相应法律责任，故 C 项正确。《选举法》第 39 条规定，县级以上的地方各级人民代表大会在选举上一级人民代表大会代表时，由各该级人民代表大会主席团主持。第 59 条规定，主持选举的机构发现有破坏选举的行为或者收到对破坏选举行为的举报，应当及时依法调查处理；需要追究法律责任的，及时移送有关机关予以处理。故 D 项正确。

24. 答案：ABC。《选举法》第 15 条第 1 款规定："地方各级人民代表大会代表名额，由本级人民代表大会常务委员会或者本级选举委员会根据本行政区域所辖的下一级各行政区域或者各选区的人口数，按照每一代表所代表的城乡人口数相同的原则，以及保证各地区、各民族、各方面都有适当数量代表的要求进行分配。在县、自治县的人民代表大会中，人口特少的乡、民族乡、镇，至少应有代表一人。"省人大选举实施办法不得与选举法相抵触，亦需保证各地区、各民族、各方面都有适当数量的代表；且仅就题中规定而言，亦推导不出不保证各地区、各民族、各方面都有适当数量代表的要求。故 D 错误。

三、名词解释

1. 答案：选举制度是一国统治阶级通过法律规定的关于选举国家代议机关代表与国家公职人员的原则、程序与方法等各项制度的总称。

2. 答案：职业代表制是指将选举人依职业予以分类，根据职业团体而不是居住区或行政区域，选举议员或代表的制度。

3. 答案：比例代表制是指依一定的计票方法，使各政党依其所得票数，按比例选出代表的制度。

4. 答案：差额选举是指在选举中候选人的人数多于应选代表名额的选举。差额选举有利于选民根据自己的自由意志选举满意的候选人。

5. 答案：我国宪法规定，除依照法律被剥夺政治权利的人除外，凡年满 18 周岁的公民，不分民族、种族、性别、职业、家庭出身、宗教信仰、教育程度、财产状况、居住期限，都有选举权与被选举权。选举权的普遍性原则是就享有选举权的主体范围而言的，其含义在于，具有一国国籍达到一定年龄的公民享有选举权的广泛程度。

6. 答案：选区是以一定数量的人口为基础划分的区域，是选民选举产生人民代表的基本单位。根据选举法的基本精神，划分选区的基本原则是：1. 便于选民参加选举活动，便于选举组织工作的进行。2. 便于选民了解候选人，便于代表联系选民。3. 选区划分要充分考虑选民行使监督和罢免权。

四、简答题

1. 答案：对人大代表的罢免既是行使选举权的重要方面，也是人民对人大代表进行监督最有力的措施。全国和地方各级人民代表大会的代表，受选民和原选举单位的监督。选民或者选举单位都有权罢免自己选出的代表。

程序如下：

（1）对于直接选举的代表：

第一，对于县级的人民代表大会代表，原选区选民五十人以上联名，对于乡级的人民代表大会代表，原选区选民三十人以上联名，可以向县级的人民代表大会常务委员会书面提出罢免要求。罢免要求应当写明罢免理由。

第二，被提出罢免的代表有权在选民会议上提出申辩意见，也可以书面提出申辩意见。县级的人民代表大会常务委员会应当将罢免要求和被提出罢免的代表的书面申辩意见印发原选区选民。

第三，表决罢免要求，由县级的人民代表大会常务委员会派有关负责人员主持。罢免县级和乡级的人民代表大会代表，须经原选区过半数的选民通过。罢免代表采用无记名投票的表决方式。

（2）对于间接选举的代表：

第一，县级以上的地方各级人民代表大会举行会议的时候，主席团或者十分之一以上代表联名，可以提出对由该级人民代表大会选出的上一级人民代表大会代表的罢免案；在人民代表大会闭会期间，县级以上的地方各级人民代表大会常务委员会主任会议或者常务委员会五分之一以上组成人员联名，可以向常务委员会提出对由该级人民代表大会选出的上一级人民代表大会代表的罢免案。罢免案应当写明罢免理由。

第二，县级以上的地方各级人民代表大会举行会议的时候，被提出罢免的代表有权在主席团会议和大会全体会议上提出申辩意见，或者书面提出申辩意见，由主席团印发会议。县级以上的地方各级人民代表大会常务委员会举行会议的时候，被提出罢免的代表有权在主任会议和常务委员会全体会议上提出申辩意见，或者书面提出申辩意见，由主任会议印发会议。

第三，罢免案经会议审议后，分别由主席团提请大会全体会议或由主任会议提请常务委员会全体会议表决。罢免由县级以上的地方各级人民代表大会选出的代表，须经各级人民代表大会过半数的代表通过；在代表大会闭会期间，须经常务委员会组成人员的过半数通过。罢免代表采用无记名投票的表决方式。罢免的决议，须报送上一级人民代表大会常务委员会备案。

（3）对于被罢免的代表的公告：

县级以上的各级人民代表大会常务委员会组成人员，全国人民代表大会和省、自治区、直辖市、设区的市、自治州的人民代表大会专门委员会成员的代表职务被罢免的，其常务委员会组成人员或者专门委员会成员的职务相应撤销，由主席团或者常务委员会予以公告。

乡、民族乡、镇的人民代表大会主席、副主席的代表职务被罢免的，其主席、副主席的职务相应撤销，由主席团予以公告。

2. 答案：选举制度作为近现代民主制度的重要组成部分，既是资产阶级学者提出的天赋人权学说、人民主权学说在资产阶级政治实践中的产物，也是资产阶级反对封建等级授职制的结果。与原始社会、奴隶社会和封建社会的选举活动相比，近代选举制度有三个特点：一是被选举者往往是代议机关的代表或议员；二是形式上采用普选制；三是有一套比较完整的法律作指导。因此，资产阶级革命胜利以后，随着代议政体的出现，选举制度作为合理分配与组织国家权力有效而民主的形式得到世界各国的普遍重视。在现代社会中，选举制度已成为调整国家权力活动的基本途径。

五、论述题

1. 答案：根据《全国人民代表大会常务委员会关于县级以下人民代表大会代表直接选举的若干规定》，县、自治县、不设区的市、市辖区的选举委员会的组成人员由本级人民代表大会常务委员会任命。乡、民族乡、镇的选举委员会的组成人员由其上一级人民代表大会常务委员会，即由县、自治县、不设区的市、市辖区的人民代表大会常务委员会任命。选举委员会下设办事机构，办理选举的具体事务。选举委员会的职权是：

（1）主持本级人民代表大会代表的选举；

(2) 进行选民登记，审查选民资格，公布选民名单，受理对选民名单不同意见的申诉，并作出决定；

(3) 划分选区，分配各选区应选代表的名额；

(4) 汇总公布代表候选人初步名单；在经过选民反复酝酿、讨论、协商后，根据较多数选民的意见，确定和公布正式代表候选人名单；

(5) 规定选举日期；

(6) 主持投票选举，确定选举结果是否有效，公布当选代表名单。

2. 答案：(1) 对代表的监督、罢免

全国和地方各级人民代表大会的代表受选民和原选举单位监督，选民或原选举单位有权罢免所选出的代表。对于县级的人民代表大会代表，原选区选民五十人以上联名，对于乡级的人民代表大会代表，原选区选民三十人以上联名，可以向县级的人民代表大会常务委员会书面提出罢免要求。县级以上的地方各级人大举行会议的时候，主席团或者十名以上代表联名，可以提出对由该级人大选出的上一级人大代表的罢免案。在人大闭会期间，县级以上的地方各级人大常务委员会主任会议或者常务委员会由以上组成人员联名，可以向常务委员会提出对由该级人大选出的上一级人大代表的罢免案，所提的罢免要求和罢免案应当写明罢免理由。被提出罢免的县、乡级人大代表，有权在选民会议上提出口头或者书面的申辩意见。被提出罢免的县级以上的人大代表有权在主席团会议和大会全体会议上提出口头或者书面的申辩意见。表决罢免县级和乡级人大代表的要求，由县级的人大常务委员会派有关负责人员主持。县级以上人大代表的罢免案，经本级人大常务委员会审议后，由主任会议提请全体会议表决。罢免代表采用无记名投票的表决方式。罢免县级人大代表，须经原选区过半数的选民通过。罢免县级以上人大代表，须经各该级的人大代表过半数通过；在代表大会闭会期间，须经常务委员会组成人员的过半数通过。通过罢免的决议，须送上一级人大常务委员会备案。县级以上的各级人大常务委员会组成人员，以及全国人大和省、自治区、直辖市、设区的市、自治州的人大专门委员会成员的代表职务被罢免的，其常务委员会组成人员或者专门委员会成员的职务相应撤销，由主席团或者常务委员会予以公告。乡、民族乡、镇的人大主席、副主席的代表职务被罢免的，其主席、副主席的职务相应撤销，由主席团予以公告。

(2) 代表的辞职

全国人民代表大会代表，省、自治区、直辖市、设区的市、自治州的人民代表大会代表，可以向选举他的人民代表大会的常务委员会提出书面辞职。县级的人大代表可以向本级人大常委会书面提出辞职。乡级的人大代表可以向本级人大书面提出辞职。县级以上的各级人大常务委员会组成人员，全国人大和省、自治区、直辖市、设区的市、自治州的人大的专门委员会成员，辞去代表职务的请求被接受的，其常务委员会组成人员、专门委员会成员的职务相应终止，由常务委员会予以公告。乡、民族乡、镇的人大主席、副主席，辞去代表职务的请求被接受的，其主席、副主席的职务相应终止，由主席团予以公告。

(3) 代表的补选

代表在任期届满前因故出缺，由原选区或者选举单位进行补选。地方各级人民代表大会代表在任期内调离或者迁出本行政区域的，其代表资格自行终止，缺额另行补选。县级以上地方各级人民代表大会闭会期间，可以由本级人民代表大会常务委员会补选上一级人民代表大会的代表。补选出缺的代表时，可以采取差额选举，也可以采取等额选举。

3. 答案：我国的选举制度的原则可分为：选举普遍性原则、选举平等性原则、直接选举和间接选举并用原则、无记名投票原则、差额选举原则、选举权利保障原则。

(1) 选举权的普遍性是指一个国家内享有选举权的公民的广泛程度。我国《选举法》第 4 条规定，中华人民共和国年满 18

周岁的公民，不分民族、种族、性别、职业、家庭出身、宗教信仰、教育程度、财产状况和居住期限，都有选举权和被选举权。依照法律被剥夺政治权利的人没有选举权和被选举权。此外，对判处有期徒刑、拘役、管制而没有附加剥夺政治权利的人；对被羁押，正在受侦查、起诉、审判，人民检察院或者人民法院没有决定停止行使选举权利的人；对正在取保候审或者被监视居住的人；对正在受拘留处罚的人，均准予行使选举权利。这些都表明了我国选举制度最大限度地扩大了拥有选举权公民的范围，真正实现了普选权，并保证了人民代表具有广泛的社会基础。

（2）选举权的平等性是指每个选民在每次选举中只能在一个地方并只能享有一个投票权，不允许任何选民因民族、种族、性别、职业、家庭出身、宗教信仰、教育程度、财产状况、居住期限的不同，而在选举中享有特权，更不允许对任何选民非法加以限制或歧视。所有选民都在平等的基础上进行选举。选举权的平等性也充分显示了我国选举制度的真正民主的本质。而且，我国选举权的平等性着重于实质上的平等，而不单纯是形式上的规定。对这个问题的理解，不应绝对化。例如，①选举法规定“地方各级人民代表大会代表名额”，要依据“保证各地区、各民族、各方面都有适当数量代表”的原则加以决定，还规定了各级人民代表大会代表的名额和代表的产生都以一定的人口数为基础。②选举法从我国的具体国情出发，规定了在城市和农村之间、少数民族和汉族之间每位代表所代表的人口的不同比例，这种规定如果单纯从形式上看，似乎是不平等的，但这样规定是为了达到事实上的平等。

（3）直接选举和间接选举并用原则是指全国人民代表大会的代表，省、自治区、直辖市、设区的市、自治州的人民代表大会的代表，由下一级人民代表大会选举；不设区的市、市辖区、县、自治县、乡、民族乡、镇的人民代表大会的代表，由选民直接选举。

（4）无记名投票原则。为了体现选举制度的民主性与科学性，选举法规定：全国和地方各级人民代表大会的选举，一律采用无记名投票的方法。选民如果是文盲或者因残疾不能写选票的，可以委托他信任的人写。无记名投票有利于选民在不受任何干扰的情况下，按照自己的自由意志选举候选人。

（5）差额选举的原则。差额选举是指候选人的人数多于应选代表名额的选举。它与等额选举相对应。等额选举是指候选人的人数与应选代表名额相等的选举。我国《选举法》规定，全国和地方各级人民代表大会代表实行差额选举，代表候选人的人数应多于应选代表的名额。

由选民直接选举人民代表大会代表的，代表候选人的人数应多于应选代表名额1/3至1倍；由县级以上的地方各级人民代表大会选举上一级人民代表大会代表的，代表候选人的人数应多于应选代表名额1/5至1/2。差额选举有利于选民根据自己的自由意志选择满意的候选人。

（6）选举权利保障原则。我国《选举法》第8条规定：“全国人民代表大会和地方各级人民代表大会的选举经费，列入财政预算，由国库开支。”“由国库开支”是指由国家（包括中央和地方）财政支出，而不是由机关单位或者选民个人支出。这一规定从物质上保障了选民根据自己的意愿投票，保障了候选人不因经济条件的差别而在选举时受到限制。除此之外，国家还提供必要的物质设施，如电台、电视等帮助和支持选举活动。我国《选举法》第十一章还规定了国家对破坏选举的制裁。另外，我国其他法律、法规还从不同角度、用不同方式保障选民及代表自由行使选举权和被选举权，如我国刑法对破坏选举的行为作了专条规定，等等。

六、案例题

答案：《宪法》第34条规定：“中华人民共和国年满十八周岁的公民，不分民族、种族、性别、职业、家庭出身、宗教信仰、教育程度、财产状况、居住期限，都有选举权和被选举权；但是依照法律被剥夺政治权利的人除外。”选举权和被选举权，是宪法赋予公民的最基本的政治权利。破坏或妨碍公民的选举，不仅直接影响公民民主权利的行使，而且可能使一些人混进国家政权机关，危害国家和人民的利益，影响国家机关的威信。因此，为了保障公民行使当家作主的神圣权利，不仅选举法专章规定了对各种破坏选举或妨碍选民自由行使选举权的违法犯罪行为的制裁，刑法也进一步规定了破坏选举罪，并规定对这种犯罪行为要依法追究刑事责任，这些规定为保障选举的顺利进行和选民权利的实现提供了法律上的保障。本案中的张某非法煽动选民不选候选人，以欺骗的手段索取了33张选票并擅自填写上自己的名字，造成选举无效，妨害了选民自由行使选举权和被选举权。因此，张某的行为违反了宪法和有关法律的规定，构成破坏选举罪，应依法对其进行制裁。

第十五章　国 家 机 构

基础知识图解

国家机构
- 国家机构基本原理
- 全国人民代表大会及其常务委员会
- 中华人民共和国主席
- 国务院
- 中央军事委员会
- 地方各级人民代表大会和地方各级人民政府
- 民族自治地方的自治机关
- 监察委员会
- 人民法院
- 人民检察院

配套测试

一、单项选择题

1. 根据我国现行《宪法》和《立法法》的规定，下列选项中哪一行为构成违宪？(　　)

A. 全国人大改变其常委会制定的法律

B. 某自治县的单行条例对全国人大制定的法律作出变通规定

C. 全国人大授权全国人大常委会修改人民法院组织法

D. 国务院改变某省政府制定的地方规章

2. 根据我国现行《宪法》和《立法法》的规定，下列选项中哪一行为构成违宪？(　　)

A. 李某等 29 名全国人大代表联名向全国人大会议提出质询案，主席团以不够法定人数为由拒绝将其列入大会议程

B. 某省人大代表大会罢免了本省人民检察院检察长的职务

C. 某省人民检察院检察长提请省人大常委会批准对其所辖市的人民检察院检察长的任命

D. 全国人大常委会在全国人大召开前一个礼拜将其决定提请全国人大会议审议的法律案（草案）发给各代表

3. 根据我国《宪法》的规定，连续任职不得超过两届的有（　　）

A. 国务院总理、副总理、国务委员、各部部长以及国务院秘书长

B. 国务院总理、全国人大常委会委员长、全国人大常委会委员

C. 国务院总理、全国人大常委会委员长、中央军委主席及中央军委其他组成人员

D. 国务院总理、全国人大常委会委员长、最高人民法院院长、最高人民检察院检察长

4. 下列选项中哪个有权决定乡、民族乡、镇的建置和区域划分？(　　)

A. 国务院

B. 省、直辖市的人民政府

C. 自治州、设区的市的人民政府

D. 县级人民政府

5. 我国《宪法》规定了国家主席的替补制度，

下列选项中对替补制度的表述哪个是错误的？（　　）
A. 主席缺位时由副主席代理
B. 主席缺位时由副主席继任
C. 副主席缺位时由全国人大补选
D. 主席和副主席都缺位且未补选时由全国人大常委会委员长代理

6. 下列选项中哪项不属于全国人民代表大会罢免范围？（　　）
A. 国务院副总理
B. 国务院各部部长
C. 中央军事委员会的组成人员
D. 最高人民法院副院长

7. 下列哪种行为不属于法官违反职业道德的行为？（　　）
A. 隐瞒证据或者伪造证据
B. 因重大过失导致裁判结果错误并造成当事人的严重损失
C. 违反有关规定从事营利性的经营活动
D. 在一次同学聚会上，与曾是自己同学的某案（该案判决已于本次聚会 4 年前生效且已执行完毕）代理律师饮酒

8. 下列哪种法规只报全国人大常委会备案？（　　）
A. 行政法规
B. 省人大制定的地方性法规
C. 较大的市的人大制定的地方性法规
D. 自治州的自治条例

9. 下列哪种法律冲突由全国人大常委会裁决？（　　）
A. 同一机关制定的法律，特别规定与一般规定不一致的
B. 同一机关制定的法律，新的规定与旧的规定不一致的
C. 法律之间对同一事项的新的一般规定与旧的特别规定不一致的
D. 行政法规之间对同一事项的新的一般规定与旧的特别规定不一致的

10. 下列哪种尚未制定法律的事项，全国人大常委会有权作出决定，授权国务院根据实际需要，对其中的部分事项先制定行政法规？（　　）
A. 有关犯罪和刑罚的事项
B. 外贸的基本制度
C. 限制人身自由的强制措施
D. 司法制度

11. 根据我国现行《宪法》和法律，下列选项中哪一机关有权主持全国人大代表的选举工作？（　　）
A. 全国人大主席团
B. 全国人民代表大会常务委员会
C. 全国人大宪法和法律委员会
D. 国务院

12. 根据我国《立法法》的规定，下列哪一机构可以向我国最高国家权力机关提出法律案？（　　）
A. 中央军事委员会
B. 省级人民代表大会常务委员会
C. 民族区域自治地方的人大常委会
D. 直辖市人大常委会

13. 下列机关实行首长负责制的是哪一项？（　　）
A. 国务院
B. 全国人民代表大会
C. 全国人大常务委员会
D. 中华人民共和国主席

14. 在一起行政诉讼案件中，被告进行处罚的依据是国务院某部制定的一个行政规章，原告认为该规章违反了有关法律。根据我国宪法规定，下列哪一机关有权改变或者撤销不适当的规章？（　　）
A. 国务院
B. 全国人民代表大会常务委员会
C. 最高人民法院
D. 全国人民代表大会宪法和法律委员会

15. 我国行使国家立法权的机关有下列哪个机构？（　　）
A. 全国人民代表大会及其常务委员会
B. 国务院
C. 中央军事委员会
D. 最高人民法院

16. 根据《立法法》的规定，我国基本法律草案应由下列哪项所述人数通过？（　　）
A. 全国人民代表大会全体代表的 2/3 以上的多数

B. 全国人民代表大会或其常委会组成人员过半数通过

C. 全国人民代表大会全体代表的过半数通过

D. 全国人大常委会委员过半数通过

17. 下列哪个选项不是由全国人民代表大会选举产生，而是由国家主席提名决定的？（　　）

A. 国家副主席

B. 最高人民法院副院长

C. 国务院总理

D. 中央军事委员会主席

18. 下列人员不能担任法官的是哪种？（　　）

A. 全国人大代表

B. 省人民代表大会常委会委员

C. 中国法学会会员

D. 博士研究生导师

19. 中央国家机关与地方国家机关，是以下列选项中的哪一标准划分的？（　　）

A. 国家机构的性质

B. 国家机构的历史

C. 国家机构行使权力的属性

D. 国家机构行使权力的地域范围

20. 根据《宪法》规定，全国人大常委会必须在全国人大任期届满的哪个法定时间以前完成下一届全国人大的选举？（　　）

A. 2 个月　　B. 3 个月

C. 1 个月　　D. 6 个月

21. 根据《宪法》规定，如果有法定比例的全国人大代表提议，可以临时召集全国人大。这个法定比例是（　　）

A. 2/3　　B. 1/2

C. 1/5　　D. 1/3

22. 根据《宪法》规定，下列哪一职位由全国人大选举产生？（　　）

A. 国家副主席

B. 国务院副总理

C. 中央军委副主席

D. 最高人民法院副院长

23. 根据《宪法》和法律规定，全国人大有权罢免下列选项中的哪一职务的人员？（　　）

A. 最高人民法院副院长

B. 国务院秘书长

C. 最高人民检察院副检察长

D. 省人大常委会主任

24. 根据《宪法》规定，有选举权和被选举权的符合法定年龄的中华人民共和国公民可以被选为中华人民共和国主席、副主席。这一法定年龄是（　　）

A. 年满 50 周岁　　B. 年满 40 周岁

C. 年满 35 周岁　　D. 年满 45 周岁

25. 根据《宪法》规定，审计机关在下列选项中的哪一主体的领导下，依法独立行使审计监督权？（　　）

A. 国务院　　B. 国务院总理

C. 国家主席　　D. 审计署

26. 哪一级政府有权改变或者撤销所属各工作部门和下级人民政府不适当的决定？（　　）

A. 县级以上　　B. 市级以上

C. 省级以上　　D. 区级以上

27. 根据现行《宪法》和法律规定，全国人大代表无权对下列哪一机构提出质询案？（　　）

A. 国务院　　B. 最高人民法院

C. 最高人民检察院　　D. 中央军委

28. 各级人大代表非经法定机关的许可不受哪种性质的审判？（　　）

A. 民事审判　　B. 刑事审判

C. 经济审判　　D. 行政审判

29. 我国《宪法》规定县级以上的各级地方人民政府设立审计机关，地方各级审计机关依照法律规定独立行使审计监督权，对下列哪些机关负责？（　　）

A. 审计署和本级人民政府

B. 本级人民代表大会常委会和上一级审计机关

C. 本级人民代表大会和本级政府

D. 本级人民政府和上一级审计机关

30. 我国《宪法》规定，中华人民共和国的国家机构实行（　　）

A. 首长负责制　　B. 民主集中制

C. 分工协作制　　D. 议行合一制

31. 根据《宪法》规定，人民法院和人民检察院对于不通晓当地通用的语言文字的诉讼参与人，应当为他们提供哪项服务？（　　）

A. 使用普通话

B. 为他们翻译

C. 用他们通晓的语言问话

D. 用非当地通用语言进行审理

32. 民族自治地方的自治机关依法行使自治权。根据我国《宪法》规定，下列哪一机关不享有自治条例、单行条例制定权？（　　）

A. 自治区人大常委会

B. 自治区人民代表大会

C. 自治州人民代表大会

D. 自治县人民代表大会

33. 中央军委实行哪种形式的负责制？（　　）

A. 主席负责制　B. 集体负责制

C. 多数人负责制　D. 委员会全体负责制

34. 根据我国《宪法》规定，全国人大和全国人大常委会认为必要时，可以组织关于特定问题的下列哪种委员会？（　　）

A. 专门委员会　B. 调查委员会

C. 临时委员会　D. 审议委员会

35. 根据《宪法》规定，我国驻外全权代表的任免决定权属于哪一机构？（　　）

A. 国家主席

B. 全国人大常委会

C. 全国人大

D. 国家主席和全国人大常委会

36. 全国人民代表大会举行会议的时候，代表联名提出质询案的人数不得少于多少人？（　　）

A. 5 人以上　B. 3 人以上

C. 10 人以上　D. 30 人以上

37. 哪一职位由全国人大按差额选举的方法产生？（　　）

A. 委员长　B. 副委员长若干人

C. 委员若干人　D. 秘书长

38. 下列哪个选项的法规或条例或法律报全国人大常委会批准后生效？（　　）

A. 省人民代表大会制定的地方性法规

B. 自治区人民代表大会制定的自治条例

C. 自治州人民代表大会制定的单行条例

D. 特别行政区立法机关制定的法律

39. 依照《宪法》，下列哪个领导人或机关或组织必须向全国人民代表大会报告工作？（　　）

A. 中华人民共和国主席

B. 中央军委主席

C. 全国人大常委会

D. 中国人民政治协商会议

40. 依据《宪法》和法律，下列选项中哪一个不属于全国人大主席团的职权？（　　）

A. 向全国人大提出罢免国务院组成人员

B. 向全国人大提名国家主席、副主席的人选

C. 向全国人大提出宪法修正案

D. 主持全国人大会议

41. 每届全国人民代表大会第一次会议，由下列哪个机构召集？（　　）

A. 本届全国人民代表大会主席团

B. 全国人大常委会委员长

C. 上届全国人民代表大会主席团

D. 全国人民代表大会常务委员会

42. 根据我国《宪法》规定，下列选项哪个是全国人民代表大会常务委员会有权进行部分修改的规范性法律文件？（　　）

A. 宪法

B. 香港特别行政区法律

C. 基本法律

D. 国际条约

43. 根据我国《宪法》，乡、民族乡、镇的人民代表大会每届任期几年？（　　）

A. 3 年　B. 4 年

C. 5 年　D. 6 年

44. 在我国，行政公署是（　　）

A. 我国一级地方行政机关

B. 地区一级国家权力机关

C. 省级人民政府的派出机关

D. 省级国家权力机关的派出机关

45. 全国人民代表大会代表的名额不超过（　　）

A. 3500 人　B. 3000 人

C. 2500 人　D. 2000 人

46. 我国《宪法》规定，宪法的修改，由全国人大常委会提议；或者（　　）

A. 由 1/2 以上全国人大代表提议

B. 由 1/3 以上的全国人大代表提议

C. 由 1/4 以上的全国人大代表提议

D. 由 1/5 以上的全国人大代表提议

47. 按照我国的宪法监督制度，全国人大常委会对于国务院制定的同宪法相抵触的行政法规、决定和命令有权（　　）

A. 改变　　B. 撤销

C. 改变或撤销　　D. 发回重议

48. 负责审查和监督行政法规、地方性法规是否同宪法、法律相抵触的机关是（　　）

A. 全国人民代表大会

B. 全国人大常委会

C. 国务院

D. 最高人民检察院

49. 在我国，有权决定特赦的国家机关是（　　）

A. 全国人民代表大会及其常务委员会

B. 全国人大常务委员会

C. 最高人民法院

D. 国务院

50. 现行《宪法》规定，我国有权决定全国或者个别省、自治区、直辖市进入紧急状态的机关是（　　）

A. 全国人民代表大会

B. 全国人大常委会

C. 国务院

D. 公安部

51. 国家主席行使职权，除代表国家接受外国使节外，都要根据（　　）

A. 全国人大决定

B. 全国人大常委会决定

C. 国务院决定

D. 全国人大和全国人大常委会决定

52. 对于国务院反垄断委员会的机构定位和工作职责，下列哪一选项是正确的?（　　）（司考 2009.1.24）

A. 是承担反垄断执法职责的法定机构

B. 应当履行协调反垄断行政执法工作的职责

C. 可以授权国务院相关部门负责反垄断执法工作

D. 可以授权省、自治区、直辖市人民政府的相应机构负责反垄断执法工作

53. 根据我国《宪法》规定，下列有关审计机关的表述哪一项是错误的?（　　）

A. 县级以上的地方各级人民政府设立审计机关

B. 国务院审计机关对国务院各部门和地方各级政府的财政收支，对国家的财政金融机构和企业事业组织的财政收支进行审计监督

C. 国务院审计机关在国务院总理领导下，依照法律规定独立行使审计监督权，不受其他行政机关、社会团体和个人的干涉

D. 地方各级审计机关依照法律规定独立行使审计监督权，不对同级人民政府负责

54. 按照我国《宪法》的规定，国务院对各部、各委员会发布的不适当的命令有权（　　）

A. 改变　　B. 撤销

C. 改变或撤销　　D. 发回重议

55. 现行《宪法》规定，中央军委主席对（　　）

A. 全国人大负责

B. 全国人大负责并报告工作

C. 全国人大常委会负责并报告工作

D. 全国人大和全国人大常委会负责

56. 自治州、自治县的行政区域界线变更的审批机关是（　　）

A. 自治区人民代表大会

B. 自治区人民政府

C. 国务院

D. 全国人大常委会

57. 省、自治区、直辖市的行政区域界线的变更，审批机关是（　　）

A. 全国人民代表大会

B. 全国人大常委会

C. 国务院

D. 国务院办公厅

58. 省、自治区、直辖市的设立、撤销、合并、更名，其审议决定的机关是（　　）

A. 国务院

B. 全国人民代表大会

C. 全国人大常委会

D. 中共中央

59. 县级以上地方各级人民代表大会常务委员会对本级人民政府、人民法院、人民检察院行使（　　）

A. 领导权　　B. 监督权

C. 批评建议权　　D. 管理权

60. 《宪法》规定省、直辖市的人民代表大会和它的常务委员会制定的地方性法规，要报（　）

A. 全国人民代表大会备案

B. 国务院备案

C. 全国人民代表大会常务委员会备案

D. 全国人民代表大会宪法和法律委员会备案

61. 根据《地方各级人民代表大会和地方各级人民政府组织法》的规定，区公所是我国（　）

A. 市辖区人民政府的派出机关

B. 县、自治县人民政府的派出机关

C. 不设区的市人民政府的派出机关

D. 自治州人民政府的派出机关

62. 县级以上地方各级人民法院院长由（　）

A. 本级人民代表大会选举和罢免

B. 本级人大常委会选举和罢免

C. 政法委员会提名、人大选举和罢免

D. 审判委员会选举和罢免

63. 现行《宪法》规定，人民检察院是国家的（　）

A. 监察机关　B. 法律监督机关

C. 法律检察机关　D. 纪律检查机关

64. 地方各级人民检察院和专门人民检察院的工作受最高人民检察院（　）

A. 指导　B. 监督

C. 领导　D. 帮助

65. 我国欲加入《公民权利和政治权利国际公约》，下列选项中，批准该公约的职权依宪法应由哪个机关行使？（　）

A. 全国人民代表大会

B. 全国人大常委会

C. 国务院

D. 外交部

66. 根据《宪法》和法律的规定，哪一项正确？（　）

A. 全国人大通过的法律由主席团以公报的形式公布

B. 所有的行政法规都必须由总理签署国务院令公布

C. 全国人大常委会通过的法律由全国人大常委会委员长以决议形式公布

D. 单行条例经批准后由制定该条例的自治地方政府发布公告予以公布

67. 根据《宪法》和法律，哪一项不正确？（　）

A. 各级人民法院审判委员会会议可以由院长主持，同级人民检察院检察长可以列席

B. 符合法官任职条件的法官助理，经遴选后可以按照法官任免程序任命为法官

C. 在地方人民代表大会闭会期间，如果本级人民代表大会常务委员会认为人民法院院长需要撤换，须报请上级人民代表大会常务委员会批准

D. 高级人民法院第一审案件的判决和裁定是发生法律效力的判决和裁定

68. 关于专门人民法院，下列哪一选项是正确的？（　）（司考 2009. 1. 18）

A. 专门人民法院是设在特定部门或针对特定案件而设立，受理与设立部门相关的专业性案件的法院

B. 军事法院负责审判军事人员犯罪的刑事案件，军事法院的基层法院设在师级

C. 海事法院判决和裁定的上诉案件，由最高法院管辖

D. 铁路运输法院、森林法院只设基层法院

69. 根据《全国人民代表大会组织法》规定，下列关于全国人大代表团的哪一说法是正确的？（　）（司考 2009. 1. 20）

A. 代表团团长、副团长由各代表团全体成员选举产生

B. 两个代表团以上可以向全国人大提出属于全国人大职权范围内的议案

C. 三个以上的代表团可以提出对于全国人大常委会的组成人员，国家主席、副主席，国务院和中央军事委员会的组成人员，最高人民法院院长和最高人民检察院检察长的罢免案

D. 一个代表团和三十名以上的代表可以联合提出对国务院及其各部、各委员会的质询案

70. 根据《各级人民代表大会常务委员会监督法》的规定，各级人大常务委员会对属于其职权范围内的事项，需要作出决议、决

定，但对有关重大事实不清的，可以组织特定问题的调查委员会。关于特定问题的调查委员会，下列哪一选项是正确的？（　　）（司考2008.1.18）

A. 经五分之一以上常务委员会组成人员书面联名提议或有关专门委员会提议，可以组织关于特定问题的调查委员会

B. 经调查委员会聘请，有关专家可以作为调查委员会的委员参加调查工作

C. 调查委员会在调查过程中，可以不公布调查的情况和材料

D. 调查委员会应当向有关专门委员会提出调查报告

71. 全国人大常委会是全国人大的常设机关，根据《宪法》规定，全国人大常委会行使多项职权，但下列哪一职权不由全国人大常委会行使？（　　）

A. 解释宪法，监督宪法的实施

B. 批准省、自治区、直辖市的建置

C. 废除同外国缔结的条约和重要协定

D. 审批国民经济和社会发展计划以及国家预算部分调整方案

72. 根据经济和社会发展的需要，某市拟将所管辖的一个县变为市辖区。根据《宪法》规定，上述改变应由下列哪一机关批准？（　　）

A. 全国人民代表大会

B. 全国人民代表大会常务委员会

C. 国务院

D. 所在的省人民代表大会常务委员会

73. 根据《全国人民代表大会组织法》规定，在必要的时候，下列哪一机构有权决定全国人民代表大会会议秘密举行？（　　）（司考2010.1.20）

A. 十个以上代表团联名

B. 全国人大常委会委员长会议

C. 全国人大主席团和各代表团团长会议

D. 全国人大常委会和全国人大主席团

74. 根据《宪法》和法律规定，下列哪一选项是正确的？（　　）（司考2010.1.22）

A. 县级以上的地方各级人民代表大会常务委员会由主任、副主任若干人，秘书长、委员若干人组成

B. 县级以上的地方各级人民代表大会常务委员会根据需要，可以设法制（政法）委员会等专门委员会

C. 县级以上的地方各级人民代表大会可以组织关于特定问题的调查委员会

D. 县级以上的地方各级人民代表大会会议由本级人民代表大会常务委员会召集并主持

75. 根据《宪法》和法律规定，关于人民代表大会制度，下列哪一选项是不正确的？（　　）（司考2011.1.24）

A. 人民代表大会制度体现了一切权力属于人民的原则

B. 地方各级人民代表大会是地方各级国家权力机关

C. 全国人民代表大会是最高国家权力机关

D. 地方各级国家权力机关对最高国家权力机关负责，并接受其监督

76. 根据省政府制定的地方规章，省质监部门对生产销售不合格产品的某公司予以行政处罚。被处罚人认为，该省政府规章违反《产品质量法》规定，不能作为处罚依据，遂向法院起诉，请求撤销该行政处罚。关于对该省政府规章是否违法的认定及其处理，下列哪一选项是正确的？（　　）（司考2012.1.25）

A. 由审理案件的法院进行审查并宣告其是否有效

B. 由该省人大审查是否违法并作出是否改变或者撤销的决定

C. 由国务院将其提交全国人大常委会进行审查并作出是否撤销的决定

D. 由该省人大常委会审查其是否违法并作出是否撤销的决定

77. 根据《宪法》的规定，关于宪法文本的内容，下列哪一选项是正确的？（　　）（司考2013.1.21）

A. 《宪法》明确规定了宪法与国际条约的关系

B. 《宪法》明确规定了宪法的制定、修改制度

C. 作为《宪法》的“附则”，《宪法修正案》是我国宪法的组成部分

D. 《宪法》规定了居民委员会、村民委员会的性质和产生，两者同基层政权的相互关系由法律规定

78. 根据《宪法》的规定，关于国家结构形式，下列哪一选项是正确的？（　　）（司考 2013.1.24）

A. 从中央与地方的关系上看，我国有民族区域自治和特别行政区两种地方制度

B. 县、市、市辖区部分行政区域界线的变更由省、自治区、直辖市政府审批

C. 经济特区是我国一种新的地方制度

D. 行政区划纠纷或争议的解决是行政区划制度内容的组成部分

79. 根据《宪法》规定，关于全国人大的专门委员会，下列哪一选项是正确的？（　　）（司考 2013.1.26）

A. 各专门委员会在其职权范围内所作决议，具有全国人大及其常委会所作决定的效力

B. 各专门委员会的主任委员、副主任委员由全国人大及其常委会任命

C. 关于特定问题的调查委员会的任期与全国人大及其常委会的任期相同

D. 全国人大及其常委会领导专门委员会的工作

80. 根据《宪法》和法律的规定，关于基层群众自治，下列哪一选项是正确的？（　　）（司考 2014.1.25）

A. 村民委员会的设立、撤销，由乡镇政府提出，经村民会议讨论同意，报县级政府批准

B. 有关征地补偿费用的使用和分配方案，经村民会议讨论通过后，报乡镇政府批准

C. 居民公约由居民会议讨论通过后，报不设区的市、市辖区或者它的派出机关批准

D. 居民委员会的设立、撤销，由不设区的市、市辖区政府提出，报市政府批准

81. 根据《各级人民代表大会常务委员会监督法》的规定，关于监督程序，下列哪一选项是不正确的？（　　）（司考 2014.1.26）

A. 政府可委托有关部门负责人向本级人大常委会作专项工作报告

B. 以口头答复的质询案，由受质询机关的负责人到会答复

C. 特定问题调查委员会在调查过程中，应当公布调查的情况和材料

D. 撤职案的表决采用无记名投票的方式，由常委会全体组成人员的过半数通过

82. 根据《宪法》和法律法规的规定，关于我国行政区划变更的法律程序，下列哪一选项是正确的？（　　）（司考 2015.1.23）

A. 甲县欲更名，须报该县所属的省级政府审批

B. 乙省行政区域界线的变更，应由全国人大审议决定

C. 丙镇与邻近的一个镇合并，须报两镇所属的县级政府审批

D. 丁市部分行政区域界线的变更，由国务院授权丁市所属的省级政府审批

83. 中华人民共和国中央军事委员会领导全国武装力量。关于中央军事委员会，下列哪一表述是错误的？（　　）（司考 2015.1.26）

A. 实行主席负责制

B. 每届任期与全国人大相同

C. 对全国人大及其常委会负责

D. 副主席由全国人大选举产生

84. 某县人大闭会期间，赵某和钱某因工作变动，分别辞去县法院院长和检察院检察长职务。法院副院长孙某任代理院长，检察院副检察长李某任代理检察长。对此，根据《宪法》和法律，下列哪一说法是正确的？（　　）（司考 2017.1.27）

A. 赵某的辞职请求向县人大常委会提出，由县人大常委会决定接受辞职

B. 钱某的辞职请求由上一级检察院检察长向该级人大常委会提出

C. 孙某出任代理院长由县人大常委会决定，报县人大批准

D. 李某出任代理检察长由县人大常委会决定，报上一级检察院和人大常委会批准

二、多项选择题

1. 关于区域协同立法，下列哪些说法是正确的？（　　）

A. 省、自治区、直辖市、设区的市、自治州可以开展区域协同立法

B. 区域协同立法不能同宪法、法律、行政法规相抵触

C. 县级以上政府可以共同建立跨行政区划的区域协同发展工作机制，加强区域合作

D. 上级政府应当对下级政府的区域合作工作进行指导、协调和监督

2. 中级人民法院审判下列哪些案件？（　　）

A. 法律规定由它管辖的第一审案件

B. 基层人民法院报请审理的第一审案件

C. 对基层人民法院判决或裁定的上诉案件

D. 检察院按照审判监督程序提起的再审案件

3. 依据我国《立法法》的规定，下列哪些主体可以向全国人民代表大会提出法律案，由主席团决定是否列入会议议程？（　　）

A. 全国人民代表大会常务委员会

B. 一个代表团

C. 三十名以上代表联名

D. 十名以上代表联名

4. 根据《宪法》和法律，国务院对地方各级国家行政机关的不适当的决定和命令具有下列哪些权力？（　　）

A. 有权予以改变　　B. 有权予以撤销

C. 有权责令其改变　　D. 拒绝适用

5. 根据《宪法》和法律，哪些是正确的？（　　）

A. 自治州的人大常委会组成人员 10 人以上联名，可以向本级人大常委会提出议案

B. 县级人大常委会组成人员 10 人以上联名，可以向本级人大常委会提出议案

C. 自治州的人大常委会组成人员 10 人以上联名，可以向本级人大常委会提出对本级政府、法院和检察院的质询案

D. 县级人大常委会组成人员 10 人以上联名，可以向本级人大常委会提出对本级政府、法院和检察院的质询案

6. 全国人大常委会的组成人员不得担任（　　）的职务。

A. 国家行政机关　　B. 审判机关

C. 中央军事委员会　　D. 检察机关

7. 我国《宪法》规定，下列哪些机关在办理刑事案件时，应当分工负责，互相配合，互相制约，以保证准确有效地执行法律？（　　）

A. 人民法院　　B. 人民检察院

C. 公安机关　　D. 国家安全机关

8. 国务院有权决定下列哪些地区进入紧急状态？（　　）

A. 省　　B. 自治区

C. 直辖市　　D. 全国

9. 我国《宪法》规定，国务院有权行使以下哪些职权？（　　）

A. 规定行政措施　　B. 制定行政法规

C. 发布决定和命令　　D. 制定单行条例

10. 根据《宪法》和法律，下列哪些选项是正确的？（　　）

A. 全国人大有权改变其常委会制定的不适当的法律

B. 全国人大有权撤销其常委会批准的自治条例

C. 国务院有权改变或撤销不适当的部门规章

D. 国务院有权改变或撤销不适当的地方性法规

11. 根据法律规定，人民法院审理案件一律公开，但哪些案件除外？（　　）

A. 国家机密

B. 个人隐私

C. 商业秘密

D. 审判的时候被告人不满十八周岁的刑事案件

12. 根据我国《宪法》规定，中华人民共和国的一切权力属于人民，人民行使国家权力的机关是（　　）

A. 全国人大及其常委会

B. 国务院

C. 全国人大

D. 地方各级人大

13. 下列哪些人员由全国人民代表大会选举或决定？（　　）

A. 最高人民检察院检察长

B. 中华人民共和国主席、副主席
C. 根据中华人民共和国主席的提名，决定国务院总理的人选
D. 根据国务院总理的提名，决定国务院副总理、国务委员、各部部长、各委员会主任、审计长、秘书长的人选

14. 某县人民检察院检察长因为渎职，将被罢免，那么罢免该检察院检察长须经过下列哪些程序？（　　）
A. 由该县人民代表大会行使罢免权
B. 由该县人大常委会行使罢免权
C. 须报经上级人民检察院检察长提请该同级人民代表大会常务委员会批准
D. 须报经上级人民检察院检察长提请该同级人民代表大会批准

15. 下列哪些机关不具备决定战争与和平问题的权力？（　　）
A. 全国人民代表大会
B. 全国人民代表大会常务委员会
C. 中央军事委员会
D. 国务院

16. 关于县级以上的地方各级人民代表大会常委会职权的表述哪些是正确的？（　　）
A. 监督本级人民法院的工作
B. 撤销本级人民政府的不适当的决定和命令
C. 改变下一级人民代表大会的不适当的决议
D. 决定本行政区域内政治、经济、教育、科学、文化、卫生、环境和资源保护、民政、民族等工作的重大事项

17. 依据我国《宪法》和有关法律的规定，下列哪些表述是正确的？（　　）
A. 全国人民代表大会可以改变或者撤销全国人大常委会作出的不适当决议
B. 全国人民代表大会常委会有权改变或者撤销国务院制定的同宪法、法律相抵触的行政法规
C. 全国人民代表大会常委会有权撤销直辖市国家权力机关制定的同宪法、法律、行政法规相抵触的地方性法规，但不能改变
D. 全国人民代表大会常委会有权对最高人民法院的错误判决进行宪法监督，但不能改变或撤销判决

18. 全国人大常委会对国家生活中其他重要事项的决定权，主要表现在以下哪些方面？（　　）
A. 废除同外国缔结的条约
B. 决定驻外全权代表的任免
C. 决定宣布战争状态
D. 决定全国总动员

19. 根据《宪法》和《全国人民代表大会组织法》，全国人大专门委员会有（　　）
A. 民族委员会
B. 宪法和法律委员会
C. 华侨委员会
D. 监察和司法委员会

20. 根据《宪法》，国家主席的职权有（　　）
A. 发布特赦令
B. 任免国务院总理
C. 授予军衔
D. 统率国家武装力量

21. 根据《宪法》和法律规定，哪些事项由全国人大决定？（　　）
A. 兴建长江三峡大坝工程
B. 建立香港特别行政区
C. 设立重庆直辖市
D. 设立海南经济特区

22. 民主集中制是一种民主与集中相结合的制度，它包括以下哪些内容？（　　）
A. 在民主基础上的集中
B. 在集中基础上的民主
C. 在集中指导下的民主
D. 在民主指导下的集中

23. 我国现行《宪法》第 27 条规定，一切国家机关实行工作责任制。其基本含义包括（　　）
A. 国家机关必须对其行为所产生的后果负责
B. 国家机关必须对其工作人员的行为负责
C. 国家机关工作人员必须对其职务行为负责
D. 国家机关工作人员必须对其行为后果负责

24. 根据《宪法》和法律，我国国家机关的个人负责制包括以下哪些内容？（　　）

A. 由首长个人决定问题并承担相应责任的制度
B. 民主集中制的一种运用方式
C. 由单位首长说了算的法律术语
D. 由单位第一把手对其员工行为承担一切责任的制度

25. 根据《宪法》和法律，哪些是正确的？（　　）
A. 民族自治地方的人民法院和人民检察院应当用当地通用的语言审理和检察案件
B. 民族自治地方的人民法院和人民检察院应当合理地配备通晓当地少数民族语言文字的人员
C. 民族自治地方的人民法院和人民检察院对于不通晓当地通用的语言文字的诉讼参与人，应当为他们提供翻译
D. 民族自治地方的人民法院和人民检察院的法律文书应当根据实际需要，使用当地通用的一种或几种文字

26. 根据《宪法》和法律，居民委员会、村民委员会设有下列选项中的哪些委员会？（　　）
A. 人民调解　　B. 治安保卫
C. 公共卫生　　D. 计划生育

27. 根据《宪法》规定，国家审计机关对哪些机关或组织行使审计监督权？（　　）
A. 乡人民政府的财政收支
B. 国家农业银行的财务收支
C. 中国电信的财务收支
D. 卫生局的财务收支

28. 各级人民代表大会常务委员会有权审查和批准决算、听取预算的执行情况报告。根据《宪法》和《监督法》的规定，下列表述正确的是（　　）（司考 2008. 1. 93）
A. 县级以上地方各级人民政府应当在每年六月至九月期间，将上一年度的本级决算草案提请本级人大常委会审查和批准
B. 国务院应当在每年六月至九月期间向全国人大常委会报告本年度上一阶段预算的执行情况
C. 预算安排的农业、教育、科技、文化、卫生、社会保障等资金需要调减的，国务院和县级以上地方各级人民政府应当提请本级人大常委会审查和批准
D. 上级财政补助资金的安排和使用情况，是地方各级人大常委会对决算草案和预算执行情况重点审查的内容之一

29. 根据《宪法》和法律，哪些选项正确？（　　）
A. 我国民族区域自治地方的政府必须接受中央政府的统一领导
B. 我国基层政权应当对所在地的村民委员会和居民委员会的工作进行指导、支持和帮助
C. 我国特别行政区政府必须接受中央政府的管辖
D. 香港特别行政区直辖于中央人民政府

30. 根据现行法律，全国人大常委会对哪些规范性文件具有合宪性审查权？（　　）
A. 刑法　　B. 行政法规
C. 地方性法规　　D. 规章

31. 县人民代表大会开会期间，依据宪法有权提出对县人民法院院长的罢免案的是（　　）
A. 本级人大主席团
B. 本级人大常委会
C. 10 名以上的本级人大代表联名
D. 1/10 以上的本级人大代表联名

32. 在全国人大闭会期间，全国人大常委会根据最高人民法院院长的提请，可以任免哪些人员？（　　）
A. 最高人民法院副院长
B. 最高人民法院院长
C. 军事法院院长
D. 最高人民法院审判员和审判委员会委员

33. 省人民政府所在地的市人民政府制定行政规章应报哪些机关备案？（　　）
A. 市人民代表大会
B. 省人民代表大会常务委员会
C. 市人民代表大会常务委员会
D. 省人民政府

34. 在我国，哪些国家机关能够制定地方性法规？（　　）
A. 省、自治区、直辖市人民代表大会及其常委会
B. 自治州、自治县的人民代表大会及其常委会

C. 省级人民政府所在地的市人民代表大会及其常委会
D. 经国务院批准的较大的市人民代表大会及其常委会

35. 我国市辖区的人大常委会是由本级人民代表大会在代表中选举出的哪些人组成？（　　）
A. 主任　　B. 副主任若干人
C. 秘书长　　D. 委员若干人

36. 根据《全国人民代表大会组织法》的规定，下列哪些机构和人员可以提出对于全国人民代表大会常务委员会的组成人员，中华人民共和国主席、副主席、国务院和中央军事委员会组成人员，最高人民法院院长和最高人民检察院检察长的罢免案？（　　）
A. 全国人民代表大会三个以上的代表团
B. 全国人民代表大会 1/10 以上的代表
C. 全国人民代表大会主席团
D. 全国人民代表大会各专门委员会

37. 人民检察院依照法律规定独立行使检察权，不受（　　）
A. 行政机关干涉
B. 同级人大常委会干涉
C. 社会团体干涉
D. 个人干涉

38. 我国基层政权组织有（　　）
A. 不设区的市　　B. 市辖区
C. 乡、民族乡　　D. 镇

39. 地方各级人民政府的职权是（　　）
A. 制定地方性法规
B. 执行本级权力机关的决议和上级行政机关的决定和命令
C. 决定本行政区域内的政治、经济、财政、文教、卫生等方面的重大事项
D. 依法保护和保障各方面的权利

40. 在下列人员中，属于省人民代表大会选举产生的有（　　）
A. 省长
B. 副省长
C. 高级人民法院院长
D. 省人大常委会主任

41. 我国最高人民法院要向最高国家权力机关负责，其表现是（　　）
A. 向全国人大及其常委会报告工作
B. 最高人民法院必要时请全国人大常委会解释法律
C. 接受全国人大及其常委会的质询
D. 接受全国人大常委会对未决个案的监督

42. 依照《宪法》和法律，我国县人民政府的组成人员包括（　　）
A. 县长　　B. 副县长
C. 秘书长　　D. 局长

43. 我国《宪法》规定，全国人大代表享有不受法律追究的权利是指在（　　）
A. 全国人大各种会议上的发言
B. 各种会议上的发言
C. 全国人大各种会议上的表决
D. 进行视察活动时的一切行为

44. 根据《宪法》和法律规定，下列哪些选项是正确的？（　　）（司考 2009. 1. 65）
A. 中华人民共和国主席对全国人大及其常委会负责
B. 国务院对全国人大负责并报告工作，在全国人大闭会期间对全国人大常委会负责并报告工作
C. 最高人民法院、最高人民检察院对全国人大及其常委会负责
D. 中央军事委员会对全国人大负责并报告工作，在全国人大闭会期间对全国人大常委会负责并报告工作

45. 据《宪法》规定，关于国务院的说法，下列哪些选项是正确的？（　　）（司考 2010. 1. 61）
A. 国务院由总理、副总理、国务委员、秘书长组成
B. 国务院常务会议由总理、副总理、国务委员、秘书长组成
C. 国务院有权改变或者撤销地方各级国家行政机关的不适当的决定和命令
D. 国务院依法决定省、自治区、直辖市的范围内部分地区进入紧急状态

46. 关于民族自治地方的自治权，下列哪些说法是正确的？（　　）（司考 2010. 1. 63）
A. 民族自治地方有权自主管理地方财政
B. 自治州人大有权制定自治条例和单行

条例

C. 自治县政府有权自主安排本县经济建设事业

D. 自治区政府有权保护和整理民族的文化遗产

47. 关于全国人大职权，下列哪些说法是正确的？（　　）（司考 2010.1.64）

A. 选举国家主席、副主席

B. 选举国务院总理、副总理

C. 选举最高人民法院院长、最高人民检察院检察长

D. 决定特别行政区的设立与建置

48. 关于特别行政区制度，下列哪些说法是不正确的？（　　）（司考 2010.1.65）

A. 香港特别行政区行政长官任职须年满四十五周岁

B. 香港特别行政区司法机关由其法院和检察院组成

C. 香港和澳门特别行政区的各级法院都有权解释本特别行政区基本法

D. 国务院有权对香港和澳门特别行政区的部分地区宣布进入紧急状态

49. 关于全国人大及其常委会的质询权，下列说法正确的是（　　）（司考 2010.1.93）

A. 全国人大会议期间，一个代表团可书面提出对国务院的质询案

B. 全国人大会议期间，三十名以上代表联名可书面提出对国务院各部的质询案

C. 全国人大常委会会议期间，常委会组成人员十人以上可书面提出对国务院各委员会的质询案

D. 全国人大常委会会议期间，委员长会议可书面提出对国务院的质询案

50. 根据《宪法》和《立法法》规定，关于全国人大常委会委员长会议，下列哪些选项是正确的？（　　）（司考 2011.1.61）

A. 委员长会议可以向常委会提出法律案

B. 列入常委会会议议程的法律案，一般应当经 3 次委员长会议审议后再交付常委会表决

C. 经委员长会议决定，可以将列入常委会会议议程的法律案草案公布，征求意见

D. 专门委员会之间对法律草案的重要问题意见不一致时，应当向委员长会议报告

51. 根据《宪法》和《村民委员会组织法》的规定，下列哪些选项是正确的？（　　）（司考 2011.1.63）

A. 村民会议由本村 18 周岁以上，没有被剥夺政治权利的村民组成

B. 乡、民族乡、镇的人民政府不得干预依法属于村民自治范围内的事项

C. 罢免村民委员会成员，须经参加投票的村民过半数通过

D. 村民委员会成员实行任期和离任经济责任审计

52. 根据《宪法》和法律规定，下列选项正确的是（　　）（司考 2011.1.88）

A. 县级以上地方各级政府应当在每年 6 月至 9 月期间，将上一年度的本级决算草案提请本级人大常委会审查和批准

B. 人大常委会认为必要时，可以对审计工作报告作出决议；本级政府应在决议规定的期限内，将执行决议的情况向常委会报告

C. 最高法院作出的属于审判工作中具体应用法律的解释，应当在公布之日起 30 日内报全国人大常委会备案

D. 撤职案的表决采取记名投票的方式，由常委会全体组成人员的过半数通过

53. 根据《香港特别行政区基本法》和《澳门特别行政区基本法》的规定，下列哪些选项是正确的？（　　）（司考 2013.1.61）

A. 对世界各国或各地区的人入境、逗留和离境，特别行政区政府可以实行入境管制

B. 特别行政区行政长官依照法定程序任免各级法院法官、任免检察官

C. 香港特别行政区立法会议员因行为不检或违反誓言而经出席会议的议员三分之二通过谴责，由立法会主席宣告其丧失立法会议员资格

D. 基本法的解释权属于全国人大常委会

54. 根据《宪法》和法律的规定，关于立法权权限和立法程序，下列选项正确的是（　　）（司考 2013.1.89）

A. 全国人大常委会在人大闭会期间，可以对全国人大制定的法律进行部分补充和修改，但不得同该法律的基本原则相抵触

B. 全国人大通过的法律由全国人民代表大会主席团予以公布

C. 全国人大法律委员会[①]审议法律案时，应邀请有关专门委员会的成员列席会议，发表意见

D. 列入全国人大常委会会议议程的法律案，除特殊情况外，应当在举行会议七日前将草案发给常委会组成人员

55. 根据《宪法》和法律的规定，关于各级人大常委会依法行使监督权，下列选项正确的是（　　）（司考 2013.1.91）

A. 各级人大常委会行使监督权的情况，应当向本级人大报告，接受监督

B. 全国人大常委会可以委托下级人大常委会对有关法律、法规在本行政区域内的实施情况进行检查

C. 质询案以书面答复的，由受质询的机关的负责人签署

D. 依法设立的特定问题调查委员会在调查过程中，可以不公布调查的情况和材料

56. 根据《宪法》和法律的规定，关于国家机构，下列哪些选项是正确的？（　　）（司考 2014.1.60）

A. 全国人民代表大会代表受原选举单位的监督

B. 中央军事委员会实行主席负责制

C. 地方各级审计机关依法独立行使审计监督权，对上一级审计机关负责

D. 市辖区的政府经本级人大批准可设立若干街道办事处，作为派出机关

57. 根据《宪法》规定，关于行政建置和行政区划，下列选项正确的是（　　）（司考 2014.1.96）

A. 全国人大批准省、自治区、直辖市的建置

B. 全国人大常委会批准省、自治区、直辖市的区域划分

C. 国务院批准自治州、自治县的建置和区域划分

D. 省、直辖市、地级市的人民政府决定乡、民族乡、镇的建置和区域划分

58. 我国《宪法》第 38 条明确规定："中华人民共和国公民的人格尊严不受侵犯……"关于该条文所表现的宪法规范，下列哪些选项是正确的？（　　）

A. 在性质上属于组织性规范

B. 通过《民法典》中有关姓名权的规定得到了间接实施

C. 法院在涉及公民名誉权的案件中可以直接据此作出判决

D. 与法律中的有关规定相结合构成一个有关人格尊严的规范体系

59. 预算制度的目的是规范政府收支行为，强化预算监督。根据《宪法》和法律的规定，关于预算，下列表述正确的是（　　）（司考 2015.1.93）

A. 政府的全部收入和支出都应当纳入预算

B. 经批准的预算，未经法定程序，不得调整

C. 国务院有权编制和执行国民经济和社会发展计划、国家预算

D. 全国人大常委会有权审查和批准国家的预算和预算执行情况的报告

60. 根据《宪法》和法律的规定，关于全国人大代表的权利，下列哪些选项是正确的？（　　）（司考 2016.1.64）

A. 享有绝对的言论自由

B. 有权参加决定国务院各部部长、各委员会主任的人选

C. 非经全国人大主席团或者全国人大常委会许可，一律不受逮捕或者行政拘留

D. 有五分之一以上的全国人大代表提议，可以临时召集全国人民代表大会会议

---

① 2018 年 3 月 11 日，第十三届全国人民代表大会第一次会议通过《中华人民共和国宪法修正案》，将"全国人大法律委员会"更名为"全国人大宪法和法律委员会"。

61. 国家实行审计监督制度。为加强国家的审计监督，全国人大常委会于 1994 年通过了《审计法》，并于 2006 年进行了修正。关于审计监督制度，下列哪些理解是正确的？(　　)（司考 2016.1.65）

A.《审计法》的制定与执行是在实施宪法的相关规定

B. 地方各级审计机关对本级人大常委会和上一级审计机关负责

C. 国务院各部门和地方各级政府的财政收支应当依法接受审计监督

D. 国有的金融机构和企业事业组织的财务收支应当依法接受审计监督

62. 根据《宪法》和《立法法》规定，关于法律案的审议，下列哪些选项是正确的？(　　)（司考 2017.1.63）

A. 列入全国人大会议议程的法律案，由法律委员会根据各代表团和有关专门委员会的审议意见，对法律案进行统一审议，向主席团提出审议结果报告和法律草案修改稿

B. 列入全国人大会议议程的法律案，在交付表决前，提案人要求撤回的，应说明理由，经主席团同意并向大会报告，对法律案的审议即行终止

C. 列入全国人大常委会会议议程的法律案，因调整事项较为单一，各方面意见比较一致的，也可经一次常委会会议审议即交付表决

D. 列入全国人大常委会会议议程的法律案，因暂不付表决经过两年没有再次列入常委会会议议程审议的，委员长会议可以决定终止审议

63. 我国《宪法》规定，法院、检察院和公安机关办理刑事案件，应当分工负责，互相配合，互相制约。对此，下列哪些选项是正确的？(　　)（司考 2017.1.65）

A. 分工负责是指三机关各司其职、各尽其责

B. 互相配合是指三机关以惩罚犯罪分子为目标，通力合作，互相支持

C. 互相制约是指三机关按法定职权和程序互相监督

D. 公、检、法三机关之间的这种关系，是权力制约原则在我国宪法上的具体体现

三、名词解释

1. 国家机构
2. 社会主义法治
3. 责任制原则
4. 全国人大各专门委员会
5. 国家元首
6. 民族自治地方
7. 人身特别保护权

四、简答题

1. 简述我国居民委员会和村民委员会的性质，以及与同级基层政权机关的关系。
2. 简述地方各级人民代表大会的性质和地位。
3. 简述全国人民代表大会专门委员会的性质和任务。
4. 我国宪法规定国家主席有哪些职权？
5. 全国人民代表大会代表有哪些主要权利？
6. 简述我国中央国家机关组织和活动中的责任制原则。

五、论述题

1. 试述我国人民检察院的职权。
2. 试述全国人大代表的权利和义务。
3. 试述我国地方制度的特点。

参考答案

一、单项选择题

1. **答案**：C。《宪法》第 62 条规定："全国人民代表大会行使下列职权：……（十二）改变或者撤销全国人民代表大会常务委员会不适当的决定；……"第 89 条规定：国务院行使下列职权：……（十四）改变或者撤销地方各级国家行政机关的不适当的决定和命令；……"《立法法》第 11 条规定："下列事项只能制定法律：……（二）各级人民代表大会、人民政府、监察委员会、人民法院和人民检察院的产生、组织和职权；……"

2. **答案**：B。《宪法》第67条规定："全国人民代表大会常务委员会行使下列职权：……（十三）根据最高人民检察院检察长的提请，任免最高人民检察院副检察长、检察员、检察委员会委员和军事检察院检察长，并且批准省、自治区、直辖市的人民检察院检察长的任免；……"《全国人民代表大会组织法》第21条规定，全国人民代表大会会议期间，一个代表团或者三十名以上的代表联名，可以书面提出对国务院以及国务院各部门、国家监察委员会、最高人民法院、最高人民检察院的质询案。

3. **答案**：D。此题考查我国国家领导人的任职期限问题。根据我国宪法的规定，国务院总理、全国人大常委会委员长、最高人民法院院长、最高人民检察院检察长均有连续任职不得超过两届的规定。因此选D。

4. **答案**：B。《宪法》第107条第3款规定：省、直辖市的人民政府决定乡、民族乡、镇的建置和区域划分。

5. **答案**：A。《宪法》第84条规定：中华人民共和国主席缺位的时候，由副主席继任主席的职位。中华人民共和国副主席缺位的时候，由全国人民代表大会补选。中华人民共和国主席、副主席都缺位的时候，由全国人民代表大会补选；在补选以前，由全国人民代表大会常务委员会委员长暂时代理主席职位。

6. **答案**：D。《宪法》第63条规定："全国人民代表大会有权罢免下列人员：（一）中华人民共和国主席、副主席；（二）国务院总理、副总理、国务委员、各部部长、各委员会主任、审计长、秘书长；（三）中央军事委员会主席和中央军事委员会其他组成人员；（四）国家监察委员会主任；（五）最高人民法院院长；（六）最高人民检察院检察长。"

7. **答案**：D。《法官法》第46条第1款规定："法官有下列行为之一的，应当给予处分；构成犯罪的，依法追究刑事责任：（一）贪污受贿、徇私舞弊、枉法裁判的；（二）隐瞒、伪造、变造、故意损毁证据、案件材料的；（三）泄露国家秘密、审判工作秘密、商业秘密或者个人隐私的；（四）故意违反法律法规办理案件的；（五）因重大过失导致裁判结果错误并造成严重后果的；（六）拖延办案，贻误工作的；（七）利用职权为自己或者他人谋取私利的；（八）接受当事人及其代理人利益输送，或者违反有关规定会见当事人及其代理人的；（九）违反有关规定从事或者参与营利性活动，在企业或者其他营利性组织中兼任职务的；（十）有其他违纪违法行为的。"因此，A选项符合第2项，B选项符合第5项，C选项符合第9项，均不当选；D选项当选。

8. **答案**：A。《立法法》第109条第1项规定：行政法规报全国人民代表大会常务委员会备案。所给选项中，只有行政法规只报全国人大常委会备案，其他的还要同时报国务院备案。

9. **答案**：C。《立法法》第105条规定：法律之间对同一事项的新的一般规定与旧的特别规定不一致，不能确定如何适用时，由全国人民代表大会常务委员会裁决。行政法规之间对同一事项的新的一般规定与旧的特别规定不一致，不能确定如何适用时，由国务院裁决。A应适用特别法优于一般法的原则；B应适用新法优于旧法的原则；D由国务院裁决。

10. **答案**：B。《立法法》第11条规定："下列事项只能制定法律：……（四）犯罪和刑罚；（五）对公民政治权利的剥夺、限制人身自由的强制措施和处罚；……（九）基本经济制度以及财政、海关、金融和外贸的基本制度；（十）诉讼制度和仲裁基本制度；……"第12条规定，本法第11条规定的事项尚未制定法律的，全国人民代表大会及其常务委员会有权作出决定，授权国务院可以根据实际需要，对其中的部分事项先制定行政法规，但是有关犯罪和刑罚、对公民政治权利的剥夺和限制人身自由的强制措施和处罚、司法制度等事项除外。

11. **答案**：B。《选举法》第9条第1款规定：

全国人民代表大会常务委员会主持全国人民代表大会代表的选举。省、自治区、直辖市、设区的市、自治州的人民代表大会常务委员会主持本级人民代表大会代表的选举。

12. **答案**：A。《立法法》第17条规定：全国人民代表大会主席团可以向全国人民代表大会提出法律案，由全国人民代表大会会议审议。全国人民代表大会常务委员会、国务院、中央军事委员会、国家监察委员会、最高人民法院、最高人民检察院、全国人民代表大会各专门委员会，可以向全国人民代表大会提出法律案，由主席团决定列入会议议程。第29条规定：委员长会议可以向常务委员会提出法律案，由常务委员会会议审议。国务院、中央军事委员会、国家监察委员会、最高人民法院、最高人民检察院、全国人民代表大会各专门委员会，可以向常务委员会提出法律案，由委员长会议决定列入常务委员会会议议程，或者先交有关的专门委员会审议、提出报告，再决定列入常务委员会会议议程。如果委员长会议认为法律案有重大问题需要进一步研究，可以建议提案人修改完善后再向常务委员会提出。

13. **答案**：A。《宪法》第86条第2款规定：国务院实行总理负责制。各部、各委员会实行部长、主任负责制。本题考查国务院的领导体制。全国人民代表大会及其常务委员会实行合议制度。

14. **答案**：A。《宪法》第89条规定："国务院行使下列职权：……（十三）改变或者撤销各部、各委员会发布的不适当的命令、指示和规章；……"因此本题选A。

15. **答案**：A。《立法法》第10条中规定：全国人民代表大会和全国人民代表大会常务委员会根据宪法规定行使国家立法权。全国人民代表大会制定和修改刑事、民事、国家机构的和其他的基本法律。全国人民代表大会常务委员会制定和修改除应当由全国人民代表大会制定的法律以外的其他法律；在全国人民代表大会闭会期间，对全国人民代表大会制定的法律进行部分补充和修改，但是不得同该法律的基本原则相抵触。

16. **答案**：C。《立法法》第27条规定，法律草案修改稿经各代表团审议，由宪法和法律委员会根据各代表团的审议意见进行修改，提出法律草案表决稿，由主席团提请大会全体会议表决，由全体代表的过半数通过。

17. **答案**：C。《宪法》第62条规定："全国人民代表大会行使下列职权：……（五）根据中华人民共和国主席的提名，决定国务院总理的人选；根据国务院总理的提名，决定国务院副总理、国务委员、各部部长、各委员会主任、审计长、秘书长的人选；……"

18. **答案**：B。《法官法》第22条规定，法官不得兼任人民代表大会常务委员会的组成人员，不得兼任行政机关、监察机关、检察机关的职务，不得兼任企业或者其他营利性组织、事业单位的职务，不得兼任律师、仲裁员和公证员。

19. **答案**：D。本题考查中央国家机关与地方国家机关的划分标准。

20. **答案**：A。《宪法》第60条中规定：全国人民代表大会每届任期五年。全国人民代表大会任期届满的两个月以前，全国人民代表大会常务委员会必须完成下届全国人民代表大会代表的选举。

21. **答案**：C。《宪法》第61条第1款规定，全国人民代表大会会议每年举行一次，由全国人民代表大会常务委员会召集。如果全国人民代表大会常务委员会认为必要，或者有五分之一以上的全国人民代表大会代表提议，可以临时召集全国人民代表大会会议。

22. **答案**：A。《宪法》第62条规定："全国人民代表大会行使下列职权：……（四）选举中华人民共和国主席、副主席；……"

23. **答案**：B。《宪法》第63条规定："全国人民代表大会有权罢免下列人员：……（二）国务院总理、副总理、国务委员、各部部长、各委员会主任、审计长、秘书长；……"

24. 答案：D。《宪法》第 79 条第 2 款规定，有选举权和被选举权的年满四十五周岁的中华人民共和国公民可以被选为中华人民共和国主席、副主席。

25. 答案：B。《宪法》第 91 条规定，国务院设立审计机关，对国务院各部门和地方各级政府的财政收支，对国家的财政金融机构和企业事业组织的财务收支，进行审计监督。审计机关在国务院总理领导下，依照法律规定独立行使审计监督权，不受其他行政机关、社会团体和个人的干涉。

26. 答案：A。《地方各级人民代表大会和地方各级人民政府组织法》第 73 条规定："县级以上的地方各级人民政府行使下列职权：……（三）改变或者撤销所属各工作部门的不适当的命令、指示和下级人民政府的不适当的决定、命令；……"

27. 答案：D。《全国人民代表大会组织法》第 21 条规定，全国人民代表大会会议期间，一个代表团或者三十名以上的代表联名，可以书面提出对国务院以及国务院各部门、国家监察委员会、最高人民法院、最高人民检察院的质询案。

28. 答案：B。《全国人民代表大会和地方各级人民代表大会代表法》第 32 条中规定：县级以上的各级人民代表大会代表，非经本级人民代表大会主席团许可，在本级人民代表大会闭会期间，非经本级人民代表大会常务委员会许可，不受逮捕或者刑事审判。

29. 答案：D。《宪法》第 109 条规定：县级以上的地方各级人民政府设立审计机关。地方各级审计机关依照法律规定独立行使审计监督权，对本级人民政府和上一级审计机关负责。

30. 答案：B。《宪法》第 3 条第 1 款规定：中华人民共和国的国家机构实行民主集中制的原则。

31. 答案：B。《宪法》第 139 条第 1 款规定：各民族公民都有用本民族语言文字进行诉讼的权利。人民法院和人民检察院对于不通晓当地通用的语言文字的诉讼参与人，应当为他们翻译。

32. 答案：A。《宪法》第 116 条规定：民族自治地方的人民代表大会有权依照当地民族的政治、经济和文化特点，制定自治条例和单行条例。自治区的自治条例和单行条例，报全国人民代表大会常务委员会批准后生效。自治州、自治县的自治条例和单行条例，报省或者自治区的人民代表大会常务委员会批准后生效，并报全国人民代表大会常务委员会备案。据此，自治区人大常委会无权制定自治条例和单行条例。

33. 答案：A。《宪法》第 93 条第 3 款规定：中央军事委员会实行主席负责制。

34. 答案：B。《宪法》第 71 条规定：全国人民代表大会和全国人民代表大会常务委员会认为必要的时候，可以组织关于特定问题的调查委员会，并且根据调查委员会的报告，作出相应的决议。调查委员会进行调查的时候，一切有关的国家机关、社会团体和公民都有义务向它提供必要的材料。

35. 答案：B。《宪法》第 67 条规定："全国人民代表大会常务委员会行使下列职权：……（十四）决定驻外全权代表的任免；……"

36. 答案：D。《全国人民代表大会组织法》第 21 条规定，全国人民代表大会会议期间，一个代表团或者三十名以上的代表联名，可以书面提出对国务院以及国务院各部门、国家监察委员会、最高人民法院、最高人民检察院的质询案。

37. 答案：C。此题可用排除法来做，因 A、B、D 选项均是由等额选举产生的。

38. 答案：B。《宪法》第 100 条第 1 款规定："省、直辖市的人民代表大会和它们的常务委员会，在不同宪法、法律、行政法规相抵触的前提下，可以制定地方性法规，报全国人民代表大会常务委员会备案。"《宪法》第 116 条规定："民族自治地方的人民代表大会有权依照当地民族的政治、经济和文化的特点，制定自治条例和单行条例。自治区的自治条例和单行条例，报全国人民代表大会常务委员会批准后生效。自治州、自治县的自治条例和单行条例，报省或者自治区的人民代表大会常务委员会批准后生效，并报全国人民代表大会常务委员会备案。”《香港特别行政区基本法》第17条第2款规定：“香港特别行政区的立法机关制定的法律须报全国人民代表大会常务委员会备案。备案不影响该法律的生效。”《澳门特别行政区基本法》第17条第2款也有相同规定。因此选B项。

39. 答案：C。《宪法》第69条规定：“全国人民代表大会常务委员会对全国人民代表大会负责并报告工作。”《宪法》第94条规定：“中央军事委员会主席对全国人民代表大会和全国人民代表大会常务委员会负责。”因此选C项。

40. 答案：C。《全国人民代表大会组织法》第20条规定，全国人民代表大会主席团、三个以上的代表团或者十分之一以上的代表，可以提出对全国人民代表大会常务委员会的组成人员，中华人民共和国主席、副主席，国务院和中央军事委员会的组成人员，国家监察委员会主任，最高人民法院院长和最高人民检察院检察长的罢免案，由主席团提请大会审议。该法第18条规定，全国人民代表大会常务委员会委员长、副委员长、秘书长、委员的人选，中华人民共和国主席、副主席的人选，中央军事委员会主席的人选，国家监察委员会主任的人选，最高人民法院院长和最高人民检察院检察长的人选，由主席团提名，经各代表团酝酿协商后，再由主席团根据多数代表的意见确定正式候选人名单。该法第12条第1款规定，主席团主持全国人民代表大会会议。《宪法》第64条第1款规定：“宪法的修改，由全国人民代表大会常务委员会或者五分之一以上的全国人民代表大会代表提议，并由全国人民代表大会以全体代表的三分之二以上的多数通过。”因此选C项。

41. 答案：D。《全国人民代表大会组织法》第8条规定，全国人民代表大会每届任期五年。全国人民代表大会会议每年举行一次，由全国人民代表大会常务委员会召集。全国人民代表大会常务委员会认为必要，或者有五分之一以上的全国人民代表大会代表提议，可以临时召集全国人民代表大会会议。因此选D。

42. 答案：C。《宪法》第67条规定：“全国人民代表大会常务委员会行使下列职权：……（三）在全国人民代表大会闭会期间，对全国人民代表大会制定的法律进行部分补充和修改，但是不得同该法律的基本原则相抵触；……”《宪法》第62条规定：“全国人民代表大会行使下列职权：……（三）制定和修改刑事、民事、国家机构的和其他的基本法律；……”因此选C。

43. 答案：C。《宪法》第98条规定：地方各级人民代表大会每届任期五年。

44. 答案：C。依据《地方各级人民代表大会和地方各级人民政府组织法》第85条第1款的规定，省、自治区的人民政府在必要的时候，经国务院批准，可以设立若干派出机关。

45. 答案：B。《选举法》第16条第2款规定：全国人民代表大会代表的名额不超过三千人。第17条第3款规定，全国人民代表大会代表名额的分配由全国人民代表大会常务委员会决定。

46. 答案：D。《宪法》第64条规定：宪法的修改，由全国人民代表大会常务委员会或者五分之一以上的全国人民代表大会代表提议，并由全国人民代表大会以全体代表的三分之二以上的多数通过。法律和其他议案由全国人民代表大会以全体代表的过半数通过。

47. 答案：B。《宪法》第67条规定：“全国人民代表大会常务委员会行使下列职权：……（七）撤销国务院制定的同宪法、法律相抵触的行政法规、决定和命令；……”

48. 答案：B。《宪法》第67条规定：“全国人民代表大会常务委员会行使下列职权：……（七）撤销国务院制定的同宪法、法律相抵触的行政法规、决定和命令；（八）撤销省、自治区、直辖市国家权力机关制定的同宪法、法律和行政法规相抵触的地方性法规和决议；……”

49. 答案：B。《宪法》第67条规定："全国人民代表大会常务委员会行使下列职权：……（十八）决定特赦；……"

50. 答案：B。《宪法》第67条规定："全国人民代表大会常务委员会行使下列职权：……（二十一）决定全国或者个别省、自治区、直辖市进入紧急状态；……"

51. 答案：D。《宪法》第80条规定："中华人民共和国主席根据全国人民代表大会的决定和全国人民代表大会常务委员会的决定，公布法律，任免国务院总理、副总理、国务委员、各部部长、各委员会主任、审计长、秘书长，授予国家的勋章和荣誉称号，发布特赦令，宣布进入紧急状态，宣布战争状态，发布动员令。"第81条规定："中华人民共和国主席代表中华人民共和国，进行国事活动，接受外国使节；根据全国人民代表大会常务委员会的决定，派遣和召回驻外全权代表，批准和废除同外国缔结的条约和重要协定。"

52. 答案：B。《反垄断法》第12条第1款规定："国务院设立反垄断委员会，负责组织、协调、指导反垄断工作，履行下列职责：（一）研究拟订有关竞争政策；（二）组织调查、评估市场总体竞争状况，发布评估报告；（三）制定、发布反垄断指南；（四）协调反垄断行政执法工作；（五）国务院规定的其他职责。"可以看出，反垄断委员会从事的工作主要是指导性的工作，不从事实际的执法工作，故正确答案为B。

53. 答案：D。《宪法》第91条规定："国务院设立审计机关，对国务院各部门和地方各级政府的财政收支，对国家的财政金融机构和企业事业组织的财务收支，进行审计监督。审计机关在国务院总理领导下，依照法律规定独立行使审计监督权，不受其他行政机关、社会团体和个人的干涉。"选项B、C是正确的。

第109条规定："县级以上的地方各级人民政府设立审计机关。地方各级审计机关依照法律规定独立行使审计监督权，对本级人民政府和上一级审计机关负责。"因此选项A正确，D是错误的。

54. 答案：C。《宪法》第89条规定："国务院行使下列职权：……（十三）改变或者撤销各部、各委员会发布的不适当的命令、指示和规章；……"

55. 答案：D。《宪法》第94条规定，中央军事委员会主席对全国人民代表大会和全国人民代表大会常务委员会负责。

56. 答案：C。《宪法》第89条规定："国务院行使下列职权：……（十五）批准省、自治区、直辖市的区域划分，批准自治州、县、自治县、市的建置和区域划分；……"

57. 答案：C。《宪法》第89条规定："国务院行使下列职权：……（十五）批准省、自治区、直辖市的区域划分，批准自治州、县、自治县、市的建置和区域划分；……"

58. 答案：B。《宪法》第62条规定："全国人民代表大会行使下列职权：……（十三）批准省、自治区和直辖市的建置；……"

59. 答案：B。参见《地方各级人民代表大会和地方各级人民政府组织法》第44条。

60. 答案：C。《宪法》第100条第1款规定，省、直辖市的人民代表大会和它们的常务委员会，在不同宪法、法律、行政法规相抵触的前提下，可以制定地方性法规，报全国人民代表大会常务委员会备案。

61. 答案：B。《地方各级人民代表大会和地方各级人民政府组织法》第85条第2款规定，县、自治县的人民政府在必要的时候，经省、自治区、直辖市的人民政府批准，可以设立若干区公所，作为它的派出机关。

62. 答案：A。《法官法》第18条第4款规定，地方各级人民法院院长由本级人民代表大会选举和罢免，副院长、审判委员会委员、庭长、副庭长和审判员，由院长提请本级人民代表大会常务委员会任免。

63. 答案：B。《宪法》第134条规定，中华人民共和国人民检察院是国家的法律监督机关。

64. 答案：C。《宪法》第137条规定，最高人民检察院是最高检察机关。最高人民检察院领导地方各级人民检察院和专门人民检察院的工作，上级人民检察院领导下级人民检察院的工作。

65. 答案：B。根据《宪法》第 67 条的规定，条约的批准权专属于全国人大常委会，其他机构没有这一权力。

66. 答案：B。《立法法》第 28 条规定：全国人民代表大会通过的法律由国家主席签署主席令予以公布。第 47 条规定，常务委员会通过的法律由国家主席签署主席令予以公布。第 77 条第 1 款规定，行政法规由总理签署国务院令公布。第 88 条第 4 款，自治条例和单行条例报经批准后，分别由自治区、自治州、自治县的人民代表大会常务委员会发布公告予以公布。

67. 答案：D。《人民法院组织法》第 38 条第 2 款、第 3 款规定，审判委员会会议由院长或者院长委托的副院长主持。审判委员会实行民主集中制。审判委员会举行会议时，同级人民检察院检察长或者检察长委托的副检察长可以列席。因此，A 选项表述正确，不当选。《人民法院组织法》第 48 条第 2 款规定，符合法官任职条件的法官助理，经遴选后可以按照法官任免程序任命为法官。因此，B 选项表述正确，不当选。《人民法院组织法》第 44 条第 2 款规定，各级人民代表大会有权罢免由其选出的人民法院院长。在地方人民代表大会闭会期间，本级人民代表大会常务委员会认为人民法院院长需要撤换的，应当报请上级人民代表大会常务委员会批准。因此，C 选项表述正确，不当选。D 选项表述明显错误，详见《民事诉讼法》《刑事诉讼法》《行政诉讼法》的相关规定。

68. 答案：A。专门人民法院是我国统一审判体系——人民法院体系中的一个组成部分，它和地方各级人民法院共同行使国家的审判权。专门人民法院包括军事法院、海事法院、铁路运输法院、森林法院、农垦法院、石油法院等。军事法院是基于军队的体制和作战任务的特殊性而设立的，其具体任务是通过审判危害国家与损害国防力量的犯罪分子，保卫国家安全，维护国家法制和军队秩序，巩固部队战斗力，维护军人和其他公民的合法权利。打击敌人，惩治犯罪和保护人民，宣传社会主义法治是军事法院的基本职能。军事法院分设三级：中国人民解放军军事法院；各大军区、军兵种级单位的军事法院；兵团和军级单位的军事法院。可见，B 项错误。海事法院管辖第一审海事案件和海商案件，不受理刑事案件和其他民事案件。各海事法院判决或裁定的上诉案件，由所在地高级人民法院受理。可见 C 项错误。铁路运输法院分设两级，即铁路管理局中级铁路运输法院和铁路管理分局基层铁路运输法院。中级铁路运输法院的审判活动受所在地高级人民法院监督。森林法院的任务是保护森林，审理破坏森林资源案件、严重责任事故案件及涉外案件。基层森林法院一般设置在某些特定林区的一些林业局（包括木材水运局）的所在地；在地区（盟）林业管理局所在地或国有森林集中连片地区设立森林中级法院。可见 D 项错误。因此，本题的正确答案应当是 A 项。

69. 答案：C。根据《全国人民代表大会组织法》第 10 条第 1 款的规定，全国人民代表大会代表按照选举单位组成代表团。各代表团分别推选代表团团长、副团长。注意推选与选举的区别。可见 A 项错误。根据《全国人民代表大会组织法》第 17 条的规定，一个代表团或者三十名以上的代表联名，可以向全国人民代表大会提出属于全国人民代表大会职权范围内的议案。可见 B 项错误。根据《全国人民代表大会组织法》第 20 条的规定，全国人民代表大会主席团、三个以上的代表团或者十分之一以上的代表，可以提出对全国人民代表大会常务委员会的组成人员，中华人民共和国主席、副主席，国务院和中央军事委员会的组成人员，国家监察委员会主任，最高人民法院院长和最高人民检察院检察长的罢免案，由主席团提请大会审议。可见 C 项正确。根据《全国人民代表大会组织法》第 21 条的规定，全国人民代表大会会议期间，一个代表团或者三十名以上的代表联名，可以书面提出对国务院以及国务院各部门、国家监察委员会、最高人民法院、最高人民检察院的质询案。可见D项错误。因此，本题的正确答案应当是C项。

70. 答案：C。根据《各级人民代表大会常务委员会监督法》第40条的规定：委员长会议或者主任会议可以向本级人民代表大会常务委员会提议组织关于特定问题的调查委员会，提请常务委员会审议。1/5以上常务委员会组成人员书面联名，可以向本级人民代表大会常务委员会提议组织关于特定问题的调查委员会，由委员长会议或者主任会议决定提请常务委员会审议，或者先交有关的专门委员会审议、提出报告，再决定提请常务委员会审议。可见，A项错误。根据第41条第1款的规定，调查委员会由主任委员、副主任委员和委员组成，由委员长会议或者主任会议在本级人民代表大会常务委员会组成人员和本级人民代表大会代表中提名，提请常务委员会审议通过。调查委员会可以聘请有关专家参加调查工作。可见，B项错误。根据第42条的规定，调查委员会进行调查时，有关的国家机关、社会团体、企业事业组织和公民都有义务向其提供必要的材料。提供材料的公民要求对材料来源保密的，调查委员会应当予以保密。调查委员会在调查过程中，可以不公布调查的情况和材料。可见，C项正确。根据第43条的规定，调查委员会应当向产生它的常务委员会提出调查报告。常务委员会根据报告，可以作出相应的决议、决定。可见，D项错误。

71. 答案：B。根据《宪法》第62条第13项的规定，全国人民代表大会批准省、自治区和直辖市的建置，因此B项不是全国人大常委会的职权。根据《宪法》第67条的规定，解释宪法，监督宪法的实施；废除同外国缔结的条约和重要协定；审批国民经济和社会发展计划以及国家预算部分调整方案等都是全国人大常委会的职权。

72. 答案：C。根据《宪法》第89条第15项的规定，国务院批准省、自治区、直辖市的区域划分，批准自治州、县、自治县、市的建置和区域划分。市拟将所管辖的一个县变为市辖区，涉及县的建置问题，应由国务院批准。因此C正确。

73. 答案：C。根据1982年《全国人民代表大会组织法》第20条规定：全国人民代表大会会议公开举行；在必要的时候，经主席团和各个代表团团长会议决定，可以举行秘密会议。该法于2021年作了修正，本题所考查的是修正前的法条。

74. 答案：C。选项A错误。《宪法》第103条第1款规定，县级以上的地方各级人民代表大会常务委员会由主任、副主任若干人和委员若干人组成，对本级人民代表大会负责并报告工作。选项B错误。《地方各级人民代表大会和地方各级人民政府组织法》第33条规定，省、自治区、直辖市、自治州、设区的市的人民代表大会根据需要，可以设法制委员会、财政经济委员会、教育科学文化卫生委员会、环境与资源保护委员会、社会建设委员会和其他需要设立的专门委员会；县、自治县、不设区的市、市辖区的人民代表大会根据需要，可以设法制委员会、财政经济委员会等专门委员会。各专门委员会受本级人民代表大会领导；在大会闭会期间，受本级人民代表大会常务委员会领导。选项C正确。《地方各级人民代表大会和地方各级人民政府组织法》第36条第1款规定，县级以上的地方各级人民代表大会可以组织关于特定问题的调查委员会。选项D错误。《地方各级人民代表大会和地方各级人民政府组织法》第15条规定，县级以上的地方各级人民代表大会会议由本级人民代表大会常务委员会召集。第17条第3款规定，县级以上的地方各级人民代表大会举行会议的时候，由主席团主持会议。

75. 答案：D。《宪法》第2条中规定，国家的一切权力属于人民。人民行使国家权力的机关是全国人民代表大会和地方各级人民代表大会。《宪法》第3条中规定，全国人民代表大会和地方各级人民代表大会都由民主选举产生，对人民负责，受人民监督。国家行政机关、监察机关、审判机关、检察机关都由人民代表大会产生，对它负责，受它监督。A选项正确。《宪法》第96条第1款规定，地方各级人民代表大会是地方国家权力机关，B选项正确。《宪法》第57条中规定，全国人民代表大会是最高国家权力机关，C选项正确。全国人大与地方各级人大之间没有隶属关系，上级人大有权监督下级人大的工作，D选项不正确，是本题答案。

76. 答案：D。选项A错误。我国法院并无宪法监督的权力，不能自行审查法律、法规或规章，并宣告其无效。选项B错误。根据我国《立法法》第108条第5项的规定，地方人大常委会仅有权撤销本级人民政府制定的不适当的规章，而无权改变之。从法理上说，我国宪法确立了国家机关之间的分工和制约原则，这意味着立法机关只能对行政机关进行监督，但无权取代行政机关去履行行政机关的职能，因此，地方人大只能撤销而不能改变地方政府的规章。选项C错误。根据《立法法》第108条第2项、第3项、第5项规定，全国人大常委会无权审查并撤销地方规章，地方规章的撤销权归属于国务院和同级地方人大常委会。选项D是正确的，为应选项。

77. 答案：D。本题考查我国宪法的结构和内容。A选项是错误的，在我国宪法中并没有明确规定宪法与国际条约的关系，而事实上关于宪法与国际条约的效力位阶，以及国际条约在国内的适用问题，在理论上也是存在争论的。B选项是错误的，在我国宪法中明确规定了宪法的修改，即规定全国人民代表大会的职权包括了“修改宪法”的权力，并且详细规定了宪法修改的程序“由全国人民代表大会常务委员会或者五分之一以上的全国人民代表大会代表提议，并由全国人民代表大会以全体代表的三分之二以上的多数通过”；但是在宪法文本中并没有明确规定“宪法的制定”，宪法序言中仅是对宪法制定的历史背景进行了叙述，而宪法制定的程序和过程并没有涉及。C选项是错误的，我国宪法并不包括“附则”的内容，《宪法修正案》是宪法的组成部分，但并不是“附则”。D选项是正确的，《宪法》第111条第1款规定：城市和农村按居民居住地区设立的居民委员会或者村民委员会是基层群众性自治组织。居民委员会、村民委员会的主任、副主任和委员由居民选举。居民委员会、村民委员会同基层政权的相互关系由法律规定。

78. 答案：D。国家结构形式是指特定国家的统治阶级根据一定原则采取的调整国家整体与部分、中央与地方相互关系的形式。我国实行单一制国家结构形式，但是在我国单一制国家结构形式建立和运转过程中，由于存在特定国情，因而使我国的单一制表现出自己的特点。具体而言，即在一般的地方行政区划外，通过建立民族区域自治制度解决单一制下的民族问题，通过建立特别行政区制度解决单一制下的历史遗留问题。所以，A选项的表述是错误的，在我国中央与地方关系上，存在一般行政区划、民族区域自治和特别行政区三种地方制度，而后两者是比较特殊的地方制度。

行政区域的变更包括行政区域的设立、调整、撤销和更名。这些都必须根据一定的法律程序进行。根据我国现行法律的规定，县、市、市辖区部分行政区域界线的变更，由国务院授权省、自治区、直辖市人民政府审批。所以，B选项是错误的。

经济特区是在国内划定一定范围，在对外经济活动中采取较国内其他地区更加开放和灵活的特殊政策的特定地区。经济特区并不是我国一种新的地方制度，其仅仅是为了促进经济发展而设立的特殊地区。所以C选项表述是错误的。

行政区划制度不仅包括行政区划的分级、划分，以及行政区域的变更，也包括行政区划争议或纠纷的解决，对此国务院制定了专门的行政法规。因此，D选项正确。

79. 答案：D。全国人大各专门委员会是由全国人民代表大会产生，受全国人民代表大会领导，闭会期间受全国人大常委会领导的常设性工作机构。其主要职责是在全国人大及其常委会的领导下，研究、审议和拟定有关议案。全国人大各专门委员会由主任委员、副主任委员、委员组成。它们都是全国人大主席团从代表中提名，由大会通过。据此，A选项表述是错误的，各专门委员会主要职责是对相关问题的提案进行研究、提出意见，其作为受全国人大及其常委会领导的工作机构，其决议的效力低于全国人大及其常委会所作决定。B选项是错误的，各专门委员会主任委员、副主任委员人选由主席团在代表中提名，大会通过；在大会闭会期间，全国人民代表大会常务委员会可以补充任命专门委员会的个别副主任委员和部分委员，由委员长会议提名，常务委员会会议通过，所以并非由全国人大及其常委会任命的。C选项是错误的，特定问题调查委员会是全国人大及其常委会为查证某个重大问题而依照法定程序成立的临时性调查组织，其任期是由问题的查证情况决定的，而不是与全国人大及其常委会的任期相同。D选项是正确的，全国人大各专门委员会受全国人民代表大会领导，闭会期间受全国人大常委会领导。

80. 答案：A。本题考查的是基层群众自治的方式。按照《村民委员会组织法》第3条的规定，村民委员会根据村民的居住状况、人口多少，按照便于自治等原则设立。一般情况下，在每个自然村设立一个村民委员会，而人口较多、居住分散的自然村可以设立两个村民委员会，或者在两个人口较少的自然村一共设立一个村民委员会。村民委员会的设立、撤销、范围调整，由乡、民族乡、镇的人民政府提出，经村民会议讨论同意后，报县级人民政府批准。所以，A选项的表述是正确的。

《宪法》第111条第2款和《村民委员会组织法》第2条第2款明确规定了村民自治的事务范围，即办理本村的公共事务和公益事业，调解民间纠纷，协助维护社会治安，向人民政府反映村民的意见、要求和提出建议。按照最为广泛的理解，任何涉及村民共同体的事务、涉及其公共利益的事业，都是村民群众“自己的事情”，属于自治事务。然而，村民委员会并不属于政权组织，特别是不直接隶属于基层政权，它们之间的职权是相互独立的，乡镇人民政府不得干预属于村民自治范围内的事项。有关征地补偿费用的使用和分配方案属于村民的公共事务，应当经村民委员会议讨论通过，但不需要报乡镇政府批准，否则就违背了村民自治的立法初衷，所以B选项的表述是错误的。

根据《城市居民委员会组织法》第15条的规定，居民公约由居民会议讨论制定，报不设区的市、市辖区的人民政府或者它的派出机关备案，由居民委员会监督执行。居民应当遵守居民会议的决议和居民公约。居民公约的内容不得与宪法、法律、法规和国家的政策相抵触。事实上，作为基层群众自治组织，基层政府对居民委员会的工作仅是给予指导、支持和帮助，而非领导居委会的工作，所以居民公约属于居委会的自治事项，仅需向基层政府备案即可，而不需要批准，所以C选项的表述是错误的。

根据《城市居民委员会组织法》第6条的规定，居民委员会根据居民居住状况，按照便于居民自治的原则，一般在100户至700户的范围内设立。居民委员会的设立、撤销、规模调整，由不设区的市、市辖区的人民政府决定。所以，D选项的表述也是错误的，不设区的市、市辖区政府可以直接决定居委会的设置和变更。

81. 答案：C。本题考查的是《各级人民代表大会常务委员会监督法》中规定的相关程序。根据《各级人民代表大会常务委员会监督法》第8条第1款的规定，各级人民代表大会常务委员会每年选择若干关系改革发展稳定大局和群众切身利益、社会普遍关注的重大问题，有计划地安排听取和审议本级人民政府、人民法院和人民检察院的专项工作报告。专项工作报告由人民政府、人民法院或者人民检察院的负责人向本级人民代表大会常务委员会报告，人民政府也可以委托有关部门负责人向本级人民代表大会常务委员会报告。所以，A选项的表述是正确的。

《各级人民代表大会常务委员会监督法》同时规定，质询案既可以以书面方式提出，也可以以口头形式提出。质询案以口头答复的，由受质询机关的负责人到会答复。质询案以书面答复的，由受质询机关的负责人签署。所以，B选项的表述也是正确的。

关于特定问题调查，《各级人民代表大会常务委员会监督法》规定，调查委员会进行调查时，有关的国家机关、社会团体、企业事业组织和公民都有义务向其提供必要的材料。提供材料的公民要求对材料来源保密的，调查委员会应当予以保密。调查委员会在调查过程中，可以不公布调查的情况和材料。所以，选项C的表述是错误的。

《各级人民代表大会常务委员会监督法》对于撤职案的表决问题，规定撤职案的表决采用无记名投票的方式，由常务委员会全体组成人员的过半数通过。所以，D选项的表述是正确的。

82. 答案：D。根据《宪法》规定，我国行政区域变更的法律程序包括：（1）省、自治区、直辖市的设立、撤销、更名，特别行政区的设立，应由全国人大审议决定（《宪法》第62条）；（2）省、自治区、直辖市行政区域界线的变更，自治州、县、自治县、市、市辖区的设立、撤销、更名或者隶属关系的变更，自治州、自治县的行政区域界线的变更，县、市的行政区域界线的重大变更，都须经国务院审批（《宪法》第89条）；（3）县、市、市辖区的部分行政区域界线的变更，由国务院授权省、自治区、直辖市人民政府审批（《行政区划管理条例》第8条）；（4）乡、民族乡、镇的设立、撤销、更名或者变更行政区域的界线，由省、自治区、直辖市人民政府审批（《宪法》第107条）。据此可知，A项错误，甲县更名须经国务院审批；B项错误，乙省行政区域界线的变更，须经国务院审批；C项错误，丙镇与邻镇合并，由两镇所属的省级政府审批。D项正确。

83. 答案：D。根据《宪法》第93条、第94条规定，中央军事委员会实行主席负责制。中央军事委员会每届任期同全国人民代表大会每届任期相同。中央军事委员会主席对全国人民代表大会和全国人民代表大会常务委员会负责。故A、B、C项表述正确。根据《宪法》第62条和第67条规定，中央军委副主席由全国人大根据中央军委主席的提名决定产生；在全国人大闭会期间，由全国人大常委会根据中央军委主席的提名决定产生。故D项错误。

84. 答案：A。《地方各级人民代表大会和地方各级人民政府组织法》第32条第1款规定：“县级以上的地方各级人民代表大会常务委员会组成人员、专门委员会组成人员和人民政府领导人员，监察委员会主任，人民法院院长，人民检察院检察长，可以向本级人民代表大会提出辞职，由大会决定是否接受辞职；大会闭会期间，可以向本级人民代表大会常务委员会提出辞职，由常务委员会决定是否接受辞职。常务委员会决定接受辞职后，报本级人民代表大会备案。人民检察院检察长的辞职，须报经上一级人民检察院检察长提请该级人民代表大会常务委员会批准。”故A正确，B错误。第50条第1款第13项规定，县级以上的地方各级人大常委会在本级人大闭会期间，决定副省长、自治区副主席、副市长、副州长、副县长、副区长的个别任免；在省长、自治区主席、市长、州长、县长、区长和监察委员会主任、人民法院院长、人民检察院检察长因故不能担任职务的时候，根据主任会议的提名，从本级人民政府、监察委员会、人民法院、人民检察院副职领导人员中决定代理的人选；决定代理检察长，须报上一级人民检察院和人民代表大会常务委员会备案。故C、D项错误。

二、多项选择题

1. **答案**：ABCD。
2. **答案**：ABCD。《人民法院组织法》第23条规定：“中级人民法院审理下列案件：（一）法律规定由其管辖的第一审案件；（二）基层人民法院报请审理的第一审案件；（三）上级人民法院指定管辖的第一审案件；（四）对基层人民法院判决和裁定的上诉、抗诉案件；（五）按照审判监督程序提起的再审案件。”
3. **答案**：ABC。《立法法》第18条第1款规定：一个代表团或者三十名以上的代表联名，可以向全国人民代表大会提出法律案，由主席团决定是否列入会议议程，或者先交有关的专门委员会审议、提出是否列入会议议程的意见，再决定是否列入会议议程。第17条规定：全国人民代表大会主席团可以向全国人民代表大会提出法律案，由全国人民代表大会会议审议。全国人民代表大会常务委员会、国务院、中央军事委员会、国家监察委员会、最高人民法院、最高人民检察院、全国人民代表大会各专门委员会，可以向全国人民代表大会提出法律案，由主席团决定列入会议议程。
4. **答案**：AB。《宪法》第89条规定：“国务院行使下列职权：……（十四）改变或者撤销地方各级国家行政机关的不适当的决定和命令；……”
5. **答案**：ABCD。根据《地方各级人民代表大会和地方各级人民政府组织法》第22条规定，地方各级人民代表大会举行会议的时候，主席团、常务委员会、各专门委员会、本级人民政府和代表（县级以上10人，乡、民族乡、镇5人以上），都可以提出议案。
6. **答案**：ABD。此题考查全国人大常委会的组成人员的任职限制问题。

   全国人大常委会组成人员实行专职制，不得担任国家行政机关、审判机关和检察机关的职务。因此此题选A、B、D。
7. **答案**：ABC。《宪法》第140条规定：人民法院、人民检察院和公安机关办理刑事案件，应当分工负责，互相配合，互相制约，以保证准确有效地执行法律。
8. **答案**：ABC。《宪法》第89条规定：“国务院行使下列职权：……（十六）依照法律规定决定省、自治区、直辖市的范围内部分地区进入紧急状态；……”
9. **答案**：ABC。《宪法》第89条规定：“国务院行使下列职权：（一）根据宪法和法律，规定行政措施，制定行政法规，发布决定和命令；……”
10. **答案**：ABC。《宪法》第62条规定：“全国人民代表大会行使下列职权：……（十二）改变或者撤销全国人民代表大会常务委员会不适当的决定；……”第89条规定：“国务院行使下列职权：……（十三）改变或者撤销各部、各委员会发布的不适当的命令、指示和规章；（十四）改变或者撤销地方各级国家行政机关的不适当的决定和命令；……”
11. **答案**：ABD。《民事诉讼法》第137条规定，人民法院审理民事案件，除涉及国家秘密、个人隐私或者法律另有规定的以外，应当公开进行。离婚案件，涉及商业秘密的案件，当事人申请不公开审理的，可以不公开审理。《行政诉讼法》第54条规定，人民法院公开审理行政案件，但涉及国家秘密、个人隐私和法律另有规定的除外。涉及商业秘密的案件，当事人申请不公开审理的，可以不公开审理。《刑事诉讼法》第188条第1款规定，人民法院审判第一审案件应当公开进行。但是有关国家秘密或者个人隐私的案件，不公开审理；涉及商业秘密的案件，当事人申请不公开审理的，可以不公开审理。因此，涉及国家秘密和个人隐私的案件一律不公开审理，涉及商业秘密的案件需要当事人申请不公开审理，A、B选项当选，C选项不当选。《刑事诉讼法》第285条规定，审判的时候被告人不满十八周岁的案件，不公开审理。但是，经未成年被告人及其法定代理人同意，未成年被告人所在学校和未成年人保护组织可以派代表到场。因此，D选项当选，派代表到场并不意味着“公开审理”。

12. **答案**：CD。《宪法》第2条中规定：中华人民共和国的一切权力属于人民。人民行使国家权力的机关是全国人民代表大会和地方各级人民代表大会。

13. **答案**：ABCD。《宪法》第62条规定：“全国人民代表大会行使下列职权：……（四）选举中华人民共和国主席、副主席；（五）根据中华人民共和国主席的提名，决定国务院总理的人选；根据国务院总理的提名，决定国务院副总理、国务委员、各部部长、各委员会主任、审计长、秘书长的人选；……（九）选举最高人民检察院检察长；……”

14. **答案**：AC。《宪法》第101条第2款规定：县级以上的地方各级人民代表大会选举并且有权罢免本级监察委员会主任、本级人民法院院长和本级人民检察院检察长。选出或者罢免人民检察院检察长，须报上级人民检察院检察长提请该级人民代表大会常务委员会批准。

15. **答案**：BCD。《宪法》第62条规定：“全国人民代表大会行使下列职权：……（十五）决定战争和和平的问题；……”

16. **答案**：ABD。《宪法》第104条规定：县级以上的地方各级人民代表大会常务委员会讨论、决定本行政区域内各方面工作的重大事项；监督本级人民政府、监察委员会、人民法院和人民检察院的工作；撤销本级人民政府的不适当的决定和命令；撤销下一级人民代表大会的不适当的决议；依照法律规定的权限决定国家机关工作人员的任免；在本级人民代表大会闭会期间，罢免和补选上一级人民代表大会的个别代表。

17. **答案**：ACD。《立法法》第108条规定：改变或者撤销法律、行政法规、地方性法规、自治条例和单行条例、规章的权限是：（1）全国人民代表大会有权改变或者撤销它的常务委员会制定的不适当的法律，有权撤销全国人民代表大会常务委员会批准的违背宪法和本法第85条第2款规定的自治条例和单行条例；（2）全国人民代表大会常务委员会有权撤销同宪法和法律相抵触的行政法规，有权撤销同宪法、法律和行政法规相抵触的地方性法规，有权撤销省、自治区、直辖市的人民代表大会常务委员会批准的违背宪法和本法第85条第2款规定的自治条例和单行条例；……

18. **答案**：ABCD。《宪法》第67条规定：“全国人民代表大会常务委员会行使下列职权：……（十四）决定驻外全权代表的任免；（十五）决定同外国缔结的条约和重要协定的批准和废除；……（十九）在全国人民代表大会闭会期间，如果遇到国家遭受武装侵犯或者必须履行国际间共同防止侵略的条约的情况，决定战争状态的宣布；（二十）决定全国总动员或者局部动员；……”

19. **答案**：ABCD。《全国人民代表大会组织法》第34条第1款规定，全国人民代表大会设立民族委员会、宪法和法律委员会、监察和司法委员会、财政经济委员会、教育科学文化卫生委员会、外事委员会、华侨委员会、环境与资源保护委员会、农业与农村委员会、社会建设委员会和全国人民代表大会认为需要设立的其他专门委员会。各专门委员会受全国人民代表大会领导；在全国人民代表大会闭会期间，受全国人民代表大会常务委员会领导。

20. **答案**：AB。《宪法》第80条规定：中华人民共和国主席根据全国人民代表大会的决定和全国人民代表大会常务委员会的决定，公布法律，任免国务院总理、副总理、国务委员、各部部长、各委员会主任、审计长、秘书长，授予国家的勋章和荣誉称号，发布特赦令，宣布进入紧急状态，宣布战争状态，发布动员令。

21. **答案**：ABCD。《宪法》第62条规定：“全国人民代表大会行使下列职权：……（十三）批准省、自治区和直辖市的建置；（十四）决定特别行政区的设立及其制度；……（十六）应当由最高国家权力机关行使的其他职权。”

22. **答案**：AC。本题主要考查民主集中制的内容，它是民主与集中的统一。

23. **答案**：AC。本题主要考查国家机关责任制的基本含义。

24. **答案**：AB。本题主要考查国家机关个人负责制的基本内容。

25. **答案**：ABCD。《宪法》第139条规定：各民族公民都有用本民族语言文字进行诉讼的权利。人民法院和人民检察院对于不通晓当地通用的语言文字的诉讼参与人，应当为他们翻译。在少数民族聚居或者多民族共同居住的地区，应当用当地通用的语言进行审理；起诉书、判决书、布告和其他文书应当根据实际需要使用当地通用的一种或者几种文字。

26. **答案**：ABC。《宪法》第111条第2款规定：居民委员会、村民委员会设人民调解、治安保卫、公共卫生等委员会，办理本居住地区的公共事务和公益事业，调解民间纠纷，协助维护社会治安，并且向人民政府反映群众的意见、要求和提出建议。

27. **答案**：ABCD。《宪法》第91条规定：国务院设立审计机关，对国务院各部门和地方各级政府的财政收支，对国家的财政金融机构和企业事业组织的财务收支，进行审计监督。审计机关在国务院总理领导下，依照法律规定独立行使审计监督权，不受其他行政机关、社会团体和个人的干涉。

28. **答案**：ABCD。根据《各级人民代表大会常务委员会监督法》第15条第1款、第2款的规定，国务院应当在每年6月，将上一年度的中央决算草案提请全国人民代表大会常务委员会审查和批准。县级以上地方各级人民政府应当在每年6月至9月期间，将上一年度的本级决算草案提请本级人民代表大会常务委员会审查和批准。可见，A项正确。根据第16条的规定，国务院和县级以上地方各级人民政府应当在每年6月至9月期间，向本级人民代表大会常务委员会报告本年度上一阶段国民经济和社会发展计划、预算的执行情况。可见，B项正确。根据第17条第2款的规定，严格控制不同预算科目之间的资金调整。预算安排的农业、教育、科技、文化、卫生、社会保障等资金需要调减的，国务院和县级以上地方各级人民政府应当提请本级人民代表大会常务委员会审查和批准。可见，C项正确。根据第18条的规定，常务委员会对决算草案和预算执行情况报告，重点审查下列内容：(1)预算收支平衡情况；(2)重点支出的安排和资金到位情况；(3)预算超收收入的安排和使用情况；(4)部门预算制度建立和执行情况；(5)向下级财政转移支付情况；(6)本级人民代表大会关于批准预算的决议的执行情况。除前款规定外，全国人民代表大会常务委员会还应当重点审查国债余额情况；县级以上地方各级人民代表大会常务委员会还应当重点审查上级财政补助资金的安排和使用情况。可见，D项正确。

29. **答案**：ABCD。《香港特别行政区基本法》第12条规定：香港特别行政区是中华人民共和国的一个享有高度自治权的地方行政区域，直辖于中央人民政府。《宪法》第89条规定：“国务院行使下列职权：……(四)统一领导全国地方各级国家行政机关的工作，规定中央和省、自治区、直辖市的国家行政机关的职权的具体划分；……”

30. **答案**：BCD。《立法法》第108条规定：“改变或者撤销法律、行政法规、地方性法规、自治条例和单行条例、规章的权限是：……(二)全国人民代表大会常务委员会有权撤销同宪法和法律相抵触的行政法规，有权撤销同宪法、法律和行政法规相抵触的地方性法规，有权撤销省、自治区、直辖市的人民代表大会常务委员会批准的违背宪法和本法第八十五条第二款规定的自治条例和单行条例；……”

31. **答案**：ABD。根据宪法和选举法的规定，县级以上地方各级人民代表大会会议期间，主席团、常委会或者1/10以上代表联名，可以提出对本级人大常委会组成人员、人民政府组成人员、法院院长、检察院检察长的罢免案，由主席团提请大会审议。因此选 A、B、D 项。

32. 答案：ACD。B 项中最高人民法院院长应由全国人大任命。注意《宪法》规定的全国人大及其常委会在立法权和任免权等方面的分工。见《宪法》第 62 条、第 67 条。

33. 答案：BCD。此外，关于备案方面，有省、直辖市的地方性法规报全国人大常委会备案，自治州、自治县自治条例和单行条例，报省和自治区的人大常委会批准生效，并报全国人大常委会备案等。

34. 答案：ACD。B 中自治州、自治县的人民代表大会及其常委会可以制定自治条例和单行条例，报省或者自治区的人民代表大会常务委员会批准后生效，并报全国人民代表大会常务委员会备案。

35. 答案：ABD。《宪法》第 103 条第 1 款规定："县级以上的地方各级人民代表大会常务委员会由主任、副主任若干人和委员若干人组成，对本级人民代表大会负责并报告工作。"因此选 A、B、D 项。

36. 答案：ABC。《全国人民代表大会组织法》第 20 条规定，全国人民代表大会主席团、三个以上的代表团或者十分之一以上的代表，可以提出对全国人民代表大会常务委员会的组成人员，中华人民共和国主席、副主席，国务院和中央军事委员会的组成人员，国家监察委员会主任，最高人民法院院长和最高人民检察院检察长的罢免案，由主席团提请大会审议。因此有权提出罢免案的主体是全国人民代表大会主席团、3 个以上代表团或者 1/10 以上的代表。

37. 答案：ACD。《宪法》第 136 条规定：人民检察院依照法律规定独立行使检察权，不受行政机关、社会团体和个人的干涉。

38. 答案：ABCD。基层政权是指国家为实现其政治、经济和文化职能，依法在基层行政区域内设立的国家机关及其所行使的权力的统一体。在农村，它指的是乡镇人民代表大会和乡镇人民政府及其职权的统一体；在城市，它指的是不设区的市、市辖区的人民代表大会及其常委会和人民政府及其权力的统一体。

39. 答案：BCD。《宪法》第 107 条规定：县级以上地方各级人民政府依照法律规定的权限，管理本行政区域内的经济、教育、科学、文化、卫生、体育事业、城乡建设事业和财政、民政、公安、民族事务、司法行政、计划生育等行政工作，发布决定和命令，任免、培训、考核和奖惩行政工作人员。乡、民族乡、镇的人民政府执行本级人民代表大会的决议和上级国家行政机关的决定和命令，管理本行政区域内的行政工作。省、直辖市的人民政府决定乡、民族乡、镇的建置和区域划分。

40. 答案：ABCD。《宪法》第 101 条规定：地方各级人民代表大会分别选举并且有权罢免本级人民政府的省长和副省长、市长和副市长、县长和副县长、区长和副区长、乡长和副乡长、镇长和副镇长。县级以上的地方各级人民代表大会选举并且有权罢免本级监察委员会主任、本级人民法院院长和本级人民检察院检察长。选出或者罢免人民检察院检察长，须报上级人民检察院检察长提请该级人民代表大会常务委员会批准。

41. 答案：ABC。我国最高人民法院由全国人大产生，向全国人大负责。这种责任主要表现在下述方面：（1）最高人民法院要在全国人大每次会议上报告工作；在全国人大闭会期间，向全国人大常委会负责、报告工作。（2）对于适用法律过程中遇到的法律理解问题，最高人民法院可以向全国人大常委会请求法律解释，以了解立法意图，正确适用法律。常委会如果作出解释，最高人民法院必须遵照适用。（3）全国人大及其常委会组成人员可以依法定程序向最高人民法院提出质询，要求解释。（4）全国人大及其常委会可以组织针对最高人民法院工作的特别调查委员会，就严重的违法失职等司法腐败行为进行调查听证，对有关司法人员作出处理。（5）全国人大常委会可以依据宪法授予的监督权，对最高人民法院作出的生效裁判进行个案监督，指出裁判违反法律的地方，由法院自行依照法定程序更正裁判。故A、B、C正确，D错误。

42. 答案：ABD。根据《地方各级人民代表大会和地方各级人民政府组织法》的规定，县、自治县、不设区的市、市辖区的人民政府分别由县长、副县长；市长、副市长，区长、副区长和局长、科长等组成。

43. 答案：AC。此题考查全国人大代表享有的不受法律追究的权利的内容问题。我国《宪法》第75条规定，全国人民代表大会代表在全国人民代表大会各种会议上的发言和表决，不受法律追究。因此此题选A、C。

44. 答案：BC。《宪法》没有规定国家主席对全国人大及其常委会负责，可见A项错误。根据《宪法》第92条的规定，国务院对全国人民代表大会负责并报告工作；在全国人民代表大会闭会期间，对全国人民代表大会常务委员会负责并报告工作。可见B项正确。根据《宪法》第133条的规定，最高人民法院对全国人民代表大会和全国人民代表大会常务委员会负责。地方各级人民法院对产生它的国家权力机关负责。根据《宪法》第138条的规定，最高人民检察院对全国人民代表大会和全国人民代表大会常务委员会负责。地方各级人民检察院对产生它的国家权力机关和上级人民检察院负责。可见C项正确。根据《宪法》第94条的规定，中央军事委员会主席对全国人民代表大会和全国人民代表大会常务委员会负责。可见，D项错误。因此，本题的正确答案应当是B、C项。

45. 答案：BCD。选项A错误。《宪法》第86条规定，国务院由下列人员组成：总理，副总理若干人，国务委员若干人，各部部长，各委员会主任，审计长，秘书长。选项B正确。《宪法》第88条第2款规定，总理、副总理、国务委员、秘书长组成国务院常务会议。选项C、D正确。《宪法》第89条规定："国务院行使下列职权：……（十四）改变或者撤销地方各级国家行政机关的不适当的决定和命令；……（十六）依照法律规定决定省、自治区、直辖市的范围内部分地区进入紧急状态；……"

46. 答案：ABCD。综观四个选项，首先需要判断是否有这些自治权，其次要判断是否是有权主体。民族自治的地方的自治机关是自治区、自治州和自治县的人民代表大会和人民政府。根据宪法和法律的规定，民族自治地方的自治权主要包括以下几个方面：(1)制定自治条例和单行条例；(选项B正确)(2)根据当地民族的实际情况，贯彻执行国家的法律和政策；(3)自主地管理地方财政；(选项A正确)(4)自主地管理地方性经济建设；(选项C正确)(5)自主地管理教育、科学、文化、卫生、体育事业；(选项D正确)(6)组织维护社会治安的公安部队；(7)使用本民族的语言文字。

47. 答案：AC。《宪法》第62条规定："全国人民代表大会行使下列职权：(一)修改宪法；(二)监督宪法的实施；(三)制定和修改刑事、民事、国家机构的和其他的基本法律；(四)选举中华人民共和国主席、副主席；(五)根据中华人民共和国主席的提名，决定国务院总理的人选；根据国务院总理的提名，决定国务院副总理、国务委员、各部部长、各委员会主任、审计长、秘书长的人选；(六)选举中央军事委员会主席；根据中央军事委员会主席的提名，决定中央军事委员会其他组成人员的人选；(七)选举国家监察委员会主任；(八)选举最高人民法院院长；(九)选举最高人民检察院检察长；(十)审查和批准国民经济和社会发展计划和计划执行情况的报告；(十一)审查和批准国家的预算和预算执行情况的报告；(十二)改变或者撤销全国人民代表大会常务委员会不适当的决定；(十三)批准省、自治区和直辖市的建置；(十四)决定特别行政区的设立及其制度；(十五)决定战争和和平的问题；(十六)应当由最高国家权力机关行使的其他职权。"

48. 答案：ABD。选项A错误。根据《香港特别行政区基本法》第44条规定，特别行政区行政长官任职须年满40周岁。选项B错误。《香港特别行政区基本法》第80条规定，香港特别行政区各级法院是香港特别行政区的司法机关，行使香港特别行政区的审判权。选项C正确。《香港特别行政区基本法》第158条第2款规定，全国人民代表大会常务委员会授权香港特别行政区法院在审理案件时对本法关于香港特别行政区自治范围内的条款自行解释。《澳门特别行政区基本法》第143条第2款规定，全国人民代表大会常务委员会授权澳门特别行政区法院在审理案件时对本法关于澳门特别行政区自治范围内的条款自行解释。选项D错误。《香港特别行政区基本法》第18条第4款规定，全国人民代表大会常务委员会决定宣布战争状态或因香港特别行政区内发生香港特别行政区政府不能控制的危及国家统一或安全的动乱而决定香港特别行政区进入紧急状态，中央人民政府可发布命令将有关全国性法律在香港特别行政区实施。《澳门特别行政区基本法》第18条第4款规定，在全国人民代表大会常务委员会决定宣布战争状态或因澳门特别行政区内发生澳门特别行政区政府不能控制的危及国家统一或安全的动乱而决定澳门特别行政区进入紧急状态时，中央人民政府可发布命令将有关全国性法律在澳门特别行政区实施。

49. 答案：ABC。《全国人民代表大会组织法》第21条规定，全国人民代表大会会议期间，一个代表团或者三十名以上的代表联名，可以书面提出对国务院以及国务院各部门、国家监察委员会、最高人民法院、最高人民检察院的质询案。第30条规定，在常务委员会会议期间，常务委员会组成人员十人以上联名，可以向常务委员会书面提出对国务院和国务院各部门、国家监察委员会、最高人民法院、最高人民检察院的质询案。

50. 答案：AD。《立法法》第29条第1款规定，委员长会议可以向常务委员会提出法律案，由常务委员会会议审议。A选项正确。《立法法》第32条第1款规定，列入常务委员会会议议程的法律案，一般应当经三次常务委员会会议审议后再交付表决。注意，是“常务委员会会议审议”而不是“委员长会议审议”，B选项错误。《立法法》第40条规定，列入常务委员会会议议程的法律案，应当在常务委员会会议后将法律草案及其起草、修改的说明等向社会公布，征求意见，但是经委员长会议决定不公布的除外。因此，法律草案应当公布，经委员会会议决定不公布的除外，C选项错误。《立法法》第38条规定，专门委员会之间对法律草案的重要问题意见不一致时，应当向委员长会议报告。D选项正确。

51. 答案：BD。《村民委员会组织法》第21条第1款规定，村民会议由本村18周岁以上的村民组成。这里并未对村民是否被剥夺政治权利作出限定，A选项错误。《村民委员会组织法》第5条第1款规定，乡、民族乡、镇的人民政府对村民委员会的工作给予指导、支持和帮助，但是不得干预依法属于村民自治范围内的事项，B选项正确。《村民委员会组织法》第16条第2款规定，罢免村民委员会成员，须有登记参加选举的村民过半数投票，并须经投票的村民过半数通过。注意必须要两个条件都满足才能罢免，C选项忽略了“须有登记参加选举的村民过半数投票”这个条件，因此错误。《村民委员会组织法》第35条中规定，村民委员会成员实行任期和离任经济责任审计，D选项正确。

52. 答案：ABC。《各级人民代表大会常务委员会监督法》第15条第2款规定，县级以上地方各级人民政府应当在每年6月至9月期间，将上一年度的本级决算草案提请本级人民代表大会常务委员会审查和批准。A选项正确。第20条中规定，常务委员会认为必要时，可以对审计工作报告作出决议；本级人民政府应当在决议规定的期限内，将执行决议的情况向常务委员会报告。B选项正确。第31条规定，最高人民法院、最高人民检察院作出的属于审判、检察工作中具体应用法律的解释，应当自公布之日起30日内报全国人民代表大会常务委员备案。C选项正确。第46条第3款规定，撤职案的表决采用无记名投票的方式，由常务委员会全体组成人员的过半数通过。D选项错误。本题选A、B、C。

53. 答案： ACD。《香港特别行政区基本法》第154条第2款和《澳门特别行政区基本法》第139条第2款规定：对世界各国或各地区的人入境、逗留和离境，特别行政区政府可实行出入境管制。这事实上是特别行政区行使管理职权的具体体现，所以A项是正确的。

《香港特别行政区基本法》第48条规定的香港特别行政区行政长官行使的职权，包括了"依照法定程序任免各级法院法官"的权力，但是需要特别注意的是，香港的司法体制中并不存在检察院，所以B选项的说法是错误的。

《香港特别行政区基本法》第79条规定了香港特别行政区立法会议员丧失资格的情况，其中包括了"行为不检或违反誓言而经立法会出席会议的议员三分之二通过谴责"，此时由立法会主席宣告其丧失立法会议员的资格。所以，C选项的表述是正确的。

《香港特别行政区基本法》第158条第1款和《澳门特别行政区基本法》第143条第1款规定：基本法的解释权属于全国人民代表大会常务委员会。所以，D选项的说法是正确的。

54. 答案： AD。A选项正确，《宪法》中有关全国人大与全国人大常委会在立法权限上的分工是：全国人大制定和修改刑事、民事、国家机构的和其他的基本法律；全国人大常委会制定和修改除应当由全国人民代表大会制定的法律以外的其他法律。同时，《宪法》第67条规定的全国人大常委会的职权包括：在全国人民代表大会闭会期间，对全国人民代表大会制定的法律进行部分补充和修改，但是不得同该法律的基本原则相抵触。

B选项的表述是错误的。根据《立法法》第28条规定，全国人大通过的法律应由国家主席予以公布，而不是由全国人民代表大会主席团公布。

C选项的表述是错误的。根据《立法法》第35条第2款规定，有关的专门委员会审议法律案时，可以邀请其他专门委员会的成员列席会议，发表意见。所以，邀请有关的专门委员会的成员列席会议并非必须为之。

D选项的表述是正确的。《立法法》第31条第1款规定：列入常务委员会会议议程的法律案，除特殊情况外，应当在会议举行的7日前将法律草案发给常务委员会组成人员。

【陷阱】 本题的陷阱在于对宪法修正案、法律、法律修改以及法律解释公布主体的对比辨析和掌握。（1）《宪法》第80条规定的国家主席的职权包括根据全国人民代表大会的决定和全国人民代表大会常务委员会的决定，公布法律。所以，全国人大及其常委会制定的法律，均由国家主席予以公布。（2）在我国，《宪法》并未明确规定宪法修正案的公布机关。但是，数次修宪过程中已经形成了公布修正案的宪法惯例，即由全国人大主席团公布宪法修正案。1982年宪法的五次修正案都是历届全国人大主席团公布的。（3）对于法律的修改（包括了修订、修改决定和修正案三种形式），一般也是由国家主席进行公布。（4）法律解释是由全国人大常委会予以公布，根据《立法法》第52条的规定，法律解释草案表决稿由常务委员会全体组成人员的过半数通过，由常务委员会发布公告予以公布。

55. 答案： ACD。《各级人民代表大会常务委员会监督法》第6条规定：各级人民代表大会常务委员会行使监督职权的情况，应当向本级人民代表大会报告，接受监督。因此，A项表述正确。

B选项的表述是错误的。《各级人民代表大会常务委员会监督法》第25条规定：

全国人民代表大会常务委员会和省、自治区、直辖市的人民代表大会常务委员会根据需要，可以委托下一级人民代表大会常务委员会对有关法律、法规在本行政区域内的实施情况进行检查。受委托的人民代表大会常务委员会应当将检查情况书面报送上一级人民代表大会常务委员会。需要注意此处正确的表述是“下一级”而不是“下级”，这意味着不能“隔级委托”，只能委托给下一级。

C 选项表述是正确的。根据《各级人民代表大会常务委员会监督法》第 38 条的规定：质询案以口头答复的，由受质询机关的负责人到会答复。质询案以书面答复的，由受质询机关的负责人签署。

D 选项表述也是正确的。根据《各级人民代表大会常务委员会监督法》第 42 条第 3 款规定：调查委员会在调查过程中，可以不公布调查的情况和材料。

56. 答案：AB。本题考查的是国家机构的组织和职权。选举法明确规定，全国和地方各级人民代表大会的代表受选民和原选举单位的监督。根据这一规定，不设区的市、市辖区、县、自治县、乡、民族乡、镇的人大代表受原选区选民的监督；全国人大代表，省、自治区、直辖市人大代表，设区的市、自治州人大代表受原选举单位的监督。所以，A 选项的表述是正确的。

《宪法》第 93 条中规定，中央军事委员会实行主席负责制。所以，B 选项的表述是正确的。

《审计法》第 5 条规定，审计机关依照法律规定独立行使审计监督权，不受其他行政机关、社会团体和个人的干涉。第 9 条规定，地方各级审计机关对本级人民政府和上一级审计机关负责并报告工作，审计业务以上级审计机关领导为主。因此，地方审计机关为双重领导体制，选项 C 错误。

根据《地方各级人民代表大会和地方各级人民政府组织法》第 85 条规定：省、自治区的人民政府在必要的时候，经国务院批准，可以设立若干派出机关。县、自治县的人民政府在必要的时候，经省、自治区、直辖市的人民政府批准，可以设立若干区公所，作为它的派出机关。市辖区、不设区的市的人民政府，经上一级人民政府批准，可以设立若干街道办事处，作为它的派出机关。所以，D 选项的表述是错误的，市辖区的政府设立街道办事处，应该经上一级人民政府批准，而非本级人大的批准。

57. 答案：AC。本题考查的是我国行政区划的设立和变更制度。行政区域的设立及其变更必须严格地依法进行，它是国家实现其职能的保障。根据《宪法》第 62 条的规定，全国人大批准省、自治区和直辖市的建置。选项 A 正确。

根据《宪法》第 89 条的规定，国务院批准省、自治区、直辖市的区域划分，批准自治州、县、自治县、市的建置和区域划分。因此，选项 B 错误，C 项正确。

《宪法》第 107 条第 3 款规定，省、直辖市的人民政府决定乡、民族乡、镇的建置和区域划分。因此，D 项错误。

58. 答案：BD。组织性规范主要涉及国家政权机构的建立与具体的职权范围等。宪法中有关国家机构部分主要体现组织性规范的要求。题中条文不属于组织性规范，故 A 项错误。我国宪法尚不能在司法判决中直接引用，故 C 项错误。姓名权是人格权的一种，B 项正确。D 项表述明显是正确的。

59. 答案：ABC。根据《宪法》第 89 条规定，国务院编制和执行国民经济和社会发展计划和国家预算。根据第 62 条、第 67 条规定，全国人大审查和批准国民经济和社会发展计划和计划执行情况的报告，审查和批准国家的预算和预算执行情况的报告；全国人大常委会在全国人民代表大会闭会期间，审查和批准国民经济和社会发展计划、国家预算在执行过程中所必须作的部分调整方案。故 C 项正确，D 项错误。A、B 项符合《预算法》的规定。

60. 答案：BD。全国人大代表享有言论免责权，“全国人民代表大会代表在全国人民代表大会各种会议上的发言和表决，不受法律追究”（《宪法》第75条），可见，这并非绝对的言论自由，故A项错误。全国人大代表享有参与人事任免权，根据宪法规定，全国人民代表大会“根据中华人民共和国主席的提名，决定国务院总理的人选；根据国务院总理的提名，决定国务院副总理、国务委员、各部部长、各委员会主任、审计长、秘书长的人选”（《宪法》第62条），故B项正确。全国人大代表享有人身特别保护权，“全国人民代表大会代表，非经全国人民代表大会会议主席团许可，在全国人民代表大会闭会期间非经全国人民代表大会常务委员会许可，不受逮捕或者刑事审判”（《宪法》第74条），故C项错误，不包括不受行政拘留。《宪法》第61条第1款规定：“全国人民代表大会会议每年举行一次，由全国人民代表大会常务委员会召集。如果全国人民代表大会常务委员会认为必要，或者有五分之一以上的全国人民代表大会代表提议，可以临时召集全国人民代表大会会议。”故D项正确。

61. 答案：ACD。《宪法》第91条规定：“国务院设立审计机关，对国务院各部门和地方各级政府的财政收支，对国家的财政金融机构和企业事业组织的财务收支，进行审计监督。审计机关在国务院总理领导下，依照法律规定独立行使审计监督权，不受其他行政机关、社会团体和个人的干涉。”第109条规定：“县级以上的地方各级人民政府设立审计机关。地方各级审计机关依照法律规定独立行使审计监督权，对本级人民政府和上一级审计机关负责。”《审计法》亦有相关规定。可知，A项正确。B项错误，地方各级审计机关对本级政府和上一级审计机关负责。C、D正确，国务院各部门和地方各级政府的财政收支，国家的财政金融机构和企业事业组织的财务收支，都应当依法接受审计监督。

62. 答案：ABCD。《立法法》第23条规定：“列入全国人民代表大会会议议程的法律案，由宪法和法律委员会根据各代表团和有关的专门委员会的审议意见，对法律案进行统一审议，向主席团提出审议结果报告和法律草案修改稿，对涉及的合宪性问题以及重要的不同意见应当在审议结果报告中予以说明，经主席团会议审议通过后，印发会议。”故A正确。第25条规定：“列入全国人民代表大会会议议程的法律案，在交付表决前，提案人要求撤回的，应当说明理由，经主席团同意，并向大会报告，对该法律案的审议即行终止。”故B正确。第33条规定：“列入常务委员会会议议程的法律案，各方面的意见比较一致的，可以经两次常务委员会会议审议后交付表决；调整事项较为单一或者部分修改的法律案，各方面的意见比较一致，或者遇有紧急情形的，也可以经一次常务委员会会议审议即交付表决。”故C正确。第45条规定：“列入常务委员会会议审议的法律案，因各方面对制定该法律的必要性、可行性等重大问题存在较大意见分歧搁置审议满两年的，或者因暂不付表决经过两年没有再次列入常务委员会会议议程审议的，委员长会议可以决定终止审议，并向常务委员会报告；必要时，委员长会议也可以决定延期审议。”故D正确。

63. 答案：ACD。互相配合，是指三机关在分工负责的基础上，通力合作，密切配合，依法办理刑事案件。互相配合是基于三机关工作目的和任务的一致性。从目的上看，包括惩罚犯罪和保护人民两个方面，故B表述不够完整。A、C、D表述正确。

三、名词解释

1. 答案：国家机构是国家借助国家权力为实现政治统治和政治管理职能，依照宪法和法律规定建立起来的国家机关的总和。它包括立法机关、行政机关、审判机关、检察机关和军事机关等。

2. 答案：社会主义法治是指以反映广大群众根本意志和利益的法律为依据来治理国家，形成一种稳定有序的社会状态。法治原则强调法的统治，而不是将法仅仅作为一种工具，因而它体现了法律至上的思想。

3. **答案**：责任制原则是指国家机关及其工作人员行使职权、履行职权均应对其后果负责。责任制原则是我国国家机关活动的普遍原则，行政机关、监察机关、审判机关、检察机关等都要向权力机关负责，而后者要向人民负责；责任制主要表现为两种形式：集体负责制和个人负责制。
4. **答案**：全国人大各专门委员会是隶属于全国人大的工作机构，在全国人大闭会期间，受全国人大常委会领导，是由全国人大从代表中选举产生，并按照专业进行分工。它不是独立行使职权的国家机关，只负有帮助全国人大及其常委会审议及拟订议案的职责，它的决议只是向全国人大及其常委会提出的意见、建议或议案。
5. **答案**：国家元首是一个国家的最高代表，在国际上代表本国，是国家机构的重要组成部分，并按照宪法规定履行职责。享有元首职权是世界各国元首共同的重要特征。
6. **答案**：民族自治地方是各少数民族聚居并实行区域自治的行政区域，是实行民族区域自治的基础。民族自治地方按行政地位，分为自治区、自治州、自治县。
7. **答案**：人身特别保护权是指人大代表享有的非经特别许可不受逮捕或审判及其他限制人身自由的权利。代表法规定，县级以上的各级人大代表，非经本级人大主席团许可，在人大会议闭会期间，非经本级人大常委会许可，不受逮捕或者刑事审判。如果因为是现行犯被拘留，执行拘留的机关应当立即向该级人大主席团或者人大常委会报告。对县级以上的各级人大代表，如果采取法律规定的其他限制人身自由的措施，应当经该级人大主席团或者人大常委会许可。乡、民族乡、镇的人大代表，如果被逮捕、受刑事审判或者被采取法律规定的其他限制人身自由的措施，执行机关应当立即报告乡、民族乡、镇的人大。

四、简答题

1. **答案**：我国居民委员会和村民委员会是群众性的基层自治组织。它制定的乡规民约，不以国家强制力作后盾，对违反公约的行为，主要靠说服教育，并辅之以一定的经济制裁。基层政权机关同居民委员会和村民委员会的关系，不是上下级的行政领导关系，而是国家政权机关对群众自治组织的指导关系。
2. **答案**：（1）性质：地方各级人民代表大会是地方国家权力机关。

（2）地位：就全国而言，全国人民代表大会是最高的国家权力机关。对于地方来说，同级人民代表大会就是该地方的国家权力机关。它决定本行政区域内的重大事项；本级的地方国家行政机关、审判机关、检察机关都由它产生，对它负责，受它监督。它们是各该行政区域内的人民行使地方国家权力的机关。
3. **答案**：（1）专门委员会是全国人大的辅助性的工作机构，是从代表中选举产生的按照专业分工的工作机关。

（2）任务：在全国人大及其常委会的领导下，研究、审议、拟订有关议案。

（3）专门委员会在讨论其所属的专门问题之后，虽然也作出决议，但这种决议必须经过全国人大或者全国人大常委会审议通过之后，才具有国家权力机关所作的决定的效力。
4. **答案**：我国国家主席是国家机构的重要组成部分，是一个相对独立的国家机关。国家主席同最高国家权力机关结合起来行使国家元首职权，对外代表国家，是集体的国家元首。我国国家主席行使如下职权：

（1）公布法律、发布命令。我国《宪法》第80条规定，中华人民共和国主席根据全国人民代表大会的决定和全国人民代表大会常务委员会的决定，公布法律，发布特赦令，宣布进入紧急状态，宣布战争状态，发布动员令。

（2）任免国务院组成人员。我国《宪法》第80条规定，中华人民共和国主席根据全国人民代表大会的决定和全国人民代表大会常务委员会的决定，任免国务院总理、副总理、国务委员、各部部长、各委员会主任、审计长、秘书长。

（3）荣典权。我国《宪法》第80条规定，中华人民共和国主席根据全国人民代表大会的决定和全国人民代表大会常务委员会的决定，授予国家的勋章和荣誉称号。

（4）外交权。我国《宪法》第81条规定，中华人民共和国主席代表中华人民共和国，进行国事活动，接受外国使节；根据全国人民代表大会常务委员会的决定，派遣和召回驻外全权代表，批准和废除同外国缔结的条约和重要协定。

（5）我国《宪法》第82条规定，中华人民共和国副主席协助主席工作。中华人民共和国副主席受主席的委托，可以代行主席的部分职权。

5. 答案：根据《宪法》和《全国人民代表大会组织法》等的规定，全国人大代表的权利主要有：

（1）提出议案和建议、批评、意见的权利；

（2）提出人事罢免案的权利；

（3）提出质询案和进行询问的权利；

（4）在全国人大召开的各种会议上的发言和表决不受追究；

（5）在大会开会或闭会期间，非经许可，不受逮捕和刑事审判。

6. 答案：责任制原则是指中央国家机关及其工作人员无论是行使职权，还是履行职务，都必须对其产生的后果负责。责任制原则在不同的中央国家机关内部，由于机关性质的不同而有不同的表现。根据宪法和有关国家机关组织法的规定，它具体表现为集体负责制和个人负责制两种。集体负责制是指全体组成人员和领导成员的地位和权利平等，在重大问题的决定上，由全体组成人员集体讨论。并且按照少数服从多数的原则作出决定，集体承担责任。全国人民代表大会及其常务委员会、最高人民法院和最高人民检察院等即是集体领导。个人负责制是由首长个人决定问题并承担相应责任的领导体制。在我国，国务院及其各部、委，中央军委等都实行个人负责制。

五、论述题

1. 答案：根据我国《宪法》和《人民检察院组织法》的规定，人民检察院主要有以下职权：

（1）法纪监督。法纪监督的主要内容有：①对背叛国家、分裂国家以及严重破坏国家法律、政策、法令、政令统一实施的重大犯罪案件，行使检察权。也称特种法纪监督。②对有关刑事案件行使侦查权，包括对司法工作人员利用职权实施的非法拘禁、刑讯逼供、非法搜查等侵犯公民权利、损害司法公正的犯罪案件，以及国家机关工作人员利用职权实施的重大犯罪案件等行使侦查权。③对直接受理的案件决定是否逮捕、起诉。

（2）侦查和调查监督。包括对公安机关侦查的案件、监察机关调查的案件进行审查，决定是否逮捕、起诉或不起诉；对公安机关的侦查活动是否合法实行监督。

（3）公诉和审判监督。包括：人民检察院对刑事案件提起公诉；支持公诉；对人民法院的审判活动是否合法进行监督；如认为人民法院的判决和裁定确有错误，可以依法提出抗诉，依照法律规定提起公益诉讼。

（4）对刑事案件判决、裁定的执行和监狱、看守所的活动是否合法进行监督。

2. 答案：根据《宪法》和《全国人民代表大会组织法》的有关规定，全国人民代表大会代表享有如下权利：

（1）出席全国人民代表大会会议，参与国家重大问题的讨论。在全国人大每次会议召开前一个月，常委会要把开会日期和建议大会讨论的主要事项通知给代表，以使代表有所准备。（2）根据法律规定的程序提出议案，或提出批评、意见和建议。（3）提出质询或询问。全国人大30名以上的代表联名可以提出对国务院或者国务院各部、委，国家监察委员会，最高人民法院和最高人民检察院的质询案。代表对受质询机关的答复不满意时，主席团可决定由受质询机关再作答复。询问是代表就某一问题要求有关国家机关负责人说明情况，以便对报告或议案进行审议。（4）对议案进行审议、表决，参加国家机关领导人的选举、决定以及罢免。

代表的义务。根据宪法和法律的规定，全国人大代表还必须履行以下相应的义务：(1) 模范遵守宪法和法律，宣传法制，协助宪法和法律的实施。(2) 保守国家秘密。(3) 接受原选举单位和群众的监督。经原选举单位过半数同意可以罢免全国人大代表的代表资格。(4) 密切联系群众和原选举单位，倾听广大人民群众的意见，等等。

3. 答案：我国地方制度同其他国家相比，有自己的一些特点，这就是：

(1) 多层次性。我国土地辽阔，人口众多，再加上我国由于经济上、历史上和生活上的特点及特殊的民族成分，为了有效地管理国家，地方政权的建立必须多层次。总的来说，可以分为三种类型，即一般地方、民族自治地方和特别行政区。

(2) 灵活多样性。我国地方国家机关的建立及其职权范围不是只有一种形式，而是根据我国国情和各地之间的差别，采取多种形式。例如，为了适应对外开放的需要，我国从 1980 年以来建立经济特区，所采取的经济政策和管理办法又有其特殊性。至于特别行政区更不同于其他地区，将保持另外一种社会制度，其自治程度又比自治区高得多。这都体现了我国建立地方制度的灵活性。

(3) 独创性。我国从具体国情出发，在地方制度建设方面，积累了许多好的经验，有许多独创的制度。例如，在处理中央和地方关系上，我们一直采取“统一领导，分级管理，因地制宜，因事制宜”的方针；在“一国两制”方针的指导下，设立特别行政区；等等。这些都创造性地丰富和发展了马克思列宁主义关于国家地方制度的理论。

(4) 原则性。我国地方制度虽然是灵活多样的，并且具有独创性，但都离不开有利于国家的统一和有利于社会主义现代化建设这个总原则。这一原则体现了全国人民的最高利益，因而也是地方制度的根本原则。地方制度的一切做法和一切形式，归根结底都要服从和服务于这个根本原则。

第三编　宪法实施

第十六章　宪法实施及其保障

基础知识图解

- 宪法实施及其保障
  - 宪法实施概述
    - 概念
    - 特点
    - 条件
  - 宪法实施的功能和基本方式
    - 功能
    - 方式
  - 健全保证宪法全面实施的体制机制

配套测试

一、单项选择题

1. 由立法机关负责保障宪法实施的体制，起源于（　　）

A. 英国宪法　　B. 美国宪法

B. 法国宪法　　D. 苏俄宪法

2. 关于宪法实施，下列哪一选项是不正确的？（　　）（司考 2012. 1. 22）

A. 宪法的遵守是宪法实施最基本的形式

B. 制度保障是宪法实施的主要方式

C. 宪法解释是宪法实施的一种方式

D. 宪法适用是宪法实施的重要途径

3. 关于合宪性审查和备案审查，下列选项正确的是（　　）

A. 备案审查是指对规范性文件的事前审查

B. 全国人大常委会备案审查的对象包括行政法规、规章、司法解释

C. 合宪性审查的主体是全国人大宪法和法律委员会

D. 合宪性审查的对象包括规范性文件和具体行为

4. 最高人民法院印发的《人民法院民事裁判文书制作规范》规定："裁判文书不得引用宪法……作为裁判依据，但其体现的原则和精神可以在说理部分予以阐述。"关于该规定，下列哪一说法是正确的（　　）

A. 裁判文书中不得出现宪法条文

B. 当事人不得援引宪法作为主张的依据

C. 宪法对裁判文书不具有约束力

D. 法院不得直接适用宪法对案件作出判决

二、多项选择题

1. 宪法实施的基本构成包括以下哪些内容？（　　）

A. 宪法的修改

B. 宪法的解释

C. 宪法的遵守

D. 宪法的执行和适用

2. 宪法实施通常有以下哪些特点？（　　）

A. 广泛性和综合性

B. 最高性和原则性

C. 直接性和间接性

D. 灵活性和应变性

3. 世界各国宪法实施保障的体制主要有：（　　）

A. 立法机关负责保障实施的体制
B. 司法机关负责保障实施的体制
C. 执政党负责保障实施的体制
D. 专门机构负责保障实施的体制

4. 在我国制定颁布的四部宪法中，规定由全国人民代表大会行使宪法实施监督权的有（　　）
A. 1954 年宪法　　B. 1975 年宪法
C. 1978 年宪法　　D. 1982 年宪法

5. 宪法实施的外部条件主要表现在哪些方面？（　　）
A. 政治条件　　B. 经济条件
C. 思想意识条件　　D. 自然环境

6. 宪法实施的自身条件主要表现在哪几个方面？（　　）
A. 宪法本身是否科学
B. “书面宪法”与“现实宪法”是否脱节
C. 是否设立宪法委员会
D. 宪法本身是否规定了完善的实施机制

7. 我国宪法实施保障主要包括下列哪些内容？（　　）
A. 保障法律的合宪性
B. 保障国家权力行使的合宪性
C. 保障执政党的行为的合法性
D. 保障宪法性文件的合法性

8. 宪法实施保障包括哪些方式？（　　）
A. 事后审查　　B. 预防性审查
C. 附带性审查　　D. 宪法控诉

9. 现阶段我国宪法实施的保障机制主要有（　　）
A. 政治保障　　B. 法律保障
C. 组织保障　　D. 依靠人民群众

10. 附带性审查和宪法控诉都是宪法实施保障的重要方式，关于二者的区别的表述，以下正确的是：（　　）
A. 在附带性审查中，提出审查的主体既可能是诉讼中的原告，也可能是诉讼中的被告；而在宪法控诉中，提出审查的是普通公民
B. 附带性审查必须有具体的争诉；而宪法控诉则不要求有具体的纠纷存在
C. 附带性审查是一种主动性审查，由法官对于法律进行附带的主动审查，而宪法控诉是被动性审查，依赖于诉讼的存在
D. 在附带性审查中，被裁决为违宪的法律、法规没有溯及既往的效力；而在宪法控诉中，被裁决为违宪的法律、法规具有溯及力

三、名词解释

1. 宪法实施
2. 宪法适用
3. 宪法遵守
4. 宪法实施的条件
5. 事先审查
6. 事后审查
7. 附带审查
8. 起诉审查
9. 提请审查
10. 宪法实施过程
11. 宪法的实际实施阶段
12. 宪法实施评价阶段
13. 宪法实施评价

四、简答题

1. 简要说明宪法实现及其与宪法实施之间的相互关系。
2. 简要说明监督宪法实施的主要内容。
3. 宪法实施保障的基本内容。
4. 加强宪法实施过程研究有什么重要意义？
5. 简述宪法实施过程的主要阶段。

五、论述题

1. 试论宪法实施所要遵循的基本原则。
2. 试论宪法实施有哪些特点。
3. 试论宪法实施的主要条件。
4. 试论宪法实施保障体制。
5. 试述宪法实施过程的特点。

参考答案

一、单项选择题

1. **答案：**A。此题考查由立法机关负责保障宪法实施的体制的起源问题。由立法机关负责保障宪法实施的体制起源于英国，英国长期

奉行“议会至上”的原则，认为议会是代表人民的民意机关，是主权机关。作为立法机关的议会应当高于行政机关和司法机关，法律是否违宪，由议会来判断。因此选A。

2. **答案**：B。宪法的实施是指宪法规范在现实生活中的贯彻落实，使宪法规范的内容转化为具体社会关系中的人的行为。宪法的实施主要包括：宪法适用和宪法遵守。宪法的遵守既是宪法实施最基本的要求，也是宪法实施最基本的方式。A项正确。宪法适用不仅是宪法实施的重要途径，也是法治国家树立宪法权威的重要内容。D项正确。宪法解释是宪法适用的必然环节和内在要素，因为有权机关必须先解释宪法规范的意义才能将之适用于具体事件，因此，宪法解释是宪法实施的一种方式。C项正确。对于B项，制度保障是宪法实施保障机制的重要方面，而非宪法实施的方式，更不能说是主要方式，B项错误。综上，本题答案为B项。

3. **答案**：D。关于A，事前审查和事后审查的区别在于被审查的法律文件在审查前是否已经生效。事前审查也被称为批准制，指未经审查（批准）的法律文件不得公布生效。但备案行为并不影响有关法律规范的生效，只在发现错误后才进行错误纠正，因此属于事后审查，A选项错误。关于B，根据《立法法》的规定，部门规章和地方政府规章报国务院备案，地方政府规章报同级人大常委会备案，市级的地方政府规章需要报省级人大常委会和省级政府备案。因此，规章并不由全国人大常委会进行备案审查，B选项错误。关于C，根据《宪法》规定，有权监督宪法实施的主体是全国人大及其常委会。宪法和法律委员会作为全国人大专门委员会，只是负责具体审查工作并提出具体建议，C选项错误。关于D，合宪性审查的内容，主要包括两个方面：一是对规范性法律文件的合宪性审查和监督；二是对公权力机关行使公权力的具体行为的合宪性审查与监督，D选项正确。

4. **答案**：D。关于A，宪法条文当然可以以说理的方式出现在裁判文书之中，A选项错误。关于B，宪法作为公民行为的最高行为准则和公民权利的最高规范保障，当事人当然可以援引宪法保障自身权利，B选项错误。关于C，宪法是其他一切法律规范的最高渊源，依据其他法律规范作出的生效判决同样不得违反宪法的内容，否则无效，C选项错误。关于D，宪法不能直接作为司法适用的依据，需依据其他法律规范作出，D选项正确。

二、多项选择题

1. **答案**：CD。本题主要考查宪法实施的含义。
2. **答案**：ABC。本题考查宪法实施的特点。
3. **答案**：ABD。此题考查世界各国宪法实施保障的体制的种类问题。

   宪法实施保障，是指立宪国家为促进宪法的贯彻实施而建立的制度和开展的活动的总称。综观世界各国的宪法规定，宪法实施保障体制主要有以下三种：（1）由司法机关负责保障宪法实施的体制；（2）由立法机关负责保障宪法实施的体制；（3）由专门机关负责保障宪法实施的体制。
4. **答案**：ACD。我国制定颁布的四部宪法中，只有1975年宪法没有规定全国人民代表大会行使宪法实施监督权。
5. **答案**：ABC。本题主要考查宪法实施的外部条件。
6. **答案**：ABD。本题主要考查宪法实施的自身条件。
7. **答案**：ABC。本题主要考查我国宪法实施保障的主要内容。
8. **答案**：ABCD。本题主要考查宪法实施的保障方式。
9. **答案**：ABCD。本题主要考查现阶段我国宪法实施的保障机制。
10. **答案**：ABD。附带性审查是一种被动性审查，审查机关不主动启动一个审查程序，而宪法控诉则是一种主动性审查，它不依赖于诉讼的存在，所以C错误。需要注意的是，二者在审查主体方面也有区别，附带性审查在多数国家由普通法院进行；而宪法控诉是德国宪法法院实行的审查方式，是由宪法法院这一特定的机关对于法律、法规和规范性文件的合宪性进行审查。而且，审查的后果也不同，附带性审查的后果是凡被法院宣布为违宪的法律，一般不再被援用，它并不导致这一法律在法典或法律性文件上被删除的后果，而在宪法控诉中，如某一法律被宣布为违宪，一般需要以公告的方式宣布该法规失效。

三、名词解释

1. **答案**：宪法实施是法律实施的一种具体形式，是指宪法规范在现实生活中的贯彻落实，即将宪法文字上的、抽象的权利义务关系转化为现实生活中生动的、具体的权利义务关系，进而将宪法规范所体现的人民意志转化为具体社会关系中的人的行为。
2. **答案**：宪法适用是一定国家机关对宪法实现所进行的有目的的干预。它一方面是指国家代议机关和国家行政机关对宪法实现的干预；另一方面则是指国家司法机关在司法活动中对宪法实施的干预。
3. **答案**：宪法遵守是指一切国家机关、社会组织和公民个人严格依照宪法的规定从事各项行为。宪法遵守通常包括三层含义：一是享有宪法赋予的权利；二是履行宪法规定的作为义务；三是遵循宪法规定的禁止性命令。
4. **答案**：宪法实施的条件是指影响和制约宪法能否实施以及宪法实施程度的各种内外因素。宪法实施的条件概括起来主要是两个方面，即宪法实施需要相应的外部环境和相应的自身条件。
5. **答案**：事先审查又称预防性审查，是指在法律、法规和法律性文件正式颁布实施之前，由有权机关对其是否合宪进行审查，如果在审查过程中发现其违宪，即予立即修改、纠正。这种方式通常适用于法律、法规和法律性文件的制定过程中。
6. **答案**：事后审查是指在法律、法规和法律性文件颁布实施之后，或者在特定行为产生实际影响之后，由有关机关对其是否合宪进行的审查。
7. **答案**：附带审查是指司法机关在审理案件过程中，因涉及拟适用的法律、法规和法律性文件是否违宪的问题，而对该法律、法规和法律文件所进行的合宪性审查。
8. **答案**：起诉审查是指有关国家机关、社会组织或者公民个人在自己宪法上的权力或权利受到侵犯或者可能受到侵犯时，依法诉请宪法实施保障机关对特定法律性文件和行为的合宪性进行审查。
9. **答案**：提请审查是指特定的国家机关或国家领导人依法将有异议的法律性文件或行为，提请该国的宪法实施保障机关进行合宪性审查。
10. **答案**：宪法实施过程即宪法作用于社会生活的过程，是指宪法实施的连续性在时间和空间上的表现。它是宪法在人类社会中存在和发展总过程的一部分，由若干具体过程构成。
11. **答案**：宪法的实际实施阶段是宪法实施程序中的主要环节，是宪法规范调整各种社会关系的具体表现，是体现在宪法规范中的立宪价值和法治精神能否得以实现的关键。
12. **答案**：宪法实施评价阶段是指有关国家机关或者公民个人以宪法规范、立宪价值取向及社会发展需要等为标准，对宪法实施主体的行为及其效果进行检查对照，并作出明确判断的活动。
13. **答案**：宪法实施评价是指国家有关机关和公民个人以宪法规范、立宪价值取向及社会发展需要等为标准，对宪法实施行为和实施结果所作的价值评判。它反映了评价主体对宪法及其实施的态度和倾向。宪法实施评价包括实施行为评价和实施结果评价。

四、简答题

1. **答案**：首先，宪法实现是宪法作用于社会的结果。尽管宪法实现在不同的社会或国家中会存在区别，但它们都应当体现两个统一：一是程序上的贯彻落实与实体内容的实现相统一；二是宪法规范的实现与宪法精神和价值的实现相统一。具体说来，宪法实现包括三层内涵：(1) 宪法规范程序上的贯彻和实行，包括宪法规范实施的主体、实施行为、实施方式和方法及实施程序。(2) 宪法实体内容的实现，主要体现为宪法所规定的权利和义务转化为现实，并根据立宪的要求形成具体的宪法关系和宪法秩序。(3) 宪法体现的精神和价值得到实现。以上三个方面构成宪法实现的三个系统，即宪法的规范系统→宪法的实施系统→宪法实现的结果系统。

其次，宪法实施是法律实施的一种具体形式，是指一定主体在现实生活中贯彻落实宪法规范的活动。宪法实现是指宪法的规范要求转化为宪法主体的行为，从而形成现实宪法关系的状态。宪法实施与宪法实现的关系表现为：

(1) 宪法实施与宪法实现存在着极为密切的联系，宪法实施实际上是宪法实现的中心环节和主体部分。没有宪法的实施就不可能有宪法的实现，宪法实施是宪法实现的前提；没有宪法实现，宪法的实施则丧失了实际意义，宪法实现是宪法实施的目的所在。

(2) 宪法实施和宪法实现的区别表现在：①从含义上看，宪法实施是一种实际的活动过程，宪法实现不仅包括这一活动过程，而且包括这一活动过程所产生的结果。②从内容上看，宪法实施主要侧重于宪法的执行、适用及遵守，而宪法实现除了以上内容之外，还特别强调宪法的监督和保障。③从结果上看，宪法实施既可能是正值，也可能是负值，但宪法实现则肯定是正值。④从逻辑关系上看，宪法实施是过程、是手段，宪法实现则是目的、是结果。

2. 答案：监督宪法实施的主要内容为：

(1) 审查法律、法规及法律性文件的合宪性；(2) 审查国家机关及其工作人员的行为的合宪性；(3) 审查各政党、团体、企业等组织以及全体公民行为的合宪性。

3. 答案：宪法实施保障在一定意义上亦即宪法监督，是立宪国家为了促进宪法的贯彻落实而建立的制度和开展的活动的总称。宪法实施保障的基本内容主要包括两大方面：(1) 保障法律、法规和法律性文件的合宪性。宪法是国家法律体系的基础，因而一般法律、法规和法律性文件，都必须以宪法为依据，不得与宪法相抵触。宪法的原则精神只有通过普通法律、法规的具体化，通过整个国家法律体系的健全和完备才能有效实施。(2) 保障国家机关及其工作人员、各政党、武装力量、社会团体、企业事业组织和全体公民的行为的合宪性。宪法是国家根本法，一切国家机关、社会组织和公民个人都必须将宪法作为自己根本的行为准则。

如果立宪国家的机关、组织和个人的行为背离宪法所确立的原则，同样也有损宪法的权威和尊严。

4. 答案：加强宪法实施过程的研究，对于实现立宪目的具有重要意义。具体表现在以下几个方面：(1) 加强宪法实施过程的研究，有利于顺利、有效地实施宪法。(2) 加强宪法实施过程的研究，有利于发现和解决宪法实施可能面临的问题和障碍。(3) 加强宪法实施过程的研究，有利于准确评价宪法的合理性，并进而完善和发展宪法。(4) 加强宪法实施过程的研究，有利于分解和细化宪法实施的目标和任务，增强人们实施宪法的信心。

5. 答案：(1) 准备阶段。宪法实施准备阶段的基本任务是为宪法的实际实施创造条件、打好基础。主要包括：①以实施宪法的目标为中心，明确宪法实施的指导思想，用以指导宪法的实施活动，保证宪法实施活动的顺利进行。②设计宪法实施方案。③建立健全合理的宪法实施机构。

(2) 实际实施阶段。宪法的实际实施阶段是宪法实施程序中的主要环节，是宪法规范调整各种社会关系的具体表现，是体现在宪法规范中的立宪价值和法治精神能否得以实现的关键。为了确实保障宪法的实际实施，必须注意：①加强宪法的学习、宣传，提高宪法实施主体的宪法意识，使宪法实施主体的行动与宪法的要求相一致。②掌握实施进度，把握实施方向。③保证实施机制运转，提高实施效率。

(3) 实施评价阶段。宪法实施评价是指有关国家机关或者公民个人以宪法规范、宪法价值取向及社会发展需要为标准，对宪法实施主体的行为及其效果进行检查对照，并作出明确判断的活动。在进行宪法实施评价时，必须注意以下两点：①在评价时，必须正确处理好整体与部分、宏观与微观之间的关系，既立足全局、宏观评价宪法的整体实施状况，又立足局部、微观评价个别宪法规范的实施效果，并将它们有机统一起来。②必须确立评价宪法实施状况的标准。

五、论述题

1. 答案：宪法实施必须遵循以下原则：

（1）最高权威性原则

宪法实施的最高权威性原则是由宪法作为国家根本大法的性质决定的。宪法的这种地位，决定了在实施宪法过程中，必须始终维护宪法的权威和尊严。这种维护既体现在宪法规范得到一切机关、组织和个人的一体遵行以及宪法的具体内容得到充分实施方面，也体现在一切法律、法规等规范性文件不得与宪法相抵触方面。如果宪法在实施过程中不能树立应有的权威，或者说宪法实施主体未能切实贯彻宪法的最高权威性原则，有效实施宪法就是根本不可能的。

（2）民主原则

宪法实施的民主原则是由宪法的本质内容决定的。近代宪法是资产阶级革命的产物，宪法是民主事实法律化的基本形式。尽管商品经济的普遍化发展是宪法产生的根本原因，但如果没有资产阶级民主思想的产生和传播，没有资产阶级民主事实的形成，没有民主主体至少在形式上的普遍化，也就不可能有宪法，因而宪法的精髓就在于民主。因此，在实施宪法过程中，民主应该成为贯穿宪法实施活动的一条红线。

（3）合法原则

宪法实施的合法原则是指宪法实施主体的身份必须符合宪法和法律的规定，宪法实施主体的权限范围、行使权限的方式和方法以及宪法实施的具体程序等都应有宪法和法律依据。既然宪法实施是宪法实施主体的活动，那么无论是宪法实施主体本身，还是宪法实施主体的行为，都必须具有合法性基础。这实际上是宪法实施应有的最基本的前提。

（4）程序原则

宪法实施的程序原则是指宪法本身必须有实施程序方面的规定，宪法实施主体必须依照法定程序实施宪法。从法理上讲，程序具有两个方面的价值：①程序是贯彻实体规定的手段，这是程序的工具性价值；②程序反映法律运作的客观规律，具有内在的正当性基础，这是程序的目的性价值。程序对于宪法也同样具有这两个方面的价值。宪法中的程序规范是实施宪法实体规范的必要条件；没有相应的程序规范作保障，实体规范的实施往往沦为空谈。同时，宪法实施遵循一定的程序也是宪法目的实现的客观要求，程序本身反映着宪法的基本价值取向。具体说来，宪法实施的程序原则有两个要求：①程序法定，即宪法在设定具体的实体规范时，要设立实施该实体规范的程序性规范，且这种程序性规范应该是科学的、必要的和充分的。②依照程序，即有关主体在实施宪法时，既要遵守宪法的实体性规范，又要遵守宪法的程序性规范，即通过严格遵守宪法的程序性规范来贯彻落实宪法的实体性规范。

（5）稳定原则

宪法实施的稳定原则是指实施宪法过程中必须保持宪法的相对稳定，不得朝令夕改。由于宪法是国家的根本大法，宪法的频繁变动不仅关系到整个国家和社会的稳定，而且关系到宪法能否保持应有的权威和尊严，因而宪法必须具有稳定性。但这种稳定性只是相对稳定性。随着社会历史条件的变化发展，宪法也要相应地变化发展。

（6）发展原则

宪法实施的发展原则是指在宪法实施过程中，应该根据各种客观形势的变化，对宪法的内容进行相应的修改和解释，以推动宪法本身的发展。如前所述，宪法的实施过程就是宪法不断丰富和完善的过程，或者说是重新塑造宪法的过程。因此，实施宪法就不仅要切实贯彻落实宪法的条文内容，从而使书面宪法转化为现实宪法，而且要根据现实生活中各种新情况、新问题形成的客观需要来发展宪法。

必须明确的是，宪法实施除了必须遵循和贯彻上述六项主要原则以外，还必须遵循和贯彻宪法实施的公开原则、效益原则和监督原则等。

2. 答案：宪法作为法律的一种，自然具有不同于普通法律实施的特点，这是由其自身的性质以及宪法在整个国家法律体系中的地位和作用决定的。主要表现在：

（1）宪法实施的广泛性

宪法实施的广泛性包括宪法实施范围的广泛性和宪法实施主体的广泛性。宪法调整的范围涉及国家政治、经济、文化和社会生活等各个方面，同时宪法的实施需要通过社会关系中一切主体的行为来实现，因此，宪法实施的主体也相应具有广泛性和多样性。

（2）宪法实施的综合性

所谓宪法实施的综合性是指宪法的实施不可能单纯是宪法本身或者社会生活某一方面的问题，而是整个国家具有高度综合性的社会问题。在实施宪法的过程中，必须综合考虑国家和社会生活中的各种因素，从而在整体上宏观切实推进宪法的实施进程。

（3）宪法实施的原则性

宪法实施的原则性是由宪法的内容和地位决定的。宪法的实施过程，表现为宪法规范从宏观上、总体上对所调整的社会关系进行原则指导的过程。这种原则指导主要表现在两个方面：一是宪法确定的是社会关系主体行为的基本方向和原则标准，一般不涉及人们行为的具体模式，这些具体模式通常由普通法律进行调整；二是宪法在实施过程中，对人们的行为后果往往只从总体上作出肯定或者否定的评价，从而为普通法律对人们的行为进行具体评价和追究法律责任提供基础和依据。

（4）宪法实施的多层级性

宪法规范的原则性和根本性，决定了宪法实施的多层级性。所谓宪法实施的多层级性，是指宪法在实施过程中往往要经过许多中间环节，逐级落实以达到立宪目的的最终实现。

（5）宪法实施的持续性

宪法实施的持续性是指宪法一经制定颁布，其实施便成为国家政治生活中的日常事项，须臾不可中断。

（6）宪法实施的保障性

所谓宪法实施的保障性，是指宪法的实施客观上需要专门监督制度来保障；离开宪法实施保障机制的有效运作，宪法实施则往往成为一句空话。

（7）宪法实施方式的具体多样性

由宪法的原则性和广泛性特点所决定，不同性质和内容的宪法规范，要求不同的实施方式，而所有宪法规范实施的方式则呈现出多样性的特色。

3. 答案：宪法作为国家的根本法，具有最高的法律地位、法律权威、法律效力。宪法实施的目的，是通过宪法规范的落实，实现人民当家作主，保障公民基本权利，保障国家权力有序运行，促进经济发展、社会进步和国家的长治久安。但宪法实施不能自动生成并作用于社会生活，需要具备一定的条件。

宪法实施的条件是指影响和制约宪法实施的各种内外在因素，包括政治、思想和宪法自身等方面。

（1）宪法实施的政治保证

宪法规定了国家的根本政治制度和国家政治生活的基本准则，调整国家政治组织及其职能。通过宪法实施，确立了国家的根本政治制度和国家权力属于人民等基本原则。宪法保障民主政治的实现，同时，宪法本质上是国内各种政治力量实际对比关系的集中反映。宪法确立的制度和原则，对宪法实施具有重要的影响。

我国宪法坚持党的领导、人民当家作主、依法治国有机统一，以保证人民当家作主为根本，以增强党和国家活力、调动人民积极性为目标，扩大社会主义民主，发展社会主义政治文明。特别是我国宪法确认了中国共产党的领导地位和在国家政权结构中总揽全局、协调各方的核心地位，为宪法实施提供了根本的政治保证。

（2）宪法实施的思想基础

思想是行动的指南。宪法实施的活动是人们在一定思想意识支配下进行的，思想对宪法实施有直接的影响。公民尊崇宪法、信仰宪法、遵守宪法和维护宪法，是宪法实施的必要思想条件和社会心理条件。2014 年 11 月 1 日，十二届全国人大常委会第十一次会议通过决定，将每年的 12 月 4 日即现行宪法颁行之日确定为“国家宪法日”，并将国家宪法日所在的一周确定为“宪法宣传周”，举行各种纪念宪法及学习宣传宪法知识的活动，以增强民众的宪法观念和宪法意识。国家工作人员的宪法意识对宪法实施至关重要。党的十八届四中全会《决定》要求建立国家工作人员宪法宣誓制度，十二届全国人大常委会第十五次会议于 2015 年 7 月 1 日作出了《关于实行宪法宣誓制度的决定》，以立法方式具体规定了国家工作人员进行宪法宣誓的范围、宪法宣誓的要求和程序及誓词。2018 年 2 月 24 日，十二届全国人大常委会第三十三次会议通过了修订后的《关于实行宪法宣誓制度的决定》。2018 年《宪法修正案》将宪法宣誓制度在宪法中确认下来。中央决定将宪法作为领导干部教育培训的重要内容。这些做法，有利于促使国家工作人员树立宪法意识、恪守宪法原则、弘扬宪法精神、履行宪法使命，也有利于彰显宪法权威，激励和教育全体公民，形成尊崇宪法、遵守宪法、维护宪法的社会氛围，从而加强宪法实施。

（3）宪法自身的完善程度

良法是善治的前提，宪法自身的完善程度是宪法实施的基本条件，要正确认识和处理宪法规范和社会现实的关系。为了维护宪法的权威和尊严，需要保持宪法的稳定性，这是保障宪法实施和国家稳定的重要保证。但是，保持宪法稳定，并不意味着宪法一成不变。宪法只有不断适应新形势、吸纳新经验、确认新成果、作出新规范，才能具有持久生命力。1982 年宪法颁行以来，随着我国经济社会的发展、变化和进步，全国人大以修正案的方式对宪法进行了五次修改，在保持宪法的连续性、稳定性、权威性基础上，实现宪法与时俱进，既遵循宪法发展规律，又反映社会现实的客观要求，也为宪法实施奠定了基本前提。特别是将习近平新时代中国特色社会主义思想载入宪法，对推进依宪治国、依宪执政，将产生重要影响。

4. 答案：宪法实施保障体制一般是指在立宪国家，由哪种机关承担保障宪法实施的职责，以及该机关保障宪法实施的权限和方式。综观世界各国的宪法规范、宪法惯例及宪法判例，宪法实施保障体制主要有如下三种。

（1）由司法机关负责保障宪法实施的体制

由司法机关负责保障宪法实施的体制起源于美国。1803 年，美国联邦最高法院在审理马伯里诉麦迪逊一案的判决中明确宣布，违宪的法律不是法律，阐明法律的意义是法院的职责，从而开创了由联邦最高法院审查国会制定的法律是否符合宪法的先例。从此以后，有些国家受美国的影响，也采取由司法机关负责保障宪法实施的体制，通过具体案件的审理以审查确定其所适用的法律是否符合宪法。在这类国家中，合宪性审查权一般为最高司法机关所享有，但日本等个别国家的地方法院也行使这项权力。

（2）由立法机关负责保障宪法实施的体制

由立法机关负责保障宪法实施的体制源于英国。英国长期奉行“议会至上”原则，认为议会是代表人民的民意机关，是主权机关，因此作为立法机关的议会应当高于行政机关和司法机关，而且英国的宪法和法律没有明显的区分，因而法律是否违宪，只能由议会作出判断。因此，应该由作为立法机关的议会负责保障宪法实施。社会主义国家的中央立法机关一般都是国家的最高权力机关，其他中央国家机关由它产生，对它负责，执行它所通过的法律和决议。在这种具体“议行合一”特征的政权框架下，最高法院等其他国家机关自然不具有保障宪法实施的职责，保障宪法实施的职责只能落在最高国家权力机关身上。因此，大多数社会主义国家都采取这种由立法机关负责保障宪法实施的体制。

（3）由专门机关负责保障宪法实施的体制

由专门机关负责保障宪法实施的体制起源于1799年《法国宪法》设立的护法元老院。这部宪法规定，护法元老院有权撤销违反宪法的法律。1920年《奥地利宪法》最早规定设立宪法法院，由宪法法院对法律、法规进行合宪性审查。第二次世界大战后，联邦德国、意大利、法国率先设立保障宪法实施的专门机关；在它们的影响下，世界上许多国家也相继设立了类似的机关。从发展趋势看，由专门机关保障宪法实施的国家一直在逐渐增多；可以预计，这种体制很可能成为占主导地位的宪法实施保障体制。

需要特别说明的是，除上述三种主要的体制外，还存在一些特别的宪法实施保障体制。比如，瑞士实行由议会、政府和法院共同保障宪法实施的体制。

最后需要说明的是，以上关于宪法实施保障体制的概括和归纳主要以各国的宪法规范为依据。实际上，不少国家宪法实施保障的实践与该国宪法的有关规定存在一定差距；甚至在有些国家，主要由于其政治体制上的原因，有关宪法实施保障的宪法规范根本不能或没有发挥应有的作用，所谓的宪法实施保障体制形同虚设。

5. 答案：宪法实施过程，即宪法作用于社会生活的过程，是指宪法实施的连续性在时间和空间上的表现。它既是宪法在人类社会中存在和发展总过程的一部分，同时又由若干具体过程所构成。概括说来，宪法实施过程具有如下特点：

（1）宪法实施过程的实效性

宪法一旦进入实施过程，就必然影响特定的社会关系，对特定的主体产生直接或间接的作用。宪法的法律效力和社会影响力正是通过宪法实施过程发挥出来的。

（2）宪法实施过程的动态性

一方面，宪法实施表现为人的主观能动性的发挥；另一方面，宪法实施又影响和制约着人的行为方式。人的主动和受动的循环往复，构成宪法实施的动态过程。

（3）宪法实施过程的阶段性

宪法实施及其社会功能的发挥，表现为宪法规范与社会生活的彼此结合，这一结合必须按一定的步骤逐次进行。没有前一步骤的铺垫，后一步骤便失去基础；而没有后一步骤的推进，前一步骤也便失去意义。从前一步骤向后一步骤的依次拓展，构成了宪法实施过程的阶段性。

（4）宪法实施过程的整体性

宪法实施过程虽然具有阶段性的特点，但过程中的各个阶段并不是孤立存在、毫无联系的。宪法实施目标的实现，离不开宪法实施过程的整体性。

（5）宪法实施过程的权威性

宪法的最高权威性决定了宪法实施过程的权威性。宪法一旦进入实施过程，就只能按照法定的程序和规则来操作和执行。宪法实施过程不得擅自中断，也不得随意改变其构成。

第十七章　宪法解释

基础知识图解

- 宪法解释
  - 概说
    - 含义——辨析宪法解释和法律解释，宪法解释和宪法修改
    - 必要性
      - 宪法都是普遍性、原则性规范，抽象性强
      - 维护法制统一和法律公正的需要
      - 使宪法适应社会关系的发展变化，保持宪法的生机和活力
      - 改正宪法缺陷的需要
      - 提高公民宪法意识的需要
    - 分类
      - 依解释的主体与效力分为：有权解释、学理解释
      - 依解释的目的分为：合宪解释、补充解释
      - 依解释的方法分为：语法解释、逻辑解释、历史解释、系统解释、目的解释
  - 机关和体制
  - 原则、方法及程序

配套测试

一、单项选择题

我国现行《宪法》规定，下列选项中哪项是全国人大常委会的法定职权？（　　）

A. 宪法的制定权　　B. 宪法的修改权

C. 宪法的实施权　　D. 宪法的解释权

二、多项选择题

1. 近代世界各国解释宪法的机关不尽一致，综合起来大致有以下几种？（　　）

A. 国家元首解释　　B. 立法机关解释

C. 司法机关解释　　D. 特设机关解释

2. 按照我国《宪法》和 1981 年全国人大常委会《关于加强法律解释工作的决议》，下列选项哪些不属于有权法律解释？（　　）

A. 司法机关对宪法和法律的解释

B. 国务院对宪法和法律的解释

C. 全国人民代表大会常务委员会对宪法和法律的解释

D. 法律专家对宪法和法律的解释

3. 下列说法哪些符合我国《宪法》的规定？（　　）

A. 宪法解释自公布之日起发生法律效力

B. 宪法解释自通过之日起发生法律效力

C. 宪法解释的主体是全国人民代表大会常务委员会

D. 宪法解释的主体是全国人民代表大会

4.《宪法》的特设机关解释的主要特点包括（　　）

A. 专门性　　B. 权威性

C. 解释方法的多样性　　D. 一致性

5. 宪法解释是保障宪法实施的一种手段和措施。关于宪法解释，下列选项正确的是：（　　）（司考 2015. 1. 94）

A. 由司法机关解释宪法的做法源于美国，也以美国为典型代表

B. 德国的宪法解释机关必须结合具体案件

对宪法含义进行说明

C. 我国的宪法解释机关对宪法的解释具有最高的、普遍的约束力

D. 我国国务院在制定行政法规时，必然涉及对宪法含义的理解，但无权解释宪法

三、名词解释

1. 宪法解释
2. 普通法院解释制

四、简答题

1. 简述宪法解释权与宪法修改权的关系。
2. 宪法解释的社会功能。
3. 如何理解宪法解释与法律解释的关系。
4. 简述宪法解释的基本原则。

五、论述题

试述宪法解释的必要性何在。

参考答案

一、单项选择题

答案：D。《宪法》第 67 条规定，全国人民代表大会常务委员会行使下列职权：(一) 解释宪法，监督宪法的实施……

二、多项选择题

1. **答案**：ABCD。本题主要考查宪法解释的机关。
2. **答案**：ABD。国务院、司法机关都不是《宪法》规定的法定有权解释机关。法律专家的法理解释并不具有法律上的效力。
3. **答案**：AC。宪法解释自公布之日起发生法律效力，故 A 项正确。根据《宪法》第 67 条规定，全国人民代表大会常务委员会有权解释宪法，故 C 项正确。
4. **答案**：ABC。特设机关解释制又称为专门机关解释制，它指的是设立专门的宪法法院(如德国、奥地利等) 或者宪法委员会负责处理宪法争议，并就其中相关宪法条文的含义进行释义的制度。主要特点有三：(1) 专门性；(2) 权威性；(3) 解释方法的多样性。
5. **答案**：ACD。各国宪法解释的机关主要分为代议机关、司法机关和专门机关三类。由司法机关按照司法程序解释宪法的体制起源于美国，即司法审查制度，它是指法院一般遵循“不告不理”和附带性审查的原则，只有在审理案件时才可以附带性地审查其所适用的法律是否违宪，如果认为违宪可宣布拒绝在本案中适用。故 A 项正确。德国的宪法解释机关是宪法法院，其对宪法含义的解释跟司法审查制不同，不是必须结合具体案件。故 B 项错误。我国的宪法解释权由全国人大常委会行使，全国人大常委会的宪法解释具有最高的、普遍的约束力。故 C 项正确。国务院无宪法解释权，因为宪法是根本法，国务院在制定行政法规时不得与宪法相违背，必然涉及对宪法含义的理解。故 D 项正确。

三、名词解释

1. **答案**：宪法解释是指在宪法实施过程中，当人们对宪法的有关条文内容存在不同理解时，由有权解释机关依照法定程序阐明其含义并具有法律效力的行为。
2. **答案**：普通法院解释制是指以普通法院作为解释宪法的机关，最后决定权属于国家最高法院的宪法解释体制。

四、简答题

1. **答案**：宪法解释权是宪法的正式解释，即由宪法授权的机关或宪法惯例所认可的机关依据一定的标准或原则对宪法条文所作的具有法律效力的说明的权力；宪法修改权是由宪法所授权的机关或宪法惯例所认可的机关对宪法条文或内容进行修改的权力。宪法解释权与宪法修改权既有联系又有区别。它们的联系是：①二者都是由宪法所规定或由宪法惯例所认可的；②二者都是极其重要的国家权力，影响一国根本大法宪法的实施；③二者都能起到变更宪法的效果。宪法修改权直接改变宪法的意义及含义；而宪法解释通过不同的解释，实际上也变更了宪法的含义。它们的区别是：①权力的归属不同，我国宪法明确规定，全国人民代表大会有权修改宪法，宪法修改权专属于全国人大；全国人民代表大会常务委员会有权解释宪法，同时虽然宪法没有明确规定全国人大有解释宪法之

权，但在我国，全国人大享有制定权和立法权，当然拥有不言而喻的宪法解释权。②二者的程度不同，宪法解释权和宪法修改权虽然都能起到变更宪法的作用，但宪法解释权受限于宪法具体条文的规定，权力机关仅能在一定程度范围内作出解释，不可超越宪法本义，而宪法修改权则是彻底改变宪法条文，不受原条文内容的限制。③二者行使的程序不同，由于宪法修改权是对宪法影响更大的权力，因此宪法修改适用的程序要较宪法解释适用的程序严格，受到的限制也更大，如有人数要求、会议程序要求等。④二者行使的方式不同，宪法解释权一般是通过立法的方式或发布解释案的方式行使；宪法修改权一般是通过直接修改宪法原文或宪法修正案的方式行使，我国目前采取宪法修正案的方式。

2. 答案：不管是在成文宪法的国家，还是在不成文宪法的国家；不管是在有宪法诉讼的国家，还是在没有宪法诉讼的国家，作为一座连接宪法规范与社会现实、立宪与修宪的桥梁，宪法解释已经成为保证宪法的实现、监督宪法的实施、维护宪法的权威、稳定法律秩序的一项不可缺少的手段。其社会作用主要体现在：

第一，是连接宪法规范与社会现实的桥梁，宪法解释在宪法的运行中使得宪法本身活跃起来。宪法解释赋予已经“老化”的宪法条文以新的生命和内容，扩大宪法的原有容量，使之能适应新的情况，解决新的问题。宪法解释可以在不修改宪法条文的情况下，使之具有强大的生命力，满足变革社会对它的需求，进而更有力地推动社会的加速发展。宪法解释者通过阐释法条疑义、补充宪法缺漏，协调宪法规范与社会现实的矛盾与冲突，不断丰富宪法的内容。

任何一部宪法只能是国家在一定历史时期政治、经济、文化等方面所取得成果的记载和总结，当宪法颁行生效后，社会关系和社会经济生活发生变化，这就产生了原有的宪法规范与社会现实之间不协调的矛盾。宪法规范所普遍具有的原则性和概括性等特征，以及社会变化的迅猛性决定了世界上任何国家的宪法都需要解释。宪法解释作为一种使宪法规范适应社会现实的主要方法，长期以来一直被世界各国重视。

进入21世纪，知识经济已初现端倪，信息时代的迅猛发展已经极大地改变了社会现实，众多的法律新问题也将层出不穷。对这些新问题进行宪法解释将是社会现实迅速变化的必然要求。

第二，宪法的正当性、合理性、适应性等特性也正是通过不断的宪法解释获得实证，使得宪法本身获得强大的生命力的。宪法在一国法律体系中具有最高的权威性，一切法律、法规以及国家机关及其工作人员行使职权的行为都不得与宪法相抵触。然而，有宪法必然会有违宪。要解决违宪问题，就必须将宪法作为法律来适用，这就要求对宪法进行解释，保障宪法权威性的实现。宪法解释不断协调宪法规范与社会现实的矛盾与冲突，更是宪法正当性得以保持的重要手段。因此，宪法解释在真正发挥宪法的至上性、权威性等作用方面功不可没。

第三，宪法解释是连接立宪与修宪的桥梁。从社会意义角度看，主要体现在宪法解释能够避免宪法修改所带来的负面作用：

（1）宪法解释的成本要远远低于宪法修改。宪法修改应付出的成本是较大的：宪法作为国家的根本法，其修改程序严格；宪法修改带来对宪法稳定性的影响，将损害其在人民心目中的权威性等。相较而言，宪法解释是有权机关在其职责范围内行使职权的结果，与宪法修改相比较，成本价值几乎是零。

（2）宪法解释的收益远远大于宪法修改。出现“违宪”事实而有关机关对之熟视无睹或睹而不作为，则是对宪法的亵渎。相反，若能及时运用宪法解释，不仅有利于法律秩序、社会秩序的稳定，而且宪法解释的效力等同于宪法本身，使得静态宪法活跃起来，变成动态宪法。而若空等修改的时机来临，或尚未有修改之必要，强行加以修改，其负面作用不言而喻。

在宪法规范尚能包容社会现实的变革时，不充分发挥宪法解释的功效而舍近求远，以宪法修改代之，显然其成本价值要远远高于宪法解释。另外，在我国合宪性审查制度完善之前，宪法解释还是监督宪法实施的暂时性替代机制。

3. **答案**：宪法解释和法律解释的关系可以从宪法与法律之间的关系角度进行理解。具体说来：（1）宪法解释是一种广义上的法律解释，因为宪法是法律的一种，所以宪法解释的原则、方法、程序以及运作的一般原理都应遵循法律解释的一般规律。（2）宪法是“法律的法律”，是一种特殊的法律，所以宪法解释与普通法律解释又有区别。宪法相对于普通法律而言，具有历史性、包容性、妥协性和敏感性等特点，因此在解释宪法与适用宪法的时候，必须照顾宪法规定之整体；同时，阐释法条和补充解释对宪法解释来说比对普通法律的解释更加重要。（3）由于宪法是国家根本法，因此宪法的解释程序比普通法律的解释程序更加严格。

4. **答案**：宪法解释的原则可分为总原则和具体原则两个层次。

（1）就总原则来说，主张应当坚持从严原则的认为，宪法解释必须严格按照制宪者的意愿进行，否则会破坏人民的制宪权。而主张宪法解释应遵循从宽原则的认为，宪法的规定不是为了说明过去，而是为了说明未来，由于制宪者不可能准确预见未来，因而为了适应社会发展的需要，应当根据新的形势对宪法作出新的解释。因此，宪法解释应该是广义的、灵活的，对宪法应该从宽解释。既然宪法是国家的根本大法，其所产生的影响远比其他法律深远，那么对宪法进行解释就应该采取从严原则。但宪法的原则性、规范性和纲领性则决定了必须根据不断发展的新形势对宪法进行及时解释。因此，合理的解释原则应该是，以从严解释为主，但并不排除在个别情况下一定的灵活解释。

（2）就宪法解释的具体原则来说，主要有：①依法解释原则；②符合制宪目的原则；③以宪法的根本精神和基本原则为指导；④适应社会发展需要的原则；⑤字面解释原则；⑥整体解释原则。

五、论述题

答案：宪法解释的必要性在于：（1）宪法都是普遍性、原则性规范，其抽象性较强，因而要使宪法能得到正确遵守和实施，就有必要对宪法的含义进行准确说明。（2）宪法解释是维护法制统一和法律公正的需要。宪法是民主的基石、法治的核心，是最高和最根本的行为准则，如果人们对宪法的理解不一，就会影响法律的公正性和权威性。（3）宪法解释是使宪法适应社会关系的发展变化，从而保持宪法生机和活力的重要手段。宪法是一种相对稳定的行为规范，而社会关系则在不断变化发展，因而在宪法制定后往往需要通过解释赋予宪法规范以新的含义，使之能够适应新的社会关系的需要，而且宪法自身也在解释中得到发展。（4）宪法解释也是改正宪法缺陷的需要，立宪是一项艰巨复杂的工作，往往难以做到完美无缺。宪法制定与实施后很可能出现不完善，甚至自相矛盾之处，为了维护宪法的相对稳定，宪法解释就成为必不可少的方法和手段。（5）宪法解释也是提高公民宪法意识的需要。在宪法实施中，公民的宪法意识起着重要作用，没有成熟的公民宪法意识，宪法实施就会遇到各种障碍。而提高公民宪法意识的重要途径也是及时地作出宪法解释，使公民在具体的宪法解释案例中感受到宪法的存在，在实际生活中关注宪法问题，实现和维护自己的利益。

第十八章　宪 法 修 改

基础知识图解

- 宪法修改
  - 概说
    - 含义
    - 必要性
  - 宪法修改的限制
  - 方式
    - 全面修改
    - 部分修改
  - 程序：提案⟶先决投票⟶公告⟶议决⟶公布

配套测试

一、单项选择题

1. 根据我国《宪法》规定，宪法修改，由全国人大常委会或者1/5以上的全国人大代表提议，并由全国人大以全体代表法定多数通过。这里的法定多数是指下列选项中的哪一项？(　　)

A. 3/4以上

B. 2/3以上

C. 3/5以上

D. 1/2以上

2. 我国哪一年修改《宪法》，将“依法治国，建设社会主义法治国家”写进宪法？(　　)

A. 1999年　　B. 1988年

C. 1993年　　D. 1995年

3. 下列关于《宪法》的修改的表述哪一项违背了我国现行宪法的规定？(　　)

A. 中共中央提议

B. 全国人大常委会提议

C. 1/5以上的全国人大代表提议

D. 全国人大以全体代表大会2/3以上的多数通过

4. 在宪法实践中，虽然宪法条文内容没有改变，但其含义却变更了，这种情况被称为：(　　)

A. 良性违宪　　B. 宪法的演变

C. 宪法的无形修改　　D. 宪法的量变

5. 将国家建立健全同经济发展水平相适应的社会保障制度载入现行宪法的是下列哪一宪法修正案？(　　)(司考2010.1.18)

A. 1988年宪法修正案

B. 1993年宪法修正案

C. 1999年宪法修正案

D. 2004年宪法修正案

6. 关于我国《宪法》的修改，下列哪一说法是错误的？(　　)(司考2010.1.23)

A. 《宪法》没有专章规定修改程序

B. 《宪法》规定的修宪机关是全国人民代表大会

C. 《立法法》规定，宪法修正案由国家主席令公布

D. 《全国人民代表大会议事规则》规定，宪法修改以投票方式表决

7. 关于我国《宪法》修改，下列哪一选项是正确的？(　　)(司考2014.1.22)

A. 我国修宪实践中既有对宪法的部分修改，也有对宪法的全面修改

B. 经十分之一以上的全国人大代表提议，可以启动宪法修改程序
C. 全国人大常委会是法定的修宪主体
D. 宪法修正案是我国宪法规定的宪法修改方式

8. 宪法的制定是指制宪主体按照一定程序创制宪法的活动。关于宪法的制定，下列哪一选项是正确的？（　　）（司考 2015.1.20）
A. 制宪权和修宪权是具有相同性质的根源性的国家权力
B. 人民可以通过对宪法草案发表意见来参与制宪的过程
C. 宪法的制定由全国人民代表大会以全体代表的三分之二以上的多数通过
D. 1954 年《宪法》通过后，由中华人民共和国主席根据全国人民代表大会的决定公布

9. 2018 年进行了《宪法》修正，将 1982 年宪法第 70 条第 1 款中“法律委员会”修改为“宪法和法律委员会”。关于宪法和法律委员会，下列说法正确的是：（　　）
A. 成员人选由全国人大主席团在全国人大代表中决定
B. 为全国人大常委会设立的专门委员会
C. 统一审议向全国人大或其常委会提出的法律草案
D. 为合宪性审查的专门机关

二、多项选择题

1. 全国人大于 1988 年通过的《宪法修正案》主要包括以下哪些内容？（　　）
A. 承认私营经济的合法地位
B. 允许土地使用权依法转让
C. 承认“个体经济”的合法地位
D. 将“国营经济”改为“国有经济”

2. 综观世界各国，宪法修改大体上有（　　）
A. 全面修改　　B. 部分修改
C. 无形修改　　D. 条文修改

3. 从各国宪法规定和宪法实践来看，宪法的修改程序一般包括哪几个阶段？（　　）
A. 提案　　B. 审定
C. 起草　　D. 决议和公布

4. 下列选项中属于 1999 年《宪法修正案》新修改的内容有哪些？（　　）
A. 我国将长期处于社会主义初级阶段
B. 农村集体经济组织实行家庭承包为基础、统分结合的双层经营体制
C. 中华人民共和国实行依法治国，建设社会主义法治国家
D. 规定公民享有迁徙自由

5. 根据我国《宪法》的规定，下列选项中哪些是可以提出宪法修改有效议案的主体？（　　）
A. 全国人民代表大会常务委员会
B. 全国人民代表大会的一个代表团
C. 1/5 以上的全国人民代表大会代表
D. 全国人民代表大会主席团

6. 1999 年九届全国人大通过的《宪法修正案》对我国宪法作了重要修改，下列哪些内容是这一修正案包括的主要内容？（　　）
A. 明确把“发展社会主义市场经济”写进宪法
B. 明确把“依法治国，建设社会主义法治国家”写进宪法
C. 明确规定“国家加强立法，完善宏观调控”
D. 明确规定“国家保护个体经济、私营经济的合法的权利和利益”

7. 我国 1993 年的《宪法修正案》涉及下列哪些方面的内容？（　　）
A. 明确把“坚持改革开放”写进宪法
B. 增加规定“土地的使用权可以依照法律的规定转让”
C. 明确把“我国将长期处于社会主义初级阶段”写进宪法
D. 把县级人民代表大会的任期由 3 年改成 5 年

8. 根据 2004 年通过的《宪法修正案》，下列有关国家对个体经济等非公有制经济实行的政策的文字表述，哪些是正确的？（　　）
A. 国家通过行政管理，指导、帮助和监督个体经济
B. 国家对个体经济、私营经济实行引导、监督和管理
C. 国家鼓励、支持和引导非公有制经济的

发展

D. 国家对非公有制经济依法实行监督和管理

9. 宪法修改是指有权机关依照一定的程序变更宪法内容的行为。关于宪法的修改，下列选项正确的是：（　）

A. 凡宪法规范与社会生活发生冲突时，必须进行宪法修改

B. 我国宪法的修改可由五分之一以上的全国人大代表提议

C. 宪法修正案由全国人民代表大会公告公布施行

D. 我国1988年《宪法修正案》规定，土地的使用权可依照法律法规的规定转让

三、名词解释

1. 宪法修改
2. 宪法的全面修改
3. 宪法的部分修改
4. 宪法修正案

四、简答题

1. 宪法修改的限制。
2. 简答我国宪法修改的程序。
3. 为什么需要修改宪法？

五、论述题

论述我国的修宪方式及特点。

参考答案

一、单项选择题

1. **答案**：B。《宪法》第64条规定：宪法的修改，由全国人民代表大会常务委员会或者五分之一以上的全国人民代表大会代表提议，并由全国人民代表大会以全体代表的三分之二以上的多数通过。法律和其他议案由全国人民代表大会以全体代表的过半数通过。

2. **答案**：A。1999年通过的《宪法修正案》第13条规定："宪法第五条增加一款，作为第一款，规定：'中华人民共和国实行依法治国，建设社会主义法治国家。'"

3. **答案**：A。《宪法》第64条规定，宪法的修改，由全国人民代表大会常务委员会或者五分之一以上的全国人民代表大会代表提议，并由全国人民代表大会以全体代表的三分之二以上的多数通过。法律和其他议案由全国人民代表大会以全体代表的过半数通过。

4. **答案**：C。本题主要考查宪法修改的方式。

5. **答案**：D。党的十六届三中全会（2003年召开）《关于完善社会主义市场经济体制若干问题的决定》，对建立健全与经济发展水平相适应的社会保障制度作出了部署，在宪法中规定建立健全同经济发展水平相适应的社会保障制度，充分体现了以人为本的思想，反映了经济与社会协调发展的要求。所以，只有选项D符合题意。

6. **答案**：C。选项C表述不正确，《立法法》没有相应规定，而是由主席团公布。

7. **答案**：A。本题考查的是中国宪法修改的方式和程序。就宪法的修改方式而言，包括了全面修改、部分修改和无形修改三种方式。全面修改是指以新法取代旧法，对宪法整体进行变动；部分修改是指在保持原宪法基本内容与结构不变的同时，对宪法有关条款加以变动。无形修改是指在宪法条文未作变动的情况下，由于社会发展、国家权力的运作等，使宪法条文本来的含义发生变化。我国宪法共经过了三次全面修改，七次部分修改；现行宪法经过了五次部分修改。所以，A选项的表述是正确的。《宪法》第64条第1款规定：宪法的修改，由全国人民代表大会常务委员会或者1/5以上的全国人民代表大会代表提议，并由全国人民代表大会以全体代表的2/3以上的多数通过。所以，B选项的表述是错误的。根据《宪法》第62条的规定，修宪主体只能是全国人民代表大会，其他任何主体都不具有修改宪法的权力。全国人民代表大会常务委员会仅具有解释宪法与监督宪法实施的权力。所以，C选项的表述是错误的。我国宪法并未明确规定宪法的修改方式，直至1982年宪法修改均是采用"直接修改"的方式，在1988年后宪法修改开始采用"宪法修正案"的方式，并

且“宪法修正案”的方式由于有利于保持宪法的稳定性和权威性而延续下来，并被认为是中国重要的宪法惯例，所以D选项的表述也是错误的。

8. **答案**：B。A项错误，制宪权与修宪权是两种不同性质的权力。修宪权受制宪权的约束，不得违背制宪权的基本精神和原则。B项正确，人民作为制宪主体并不意味着人民直接参与制宪的过程，也可以通过对宪法草案发表意见来参与。C项错误，关于宪法的制定《宪法》本身没有规定，《宪法》第64条只规定了我国宪法的修改由全国人民代表大会以全体代表的2/3以上的多数通过。D项错误，1954年宪法是第一届全国人民代表大会第一次会议以中华人民共和国全国人民代表大会公告形式公布，自通过之日起生效。

9. **答案**：C。全国人大各专门委员会的主任委员、副主任委员和委员的人选，由主席团在代表中提名，大会通过。在大会闭会期间，全国人大常委会可以补充任命专门委员会的个别副主任委员和部分委员，由委员长会议提名，常务委员会会议通过。据此，宪法和法律委员会成员人选由全国人大或其常委会决定，而非由全国人大主席团决定，故A项错误。

　　宪法和法律委员会由全国人大设立，而非全国人大常委会设立，故B项错误。

　　根据《全国人民代表大会常务委员会关于全国人民代表大会宪法和法律委员会职责问题的决定》，宪法和法律委员会在继续承担统一审议法律草案等工作的基础上，增加推动宪法实施、开展宪法解释、推进合宪性审查、加强宪法监督、配合宪法宣传等工作职责。故C项正确。

　　宪法和法律委员会有推进合宪性审查的工作职责，但并非专门的合宪性审查机关，仅享有提出、研究、审议和拟订有关议案的权限，不具有独立决定权。故D项错误。

二、多项选择题

1. **答案**：AB。1988年通过的《宪法修正案》第1条规定：“宪法第十一条增加规定：‘国家允许私营经济在法律规定的范围内存在和发展。私营经济是社会主义公有制经济的补充。国家保护私营经济的合法权利和利益，对私营经济实行引导、监督和管理’。”第2条规定：“宪法第十条第四款‘任何组织或者个人不得侵占、买卖、出租或者以其他形式非法转让土地。’修改为：‘任何组织或个人不得侵占、买卖或者以其他形式非法转让土地。土地的使用权可以依照法律的规定转让。’”

2. **答案**：ABC。本题主要考宪法修改的主要方式。

3. **答案**：ABCD。本题主要考宪法修改的主要程序。

4. **答案**：ABC。见1999年宪法修正案第12条、第13条、第15条。

5. **答案**：AC。《宪法》第64条规定：“宪法的修改，由全国人民代表大会常务委员会或者五分之一以上的全国人民代表大会代表提议，并由全国人民代表大会以全体代表的三分之二以上的多数通过。法律和其他议案由全国人民代表大会以全体代表的过半数通过。”因此宪法修正案的提出主体只能是全国人大常委会和1/5以上的全国人大代表，所以选AC。

6. **答案**：ABD。本题考查1999年宪法修正案的情况。根据1999年《宪法修正案》第12条、第13条、第16条规定，将“发展社会主义市场经济”“依法治国，建设社会主义法治国家”“国家保护个体经济、私营经济的合法的权利和利益”“农村集体经济组织实行家庭承包经营为基础、统分结合的双层经营体制”等内容写入了宪法。

7. **答案**：AD。本题考查1993年宪法修正案的内容。1993年第八届全国人民代表大会第一次会议对现行宪法进行了第二次修正。

　　这一修正案突出了建设有中国特色社会主义的理论和党的基本路线，根据十多年来我国社会主义现代化建设和改革开放的新经验，着重对经济制度的有关规定作了修改和补充。其主要内容包括：

　　第一，明确把“我国正处于社会主义初

级阶段”“建设有中国特色社会主义的理论”“坚持改革开放”写进宪法，是党的基本路线在宪法中得到集中、完整的表述。

第二，增加了“中国共产党领导的多党合作和政治协商制度将长期存在和发展”。

第三，把家庭联产承包责任制作为农村集体经济组织的基本形式确定下来。

第四，将社会主义市场经济确定为国家的基本经济体制，并对相关内容作了修改。

第五，把县级人民代表大会的任期由三年改为五年。

8. **答案**：CD。2004 年通过的《宪法修正案》第 21 条规定：“宪法第十一条第二款‘国家保护个体经济、私营经济的合法的权利和利益。国家对个体经济、私营经济实行引导、监督和管理。’修改为：‘国家保护个体经济、私营经济等非公有制经济的合法的权利和利益。国家鼓励、支持和引导非公有制经济的发展，并对非公有制经济依法实行监督和管理。’”由此可知，答案为 CD。

9. **答案**：BC。宪法修改是解决宪法规范与社会生活之间冲突的一种方式，但不是唯一方式，宪法解释也是解决方式之一。故 A 项错误。《宪法》第 64 条第 1 款规定：“宪法的修改，由全国人民代表大会常务委员会或者五分之一以上的全国人民代表大会代表提议，并由全国人民代表大会以全体代表的三分之二以上的多数通过。”故 B 项正确。实践中，我国宪法修正案均由全国人大公告公布施行，故 C 项正确。1988 年《宪法修正案》第 2 条规定：“……土地的使用权可以依照法律的规定转让。”可知，土地使用权只能依照“法律”规定转让，不能依照“法规”转让，故 D 项错误。

三、名词解释

1. **答案**：宪法修改是指在宪法实施过程中，随着社会现实的变化、发展，出现宪法的内容与社会现实不相适应的时候，由有权机关根据法定程序删除、增加、变更宪法内容的活动。

2. **答案**：宪法的全面修改又称整体修改，是指在国家政权性质及制宪权根源没有发生变化的前提下，宪法修改机关依法对宪法的大部分内容（包括宪法的结构）进行调整、变动，通过或批准整部宪法并重新予以颁布的活动。

3. **答案**：宪法的部分修改是指宪法修改机关根据宪法修改程序，以决议或者宪法修正案等方式，对宪法中的部分内容进行调整或变动的活动。

4. **答案**：宪法修正案，是指以修改宪法年代的先后重新设立条文，附于宪法典之后，或将其内容融入宪法典之中，而成为宪法典的组成部分。按照“新法优于旧法”或“后法优于前法”的原则，凡与新条文相抵触的旧条文一律无效。

四、简答题

1. **答案**：宪法修改是宪法制定者或只是依照宪法的规定享有宪法修改权的国家机关或其他特定的主体对宪法规范中不符合宪法制定者利益的内容加以变更的宪法创制活动。在法理上，由宪法制定者所享有的宪法修改权的效力高于依照宪法规范的规定而获得的宪法修改权。前者是制宪者本身享有的一种原始性的修宪权，不受宪法规范规定的约束；后者是一种依照宪法规范的规定而产生的宪法修改权，是有限的，必须由宪法规定的修宪主体按照宪法规范所规定的程序、步骤作符合制宪者利益的变更。因此，宪法修改的限制通常有：

首先，宪法修改是对不符合宪法制定者利益的宪法规范所作的变更，所以修宪应当符合制宪者的意图。修改宪法规范包括变更宪法规范的形式，也包括变更宪法规范的内容，这种修改活动对宪法作出变更后应仍然能够保留原有的宪法典或者是宪法性法律基本内涵，一般亦不改变原有宪法规范所赖以存在的基本社会制度为界限。在我国，宪法修改活动必须能够准确地反映人民的利益和要求。

如果宪法本身有关于不可修改内容或条款的规定，即关于可修改范围的明确规定，修宪者应当予以遵守。

其次，宪法修改还应当具有修改的现实必要性。宪法作为国家的根本法，必须具有相当的稳定性，因此，只有在社会的发展和变化确实需要宪法规范作出适当的变更时，才对宪法作相应的修改。

再次，宪法修改权的主体是经宪法规范授权的。在我国，现行宪法确定了依照宪法规范的授权可以行使宪法修改权的主体是全国人民代表大会。

最后，宪法修改必须严格遵守宪法规范所规定的程序、步骤和方式。我国现行《宪法》第64条第1款规定，宪法的修改，由全国人民代表大会常务委员会或者五分之一以上的全国人民代表大会代表提议，并由全国人民代表大会以全体代表的三分之二以上的多数通过。宪法修改的方式通常有通过修正案和重新制定两种方式。

2. 答案：我国宪法修改的程序包括以下几个步骤：

第一，提案。我国现行《宪法》第64条第1款规定，全国人大常委会或者1/5以上的全国人大代表有权提议修改宪法。在我国修改宪法的实践中，通常是由中国共产党中央委员会首先提出修改宪法的建议案，然后由全国人大常委会或者1/5以上的全国人大代表接受，再向全国人大提出正式的宪法修正案草稿。

第二，公告。我国宪法虽然没有规定公告程序，但现行宪法通过以后的历次宪法修改，均公布了宪法修正案草案。

第三，议决。我国《宪法》第64条第1款规定，宪法的修改由全国人民代表大会以全体代表的2/3的多数通过。

第四，公布。我国宪法没有规定宪法修正案的公布机关，在实践中，一般是由全国人大主席团以全国人大公告的方式公布。我国没有规定宪法修正案的生效时间，从实践看，绝大多数情况下自宪法修正案公布之日起生效，有时自宪法修正案公布一段时间后生效。

3. 答案：宪法修改最基本和最主要的原因是为了使宪法的规定适应社会实际的发展和变化。事实上，导致宪法规定不适应社会发展的原因有很多，既有客观实际的发展，也有在制宪当初或修宪时，制宪者或修宪者对社会实际的认识和判断出现错误。同时，宪法规范作为法律规范的一种，其基本功能是协调、规范社会关系。因此，宪法规范只有与社会实际相适应，才能发挥其对社会关系的调整作用。由于社会实际总是处于发展变化之中，因此就必然要求对宪法作相应的修改。

宪法修改的另一重要原因是为了弥补宪法规范在实施过程中出现的漏洞，因为制宪者受主观因素和客观条件的限制，在形成宪法规范的过程中，极有可能因考虑不周，致使宪法规范存在某些缺漏，所以需要通过修改的方式加以补充和完备。

五、论述题

答案：宪法的全面修改，又称整体修改，是指在国家政权性质及制宪权根源没有发生变化的前提下，宪法修改机关依法对宪法的大部分内容（包括宪法的结构）进行调整、变动，通过或批准整部宪法并重新颁布的活动。全面修改有以下基本特征：一是宪法修改活动依据原宪法所规定的宪法修改程序进行，这是宪法全面修改与制定宪法的主要区别；二是宪法修改机关通过或者批准整部宪法并重新予以颁布，这是宪法全面修改与部分修改的主要区别。

宪法的部分修改是指宪法修改机关根据宪法修改程序，以决议或者宪法修正案等方式，对宪法中的部分内容进行调整或变动的活动。部分修改有两个基本特征：一是宪法修改机关的修改活动依据宪法修改程序进行，这是部分修改与制定宪法的主要区别；二是宪法修改机关并不重新通过或者批准整部宪法，而只是以通过决议或者宪法修正案等形式，修改宪法中的部分内容，这是部分修改与全面修改的主要区别。宪法部分修改的原因是，宪法在总体上仍然适应社会实际，只是其中的部分内容落后于社会实际。宪法的部分修改主要有以下三种具体方式：

第一，以决议的方式直接在宪法条文中以新内容代替旧内容，修改之后，重新公布宪法。这种修改宪法方式的优点是，修改的内容非常明确，哪些有效，哪些已经无效，一目了然；缺点是因为需要重新公布宪法，增加了宪法修改的频率。

第二，以决议的方式直接废除宪法条文中的某些规定，修改之后，也需要重新公布宪法。这种修改方式的优点和缺点与上一种修改方式相同。

第三，以宪法修正案的方式增删宪法的内容。宪法修正案是指以修改宪法年代的先后重新设立条文，附于宪法典之后，按照“新法优于旧法”或“后法优于前法”的原则，凡与新条文相抵触的旧条文一律无效。宪法修正案是宪法的组成部分之一。宪法修正案方式的优点在于，其不需要重新通过宪法或者重新公布宪法，因而能够保持宪法典的稳定性和完整性，进而强化宪法在人们心目中的权威性和尊严；其缺点在于，需要将后面的新条文与前面的旧条文相对照之后，才能确定实际有效的宪法规定，这在法律意识很弱的国度，或者没有法律意识的公民在确定宪法实际有效的内容时，可能带来一定的困难。

第十九章　宪法秩序

基础知识图解

- 宪法秩序
  - 概述
    - 含义与构成
    - 实现
  - 宪法秩序实现的因素分析
    - 宪法观念的培养
    - 宪法的适用
      - 含义
      - 原则：普遍适用、整体适用、协调适用、宪法指导思想和原则优先适用
    - 宪法惯例的创设

配套测试

一、不定项选择题

1. 有关宪法秩序的表现形式，下列说法不正确的是（　　）

A. 成文宪法是宪法秩序的第一要素

B. 现实宪法是宪法秩序的核心

C. 结构宪法是宪法秩序的框架

D. 观念宪法是宪法秩序的关键因素

2. 宪法秩序的特点主要包括（　　）

A. 合法性　　B. 合理性

C. 动态性　　D. 过程性

二、名词解释

宪法秩序

三、简答题

1. 简述对宪法适用基本原则的理解。

2. 公民权利对于宪法秩序有什么重大意义？

四、论述题

1. 论述成文宪法、现实宪法、观念宪法与宪法秩序之间的关系。

2. 试论培养公民的宪法观念对宪法秩序实现的意义。

参考答案

一、不定项选择题

1. 答案：C。一种社会的宪法秩序从形式上看，表现为该社会三种形式的宪法，即成文宪法、观念宪法和现实宪法的协调与和谐。

2. 答案：ACD。本题考查宪法秩序的特点，从表面上看宪法秩序具有合法性、动态性和过程性。

二、名词解释

答案：宪法秩序是一种社会秩序，它是基于人们对一定社会规律的认识，通过制宪对该社会所需要的“一致性、连续性和确定性”进行确认，形成一种宪法上的（应然）秩序，再通过宪法的各种调整手段，而将宪法上的（应然）秩序转变成实际上的社会秩序。宪法秩序既可指应然宪法秩序，也可指实然宪法秩序。

三、简答题

1. 答案：根据什么原则适用宪法，是宪法适用

最为关键的问题。在我国改革开放向纵深发展的情况下，宪法适用必须遵循以下主要原则：

(1) 普遍适用原则。普遍适用原则是由宪法的根本法属性决定的，包括适用地域的广泛性与适用对象的多样性两个方面。

(2) 整体适用原则。宪法是内在结构和外部结构的统一体。因此，宪法的适用机关必须处理好宪法指导思想、宪法原则和宪法规范的关系，处理好宪法典、宪法性法律和宪法惯例的关系。

(3) 协调适用原则。宪法的协调适用原则主要是由宪法适用方式的多样性决定的，因为不同的适用方式会产生不同的后果。

(4) 宪法指导思想和原则优先适用原则。在一般情况下，宪法规范较为明确、具体，比较容易把握和适用。同时也往往容易与变革中的社会实际不一致。因此，在解决宪法纠纷时应当优先适用宪法指导思想和原则。

2. **答案**：公民权利对于宪法秩序的意义主要表现在：(1) 公民权利及其所体现或反映的宪法原则，决定了宪法秩序的性质。我国公民享有的权利决定了我国的宪法秩序是旨在实现法律面前人人平等的社会主义社会秩序。(2) 公民权利的范围及其实现程度，在一定意义上反映了宪法秩序的稳定程度和状态。(3) 由宪法确认的公民权利在实现过程中促进了宪法体制的运行，从而推进了宪法秩序的实现。

四、论述题

1. **答案**：宪法秩序是一种社会秩序，它是基于人们对一定社会规律的认识，通过制宪对该社会所需要的“一致性、连续性和确定性”进行确认，形成一种宪法上的（应然）秩序，再通过宪法的各种调整手段，而将宪法上的（应然）秩序转变成实际上的社会秩序。

我们认为宪法以成文宪法、观念宪法和现实宪法三种形式存在着，因此一定社会的宪法秩序从形式上看，表现为该社会三种形式宪法的协调与和谐。虽然从历史性的角度看，不同时期、不同国家宪法秩序的内涵不尽相同：有的以个人主义为核心；有的以国家主义为立场；有的则既不以个人主义为核心，亦不以国家主义为立场，而是采取一种既有社会进步与发展的广阔空间，也为公民个人的完善与实现留有充分自由的原则，但从形式上看，都有三种形式的宪法相互协调与和谐的特色。

(1) 成文宪法是宪法秩序的第一个要素。无论将成文宪法理解为统治阶级集中意志的法律化，还是把它看成社会成员间以及社会成员与政府间的契约，都表明人类社会发展到了一个能够理解个人与社会，或者公民与国家相互关系之根本所在的程度。这意味着对个人自由与社会发展相协调的有意识的追求，并希望借助具有最高法律效力的根本法以实现这种追求，即通过规范游离于这种追求之外的行为，改变既存现实宪法中个人完善与社会发展不协调的因素。世界上几乎所有的成文宪法，都规定了基于这种追求的国家治理体制与公民基本权利保障方式。成文宪法的目的是指向现实宪法，希望现实宪法按照体现在成文宪法中的目的而有规律发展。

(2) 现实宪法是宪法秩序的核心。现实宪法既是观念宪法、成文宪法的客观依据，又是成文宪法规范和调整的客体，因此，宪法秩序是围绕着现实宪法展开的。宪法秩序的形成是一个过程。这个过程表现为：从现实宪法发端，经过观念宪法的发展并形成一定的宪法要求，到成文宪法的规范化与一体化，再经过观念宪法的评价与认同后作用于现实宪法。这种追求、形成宪法秩序的过程，可称之为宪法实现。既然现实宪法是一种现存的客观实在，那么人们一般可以根据经验，判断成文宪法与现实宪法是否协调一致，并据此进一步判断宪法秩序存在与否的可能性。因为一个国家的现实宪法与成文宪法不一致时，肯定不会出现宪法秩序，除非观念宪法通过宪法评价赋予成文宪法新的内容和意义。

(3) 观念宪法是宪法秩序的关键因素，

没有观念宪法就不会有成文宪法，没有观念宪法的作用，就不会形成真正的宪法秩序。在理想的宪法实现过程中，观念宪法的协调功能举足轻重，一方面，它基于现实宪法的固有特性，产生相应的宪法要求，作为成文宪法产生的前提；另一方面，它能根据一定的价值准则对成文宪法进行评价，而且这种评价直接对人们参与社会关系的行为起着指引与导向作用。

对于成文宪法的遵守，不仅要靠国家权力的强制予以保证，而且要靠培养宪法观念（要求和评价），使人们既能在辨别现实宪法的基础上，及时提出宪法要求，为宪法成文化做准备，又能对成文宪法进行认同与评价。可见培养宪法观念是观念宪法的重要内容，是形成宪法秩序的关键步骤。只有形成统一的观念宪法，才能及时提出宪法要求，制定或修改成文宪法，使成文宪法适应现实宪法，保持成文宪法的稳定性。这种稳定性是以宪法秩序为目标，以现实宪法和观念宪法为参照的稳定性。它是一种动态的稳定，是在观念宪法的作用下，成文宪法与现实宪法的适应。就其本质而言，是指成文宪法在与现实宪法和观念宪法构成宪法秩序过程中位置的平衡性。而适应现实宪法和观念宪法的发展要求，对成文宪法进行变动或修改，也是成文宪法稳定性的表现形式。由此可见，观念宪法中的宪法要求和宪法评价，无论是在成文宪法适应现实宪法的过程中，还是在成文宪法对现实宪法的规范与引导过程中，都起着调节作用，因而成为宪法秩序的构成要素。应该指出的是，上述情况是较为理想状态下三者的协调关系。实际情况可能是，大量宪法要求不能通过立法程序变成具有普遍约束力的成文宪法规范，即使宪法要求是绝大多数人意志的反映。

2. 答案：宪法秩序的实现，即指应然宪法秩序转化为实然宪法秩序的过程。而宪法观念的培养则既是宪法秩序实现过程中的重要因素，又是宪法秩序的重要构成要素。

我国多年的经验教训和宪法观念现状表明，大力培养广大公民的社会主义宪法观念仍然具有紧迫的现实意义和深远的历史意义。(1) 我国公民对宪法的认识有的还停留在表面层次，对宪法的深刻含义知之甚少，因此尽快培养公民的宪法观念成为实现宪法秩序的重要前提。(2) 有利于促进社会主义民主政治建设，发展社会主义市场经济。宪法观念的形成，使得广大人民在自觉遵守和维护宪法的同时，社会经济的各部门和社会关系的各主体都将宪法作为自己行为的最高准则，通过平衡和协调各种社会关系，从而最终促进社会经济健康有序地向前发展。(3) 有利于推动宪法理论的研究，形成我国的社会主义宪法文化。公民宪法观念的培养必然会推动宪法理论的不断发展和完善。因为宪法观念将使宪法主体形成有关宪法的固有心理、习惯和思维模式，而宪法理论既是宪法文化的载体，又构造着宪法文化，宪法文化的发展又将促进公民宪法观念的提高，从而形成一个良性循环。

期末测试题一

一、单项选择题

1. 下列哪一项被认为是近代宪法的起源地？（　　）
   A. 美国　　B. 法国
   C. 英国　　D. 希腊
2. 我国《宪法》规定，国家在必要时设立特别行政区。在特别行政区内实行的制度按照具体情况由下列选项中的哪一机关以法律规定？（　　）
   A. 全国人大常委会
   B. 全国人民代表大会
   C. 国家
   D. 国务院
3. 宪法规范调整有关社会制度、国家制度的根本原则和国家政权的组织以及公民的基本权利和义务的（　　）
   A. 人身关系
   B. 财产关系
   C. 社会关系
   D. 国家与公民的关系
4. 关于村民委员会，下列哪一说法是正确的？（　　）
   A. 村民委员会实行村务公开制度，涉及财务的事项至少每年公布一次
   B. 村民委员会决定问题，采取村民委员会主任负责制
   C. 村民委员会根据需要设人民调解、治安保卫、公共卫生委员会
   D. 村民委员会由主任、副主任和村民小组长若干人组成
5. 根据现行《宪法》规定，关于公民权利和自由，下列哪一选项是正确的？（　　）
   A. 劳动、受教育和依法服兵役既是公民的基本权利又是公民的基本义务
   B. 休息权的主体是全体公民
   C. 公民在年老、疾病或者未丧失劳动能力的情况下，有从国家和社会获得物质帮助的权利
   D. 2004 年《宪法修正案》规定，国家尊重和保障人权
6. 精神病患者不能行使选举权的，经下列选项中的哪一机关确认，不列入选民名单？（　　）
   A. 同级人民政府　　B. 选举委员会
   C. 县级以上医院　　D. 选民小组
7. 我国宪法规定了国家主席的替补制度，下列选项中对替补制度的表述哪个是错误的？（　　）
   A. 主席缺位时由副主席代理
   B. 主席缺位时由副主席继任
   C. 副主席缺位时由全国人大补选
   D. 主席和副主席都缺位且未及补选时由全国人大常委会委员长代理
8. 根据省政府制定的地方规章，省质监部门对生产销售不合格产品的某公司予以行政处罚。被处罚人认为，该省政府规章违反《产品质量法》规定，不能作为处罚依据，遂向法院起诉，请求撤销该行政处罚。关于对该省政府规章是否违法的认定及其处理，下列哪一选项是正确的？（　　）
   A. 由审理案件的法院进行审查并宣告其是否有效
   B. 由该省人大审查是否违法并作出是否改变或者撤销的决定
   C. 由国务院将其提交全国人大常委会进行审查并作出是否撤销的决定
   D. 由该省人大常委会审查其是否违法并作出是否撤销的决定
9. 在我国，行政公署是（　　）
   A. 我国一级地方行政机关
   B. 地区一级国家权力机关
   C. 省级人民政府的派出机关
   D. 省级国家权力机关的派出机关

二、多项选择题

1. 根据宪法和法律，哪些是正确的？（　　）

A. 自治州的人大常委会组成人员 5 人以上联名，可以向本级人大常委会提出议案

B. 县级人大常委会组成人员 3 人以上联名，可以向本级人大常委会提出议案

C. 自治州的人大常委会组成人员 5 人以上联名，可以向本级人大常委会提出对本级政府、法院和检察院的质询案

D. 县级人大常委会组成人员 3 人以上联名，可以向本级人大常委会提出对本级政府、法院和检察院的质询案

2. 关于民族自治地方财政的说法，下列哪些选项符合《民族区域自治法》规定？（　　）

A. 国家财政体制下属于民族自治地方的财政收入，由自治机关自主地安排使用

B. 民族自治地方的财政预算支出，按国家规定设机动资金，但预备费在预算中不得高于一般地区

C. 自治机关对本地方的各项开支标准、定员、定额，按照国家规定的原则，结合本地方的实际情况，可以制定补充规定和具体办法，并须分别报国务院、省、自治区、直辖市批准

D. 民族自治地方在全国统一的财政体制下，通过国家实行的规范的财政转移支付制度，享受上级财政的照顾

3. 在我国，“公民”和“人民”是两个不同的概念。它们的区别主要有（　　）

A. 性质不同。公民是与外国人相对应的法律概念；人民是与敌人相对应的概念

B. 范围不同。公民的范围比人民的范围更加广泛，公民中除包括人民外，还包括敌人

C. 后果不同。所有的人民都享有宪法和法律规定的权利并履行相应的义务；但并非所有的公民都能享有宪法和法律规定的权利并履行相应的义务

D. 公民所表达的一般是个体概念，而人民所表达的往往是群体概念

4. 公民的基本权利也称宪法权利，它与一般权利相比较具有自身的法律特性。包括下列选项的哪些内容？（　　）

A. 它决定着公民在国家中的法律地位

B. 它是公民在社会生活中最主要、最基本而又不可缺少的权利

C. 它具有母体性，能派生出公民的一般权利

D. 它具有稳定性和排他性，是“不证自明”的权利

5. 在我国，所谓“特定人的权利”中的“特定人”，是指下列选项中的哪些人？（　　）

A. 妇女

B. 烈士家属、军属

C. 老人、母亲和儿童

D. 华侨、归侨和侨眷

6. 下列对全国人民代表大会专门委员会成员的代表职务被罢免的，其专门委员会成员的职务将受何种影响的表述，哪些是错误的？（　　）

A. 代表职务被撤销后，其专门委员会成员的职务不受影响

B. 代表职务被撤销后，其专门委员会成员的职务根据被罢免原因而定

C. 代表职务被撤销后，其专门委员会成员的职务相应被撤销

D. 代表职务被撤销后，其专门委员会成员的职务受较小影响

7. 我国《宪法》规定，全国人大代表享有不受法律追究的权利是指在（　　）

A. 全国人大各种会议上的发言

B. 各种会议上的发言

C. 全国人大各种会议上的表决

D. 进行视察活动时的一切行为

8. 根据《宪法》和法律规定，哪些事项由全国人大决定？（　　）

A. 兴建长江三峡大坝工程

B. 建立香港特别行政区

C. 设立重庆直辖市

D. 设立海南经济特区

9. 根据我国《宪法》的规定，下列选项中哪些是可以提出宪法修改有效议案的主体？（　　）

A. 全国人民代表大会常务委员会

B. 全国人民代表大会的一个代表团

C. 1/5 以上的全国人民代表大会代表

D. 全国人民代表大会主席团

三、名词解释

1. 宪法渊源
2. 国家结构形式
3. 民族自治地方

四、简答题

1. 我国人大代表的罢免制度。
2. 言论自由的界限。

五、论述题

试论宪法实施所要遵循的基本原则。

参考答案

一、单项选择题

1. **答案**：C。1215年英国的《自由大宪章》是近代意义上宪法的渊源。
2. **答案**：B。《宪法》第31条规定，国家在必要时得设立特别行政区。在特别行政区内实行的制度按照具体情况由全国人民代表大会以法律规定。
3. **答案**：C。A、B、D选项均不够全面。
4. **答案**：C。选项A错误。《村民委员会组织法》第30条规定，村民委员会实行村务公开制度。一般事项至少每季度公布一次；集体财务往来较多的，财务收支情况应当每月公布一次。选项B错误。《村民委员会组织法》第29条规定，村民委员会决定问题，采取少数服从多数的原则。选项C正确。《村民委员会组织法》第7条规定，村民委员会根据需要设人民调解、治安保卫、公共卫生与计划生育等委员会。村民委员会成员可以兼任下属委员会的成员。人口少的村的村民委员会可以不设下属委员会，由村民委员会成员分工负责人民调解、治安保卫、公共卫生与计划生育等工作。选项D错误。《村民委员会组织法》第6条规定，村民委员会由主任、副主任和委员共三至七人组成。
5. **答案**：D。根据《宪法》第42条第1款的规定，中华人民共和国公民有劳动的权利和义务。根据《宪法》第46条第1款的规定，中华人民共和国公民有受教育的权利和义务。根据《宪法》第55条的规定，保卫祖国、抵抗侵略是中华人民共和国每一个公民的神圣职责。依照法律服兵役和参加民兵组织是中华人民共和国公民的光荣义务。可见，A项错误。根据《宪法》第43条规定，中华人民共和国劳动者有休息的权利。由于“劳动者”的内涵和外延不同于“全体公民”，所以B项错误。根据《宪法》第45条第1款的规定，中华人民共和国公民在年老、疾病或者丧失劳动能力的情况下，有从国家和社会获得物质帮助的权利。国家发展为公民享受这些权利所需要的社会保险、社会救济和医疗卫生事业。可见，C项错误。根据2004年《宪法修正案》第24条的规定：“《宪法》第三十三条增加一款，作为第三款：‘国家尊重和保障人权。’第三款相应地改为第四款。”可见，D项正确。
6. **答案**：B。《选举法》第27条第2款规定：精神病患者不能行使选举权利的，经选举委员会确认，不列入选民名单。
7. **答案**：A。《宪法》第84条规定：中华人民共和国主席缺位的时候，由副主席继任主席的职位。中华人民共和国副主席缺位的时候，由全国人民代表大会补选。中华人民共和国主席、副主席都缺位的时候，由全国人民代表大会补选；在补选以前，由全国人民代表大会常务委员会委员长暂时代理主席职位。
8. **答案**：D。选项A错误。我国法院并无宪法监督的权力，不能自行审查法律、法规或规章，并宣告其无效。选项B错误。根据我国《立法法》第108条第5项的规定，地方人大常委会有权撤销本级人民政府制定的不适当的规章，而无权改变之。从法理上说，我国宪法确立了国家机关之间的分工和制约原则，这意味着立法机关只能对行政机关进行监督，但无权取代行政机关去履行行政机关的职能，因此，地方人大只能撤销而不能改变地方政府的规章。选项C错误。根据《立法法》第108条第2项、第3项、第5项规定，全国人大常委会无权审查并撤销地方规章，地方规章的撤销权归属于国务院和同级地方人大常委会。选项 D 是正确的，为应选项。

9. **答案**：C。依据《地方各级人民代表大会和地方各级人民政府组织法》第 85 条第 1 款的规定，省、自治区的人民政府在必要的时候，经国务院批准，可以设立若干派出机关。

二、多项选择题

1. **答案**：ABCD。根据《地方各级人民代表大会和地方各级人民政府组织法》的规定，地方各级人民代表大会举行会议的时候，主席团、常务委员会、各专门委员会、本级人民政府和代表（县级以上 10 人，乡、民族乡、镇 5 人以上），都可以提出议案。

2. **答案**：AD。根据《民族区域自治法》第 32 条第 2 款的规定，民族自治地方的自治机关有管理地方财政的自治权。凡是依照国家财政体制属于民族自治地方的财政收入，都应当由民族自治地方的自治机关自主地安排使用。可见 A 项正确。根据《民族区域自治法》第 32 条第 4 款的规定，民族自治地方的财政预算支出，按照国家规定，设机动资金，预备费在预算中所占比例高于一般地区。可见 B 项错误。根据《民族区域自治法》第 33 条的规定，民族自治地方的自治机关对本地方的各项开支标准、定员、定额，根据国家规定的原则，结合本地方的实际情况，可以制定补充规定和具体办法。自治区制定的补充规定和具体办法，报国务院备案；自治州、自治县制定的补充规定和具体办法，须报省、自治区、直辖市人民政府批准。可见 C 项错误。根据《民族区域自治法》第 32 条第 3 款的规定，民族自治地方在全国统一的财政体制下，通过国家实行的规范的财政转移支付制度，享受上级财政的照顾。可见 D 项正确。因此，本题的正确答案应当是 A、D 项。

3. **答案**：ABCD。本题主要考查人民与公民概念的区别。

4. **答案**：ABCD。本题主要考查宪法权利的法律特性。

5. **答案**：ABCD。《宪法》第 45 条第 2 款规定：国家和社会保障残废军人的生活，抚恤烈士家属，优待军人家属。《宪法》第 48 条第 1 款规定：中华人民共和国妇女在政治的、经济的、文化的、社会的和家庭的生活等各方面享有同男子平等的权利。《宪法》第 49 条第 1 款规定：婚姻、家庭、母亲和儿童受国家的保护。《宪法》第 50 条规定：中华人民共和国保护华侨的正当的权利和利益，保护归侨和侨眷的合法的权利和利益。宪法以专门条款对这些特定人进行保护。

6. **答案**：ABD。《选举法》第 54 条第 1 款规定：县级以上的各级人民代表大会常务委员会组成人员，县级以上的各级人民代表大会专门委员会成员的代表职务被罢免的，其常务委员会组成人员或者专门委员会成员的职务相应撤销，由主席团或者常务委员会予以公告。

7. **答案**：AC。此题考查全国人大代表享有的不受法律追究的权利的内容问题。我国《宪法》第 75 条规定，全国人民代表大会代表在全国人民代表大会各种会议上的发言和表决，不受法律追究。因此此题选 AC。

8. **答案**：ABCD。《宪法》第 62 条规定："全国人民代表大会行使下列职权：……（十三）批准省、自治区和直辖市的建置；（十四）决定特别行政区的设立及其制度；……（十六）应当由最高国家权力机关行使的其他职权。"

9. **答案**：AC。《宪法》第 64 条第 1 款规定，宪法的修改，由全国人民代表大会常务委员会或者五分之一以上的全国人民代表大会代表提议，并由全国人民代表大会以全体代表的三分之二以上的多数通过。故 A、C 正确。

三、名词解释

1. **答案**：宪法渊源指一个国家中宪法规范所赖以存在的法律形式，既包括明示的宪法规范，也包括默示的宪法规范，被宪法制定者确认为可以承载宪法规范的法律形式才能成为宪法渊源。在世界范围内主要包括：宪法典、宪法性法律、宪法惯例、宪法判例、欧盟宪章。在我国主要是指宪法典、宪法修正案、全国人大常委会的宪法解释，其中最重要的是宪法典。

2. **答案**：国家结构形式是指国家整体与其组成部分之间、中央政权与地方政权之间相互关系的形式。它的实质在于中央和地方或组成单位之间的权限划分问题。

3. 答案：民族自治地方是各少数民族聚居并实行区域自治的行政区域，是实行民族区域自治的基础。民族自治地方按行政地位，分为自治区、自治州、自治县。

四、简答题

1. 答案：对人大代表的罢免既是行使选举权的重要方面，也是人民对人大代表进行监督最有力的措施。全国和地方各级人民代表大会的代表，受选民和原选举单位的监督。选民或者选举单位都有权罢免自己选出的代表。程序如下：

（1）对于直接选举的代表：

第一，对于县级的人民代表大会代表，原选区选民五十人以上联名，对于乡级的人民代表大会代表，原选区选民三十人以上联名，可以向县级的人民代表大会常务委员会书面提出罢免要求。罢免要求应当写明罢免理由。

第二，被提出罢免的代表有权在选民会议上提出申辩意见，也可以书面提出申辩意见。县级的人民代表大会常务委员会应当将罢免要求和被提出罢免的代表的书面申辩意见印发原选区选民。

第三，表决罢免要求，由县级的人民代表大会常务委员会派有关负责人员主持。罢免县级和乡级的人民代表大会代表，须经原选区过半数的选民通过。罢免代表采用无记名投票的表决方式。

（2）对于间接选举的代表：

第一，县级以上的地方各级人民代表大会举行会议的时候，主席团或者十分之一以上代表联名，可以提出对由该级人民代表大会选出的上一级人民代表大会代表的罢免案；在人民代表大会闭会期间，县级以上的地方各级人民代表大会常务委员会主任会议或者常务委员会五分之一以上组成人员联名，可以向常务委员会提出对由该级人民代表大会选出的上一级人民代表大会代表的罢免案。罢免案应当写明罢免理由。

第二，县级以上的地方各级人民代表大会举行会议的时候，被提出罢免的代表有权在主席团会议和大会全体会议上提出申辩意见，或者书面提出申辩意见，由主席团印发会议。县级以上的地方各级人民代表大会常务委员会举行会议的时候，被提出罢免的代表有权在主任会议和常务委员会全体会议上提出申辩意见，或者书面提出申辩意见，由主任会议印发会议。

第三，罢免案经会议审议后，分别由主席团提请大会全体会议或由主任会议提请常务委员会全体会议表决。罢免由县级以上的地方各级人民代表大会选出的代表，须经各级人民代表大会过半数的代表通过；在代表大会闭会期间，须经常务委员会组成人员的过半数通过。罢免代表采用无记名投票的表决方式。罢免的决议，须报送上一级人民代表大会常务委员会备案。

（3）对于被罢免的代表的公告：

县级以上的各级人民代表大会常务委员会组成人员，全国人民代表大会和省、自治区、直辖市、设区的市、自治州的人民代表大会专门委员会成员的代表职务被罢免的，其常务委员会组成人员或者专门委员会成员的职务相应撤销，由主席团或者常务委员会予以公告。

乡、民族乡、镇的人民代表大会主席、副主席的代表职务被罢免的，其主席、副主席的职务相应撤销，由主席团予以公告。

2. 答案：言论自由是指公民有权通过各种语言形式，针对政治和社会生活中的各种问题表达其思想和见解的自由。由于言论自由是公民表达意愿，相互交流思想、传播信息的必要手段和工具，也是形成人民意志的基础，因而言论自由在公民的各项政治自由中居于首要地位。

言论自由有其自身的界限：（1）行使言论自由不能侵犯他人的名誉权，否则就可能构成诽谤。（2）行使言论自由不能侵犯他人的隐私权，否则就可能构成侵权行为。（3）一定限度和一定方式上的猥亵性、淫秽性的言论必然受到限制或禁止。（4）行使言论自由不能煽动或教唆他人实施违法行为。（5）行使言论自由与保护国家秘密之间也可能存在冲突。

五、论述题

答案：宪法实施必须遵循以下原则：

(1) 最高权威性原则

宪法实施的最高权威性原则是由宪法作为国家根本大法的性质决定的。宪法的这种地位，决定了在实施宪法过程中，必须始终维护宪法的权威和尊严。这种维护既体现在宪法规范得到一切机关、组织和个人的一体遵行以及宪法的具体内容得到充分实施方面，也体现在一切法律、法规等规范性文件不得与宪法相抵触方面。如果宪法在实施过程中不能树立起应有的权威，或者说宪法实施主体未能切实贯彻宪法的最高权威性原则，有效实施宪法就是根本不可能的。

(2) 民主原则

宪法实施的民主原则是由宪法的本质内容决定的。近代宪法是资产阶级革命的产物，宪法是民主事实法律化的基本形式。尽管商品经济的普遍化发展是宪法产生的根本原因，但如果没有资产阶级民主思想的产生和传播，没有资产阶级民主事实的形成，没有民主主体至少在形式上的普遍化，也就不可能有宪法，因而宪法的精髓就在于民主。因此，在实施宪法过程中，民主应该成为贯穿宪法实施活动的一条红线。

(3) 合法原则

宪法实施的合法原则是指宪法实施主体的身份必须符合宪法和法律的规定，宪法实施主体的权限范围、行使权限的方式和方法以及宪法实施的具体程序等都应有宪法和法律依据。既然宪法实施是宪法实施主体的活动，那么无论是宪法实施主体本身，还是宪法实施主体的行为，都必须具有合法性基础。这实际上是宪法实施应有的最基本的前提。

(4) 程序原则

宪法实施的程序原则是指宪法本身必须有实施程序方面的规定，宪法实施主体必须依照法定程序实施宪法。从法理上讲，程序具有两个方面的价值：①程序是贯彻实体规定的手段，这是程序的工具性价值；②程序反映法律运作的客观规律，具有内在的正当性基础，这是程序的目的性价值。程序对于宪法也同样具有这两个方面的价值。宪法中的程序规范是实施宪法实体规范的必要条件；没有相应的程序规范作保障，实体规范的实施往往沦为空谈。同时，宪法实施遵循一定的程序也是宪法目的实现的客观要求，程序本身反映着宪法的基本价值取向。具体说来，宪法实施的程序原则有两个要求：①程序法定，即宪法在设定具体的实体规范时，要设立实施该实体规范的程序性规范，且这种程序性规范应该是科学的、必要的和充分的。②依照程序，即有关主体在实施宪法时，既要遵守宪法的实体性规范，又要遵守宪法的程序性规范，即通过严格遵守宪法的程序性规范来贯彻落实宪法的实体性规范。

(5) 稳定原则

宪法实施的稳定原则是指实施宪法过程中必须保持宪法的相对稳定，不得朝令夕改。由于宪法是国家的根本大法，宪法的频繁变动不仅关系到整个国家和社会的稳定，而且关系到宪法能否保持应有的权威和尊严，因而宪法必须具有稳定性。但这种稳定性只是相对稳定性。随着社会历史条件的变化发展，宪法也要相应地变化发展。

(6) 发展原则

宪法实施的发展原则是指在宪法实施过程中，应该根据各种客观形势的变化，对宪法的内容进行相应的修改和解释，以推动宪法本身的发展。如前所述，宪法的实施过程就是宪法不断丰富和完善的过程，或者说是重新塑造宪法的过程。因此，实施宪法就不仅应该切实贯彻落实宪法的条文内容，从而使书面宪法转化为现实宪法，而且要根据现实生活中各种新情况、新问题形成的客观需要来发展宪法。

必须明确的是，宪法实施除必须遵循和贯彻上述六项主要原则以外，还必须遵循和贯彻宪法实施的公开原则、效益原则和监督原则等。

期末测试题二

一、单项选择题

1. 根据宪法分类理论，下列哪一选项是正确的？（　　）

A. 成文宪法也叫文书宪法，只有一个书面文件

B. 1215 年的《自由大宪章》是英国宪法的组成部分

C. 1830 年法国宪法是钦定宪法

D. 柔性宪法也具有最高法律效力

2. 根据我国《村民委员会组织法》的规定，关于村民委员会的范围调整，下列哪一选项是正确的？（　　）

A. 由村民委员会主任提出，经村民会议讨论同意后，报乡级人民政府批准

B. 由村民委员会主任提出，经村民会议讨论同意后，报乡级人民代表大会批准

C. 由乡级人民政府提出，经村民会议讨论同意后，报县级人民政府批准

D. 由乡级人民政府提出，经村民会议讨论同意后，报县级人民代表大会批准

3. 某村有年满 18 周岁以上村民 500 人，其中有 100 名村民联名提出罢免村委会主任。经村民会议投票表决，下列选项中哪个是罢免被通过的最低人数要求？（　　）

A. 125 人同意

B. 126 人同意

C. 250 人同意

D. 251 人同意

4. 现行《宪法》规定，自治区的自治条例和单行条例的审批权属于（　　）

A. 全国人民代表大会

B. 全国人大常委会

C. 国务院

D. 本级人民代表大会

5. 中华人民共和国确定国籍的原则是（　　）

A. 血统主义原则

B. 出生地主义原则

C. 出生入籍原则

D. 出生地主义和血统主义相结合的原则

6. 根据《集会游行示威法》的规定，如果集会、游行、示威的负责人对主管机关不许可的决定不服的，可以自接到决定通知书之日起在下列选项中的哪一个法定时间内向同级人民政府申请复议？（　　）

A. 2 日　　　B. 3 日

C. 4 日　　　D. 5 日

7. 县级以上各级人民代表大会选举下列选项中哪一级别的代表时，代表候选人不限于各该级人民代表大会的代表？（　　）

A. 上一级人民代表大会代表

B. 下一级人民代表大会代表

C. 同级人民代表大会代表

D. 全国人民代表大会代表

8. 根据我国《立法法》的规定，下列哪一机构可以向我国最高国家权力机关提出法律案？（　　）

A. 中央军事委员会

B. 省级人民代表大会常务委员会

C. 民族区域自治地方的人大常委会

D. 直辖市人大常委会

9. 根据《宪法》规定，关于全国人大的专门委员会，下列哪一选项是正确的？（　　）

A. 各专门委员会在其职权范围内所作决议，具有全国人大及其常委会所作决定的效力

B. 各专门委员会的主任委员、副主任委员由全国人大及其常委会任命

C. 关于特定问题的调查委员会的任期与全国人大及其常委会的任期相同

D. 全国人大及其常委会领导专门委员会的工作

二、多项选择题

1. 宪法具有最高法律效力。宪法的最高法律效力主要包括以下哪些方面的含义？（　　）
A. 宪法是制定普通法律的依据，任何普通法律、法规都不得与宪法相抵触
B. 宪法是一切国家机关、社会团体和全体公民的最高行为准则
C. 在制定和修改程序上，宪法比其他法律的要求更加严格
D. 在内容上，宪法规定国家最根本、最重要的问题

2. 现阶段我国公有制经济包括下列选项中的哪些成分？（　　）
A. 国有经济
B. 劳动群众集体所有制经济
C. 股份制经济
D. 合资企业

3. 根据我国现行《宪法》的规定，国家对个体经济、私营经济实行下列哪些策略？（　　）
A. 引导　　B. 鼓励
C. 监督　　D. 管理

4. 在我国，下列哪些机构的印章应当刻有中华人民共和国国徽图案？（　　）
A. 各级人民法院和人民检察院
B. 乡、民族乡、镇人民代表大会常务委员会和人民政府
C. 国家驻外使馆、领馆
D. 监狱

5. 根据《宪法》规定，下列哪些权利是公民享有的监督权？（　　）
A. 罢免权
B. 集会、游行、示威自由
C. 批评和建议的权利
D. 申诉、控告或者检举的权利

6. 依据有关法律规定，下列哪些机关所在地周边距离 10 米至 300 米内，不得举行集会、游行、示威？（　　）
A. 全国人大常委会
B. 国务院
C. 外国驻华使领馆
D. 中央军事委员会

7. 以下选项中关于有权通过对县级以上地方各级人民代表大会选出的代表的罢免案的说法，哪些是错误的？（　　）
A. 该级人民代表大会过 1/3 的代表
B. 该级人民代表大会常务委员会 1/2 的委员
C. 该级人民代表大会或其常务委员会过半数的代表
D. 该级人民代表大会过 1/4 的代表或其常务委员会过半数的委员

8. 根据法律规定，人民法院审理案件一律公开，但哪些案件除外？（　　）
A. 国家机密
B. 个人隐私
C. 商业秘密
D. 审判的时候被告人不满十八周岁的刑事案件

9. 根据《宪法》规定，国家主席的职权有：（　　）
A. 发布特赦令
B. 任免国务院总理
C. 授予军衔
D. 统率国家武装力量

三、名词解释

1. 协定宪法
2. 差额选举
3. 言论自由

四、简答题

简述我国公民人身自由的主要内容。

五、论述题

试比较民族区域自治制度与特别行政区自治制度的异同。

参考答案

一、单项选择题

1. **答案：**B。选项 A 错误。成文宪法是指一个或几个规定国家根本制度和根本任务的宪法性法律文件所构成的宪法典，因此，其并不

是总是只有一个书面文件。选项C错误。所谓钦定宪法，是指由君主自上而下制定并颁布的宪法。它是封建君主迫于社会进步的压力而制定的，对民权只作了点缀式规定，而主要以宪法形式肯定至高无上的君权。其代表是1889年的日本明治宪法。而1830年法国宪法乃协定宪法，是由君主与人民或民选议会协商共同制定的宪法。实际上，在经过法国大革命洗礼后，复辟后的法国君主已经不再有制定钦定宪法的权威。选项D错误。所谓柔性宪法，是指制定和修改程序、法律效力与一般法律完全相同的宪法。因此，柔性宪法并无所谓更高的效力。

2. **答案**：C。村委会的设立、撤销、范围调整，直接涉及村民自治，应当由村民会议集体讨论同意，不能由村委会几个人说了算，也不能只由乡镇人民政府决定。根据《村民委员会组织法》第3条的规定，村民委员会根据村民居住状况、人口多少，按照便于群众自治，有利于经济发展和社会管理的原则设立。村民委员会的设立、撤销、范围调整，由乡、民族乡、镇人民政府提出，经村民会议讨论同意，报县级人民政府批准。村委会的设立、撤销、范围调整的具体程序：第一，乡镇人民政府提出方案。乡镇人民政府可以先让村民提出意见，由乡镇人民政府按照便于群众自治的原则进行研究后，再正式提出，交村民会议讨论同意；也可以由乡镇人民政府在征求各方面意见的基础上，按照便于群众自治的原则提出，交村民会议讨论同意。第二，乡镇人民政府提出意见后，要经过村民会议同意。要尊重村民的意愿，认真听取各种不同意见，真正按多数村民的意见办。第三，为了统筹全局，做好协调工作，村委会的设立、撤销、范围调整的意见在经村民会议讨论同意后，要报县人民政府批准。可见C项正确。

3. **答案**：D。《村民委员会组织法》第21条规定，村民会议由本村18周岁以上的村民组成。《村民委员会组织法》第22条规定，召开村民会议，应当有本村18周岁以上的村民的过半数参加，或者本村2/3以上的户的代表参加，所作决定应当经到会人员的过半数通过。该法第16条规定："本村五分之一以上有选举权的村民或者三分之一以上的村民代表联名，可以提出罢免村民委员会成员的要求，并说明要求罢免的理由……罢免村民委员会成员……须经投票的村民过半数通过。"因此选D。

4. **答案**：B。《宪法》第116条规定：民族自治地方的人民代表大会有权依照当地民族的政治、经济和文化的特点，制定自治条例和单行条例。自治区的自治条例和单行条例，报全国人民代表大会常务委员会批准后生效。自治州、自治县的自治条例和单行条例，报省或者自治区的人民代表大会常务委员会批准后生效，并报全国人民代表大会常务委员会备案。

5. **答案**：D。《国籍法》第4条规定：父母双方或一方为中国公民，本人出生在中国，具有中国国籍。《国籍法》第5条规定：父母双方或一方为中国公民，本人出生在外国，具有中国国籍；但父母双方或一方为中国公民并定居在外国，本人出生时即具有外国国籍的，不具有中国国籍。《国籍法》第6条规定：父母无国籍或国籍不明，定居在中国，本人出生在中国，具有中国国籍。

6. **答案**：B。《集会游行示威法》第13条规定：集会、游行、示威的负责人对主管机关不许可的决定不服的，可以自接到决定通知之日起三日内，向同级人民政府申请复议，人民政府应当自接到申请复议书之日起三日内作出决定。

7. **答案**：A。《选举法》第33条规定：县级以上的地方各级人民代表大会在选举上一级人民代表大会代表时，代表候选人不限于各该级人民代表大会的代表。

8. **答案**：A。《立法法》第17条规定：全国人民代表大会主席团可以向全国人民代表大会提出法律案，由全国人民代表大会会议审议。全国人民代表大会常务委员会、国务院、中央军事委员会、国家监察委员会、最高人民法院、最高人民检察院、全国人民代表大会各专门委员会，可以向全国人民代表大会提出法律案，由主席团决定列入会议议程。《立法法》第29条规定：委员长会议可以向常务委员会提出法律案，由常务委员会会议审议。国务院、中央军事委员会、国家监察委员会、最高人民法院、最高人民检察院、全国人民代表大会各专门委员会，可以向常务委员会提出法律案，由委员长会议决定列入常务委员会会议议程，或者先交有关的专门委员会审议、提出报告，再决定列入常务委员会会议议程。如果委员长会议认为法律案有重大问题需要进一步研究，可以建议提案人修改完善后再向常务委员会提出。

9. **答案**：D。全国人大各专门委员会是由全国人民代表大会产生，受全国人民代表大会领导，闭会期间受全国人大常委会领导的常设性工作机构。其主要职责是在全国人大及其常委会的领导下，研究、审议和拟定有关议案。全国人大各专门委员会由主任委员、副主任委员、委员组成。它们都是全国人大主席团从代表中提名，由大会通过。据此，A项表述是错误的。各专门委员会主要职责是对相关问题的提案进行研究、提出意见，其作为受全国人大及其常委会领导的工作机构，其决议的效力低于全国人大及其常委会所作决定。B选项是错误的。各专门委员会由主任委员、副主任委员人选由主席团在代表中提名，大会通过；在大会闭会期间，全国人民代表大会常务委员会可以补充任命专门委员会的个别副主任委员和部分委员，由委员长会议提名，常务委员会会议通过，所以并非由全国人大及其常委会任命的。C选项是错误的。特定问题调查委员会是全国人大及其常委会为查证某个重大问题而依照法定程序成立的临时性调查组织，其任期是由问题的查证情况决定的，而不是与全国人大及其常委会的任期相同。D项是正确的，全国人大各专门委员会受全国人民代表大会领导，闭会期间受全国人大常委会领导。

二、多项选择题

1. **答案**：AB。本题考查宪法的最高法律效力的主要体现。宪法是国家的根本法，具有最高的法律效力。《宪法》第5条第3款、第4款规定，一切法律、行政法规和地方性法规都不得同宪法相抵触。一切国家机关和武装力量、各政党和各社会团体、各企业事业组织都必须遵守宪法和法律。一切违反宪法和法律的行为，必须予以追究。这两者就是宪法的最高法律效力的主要体现。因此，正确答案为A、B。

2. **答案**：AB。《宪法》第6条第1款规定，中华人民共和国的社会主义经济制度的基础是生产资料的社会主义公有制，即全民所有制和劳动群众集体所有制。社会主义公有制消灭人剥削人的制度，实行各尽所能、按劳分配的原则。题目中并没有使用股份制经济的国有成分或集体成分这种表述方式。

3. **答案**：ABCD。《宪法》第11条第2款规定，国家保护个体经济、私营经济等非公有制经济的合法的权利和利益。国家鼓励、支持和引导非公有制经济，并对非公有制经济依法实行监督和管理。

4. **答案**：AC。注意应当有国徽图案印章的机构与应当悬挂国徽的机构的共同和不同之处。B项中应为县级以上人大常委会和人民政府，再者根据《宪法》规定，乡级人大不设人大常委会，因此B显然不对。D项中监狱的印章不刻有国徽图案，也不悬挂国徽。

5. **答案**：CD。监督权，是指宪法赋予公民监督国家机关和国家工作人员活动的权利，是公民作为国家管理活动的相对人对抗国家机关和国家工作人员违法失职行为的权利，其具体包括批评、建议、申诉、控告、检举权。监督权不仅是公民监督国家机关和国家工作人员履行职责的“监督性权利”，而且是公民受到国家机关和国家工作人员不公正对待时的“防御权”。监督权受到宪法的绝对保障，即使被判处刑罚的人也享有监督权，不得因公民行使监督权而带来不利后果。根据《宪法》第41条第1款的规定，中华人民共和国公民对于任何国家机关和国家工作人员，有提出批评和建议的权利；对于任何国家机关和国家工作人员的违法失职行为，有向有关国家机关提出申诉、控告或者检举的权利，但是不得捏造或者歪曲事实进行诬告陷害。因此，本题的正确答案应当是CD。

6. **答案**：ABD。《集会游行示威法》第23条规定：在下列场所周边距离十米内至三百米内，不得举行集会、游行、示威，经国务院或者省、自治区、直辖市的人民政府批准的除外：(1) 全国人民代表大会常务委员会、国务院、中央军事委员会、最高人民法院、最高人民检察院的所在地；(2) 国宾下榻处；(3) 重要军事设施；(4) 航空港、火车站和港口。前款所列场所的具体周边距离，由省、自治区、直辖市的人民政府规定。

7. **答案**：ABD。《选举法》第53条规定：罢免县级和乡级的人民代表大会代表，须经原选区过半数的选民通过。罢免由县级以上的地方各级人民代表大会选出的代表，须经各该级人民代表大会过半数的代表通过；在代表大会闭会期间，须经常务委员会组成人员的过半数通过。罢免的决议，须报送上一级人民代表大会常务委员会备案、公告。

8. **答案**：ABD。《民事诉讼法》第137条规定，人民法院审理民事案件，除涉及国家秘密、个人隐私或者法律另有规定的以外，应当公开进行。离婚案件，涉及商业秘密的案件，当事人申请不公开审理的，可以不公开审理。《行政诉讼法》第54条规定，人民法院公开审理行政案件，但涉及国家秘密、个人隐私和法律另有规定的除外。涉及商业秘密的案件，当事人申请不公开审理的，可以不公开审理。《刑事诉讼法》第188条第1款，人民法院审判第一审案件应当公开进行。但是有关国家秘密或者个人隐私的案件，不公开审理；涉及商业秘密的案件，当事人申请不公开审理的，可以不公开审理。因此，涉及国家机密和个人隐私的案件一律不公开审理，涉及商业秘密的案件需要当事人申请不公开审理，A、B选项当选，C选项不当选。《刑事诉讼法》第285条规定，审判的时候被告人不满十八周岁的案件，不公开审理。但是，经未成年被告人及其法定代理人同意，未成年被告人所在学校和未成年人保护组织可以派代表到场。因此，D选项当选，派代表到场并不意味着“公开审理”。

9. **答案**：AB。《宪法》第80条规定：中华人民共和国主席根据全国人民代表大会的决定和全国人民代表大会常务委员会的决定，公布法律，任免国务院总理、副总理、国务委员、各部部长、各委员会主任、审计长、秘书长，授予国家的勋章和荣誉称号，发布特赦令，宣布进入紧急状态，宣布战争状态，发布动员令。

三、名词解释

1. **答案**：根据制定宪法的机关为标准，分为钦定宪法、民定宪法和协定宪法。协定宪法是指君主与国民或者国民的代表机关协商制定的宪法。协定宪法是阶级妥协的产物。当新兴资产阶级尚无足够力量推翻君主统治，而封建君主又不能实行绝对专制统治的情况下，协定宪法也就成为必然。

2. **答案**：差额选举是指在选举中候选人的人数多于应选代表名额的选举。差额选举有利于选民根据自己的自由意志选举满意的候选人。

3. **答案**：言论自由是指公民有权通过各种语言形式，针对政治和社会生活中的各种问题表达其思想和见解的自由。由于言论自由是公民表达意愿，相互交流思想、传播信息的必要手段和工具，也是形成人民意志的基础，因而言论自由在公民的各项政治自由中居于首要地位。

四、简答题

答案：(1) 人身自由是指公民的人身不受非法逮捕、拘禁、搜查和限制。

(2) 根据宪法和法律的规定，在我国任何公民非经人民检察院批准或决定，或者非经人民法院决定，并由公安机关（包括国家安全机关）执行，不受逮捕。

(3) 宪法还规定，禁止非法拘禁或者以其他方法限制、剥夺公民的人身自由，禁止非法搜查公民身体。

(4) 对于违法逮捕、拘留和搜查公民的负责人员，应由人民检察院进行追究；如果这种违法行为出于陷害、报复、贪赃或者其他个人目的，则应追究刑事责任。

五、论述题

答案：（1）自治是一个与现代民主思想与法治思想有密切联系的公法上的法律概念，具有民主性和法定性的特征。

民族区域自治，则是指民族自治地方的自治机关依照法律规定的权限，自主地管理本民族地方内部事务的权限。实行民族区域自治，赋予少数民族地区人民以自治权是中国共产党运用马列主义解决我国民族问题的基本政策。

为了解决香港、澳门回归问题，我国提出了“一国两制”的方针，根据香港、澳门特别行政区基本法的规定，中国政府在恢复对香港行使主权后，在港澳设立特别行政区，实行“港人治港”“澳人治澳”和“高度自治”。

（2）民族区域自治与特别行政区自治的差异。

首先，授予自治权的宗旨或目的不同。这是两种自治权之间的最根本的区别，亦是决定其他不同点的基础。中央授予香港特别行政区以高度自治权的宗旨或根本目的是保持香港的继续繁荣和稳定。香港自被英国占领以来的100多年里，一直实行资本主义制度，并形成了一套与大陆所不同的政治、法律制度，在经济上作为世界上的自由港和国际贸易、金融中心，通行着许多国际惯例。在这种情况下，要继续保持香港的繁荣和稳定，就必须尊重香港的历史与现实，赋予其高度的自治权。而民族区域自治权的宗旨或根本目的是解决历史上形成的民族差别与民族间事实上的不平等，促进各民族的平等、团结和共同繁荣。我国是一个多民族的国家，民族问题是我国社会和政治中的一个重要问题。国家赋予各少数民族地区人民以民族区域自治权的根本目的就是让各少数民族自主地管理本民族的内部事务，以加速少数民族地区经济和文化的发展，促进民族平等、团结和共同繁荣。由此可见，两种自治权所要解决的问题是完全不同的。

第二，权力来源的根据不同。香港特别行政区的自治权是根据《香港特别行政区基本法》取得的。《香港特别行政区基本法》规定了香港特别行政区的政治体制和社会制度的基本原则以及香港居民的基本权利和义务，同时它又是香港其他法律立法的根据，它与《宪法》相衔接，在香港地区起到补充宪法的作用。而民族区域自治权则来源于《民族区域自治法》，二者相比而言，《民族区域自治法》的地位及作用不及《香港特别行政区基本法》显著，它不能起到补充宪法的特殊作用。

第三，两种自治权的内容和范围及其自治的程度不同。香港特别行政区的自治权不仅内容丰富、范围广大，而且自治的程度较之民族区域自治权要高。在立法权方面，香港特别行政区拥有全面的立法权。根据《香港特别行政区基本法》的规定，香港特别行政区不得制定有关国防、外交和其他按《香港特别行政区基本法》规定不属于香港特别行政区自治范围内的法律。除此以外，香港特别行政区可以制定它应该制定的法律，包括刑法、民法、商法和诉讼法等。而民族自治地方只能制定自治条例、单行条例及地方性法规。在行政权方面，香港特别行政区的行政事务管理权也是非常广泛的，包括政策制定权、人事任免权、财政独立权、金融管理权、货币发行权、贸易管理权等20多种权利。而民族自治地方的行政管理权仅限于地方财政、经济建设、教育、科技文化、卫生、体育、设立地方公安部队、使用少数民族语言文字等方面的事务管理权。在司法权方面，香港特别行政区还拥有独立的司法权和终审权。终审权是司法的核心，是司法权完整及充分发挥作用的最集中表现。香港特别行政区不仅保留原有的司法体制，适用除与基本法相抵触外的原有法律，而且拥有终审权。这些权利不仅是民族自治地方所不曾拥有的，而且即使在处于英国统治时期的香港也是不存在的。在对外事务方面，香港特别行政区亦拥有相当程度的自治权。香港特别行政区可以“中国香港”的名义在经济、贸易、金融等领域，单独地同其他国家、地区或有关国际组织保持和发展关系、签订和履行有关协议。即使在以国家为单位的国际组织和国际会议上或在同香港特别行政区直接有关的外交谈判中，特别行政区都可以“中国香港”的名义参加或以中国代表团成员的身份派代表参与，并以“中国香港”的名义发表意见等，这些权利也是民族自治地方所不享有的。

第四，自治权的行使方式及保障程度不同。在民族自治地方，行使自治权的机关是自治地方的人民代表大会和人民政府。而香港特别行政区的自治权则由特别行政区的立法机关、行政机关和司法机关分别在自己的职权范围内行使。为保障民族自治权的行使，《民族区域自治法》规定，自治地方行政机关的正职行政首长由实行区域自治的民族的公民担任，而在香港特别行政区则完全实行“港人治港”的方针，除中央政府派驻必要的驻港部队外，中央政府一概不派驻干部到特别行政区任职。在财政上，民族自治地方除入不敷出外，还要定额上交上级财政，而香港特别行政区的财政收入全部用于自身需要，不上缴中央政府，中央政府亦不在香港地区征税。另外，民族自治地方的机关具有双重性：一方面表现为国家的一级地方机构，享有与其他一般行政区域机构相同的地方性权力，并受上级国家机构的领导和监督，对上级机构负责；另一方面民族自治地方的机构又是自治机关，具有一般地方机关不具有的自治权，包括财政、经济、文体、组织地方公安部队的权力，体现出自治地方机构的特殊性。而香港特别行政区并未纳入国家一般的行政区域范围，而将其作为特别行政区单独规定。其机构设置非常独特，并不像其他行政区域那样在中央的统一领导和监督之下，香港特别行政区的机构始终是享有高度自治权的自治机关。

第五，自治效力范围的比较。香港特别行政区的自治效力范围，主要体现在空间上的效力，即自治效力限于香港特别行政区(包括香港岛、九龙、新界三部分)。凡此区域内发生的一切行政、立法、司法事件和行为均由香港特别行政区以《香港特别行政区基本法》和香港法律管辖与处理。而对人的效力并无限制。在香港特别行政区范围内的所有居民，不论是否为永久性居民，根据《香港特别行政区基本法》第4条、第6条的规定，都享有在香港特别行政区内的特别待遇，香港法律对他们均无差别地加以适用。但需指出，根据港人治港的原则，《香港特别行政区基本法》第3条又规定，香港特别行政区的行政机关和立法机关必须由香港永久性居民依法组成。根据《宪法》和《民族区域自治法》的规定，民族区域自治则是民族自治和区域自治的结合。这种自治，不仅只对特定民族有效，而且该民族必须聚居于特定的区域方能最终享有。民族因素和区域因素，构成了自治的两个必备要素，体现了自治的空间效力和对人的效力的统一。我国《宪法》和《民族区域自治法》确立的三级民族自治地方，都是民族自治和区域自治相结合的具体体现。以民族为本位的单纯民族自治，或以地域为标准的区域自治，都不称其为民族区域自治。

第六，自治权行使的环境或条件不同。民族区域自治地方的自治权是在社会主义的政治、经济、法律制度的基础上行使的，它的行使必须坚持社会主义制度，必须服从中央的统一领导，必须维护社会主义法制的统一与完整。而香港特别行政区的自治权是在遵守基本法的前提下，在资本主义的政治、经济、法律制度下行使的。两种自治权行使的政治、经济、法律环境是截然不同的。

(3) 特别行政区自治权与民族区域自治权二者之间在性质上是一样的：

第一，无论实行的是“一国两制”，还是“一国一制”，自治均以一国为前提。民族自治地方始终是国家不可分割的组成部分，以维护国家主权和领土完整为己任。香港特别行政区虽然实行高度自治，但作为中央人民政府直辖的一个行政区，也是国家不可分割的组成部分。

第二，在国内，两者都不具有最高性，都是全国的一个行政区域。民族自治地方的机构具有双重性，需服从上级机构和中央机构的统一领导和监督。香港特别行政区非一般的国家行政区域，其机构享有高度自治权，不具有双重性，但中央权力机构和行政机构仍是香港特别行政区的上级机构，在某些重大问题上受到国家最高权力机关和中央人民政府的监督和制约，故香港特别行政区在一国以内，不具有最高性。而且，具有最高性的《宪法》也无例外地适用于民族区域自治地方和特别行政区。

第三，一个最为重要的共同点就是，它们在性质上都是属于统一的单一制国家中的地方性自治权。民族区域自治权属地方性自治权，自不待言。香港特别行政区所享有的高度自治权在性质上也应属于地方性自治权。中央与香港特别行政区的关系是中央政权与地方政权的关系，而不是联邦制国家中联邦与其成员国的关系。这表现在：①香港特别行政区的高度自治权来源于中央的授予，而非其本身所固有的权力。《香港特别行政区基本法》第2条规定，“全国人民代表大会授权香港特别行政区依照本法的规定实行高度自治”。②香港特别行政区不存在任何所谓“剩余权力”，法律未明确的权力属于中央而不属于香港。因此，香港特别行政区的权力从来源上说具有派生性和非本原性的特征。③《宪法》和在香港特别行政区起着宪法补充作用的《香港特别行政区基本法》从性质上看属于中央立法，而不是地方立法。

附录一：全国部分高校研究生入学考试宪法学部分历年真题①

中国人民大学

2020 年

一、材料题

1. 什么是生态文明建设？生态文明建设在社会文明建设中处于什么地位？

2. 我国 1982 年宪法及其修正案关于社会文明建设规定的发展？

3. 宪法规定生态文明建设有何意义？

二、论述题

论述宪法规定的人格尊严。

2019 年

一、材料分析（一）

材料一：全国人民代表大会宪法和法律委员会关于《中华人民共和国人民法院组织法（修订草案）》审议结果的报告中抽取的几段话。

材料二：《中华人民共和国人民法院组织法》修订新增的有关司法责任制的规定。

问题：

（1）“基本法律”是指什么？

（2）宪法对全国人大常委会修改基本法律有何限制？材料中全国人大常委会对《法院组织法》的修改是否符合该限制性规定？

（3）宪法和法律委员会的性质和职责？

二、材料分析（二）

材料一：《中华人民共和国网络安全法》中对网络用户发布的信息及其相关网络活动进行管理和处置的规定。

材料二：《中华人民共和国监察法》中监察机关对职务犯罪实施技术调查措施的有关规定。

问题：

（1）材料一中的规定可能会对公民的什么基本权利形成限制？对该基本权利宪法规定的限制条件是什么？

（2）材料二中的“有关机关”是指哪些机关？为什么？

2018 年

一、材料分析

材料为党的十九大报告中一段关于依法治国的讲话。

问题：

（1）宪法在良法善治中的作用？

（2）我国合宪性审查的构成？

（3）全国人大及其常委会制定的法律是否可能违反宪法？为什么？

二、论述题

试论检察机关的宪法地位和职权。

2017 年

一、材料分析

一段关于 2012 年衡阳贿选的案例。

问题：

1. 我国《选举法》规定的选举保障制度由哪几方面构成？

2. 追究破坏选举行为的主要途径有哪些？

3. 贿选的危害及其防范措施？

二、论述题

论述国务院总理负责制与民主集中制的关系。

① 编者注：本书中收录的考研题目为编者收集整理，仅供拓展参考。

2016 年

一、比较下列概念

1. 宪法序言与宪法总纲
2. 总统制与内阁制
3. 集体自由与结社自由

二、分析题

试论《中华人民共和国宪法》第 5 条规定“一切国家机关和武装力量、各政党和各社会团体、各企业事业组织都必须遵守宪法和法律。一切违反宪法和法律的行为，必须予以追究。任何组织或者个人都不得有超越宪法和法律的特权”。

三、论述题

试论述紧急状态下对公民的基本权利与自由的限制。

2015 年

一、名词解释

1. 宪法结构
2. 宪法渊源
3. 全国人大专门委员会
4. 宪法诉讼

二、简答题

简述宪法解释的基本原则。

三、论述题

试述依宪治国在依法治国中的作用。

2014 年

一、名词解释

1. 言论免责权
2. 受庇护权
3. 宪法惯例
4. 结社自由

二、简答题

简述宪法解释与宪法修改的关系。

三、论述题

论述违宪及合宪性审查的启动机制。

2013 年

一、名词解释

1. 宪法渊源
2. 行政区域划分
3. 人身特别保护权
4. 自治条例

二、简答题

简述我国人民代表的罢免制度。

三、论述题

试述宪法文本中的“人权条款”的含义和意义。

2012 年

一、名词解释

1. 议会制
2. 宪法修正案
3. 民族自治地方
4. 劳动权

二、简答题

简述教育权利业务的基本关系。

三、论述题

试论平等权的合理差异。

2011 年

一、名词解释

1. 人格尊严
2. 宪法解释
3. 单行条例

二、简答题

简述宗教信仰自由的基本内容。

2010 年

一、名词解释

1. 宪法规范
2. 全国人大常委会
3. 国家结构形式
4. 人大代表人身特别保护权

二、简答题

简述人权与基本权利的关系。

2009 年

一、名词解释

1. 政教分离　2. 表达自由　3. 宪法判例

二、简答题

1. 选举权的平等性原则。

2. 宪法监督的专门机关监督机制。

三、论述题

论自由权和社会权的联系与区别。

2008 年

一、名词解释

1. 弹劾

2. 选举委员会

二、简答题

1. 我国的宪法监督体制。

2. 教育权的性质。

3. 检察机关的宪法地位。

三、论述题

论社会权和社会建设的关系。

2007 年

一、名词解释

1. 规范宪法

2. 穷尽法律救济原则

3. 全国人大常委会委员长会议

二、简答题

1. 简述公民在法律面前一律平等原则的具体内涵。

2. 违宪与违法的联系与区别。

3. 制宪权的界限。

4. 宪法与条约的关系。

2006 年

一、名词解释

1. 宪法变迁

2. 合宪性推定原则

3. 结社自由

4. 通讯自由

二、简答题

1. 简述宪法规范变动的基本形式。

2. 简述港澳基本法的保障机制。

3. 简述我国中央人民政府对特别行政区行使的权利。

2005 年

一、名词解释

1. 宪法关系

2. 生命权

3. 地方性法规

4. 宪法解释

5. 国家结构形式

6. 人大代表人身特别保护权

二、简答题

1. 宪法修正案关于财产权保护的规定。

2. 简述人民法院依法独立行使审判权的内涵。

3. 我国民族自治地方与特别行政区的主要区别。

三、论述题

宪法修改与非公有制经济发展的关系。

清华大学

2022 年

论述题

1. 什么是不成文宪法，不成文宪法的主要表达形态？

2. 中华人民共和国有几部宪法？为什么？

3. 什么是法律保留？我国宪法所规定哪些基本权利规定了法律保留？

2021 年

一、名词解释

中国特色社会主义法律体系

二、论述题

请概述法治和人治的区别主要表现在哪几个方面。

三、判断题

1. 形式意义上的宪法很难真正保障公民基本权利

2. “freedom from state” 是指国家授权的自由权利

3. 耶利内克的 “主观性公权” 是指个人可以向国家主张的权利

4. 基本权利的相对保障方式比折中型保障方式更能保障公民基本权利

四、问答题

1. 某私企老板崇尚传统美德，认为一位部门经理甲不孝顺，心中不悦，借故将其降职，并任为另职；并认为另一名员工乙很讲义气，将其提拔顶替了原经理的位置。请问某私企老板的做法是否违反了宪法的平等原则？

2. 国家法秩序自同说的代表性学者是谁？主要观点是什么？

2020 年

论述题

1. 论述基本权利的保障方式及其特点。

2. 什么是宪法变迁？其产生规范效力的条件是什么？

2019 年

一、简答题

1. 有人说，人人生而不平等，只有死了才平等，所以宪法上的人人平等是一句空话。你怎么理解这句话？

2. 合宪性限定解释是不是宪法解释的方法？

二、论述题

我国宪法保障制度的具体规定。

2018 年

一、简答题

1. 什么是 “共和制”？共和制有什么具体类型？

2. 宪法最重要的保障制度是什么？

3. 国家法人说的主要观点有哪些？

二、论述题

谈谈我国现行宪法对基本权利的保障。

2017 年

一、简答题

1. 不同人对宪法同一条文的理解差异很大，说明了什么？正当的宪法解释应该怎么做？

2. 限制公民的基本权利必须通过法律，和行政机关可以用行政法规和命令限制基本权利相比，哪种模式更好？是不是最好的？

二、论述题

有人说制宪权没有界限，你认为对吗？给出自己的观点。(不少于 500 字)

2016 年

一、简述题

有人说：所谓立宪主义的宪法，就是规范宪法。你是否认同这种观点？为什么？

二、论述题

我国《宪法》第 1 条第 1 款规定：“中华人民共和国是工人阶级领导的、以工农联盟为基础的人民民主专政的社会主义国家。” 有人说：这里的 “人民民主专政”，尤其是 “专政”，表明人民民主是不受法律约束的。对于这种看法，你是否赞同？请给出你的观点。

2015 年

一、判断题

1. 宪法上应该把个人的能力和品德作为禁止的无差事由。

2. 我国《宪法》第 13 条规定，“公民的合法的私有财产不受侵犯”。这里的“合法”二字在学理上是多余的。

3. 宪法就像两面神，一面限制公权力，一面保障私权利。

4. 实行合宪性审查的必经程序是宪法解释。

5. 规范宪法（normative constitution）是为了限制宪法权利，实行合宪性审查。

二、论述题

当谈到中华人民共和国成立以后有几部宪法，有人说是四部，有人说是两部，有人说是一部，你觉得是几部，为什么？

2009 年

简答题

1. 简述1949年以来我国宪法的创制和修改情况。

2. 简述全国人大的职权及其与其他国家机关的关系。

3. 简述我国宪法关于平等权的规定及其特点。

2008 年

论述题

1. 分析我国宪法解释制度与司法制度的关系。

2.《劳动合同法》明确了劳动合同双方的权利和义务关系……劳动者可以向法院申请支付令，法院应发给支付令，参照我国宪法及2004年宪法修正案，从宪法学角度论述《劳动合同法》作出该规定的意义。

3. 论述宪法与行政法的关系。

中国政法大学

2023 年

一、简答题

简述限制公民的基本权利的原则。

二、论述题

论述公民言论自由的宪法界限。

三、分析题

党的二十大报告中提到加强宪法实施和监督，现行宪法发展四十年，论述如何推进宪法实施与宪法监督。

2022 年

一、名词解释

1. 宪法惯例

2. 劳动权

3. 总理负责制

二、简答题

简述人民代表直接选举中候选人的产生与确定规则。

三、论述题

论述中央与特别行政区的关系。

2021 年

一、名词解释

1. 法律保留

2. 宪法解释

3. 代议制

二、简答题

我国选举制度的原则。

三、论述题

宪法监督模式及其优劣。

2020 年

一、名词解释

1. 宪法的效力

2. 人身权利

3. 全国人民代表大会的言论免责权

二、简答题

我国的精神文明建设的内容。

三、分析题

结合监察法相关规定，分析宪法法条：国家监察委员会对全国人民代表大会及其常务委员会负责；地方各级监察委员会对产生它的国家权力机关和上一级监察委员会负责（宪法第126条）。

2019 年

一、名词解释

1. 联邦制
2. 宪法性法律文件
3. 专门人民法院

二、简答题

简述我国宪法对于非公有制经济的保护。

三、论述题

论我国宪法对公民人身权利的保护。

2018 年

一、名词解释

1. 特别行政区行政长官
2. 基本法律
3. 宗教信仰自由

二、简答题

简述我国行政区域的划分。

三、论述题

论宪法至上。

2017 年综合卷

一、名词解释

1. 总统制
2. 选举委员会
3. 政治权利

二、简答题

全国人大和全国人大常委会在立法权上的区别。

三、分析题

《宪法》第 2 条。

2012 年综合卷

一、单项选择题

1. 被马克思称为“世界上第一个人权宣言”的是（　　）

A. 1689 年英国的《权利法案》
B. 1776 年美国的《独立宣言》
C. 1789 年法国的《人权与公民权利宣言》
D. 1848 年的《共产党宣言》

2. 2004 年全国人民代表大会通过的《中华人民共和国宪法修正案》对社会保障问题是如何规定的？（　　）

A. 逐步建立系统完善的社会保障制度
B. 以社会投入为主，国家建立健全社会保障制度
C. 国家建立健全全面的社会保障制度
D. 国家建立健全同经济发展水平相适应的社会保障制度

3. 总统制是当今世界很多国家采用的政权组织形式。下列哪个国家是采用这一体制的？（　　）

A. 瑞士　　B. 英国
C. 德国　　D. 巴西

4. 根据宪法和法律，下列选项中的哪个职务必须由实行区域自治的民族的公民担任？（　　）

A. 自治县的人大常委会主任
B. 自治区的人民政府主席
C. 民族乡的人民代表大会主席
D. 自治州的财政局局长

5. 因诉讼当事人的特殊地位和诉讼案件的特殊性质而设立的法院是（　　）

A. 专门法院　　B. 最高法院
C. 宪法法院　　D. 地方法院

6. 下列各项中哪一项是全国人民代表大会的职权？（　　）

A. 决定国家财政预算的部分调整
B. 根据国务院总理的提名决定国务委员
C. 决定大赦
D. 批准条约

7. 根据我国 1954 年宪法的相关规定，下列哪一机构是中华人民共和国武装力量的领导机构？（　　）

A. 中央军事委员会
B. 中央军事委员会主席
C. 国防委员会
D. 中国人民革命军事委员会

8. 下列哪个组织是我国城市居民的自治组织？（　　）

A. 居民委员会　　B. 区公所

C. 街道办事处　　D. 行政公署

9. 根据现行宪法和法律，下列哪个机构或人员不可以提出对全国人大常委会组成人员的罢免案？（　　）

A. 500 名全国人大代表联名

B. 全国人大 5 个代表团联名

C. 全国人大主席团

D. 全国人大法律委员会

10. 根据我国宪法和法律，下列哪个国家机关不向全国人民代表大会报告工作？（　　）

A. 中央军委主席　　B. 全国人大常委会

C. 国务院　　D. 最高人民法院

二、简答题

1. 简述我国宪法对公民平等权保障的主要内容。

2. 简述我国宪法对公民财产权的保障制度。

三、论述与分析题

2003 年河南某市中院法官李某在审理案件中发现河南省地方性法规《河南省农作物种子管理条例》的有关条款与《中华人民共和国种子法》冲突。该法官在判决书中宣布：《河南省农作物种子管理条例》作为法律位阶较低的地方性法规，其与《中华人民共和国种子法》相冲突的条款自然无效。这一判决引起了重大争议。

（1）根据我国宪法及法律中有关中级人民法院与权力机关关系的规定，分析李某行为的合法性。

（2）除直接宣告地方性法规无效外（不论其是否合法），我国《立法法》及其他法律为本案法官提供了几种处理规范冲突的方式？试分析各种方式的利弊，并说明理由。

2011 年

一、单项选择题

1. 中国历史上第一部宪法性文件是（　　）

A.《钦定宪法大纲》

B.《中华民国临时约法》

C. 1923 年《中华民国宪法》

D.《中华苏维埃共和国宪法大纲》

2. 根据我国宪法和法律规定，下列选项中哪个是正确的（　　）

A. 我国城市的基层群众性组织包括街道办事处和居民委员会

B. 民族乡的人大和人民政府不属于民族自治机关

C. 村民委员会与居民委员会受基层政权组织的领导

D. 我国基层政权组织包括村民委员会与居民委员会

3. 不以诉讼活动为前提的对合宪性审查称为（　　）

A. 宪法控诉　　B. 个案审查

C. 抽象性审查　　D. 附带性审查

4. 下列表述错误的是（　　）

A. 罢工自由是我国 1975 年宪法所确认的公民基本权利

B. 迁徙自由是我国 1954 年宪法所确认的公民基本权利

C. 我国现行宪法规定我国公民有劳动和休息的权利

D. 我国公民有受教育的权利和义务

5. 根据我国现行选举法规定，我国乡级人大的人大代表名额总数为（　　）

A. 40~60 名

B. 40~200 名

C. 可以少于 40 名，最多不超过 160 名

D. 必须多于 40 名

6. 下列表述中，不正确的是（　　）

A. 我国实行地域代表制与职业代表制相结合，以地域代表制为主的方式产生全国人大代表

B. 中华人民共和国主席、中央军委主席任期均不得超过两届

C. 各级人民检察院检察长统一领导检察院工作

D. 全国人大常委会有权解释宪法和法律

7. 根据宪法规定，国务院审计署在（　　）的领导下，依法独立行使审计监督权。

A. 国务院总理

B. 审计长

C. 财务部长

D. 全国人大财经委员会

8. 我国宪法规定，民族自治地方的自治机关可以组织本地方维护社会治安的公安部队，但必须经由（　　）批准。

A. 全国人大常委会　B. 中央军事委员会

C. 国务院　D. 全国人大

9. 我国公民享有结社自由的权利。根据法律规定，公民成立社团的登记管理机关为（　　）

A. 各级工商部门　B. 各级人大常委会

C. 各级公安部门　D. 各级民政部门

二、多项选择题

1. 我国公民人身权利的范围包括（　　）

A. 人身自由不受侵犯

B. 人格尊严受法律保护

C. 住宅不受非法侵犯

D. 通信自由和通信秘密受法律保护

2. 下列各项中，哪些表述是不正确的（　　）

A. 张某作为市人大代表，在各种场合可自由发表言论，不受法律追究

B. 服兵役是公民的基本义务，但依法被剥夺政治权利的公民没有服兵役的资格

C. 全国人大常委会可向全国人大提出国民经济和社会发展计划的议案

D. 国务院决定港澳特别行政区进入紧急状态

3. 我国选举法规定，投票选举可以由以下哪些方式进行？（　　）

A. 召开选举大会　B. 设立投票站

C. 设立流动投票箱　D. 邮寄投票

4. 下列有关中国人民政治协商会议的表述，正确的是（　　）

A. 中国人民政治协商会议是国家机构的重要组成部分

B. 中国人民政治协商会议是爱国统一战线的重要组织形式

C. 中国人民政治协商会议是共产党领导的多党合作和政治协商的重要组织形式

D. 全国政协委员会与地方各级政协委员会是领导与被领导的关系

5. 下列哪些国家是实行联邦制的国家？（　　）

A. 英国　B. 德国

C. 印度　D. 瑞士

三、简答题

1. 简述我国宪法中关于公共财产的规定。

2. 简析我国公民的劳动权利。

2010 年

一、选择题

1. 我国相当多的学者主张宪法不能司法化，以下法理相关正确的是（　　）

A. 由于可诉性是法律的特征，因为宪法不能司法化，因此宪法不是法律

B. 宪法不能司法化，并不意味着宪法法律部门不能司法化

C. 宪法不能司法化，意味着宪法不作为法律渊源的一部分

D. 宪法不能司法化，意味着宪法在实际司法中不能发挥影响

2. 2005 年 8 月全国人大常委会对《妇女权益保障法》进行了修正，增加了“禁止对妇女实施性骚扰”的规定，但没有对“性骚扰”予以具体的界定。2007 年 4 月，某省人大常委会通过《实施〈中华人民共和国妇女权益保障法〉办法》，规定“禁止以言论、文字、电子信息、肢体等形式对妇女实施性骚扰”。关于该《办法》，下列哪个选项不能成立？（　　）

A. 《妇女权益保障法》是一般法，该《办法》是特别法

B. 该省的法官在界定“性骚扰”时，必须援引该《办法》作为裁判依据

C. 在没有制定此类《办法》的省，法官审理相关案件时，不能以法律没有规定为理由拒绝裁判

D. 在没有制定此类《办法》的省，法官审理相关案件时，需要借助自由裁量来界定“性骚扰”的具体含义

3. 以下哪项内容不能作为支持体系解释成立的理由？（　　）

A. 解释学原则

B. 法律体系理论

C. 禁止拒绝裁判原则

D. 法律原则对于法律规则的指导作用

4. 下列各项中，有关中国人民政治协商会议性质的表述正确的是（　　）

A. 中国人民政治协商会议是我国的爱国统一战线组织

B. 中国人民政治协商会议全国委员会是我国的上议院

C. 中国人民政治协商会议是行使国家立法权的机构

D. 中国人民政治协商会议是各级人民代表大会的一个附属机构

5. 下列有关我国经济制度的表述正确的是（　　）

A. 我国经济制度的基础是生产资料的公有制和非公有制

B. 非公有制经济是我国社会主义市场经济的有益补充

C. 国家对非公有制经济的政策是引导、监督和管理

D. 我国的森林和草原等自然资源属于国家所有，依照法律属于集体所有的除外

6. 总统制是当今世界很多国家采用的政权组织形式。下列哪个国家不是采用这一体制的？（　　）

A. 美国　　B. 墨西哥

C. 德国　　D. 巴西

7. 某选区有选民600人，在人大代表选举中，共有310位选民参加投票，有效票共295张，候选人张某如果当选，则其获得的赞成票最低是多少票？（　　）

A. 148

B. 156

C. 301

D. 选举无效，张某无论得到多少赞成票都不能当选

8. 根据《集会游行示威法》，集会、游行、示威的主管机关是活动举行地的（　　）

A. 公安机关　　B. 民政机关

C. 交通机关　　D. 人民政府

9. 1997年中国政府签署了《经济、社会、文化权利国际公约》，2001年这一条约被我国相关机关批准，正式对我国生效。根据我国宪法规定，有权批准这一条约的国家机关是（　　）。

A. 全国人民代表大会

B. 全国人大常委会

C. 国务院

D. 中华人民共和国主席

10. 根据《全国人民代表大会组织法》，下列哪个机构或人员不可以提出对于全国人大常委会的组成人员，中华人民共和国主席、副主席，国务院和中央军事委员会的组成人员，最高人民法院院长和最高人民检察院检察长的罢免案？（　　）

A. 全国人大3个以上的代表团

B. 全国人大1/10以上的代表

C. 全国人大主席团

D. 全国人大各专门委员会

11. 根据现行宪法和法律，下列各项表述正确的是（　　）

A. 吴某今年18周岁，他有权作为选民去参加其所在的自治州的人民代表大会代表的选举投票

B. 杨律师是全国人大代表，他在各种会议上的发言和表决，不受法律追究

C. 张某是香港特别行政区永久性居民，他有权参加香港特别行政区立法会议员选举的投票

D. 李某是北京市人民代表大会代表，非经市人大主席团或常委会的许可，他不受民事审判

12. 根据现行宪法和法律，下列哪一项不属于县级人民政府的组成人员？（　　）

A. 县长　　B. 副县长

C. 秘书长　　D. 财政局局长

13. 张某是某市人大常委会主任。根据现行宪法和法律，他不能担任下列哪一项职务？（　　）

A. 某中学校长

B. 某法院审判委员会委员

C. 某人民团体负责人

D. 某国有企业的董事长

二、简答题

1. 我国宪法的战争权的行使程序。

附赠

高校法学专业核心课程配套测试

中华人民共和国
宪法

中国法制出版社

中华人民共和国宪法

（1982年12月4日第五届全国人民代表大会第五次会议通过　1982年12月4日全国人民代表大会公告公布施行　根据1988年4月12日第七届全国人民代表大会第一次会议通过的《中华人民共和国宪法修正案》、1993年3月29日第八届全国人民代表大会第一次会议通过的《中华人民共和国宪法修正案》、1999年3月15日第九届全国人民代表大会第二次会议通过的《中华人民共和国宪法修正案》、2004年3月14日第十届全国人民代表大会第二次会议通过的《中华人民共和国宪法修正案》和2018年3月11日第十三届全国人民代表大会第一次会议通过的《中华人民共和国宪法修正案》修正）

目　　录

序　　言

中国是世界上历史最悠久的国家之一。中国各族人民共同创造了光辉灿烂的文化，具有光荣的革命传统。

一八四〇年以后，封建的中国逐渐变成半殖民地、半封建的国家。中国人民为国家独立、民族解放和民主自由进行了前仆后继的英勇奋斗。

二十世纪，中国发生了翻天覆地的伟大历史变革。

一九一一年孙中山先生领导的辛亥革命，废除了封建帝制，创立了中华民国。但是，中国人民反对帝国主义和封建主义的历史任务还没有完成。

一九四九年，以毛泽东主席为领袖的中国共产党领导中国各族人民，在经历了长期的艰难曲折的武装斗争和其他形式的斗争以后，终于推翻了帝国主义、封建主义和官僚资本主义的统治，取得了新民主主义革命的伟大胜利，建立了中华人民共和国。从此，中国人民掌握了国家的权力，成为国家的主人。

中华人民共和国成立以后，我国社会逐步实现了由新民主主义到社会主义的过渡。生产资料私有制的社会主义改造已经完成，人剥削人的制度已经消灭，社会主义制度已经确立。工人阶级领导的、以工农联盟为基础的人民民主专政，实质上即无产阶级专政，得到巩固和发展。中国人民和中国人民解放军战胜了帝国主义、霸权主义的侵略、破坏和武装挑衅，维护了国家的独立和安全，增强了国防。经济建设取得了重大的成就，独立的、比较完整的社会主义工业体系已经基本形成，农业生产显著提高。教育、科学、文化等事业有了很大的发展，社会主义思想教育取得了明显的成效。广大人民的生活有了较大的改善。

中国新民主主义革命的胜利和社会主义事业的成就，是中国共产党领导中国各族人民，在马克思列宁主义、毛泽东思想的指引下，坚持真理，修正错误，战胜许多艰难险阻而取得的。我国将长期处于社会主义初级阶段。国家的根本任务是，沿着中国特色社会主义道路，集中力量进行社会主义现代化建设。中国各族人民将继续在中国共产党领导下，在马克思列宁主义、毛泽东思想、邓小平理论、“三个代表”重要思想、科学发展观、习近平新时代中国特色社会主义思想指引下，坚持人民民主专政，坚持社会主义道路，坚持改革开放，不断完善社会主义的各项制度，发展社会主义市场经济，发展社会主义民主，健全社会主义法治，贯彻新发展理念，自力更生，艰苦奋斗，逐步实现工业、农业、国防和科学技术的现代化，推动物质文明、政治文明、精神文明、社会文明、生态文明协调发展，把我国建设成为富强民主文明和谐美丽的社会主义现代化强国，实现中华民族伟大复兴。

在我国，剥削阶级作为阶级已经消灭，但是阶级斗争还将在一定范围内长期存在。中国人民对敌视和破坏我国社会主义制度的国内外的敌对势力和敌对分子，必须进行斗争。

台湾是中华人民共和国的神圣领土的一部分。完成统一祖国的大业是包括台湾同胞在内的全中国人民的神圣职责。

社会主义的建设事业必须依靠工人、农民和知识分子，团结一切可以团结的力量。在长期的革命、建设、改革过程中，已经结成由中国共产党领导的，有各民主党派和各人民团体参加的，包括全体社会主义劳动者、社会主义事业的建设者、拥护社会主义的爱国者、拥护祖国统一和致力于中华民族伟大复兴的爱国者的广泛的爱国统一战线，这个统一战线将继续巩固和发展。中国人民政治协商会议是有广泛代表性的统一战线组织，过去发挥了重要的历史作用，今后在国家政治生活、社会生活和对外友好活动中，在进行社会主义现代化建设、维护国家的统一和团结的斗争中，将进一步发挥它的重要作用。中国共产党领导的多党合作和政治协商制度将长期存在和发展。

中华人民共和国是全国各族人民共同缔造的统一的多民族国家。平等团结互助和谐的社会主义民族关系已经确立，并将继续加强。在维护民族团结的斗争中，要反对大民族主义，主要是大汉族主义，也要反对地方民族主义。国家尽一切努力，促进全国各民族的共同繁荣。

中国革命、建设、改革的成就是同世界人民的支持分不开的。中国的前途是同世界的前途紧密地联系在一起的。中国坚持独立自主的对外政策，坚持互相尊重主权和领土完整、互不侵犯、互不干涉内政、平等互利、和平共处的五项原则，坚持和平发展道路，坚持互利共赢开放战略，发展同各国的外交关系和经济、文化交流，推动构建人类命运共同体；坚持反对帝国主义、霸权主义、殖民主义，加强同世界各国人民的团结，支持被压迫民族和发展中国家争取和维护民族独立、发展民族经济的正义斗争，为维护世界和平和促进人类进步事业而努力。

本宪法以法律的形式确认了中国各族人民奋斗的成果，规定了国家的根本制度和根本任务，是国家的根本法，具有最高的法律效力。全国各族人民、一切国家机关和武装力量、各政党和各社会团体、各企业事业组织，都必须以宪法为根本的活动准则，并且负有维护宪法尊严、保证宪法实施的职责。

第一章　总　　纲

第一条　中华人民共和国是工人阶级领导的、以工农联盟为基础的人民民主专政的社会主义国家。

社会主义制度是中华人民共和国的根本制度。中国共产党领导是中国特色社会主义最本质的特征。禁止任何组织或者个人破坏社会主义制度。

第二条 中华人民共和国的一切权力属于人民。

人民行使国家权力的机关是全国人民代表大会和地方各级人民代表大会。

人民依照法律规定，通过各种途径和形式，管理国家事务，管理经济和文化事业，管理社会事务。

第三条 中华人民共和国的国家机构实行民主集中制的原则。

全国人民代表大会和地方各级人民代表大会都由民主选举产生，对人民负责，受人民监督。

国家行政机关、监察机关、审判机关、检察机关都由人民代表大会产生，对它负责，受它监督。

中央和地方的国家机构职权的划分，遵循在中央的统一领导下，充分发挥地方的主动性、积极性的原则。

第四条 中华人民共和国各民族一律平等。国家保障各少数民族的合法的权利和利益，维护和发展各民族的平等团结互助和谐关系。禁止对任何民族的歧视和压迫，禁止破坏民族团结和制造民族分裂的行为。

国家根据各少数民族的特点和需要，帮助各少数民族地区加速经济和文化的发展。

各少数民族聚居的地方实行区域自治，设立自治机关，行使自治权。各民族自治地方都是中华人民共和国不可分离的部分。

各民族都有使用和发展自己的语言文字的自由，都有保持或者改革自己的风俗习惯的自由。

第五条 中华人民共和国实行依法治国，建设社会主义法治国家。

国家维护社会主义法制的统一和尊严。

一切法律、行政法规和地方性法规都不得同宪法相抵触。

一切国家机关和武装力量、各政党和各社会团体、各企业事业组织都必须遵守宪法和法律。一切违反宪法和法律的行为，必须予以追究。

任何组织或者个人都不得有超越宪法和法律的特权。

第六条 中华人民共和国的社会主义经济制度的基础是生产资料的社会主义公有制，即全民所有制和劳动群众集体所有制。社会主义公有制消灭人剥削人的制度，实行各尽所能、按劳分配的原则。

国家在社会主义初级阶段，坚持公有制为主体、多种所有制经济共同发展的基本经济制度，坚持按劳分配为主体、多种分配方式并存的分配制度。

第七条 国有经济，即社会主义全民所有制经济，是国民经济中的主导力量。国家保障国有经济的巩固和发展。

第八条 农村集体经济组织实行家庭承包经营为基础、统分结合的双层经营体制。农村中的生产、供销、信用、消费等各种形式的合作经济，是社会主义劳动群众集体所有制经济。参加农村集体经济组织的劳动者，有权在法律规定的范围内经营自留地、自留山、家庭副业和饲养自留畜。

城镇中的手工业、工业、建筑业、运输业、商业、服务业等行业的各种形式的合作经济，都是社会主义劳动群众集体所有制经济。

国家保护城乡集体经济组织的合法的权利和利益，鼓励、指导和帮助集体经济的发展。

第九条 矿藏、水流、森林、山岭、草原、荒地、滩涂等自然资源，都属于国家所有，即全民所有；由法律规定属于集体所有的森林和山岭、草原、荒地、滩涂除外。

国家保障自然资源的合理利用，保护珍贵的动物和植物。禁止任何组织或者个人用任何手段侵占或者破坏自然资源。

第十条 城市的土地属于国家所有。

农村和城市郊区的土地，除由法律规定属于国家所有的以外，属于集体所有；宅基地和自留地、自留山，也属于集体所有。

国家为了公共利益的需要，可以依照法律规定对土地实行征收或者征用并给予补偿。

任何组织或者个人不得侵占、买卖或者以其他形式非法转让土地。土地的使用权可以依照法律的规定转让。

一切使用土地的组织和个人必须合理地利用土地。

第十一条 在法律规定范围内的个体经济、私营经济等非公有制经济，是社会主义市场经济的重要组成部分。

国家保护个体经济、私营经济等非公有制经济的合法的权利和利益。国家鼓励、支持和引导非公有制经济的发展，并对非公有制经济依法实行监督和管理。

第十二条 社会主义的公共财产神圣不可侵犯。

国家保护社会主义的公共财产。禁止任何组织或者个人用任何手段侵占或者破坏国家的和集体的财产。

第十三条 公民的合法的私有财产不受侵犯。

国家依照法律规定保护公民的私有财产权和继承权。

国家为了公共利益的需要，可以依照法律规定对公民的私有财产实行征收或者征用并给予补偿。

第十四条 国家通过提高劳动者的积极性和技术水平，推广先进的科学技术，完善经济管理体制和企业经营管理制度，实行各种形式的社会主义责任制，改进劳动组织，以不断提高劳动生产率和经济效益，发展社会生产力。

国家厉行节约，反对浪费。

国家合理安排积累和消费，兼顾国家、集体和个人的利益，在发展生产的基础上，逐步改善人民的物质生活和文化生活。

国家建立健全同经济发展水平相适应的社会保障制度。

第十五条 国家实行社会主义市场经济。

国家加强经济立法，完善宏观调控。

国家依法禁止任何组织或者个人扰乱社会经济秩序。

第十六条 国有企业在法律规定的范围内有权自主经营。

国有企业依照法律规定，通过职工代表大会和其他形式，实行民主管理。

第十七条 集体经济组织在遵守有关法律的前提下，有独立进行经济活动的自主权。

集体经济组织实行民主管理，依照法律规定选举和罢免管理人员，决定经营管理的重大问题。

第十八条 中华人民共和国允许外国的企业和其他经济组织或者个人依照中华人民共和国法律的规定在中国投资，同中国的企业或者其他经济组织进行各种形式的经济合作。

在中国境内的外国企业和其他外国经济组织以及中外合资经营的企业，都必须遵守中华人民共和国的法律。它们的合法的权利和利益受中华人民共和国法律的保护。

第十九条 国家发展社会主义的教育事业，提高全国人民的科学文化水平。

国家举办各种学校，普及初等义务教育，发展中等教育、职业教育和高等教育，并且发展学前教育。

国家发展各种教育设施，扫除文盲，对工人、农民、国家工作人员和其他劳动者进行政治、文化、科学、技术、业务的教育，鼓励自学成才。

国家鼓励集体经济组织、国家企业事业组织和其他社会力量依照法律规定举办各种教育事业。

国家推广全国通用的普通话。

第二十条 国家发展自然科学和社会科学事业，普及科学和技术知识，奖励科学研究成果和技术发明创造。

第二十一条 国家发展医疗卫生事业，发展现代医药和我国传统医药，鼓励和支持农村集体经济组织、国家企业事业组织和街道组织举办各种医疗卫生设施，开展群众性的卫生活动，保护人民健康。

国家发展体育事业，开展群众性的体育活动，增强人民体质。

第二十二条 国家发展为人民服务、为社会主义服务的文学艺术事业、新闻广播电视事业、出版发行事业、图书馆博物馆文化馆和其他文化事业，开展群众性的文化活动。

国家保护名胜古迹、珍贵文物和其他重要历史文化遗产。

第二十三条 国家培养为社会主义服务的各种专业人才，扩大知识分子的队伍，创造条件，充分发挥他们在社会主义现代化建设中的作用。

第二十四条 国家通过普及理想教育、道德教育、文化教育、纪律和法制教育，通过在城乡不同范围的群众中制定和执行各种守则、公约，加强社会主义精神文明的建设。

国家倡导社会主义核心价值观，提倡爱祖国、爱人民、爱劳动、爱科学、爱社会主义的公德，在人民中进行爱国主义、集体主义和国际主义、共产主义的教育，进行辩证唯物主义和历史唯物主义的教育，反对资本主义的、封建主义的和其他的腐朽思想。

第二十五条 国家推行计划生育，使人口的增长同经济和社会发展计划相适应。

第二十六条 国家保护和改善生活环境和生态环境，防治污染和其他公害。

国家组织和鼓励植树造林，保护林木。

第二十七条 一切国家机关实行精简的原则，实行工作责任制，实行工作人员的培训和考核制度，不断提高工作质量和工作效率，反对官僚主义。

一切国家机关和国家工作人员必须依靠人民的支持，经常保持同人民的密切联系，倾听人民的意见和建议，接受人民的监督，努力为人民服务。

国家工作人员就职时应当依照法律规定公开进行宪法宣誓。

第二十八条 国家维护社会秩序，镇压叛国和其他危害国家安全的犯罪活动，制裁危害社会治安、破坏社会主义经济和其他犯罪的活动，惩办和改造犯罪分子。

第二十九条　中华人民共和国的武装力量属于人民。它的任务是巩固国防，抵抗侵略，保卫祖国，保卫人民的和平劳动，参加国家建设事业，努力为人民服务。

国家加强武装力量的革命化、现代化、正规化的建设，增强国防力量。

第三十条　中华人民共和国的行政区域划分如下：

（一）全国分为省、自治区、直辖市；

（二）省、自治区分为自治州、县、自治县、市；

（三）县、自治县分为乡、民族乡、镇。

直辖市和较大的市分为区、县。自治州分为县、自治县、市。

自治区、自治州、自治县都是民族自治地方。

第三十一条　国家在必要时得设立特别行政区。在特别行政区内实行的制度按照具体情况由全国人民代表大会以法律规定。

第三十二条　中华人民共和国保护在中国境内的外国人的合法权利和利益，在中国境内的外国人必须遵守中华人民共和国的法律。

中华人民共和国对于因为政治原因要求避难的外国人，可以给予受庇护的权利。

第二章　公民的基本权利和义务

第三十三条　凡具有中华人民共和国国籍的人都是中华人民共和国公民。

中华人民共和国公民在法律面前一律平等。

国家尊重和保障人权。

任何公民享有宪法和法律规定的权利，同时必须履行宪法和法律规定的义务。

第三十四条　中华人民共和国年满十八周岁的公民，不分民族、种族、性别、职业、家庭出身、宗教信仰、教育程度、财产状况、居住期限，都有选举权和被选举权；但是依照法律被剥夺政治权利的人除外。

第三十五条　中华人民共和国公民有言论、出版、集会、结社、游行、示威的自由。

第三十六条　中华人民共和国公民有宗教信仰自由。

任何国家机关、社会团体和个人不得强制公民信仰宗教或者不信仰宗教，不得歧视信仰宗教的公民和不信仰宗教的公民。

国家保护正常的宗教活动。任何人不得利用宗教进行破坏社会秩序、损害公民身体健康、妨碍国家教育制度的活动。

宗教团体和宗教事务不受外国势力的支配。

第三十七条 中华人民共和国公民的人身自由不受侵犯。

任何公民，非经人民检察院批准或者决定或者人民法院决定，并由公安机关执行，不受逮捕。

禁止非法拘禁和以其他方法非法剥夺或者限制公民的人身自由，禁止非法搜查公民的身体。

第三十八条 中华人民共和国公民的人格尊严不受侵犯。禁止用任何方法对公民进行侮辱、诽谤和诬告陷害。

第三十九条 中华人民共和国公民的住宅不受侵犯。禁止非法搜查或者非法侵入公民的住宅。

第四十条 中华人民共和国公民的通信自由和通信秘密受法律的保护。除因国家安全或者追查刑事犯罪的需要，由公安机关或者检察机关依照法律规定的程序对通信进行检查外，任何组织或者个人不得以任何理由侵犯公民的通信自由和通信秘密。

第四十一条 中华人民共和国公民对于任何国家机关和国家工作人员，有提出批评和建议的权利；对于任何国家机关和国家工作人员的违法失职行为，有向有关国家机关提出申诉、控告或者检举的权利，但是不得捏造或者歪曲事实进行诬告陷害。

对于公民的申诉、控告或者检举，有关国家机关必须查清事实，负责处理。任何人不得压制和打击报复。

由于国家机关和国家工作人员侵犯公民权利而受到损失的人，有依照法律规定取得赔偿的权利。

第四十二条 中华人民共和国公民有劳动的权利和义务。

国家通过各种途径，创造劳动就业条件，加强劳动保护，改善劳动条件，并在发展生产的基础上，提高劳动报酬和福利待遇。

劳动是一切有劳动能力的公民的光荣职责。国有企业和城乡集体经济组织的劳动者都应当以国家主人翁的态度对待自己的劳动。国家提倡社会主义劳动竞赛，奖励劳动模范和先进工作者。国家提倡公民从事义务劳动。

国家对就业前的公民进行必要的劳动就业训练。

第四十三条 中华人民共和国劳动者有休息的权利。

国家发展劳动者休息和休养的设施，规定职工的工作时间和休假制度。

第四十四条　国家依照法律规定实行企业事业组织的职工和国家机关工作人员的退休制度。退休人员的生活受到国家和社会的保障。

第四十五条　中华人民共和国公民在年老、疾病或者丧失劳动能力的情况下，有从国家和社会获得物质帮助的权利。国家发展为公民享受这些权利所需要的社会保险、社会救济和医疗卫生事业。

国家和社会保障残废军人的生活，抚恤烈士家属，优待军人家属。

国家和社会帮助安排盲、聋、哑和其他有残疾的公民的劳动、生活和教育。

第四十六条　中华人民共和国公民有受教育的权利和义务。

国家培养青年、少年、儿童在品德、智力、体质等方面全面发展。

第四十七条　中华人民共和国公民有进行科学研究、文学艺术创作和其他文化活动的自由。国家对于从事教育、科学、技术、文学、艺术和其他文化事业的公民的有益于人民的创造性工作，给以鼓励和帮助。

第四十八条　中华人民共和国妇女在政治的、经济的、文化的、社会的和家庭的生活等各方面享有同男子平等的权利。

国家保护妇女的权利和利益，实行男女同工同酬，培养和选拔妇女干部。

第四十九条 婚姻、家庭、母亲和儿童受国家的保护。

夫妻双方有实行计划生育的义务。

父母有抚养教育未成年子女的义务，成年子女有赡养扶助父母的义务。

禁止破坏婚姻自由，禁止虐待老人、妇女和儿童。

第五十条 中华人民共和国保护华侨的正当的权利和利益，保护归侨和侨眷的合法的权利和利益。

第五十一条 中华人民共和国公民在行使自由和权利的时候，不得损害国家的、社会的、集体的利益和其他公民的合法的自由和权利。

第五十二条 中华人民共和国公民有维护国家统一和全国各民族团结的义务。

第五十三条 中华人民共和国公民必须遵守宪法和法律，保守国家秘密，爱护公共财产，遵守劳动纪律，遵守公共秩序，尊重社会公德。

第五十四条 中华人民共和国公民有维护祖国的安全、

荣誉和利益的义务，不得有危害祖国的安全、荣誉和利益的行为。

第五十五条 保卫祖国、抵抗侵略是中华人民共和国每一个公民的神圣职责。

依照法律服兵役和参加民兵组织是中华人民共和国公民的光荣义务。

第五十六条 中华人民共和国公民有依照法律纳税的义务。

第三章 国家机构

第一节 全国人民代表大会

第五十七条 中华人民共和国全国人民代表大会是最高国家权力机关。它的常设机关是全国人民代表大会常务委员会。

第五十八条 全国人民代表大会和全国人民代表大会常务委员会行使国家立法权。

第五十九条 全国人民代表大会由省、自治区、直辖市、特别行政区和军队选出的代表组成。各少数民族都应当有适当名额的代表。

全国人民代表大会代表的选举由全国人民代表大会常务委员会主持。

全国人民代表大会代表名额和代表产生办法由法律规定。

第六十条 全国人民代表大会每届任期五年。

全国人民代表大会任期届满的两个月以前，全国人民代表大会常务委员会必须完成下届全国人民代表大会代表的选举。如果遇到不能进行选举的非常情况，由全国人民代表大会常务委员会以全体组成人员的三分之二以上的多数通过，可以推迟选举，延长本届全国人民代表大会的任期。在非常情况结束后一年内，必须完成下届全国人民代表大会代表的选举。

第六十一条 全国人民代表大会会议每年举行一次，由全国人民代表大会常务委员会召集。如果全国人民代表大会常务委员会认为必要，或者有五分之一以上的全国人民代表大会代表提议，可以临时召集全国人民代表大会会议。

全国人民代表大会举行会议的时候，选举主席团主持会议。

第六十二条 全国人民代表大会行使下列职权：

（一）修改宪法；

（二）监督宪法的实施；

（三）制定和修改刑事、民事、国家机构的和其他的基本法律；

（四）选举中华人民共和国主席、副主席；

（五）根据中华人民共和国主席的提名，决定国务院总理的人选；根据国务院总理的提名，决定国务院副总理、国务委员、各部部长、各委员会主任、审计长、秘书长的人选；

（六）选举中央军事委员会主席；根据中央军事委员会主席的提名，决定中央军事委员会其他组成人员的人选；

（七）选举国家监察委员会主任；

（八）选举最高人民法院院长；

（九）选举最高人民检察院检察长；

（十）审查和批准国民经济和社会发展计划和计划执行情况的报告；

（十一）审查和批准国家的预算和预算执行情况的报告；

（十二）改变或者撤销全国人民代表大会常务委员会不适当的决定；

（十三）批准省、自治区和直辖市的建置；

（十四）决定特别行政区的设立及其制度；

（十五）决定战争和和平的问题；

（十六）应当由最高国家权力机关行使的其他职权。

第六十三条　全国人民代表大会有权罢免下列人员：

（一）中华人民共和国主席、副主席；

（二）国务院总理、副总理、国务委员、各部部长、各委员会主任、审计长、秘书长；

（三）中央军事委员会主席和中央军事委员会其他组成人员；

（四）国家监察委员会主任；

（五）最高人民法院院长；

（六）最高人民检察院检察长。

第六十四条　宪法的修改，由全国人民代表大会常务委员会或者五分之一以上的全国人民代表大会代表提议，并由全国人民代表大会以全体代表的三分之二以上的多数通过。

法律和其他议案由全国人民代表大会以全体代表的过半数通过。

第六十五条　全国人民代表大会常务委员会由下列人员组成：

委员长，

副委员长若干人，

秘书长，

委员若干人。

全国人民代表大会常务委员会组成人员中，应当有适当名额的少数民族代表。

全国人民代表大会选举并有权罢免全国人民代表大会常务委员会的组成人员。

全国人民代表大会常务委员会的组成人员不得担任国家行政机关、监察机关、审判机关和检察机关的职务。

第六十六条　全国人民代表大会常务委员会每届任期同全国人民代表大会每届任期相同，它行使职权到下届全国人民代表大会选出新的常务委员会为止。

委员长、副委员长连续任职不得超过两届。

第六十七条　全国人民代表大会常务委员会行使下列职权：

（一）解释宪法，监督宪法的实施；

（二）制定和修改除应当由全国人民代表大会制定的法律以外的其他法律；

（三）在全国人民代表大会闭会期间，对全国人民代表大会制定的法律进行部分补充和修改，但是不得同该法律的基本原则相抵触；

（四）解释法律；

（五）在全国人民代表大会闭会期间，审查和批准国民经济和社会发展计划、国家预算在执行过程中所必须作的部分调整方案；

（六）监督国务院、中央军事委员会、国家监察委员会、最高人民法院和最高人民检察院的工作；

（七）撤销国务院制定的同宪法、法律相抵触的行政法规、决定和命令；

（八）撤销省、自治区、直辖市国家权力机关制定的同宪法、法律和行政法规相抵触的地方性法规和决议；

（九）在全国人民代表大会闭会期间，根据国务院总理的提名，决定部长、委员会主任、审计长、秘书长的人选；

（十）在全国人民代表大会闭会期间，根据中央军事委员会主席的提名，决定中央军事委员会其他组成人员的人选；

（十一）根据国家监察委员会主任的提请，任免国家监察委员会副主任、委员；

（十二）根据最高人民法院院长的提请，任免最高人民法院副院长、审判员、审判委员会委员和军事法院院长；

（十三）根据最高人民检察院检察长的提请，任免最高人民检察院副检察长、检察员、检察委员会委员和军事检察院检察长，并且批准省、自治区、直辖市的人民检察院检察长的任免；

（十四）决定驻外全权代表的任免；

（十五）决定同外国缔结的条约和重要协定的批准和废除；

（十六）规定军人和外交人员的衔级制度和其他专门衔级制度；

（十七）规定和决定授予国家的勋章和荣誉称号；

（十八）决定特赦；

（十九）在全国人民代表大会闭会期间，如果遇到国家遭受武装侵犯或者必须履行国际间共同防止侵略的条约的情况，决定战争状态的宣布；

（二十）决定全国总动员或者局部动员；

（二十一）决定全国或者个别省、自治区、直辖市进入紧急状态；

（二十二）全国人民代表大会授予的其他职权。

第六十八条　全国人民代表大会常务委员会委员长主持全国人民代表大会常务委员会的工作，召集全国人民代表大会常务委员会会议。副委员长、秘书长协助委员长工作。

委员长、副委员长、秘书长组成委员长会议，处理全国人民代表大会常务委员会的重要日常工作。

第六十九条 全国人民代表大会常务委员会对全国人民代表大会负责并报告工作。

第七十条 全国人民代表大会设立民族委员会、宪法和法律委员会、财政经济委员会、教育科学文化卫生委员会、外事委员会、华侨委员会和其他需要设立的专门委员会。在全国人民代表大会闭会期间，各专门委员会受全国人民代表大会常务委员会的领导。

各专门委员会在全国人民代表大会和全国人民代表大会常务委员会领导下，研究、审议和拟订有关议案。

第七十一条 全国人民代表大会和全国人民代表大会常务委员会认为必要的时候，可以组织关于特定问题的调查委员会，并且根据调查委员会的报告，作出相应的决议。

调查委员会进行调查的时候，一切有关的国家机关、社会团体和公民都有义务向它提供必要的材料。

第七十二条 全国人民代表大会代表和全国人民代表大会常务委员会组成人员，有权依照法律规定的程序分别提出属于全国人民代表大会和全国人民代表大会常务委员会职权范围内的议案。

第七十三条 全国人民代表大会代表在全国人民代表大会开会期间，全国人民代表大会常务委员会组成人员在常务委员会开会期间，有权依照法律规定的程序提出对国务院或者国务院各部、各委员会的质询案。受质询的机关必须负责答复。

第七十四条 全国人民代表大会代表，非经全国人民代表大会会议主席团许可，在全国人民代表大会闭会期间非经全国人民代表大会常务委员会许可，不受逮捕或者刑事审判。

第七十五条 全国人民代表大会代表在全国人民代表大会各种会议上的发言和表决，不受法律追究。

第七十六条 全国人民代表大会代表必须模范地遵守宪法和法律，保守国家秘密，并且在自己参加的生产、工作和社会活动中，协助宪法和法律的实施。

全国人民代表大会代表应当同原选举单位和人民保持密切的联系，听取和反映人民的意见和要求，努力为人民服务。

第七十七条 全国人民代表大会代表受原选举单位的监督。原选举单位有权依照法律规定的程序罢免本单位选出的代表。

第七十八条　全国人民代表大会和全国人民代表大会常务委员会的组织和工作程序由法律规定。

第二节　中华人民共和国主席

第七十九条　中华人民共和国主席、副主席由全国人民代表大会选举。

有选举权和被选举权的年满四十五周岁的中华人民共和国公民可以被选为中华人民共和国主席、副主席。

中华人民共和国主席、副主席每届任期同全国人民代表大会每届任期相同。

第八十条　中华人民共和国主席根据全国人民代表大会的决定和全国人民代表大会常务委员会的决定，公布法律，任免国务院总理、副总理、国务委员、各部部长、各委员会主任、审计长、秘书长，授予国家的勋章和荣誉称号，发布特赦令，宣布进入紧急状态，宣布战争状态，发布动员令。

第八十一条　中华人民共和国主席代表中华人民共和国，进行国事活动，接受外国使节；根据全国人民代表大会常务委员会的决定，派遣和召回驻外全权代表，批准和废除同外国缔结的条约和重要协定。

第八十二条　中华人民共和国副主席协助主席工作。

中华人民共和国副主席受主席的委托，可以代行主席的部分职权。

第八十三条 中华人民共和国主席、副主席行使职权到下届全国人民代表大会选出的主席、副主席就职为止。

第八十四条 中华人民共和国主席缺位的时候，由副主席继任主席的职位。

中华人民共和国副主席缺位的时候，由全国人民代表大会补选。

中华人民共和国主席、副主席都缺位的时候，由全国人民代表大会补选；在补选以前，由全国人民代表大会常务委员会委员长暂时代理主席职位。

第三节 国 务 院

第八十五条 中华人民共和国国务院，即中央人民政府，是最高国家权力机关的执行机关，是最高国家行政机关。

第八十六条 国务院由下列人员组成：

总理，

副总理若干人，

国务委员若干人，

各部部长，

各委员会主任，

审计长，

秘书长。

国务院实行总理负责制。各部、各委员会实行部长、主任负责制。

国务院的组织由法律规定。

第八十七条 国务院每届任期同全国人民代表大会每届任期相同。

总理、副总理、国务委员连续任职不得超过两届。

第八十八条 总理领导国务院的工作。副总理、国务委员协助总理工作。

总理、副总理、国务委员、秘书长组成国务院常务会议。

总理召集和主持国务院常务会议和国务院全体会议。

第八十九条 国务院行使下列职权：

（一）根据宪法和法律，规定行政措施，制定行政法规，发布决定和命令；

（二）向全国人民代表大会或者全国人民代表大会常务委员会提出议案；

（三）规定各部和各委员会的任务和职责，统一领导各部和各委员会的工作，并且领导不属于各部和各委员会的全国性的行政工作；

（四）统一领导全国地方各级国家行政机关的工作，规定中央和省、自治区、直辖市的国家行政机关的职权的具体划分；

（五）编制和执行国民经济和社会发展计划和国家预算；

（六）领导和管理经济工作和城乡建设、生态文明建设；

（七）领导和管理教育、科学、文化、卫生、体育和计划生育工作；

（八）领导和管理民政、公安、司法行政等工作；

（九）管理对外事务，同外国缔结条约和协定；

（十）领导和管理国防建设事业；

（十一）领导和管理民族事务，保障少数民族的平等权利和民族自治地方的自治权利；

（十二）保护华侨的正当的权利和利益，保护归侨和侨眷的合法的权利和利益；

（十三）改变或者撤销各部、各委员会发布的不适当的命令、指示和规章；

（十四）改变或者撤销地方各级国家行政机关的不适当

的决定和命令；

（十五）批准省、自治区、直辖市的区域划分，批准自治州、县、自治县、市的建置和区域划分；

（十六）依照法律规定决定省、自治区、直辖市的范围内部分地区进入紧急状态；

（十七）审定行政机构的编制，依照法律规定任免、培训、考核和奖惩行政人员；

（十八）全国人民代表大会和全国人民代表大会常务委员会授予的其他职权。

第九十条 国务院各部部长、各委员会主任负责本部门的工作；召集和主持部务会议或者委员会会议、委务会议，讨论决定本部门工作的重大问题。

各部、各委员会根据法律和国务院的行政法规、决定、命令，在本部门的权限内，发布命令、指示和规章。

第九十一条 国务院设立审计机关，对国务院各部门和地方各级政府的财政收支，对国家的财政金融机构和企业事业组织的财务收支，进行审计监督。

审计机关在国务院总理领导下，依照法律规定独立行使审计监督权，不受其他行政机关、社会团体和个人的干涉。

第九十二条 国务院对全国人民代表大会负责并报告工

作；在全国人民代表大会闭会期间，对全国人民代表大会常务委员会负责并报告工作。

第四节　中央军事委员会

第九十三条　中华人民共和国中央军事委员会领导全国武装力量。

中央军事委员会由下列人员组成：

主席，

副主席若干人，

委员若干人。

中央军事委员会实行主席负责制。

中央军事委员会每届任期同全国人民代表大会每届任期相同。

第九十四条　中央军事委员会主席对全国人民代表大会和全国人民代表大会常务委员会负责。

第五节　地方各级人民代表大会和地方各级人民政府

第九十五条　省、直辖市、县、市、市辖区、乡、民族乡、镇设立人民代表大会和人民政府。

地方各级人民代表大会和地方各级人民政府的组织由法律规定。

自治区、自治州、自治县设立自治机关。自治机关的组织和工作根据宪法第三章第五节、第六节规定的基本原则由法律规定。

第九十六条 地方各级人民代表大会是地方国家权力机关。

县级以上的地方各级人民代表大会设立常务委员会。

第九十七条 省、直辖市、设区的市的人民代表大会代表由下一级的人民代表大会选举；县、不设区的市、市辖区、乡、民族乡、镇的人民代表大会代表由选民直接选举。

地方各级人民代表大会代表名额和代表产生办法由法律规定。

第九十八条 地方各级人民代表大会每届任期五年。

第九十九条 地方各级人民代表大会在本行政区域内，保证宪法、法律、行政法规的遵守和执行；依照法律规定的权限，通过和发布决议，审查和决定地方的经济建设、文化建设和公共事业建设的计划。

县级以上的地方各级人民代表大会审查和批准本行政区域内的国民经济和社会发展计划、预算以及它们的执行情况的报告；有权改变或者撤销本级人民代表大会常务委员会不适当的决定。

民族乡的人民代表大会可以依照法律规定的权限采取适合民族特点的具体措施。

第一百条 省、直辖市的人民代表大会和它们的常务委员会，在不同宪法、法律、行政法规相抵触的前提下，可以制定地方性法规，报全国人民代表大会常务委员会备案。

设区的市的人民代表大会和它们的常务委员会，在不同宪法、法律、行政法规和本省、自治区的地方性法规相抵触的前提下，可以依照法律规定制定地方性法规，报本省、自治区人民代表大会常务委员会批准后施行。

第一百零一条 地方各级人民代表大会分别选举并且有权罢免本级人民政府的省长和副省长、市长和副市长、县长和副县长、区长和副区长、乡长和副乡长、镇长和副镇长。

县级以上的地方各级人民代表大会选举并且有权罢免本级监察委员会主任、本级人民法院院长和本级人民检察院检察长。选出或者罢免人民检察院检察长，须报上级人民检察院检察长提请该级人民代表大会常务委员会批准。

第一百零二条 省、直辖市、设区的市的人民代表大会代表受原选举单位的监督；县、不设区的市、市辖区、乡、民族乡、镇的人民代表大会代表受选民的监督。

地方各级人民代表大会代表的选举单位和选民有权依照法律规定的程序罢免由他们选出的代表。

第一百零三条 县级以上的地方各级人民代表大会常务委员会由主任、副主任若干人和委员若干人组成，对本级人民代表大会负责并报告工作。

县级以上的地方各级人民代表大会选举并有权罢免本级人民代表大会常务委员会的组成人员。

县级以上的地方各级人民代表大会常务委员会的组成人员不得担任国家行政机关、监察机关、审判机关和检察机关的职务。

第一百零四条 县级以上的地方各级人民代表大会常务委员会讨论、决定本行政区域内各方面工作的重大事项；监督本级人民政府、监察委员会、人民法院和人民检察院的工作；撤销本级人民政府的不适当的决定和命令；撤销下一级人民代表大会的不适当的决议；依照法律规定的权限决定国家机关工作人员的任免；在本级人民代表大会闭会期间，罢免和补选上一级人民代表大会的个别代表。

第一百零五条 地方各级人民政府是地方各级国家权力机关的执行机关，是地方各级国家行政机关。

地方各级人民政府实行省长、市长、县长、区长、乡长、镇长负责制。

第一百零六条 地方各级人民政府每届任期同本级人民代表大会每届任期相同。

第一百零七条 县级以上地方各级人民政府依照法律规定的权限，管理本行政区域内的经济、教育、科学、文化、卫生、体育事业、城乡建设事业和财政、民政、公安、民族事务、司法行政、计划生育等行政工作，发布决定和命令，任免、培训、考核和奖惩行政工作人员。

乡、民族乡、镇的人民政府执行本级人民代表大会的决议和上级国家行政机关的决定和命令，管理本行政区域内的行政工作。

省、直辖市的人民政府决定乡、民族乡、镇的建置和区域划分。

第一百零八条 县级以上的地方各级人民政府领导所属各工作部门和下级人民政府的工作，有权改变或者撤销所属各工作部门和下级人民政府的不适当的决定。

第一百零九条 县级以上的地方各级人民政府设立审计机关。地方各级审计机关依照法律规定独立行使审计监督权，对本级人民政府和上一级审计机关负责。

第一百一十条 地方各级人民政府对本级人民代表大会负责并报告工作。县级以上的地方各级人民政府在本级人民代表大会闭会期间，对本级人民代表大会常务委员会负责并报告工作。

地方各级人民政府对上一级国家行政机关负责并报告工作。全国地方各级人民政府都是国务院统一领导下的国家行政机关，都服从国务院。

第一百一十一条 城市和农村按居民居住地区设立的居民委员会或者村民委员会是基层群众性自治组织。居民委员会、村民委员会的主任、副主任和委员由居民选举。居民委员会、村民委员会同基层政权的相互关系由法律规定。

居民委员会、村民委员会设人民调解、治安保卫、公共卫生等委员会，办理本居住地区的公共事务和公益事业，调解民间纠纷，协助维护社会治安，并且向人民政府反映群众的意见、要求和提出建议。

第六节 民族自治地方的自治机关

第一百一十二条 民族自治地方的自治机关是自治区、自治州、自治县的人民代表大会和人民政府。

第一百一十三条 自治区、自治州、自治县的人民代表大会中，除实行区域自治的民族的代表外，其他居住在本行政区域内的民族也应当有适当名额的代表。

自治区、自治州、自治县的人民代表大会常务委员会中应当有实行区域自治的民族的公民担任主任或者副主任。

第一百一十四条 自治区主席、自治州州长、自治县县长由实行区域自治的民族的公民担任。

第一百一十五条 自治区、自治州、自治县的自治机关行使宪法第三章第五节规定的地方国家机关的职权，同时依照宪法、民族区域自治法和其他法律规定的权限行使自治权，根据本地方实际情况贯彻执行国家的法律、政策。

第一百一十六条 民族自治地方的人民代表大会有权依照当地民族的政治、经济和文化的特点，制定自治条例和单行条例。自治区的自治条例和单行条例，报全国人民代表大会常务委员会批准后生效。自治州、自治县的自治条例和单行条例，报省或者自治区的人民代表大会常务委员会批准后生效，并报全国人民代表大会常务委员会备案。

第一百一十七条 民族自治地方的自治机关有管理地方财政的自治权。凡是依照国家财政体制属于民族自治地方的财政收入，都应当由民族自治地方的自治机关自主地安排使用。

第一百一十八条 民族自治地方的自治机关在国家计划

的指导下，自主地安排和管理地方性的经济建设事业。

国家在民族自治地方开发资源、建设企业的时候，应当照顾民族自治地方的利益。

第一百一十九条 民族自治地方的自治机关自主地管理本地方的教育、科学、文化、卫生、体育事业，保护和整理民族的文化遗产，发展和繁荣民族文化。

第一百二十条 民族自治地方的自治机关依照国家的军事制度和当地的实际需要，经国务院批准，可以组织本地方维护社会治安的公安部队。

第一百二十一条 民族自治地方的自治机关在执行职务的时候，依照本民族自治地方自治条例的规定，使用当地通用的一种或者几种语言文字。

第一百二十二条 国家从财政、物资、技术等方面帮助各少数民族加速发展经济建设和文化建设事业。

国家帮助民族自治地方从当地民族中大量培养各级干部、各种专业人才和技术工人。

第七节 监察委员会

第一百二十三条 中华人民共和国各级监察委员会是国家的监察机关。

第一百二十四条　中华人民共和国设立国家监察委员会和地方各级监察委员会。

监察委员会由下列人员组成：

主任，

副主任若干人，

委员若干人。

监察委员会主任每届任期同本级人民代表大会每届任期相同。国家监察委员会主任连续任职不得超过两届。

监察委员会的组织和职权由法律规定。

第一百二十五条　中华人民共和国国家监察委员会是最高监察机关。

国家监察委员会领导地方各级监察委员会的工作，上级监察委员会领导下级监察委员会的工作。

第一百二十六条　国家监察委员会对全国人民代表大会和全国人民代表大会常务委员会负责。地方各级监察委员会对产生它的国家权力机关和上一级监察委员会负责。

第一百二十七条　监察委员会依照法律规定独立行使监察权，不受行政机关、社会团体和个人的干涉。

监察机关办理职务违法和职务犯罪案件，应当与审判机关、检察机关、执法部门互相配合，互相制约。

第八节　人民法院和人民检察院

第一百二十八条　中华人民共和国人民法院是国家的审判机关。

第一百二十九条　中华人民共和国设立最高人民法院、地方各级人民法院和军事法院等专门人民法院。

最高人民法院院长每届任期同全国人民代表大会每届任期相同，连续任职不得超过两届。

人民法院的组织由法律规定。

第一百三十条　人民法院审理案件，除法律规定的特别情况外，一律公开进行。被告人有权获得辩护。

第一百三十一条　人民法院依照法律规定独立行使审判权，不受行政机关、社会团体和个人的干涉。

第一百三十二条　最高人民法院是最高审判机关。

最高人民法院监督地方各级人民法院和专门人民法院的审判工作，上级人民法院监督下级人民法院的审判工作。

第一百三十三条　最高人民法院对全国人民代表大会和全国人民代表大会常务委员会负责。地方各级人民法院对产生它的国家权力机关负责。

第一百三十四条　中华人民共和国人民检察院是国家的

法律监督机关。

第一百三十五条 中华人民共和国设立最高人民检察院、地方各级人民检察院和军事检察院等专门人民检察院。

最高人民检察院检察长每届任期同全国人民代表大会每届任期相同，连续任职不得超过两届。

人民检察院的组织由法律规定。

第一百三十六条 人民检察院依照法律规定独立行使检察权，不受行政机关、社会团体和个人的干涉。

第一百三十七条 最高人民检察院是最高检察机关。

最高人民检察院领导地方各级人民检察院和专门人民检察院的工作，上级人民检察院领导下级人民检察院的工作。

第一百三十八条 最高人民检察院对全国人民代表大会和全国人民代表大会常务委员会负责。地方各级人民检察院对产生它的国家权力机关和上级人民检察院负责。

第一百三十九条 各民族公民都有用本民族语言文字进行诉讼的权利。人民法院和人民检察院对于不通晓当地通用的语言文字的诉讼参与人，应当为他们翻译。

在少数民族聚居或者多民族共同居住的地区，应当用当地通用的语言进行审理；起诉书、判决书、布告和其他文书应当根据实际需要使用当地通用的一种或者几种文字。

第一百四十条 人民法院、人民检察院和公安机关办理刑事案件，应当分工负责，互相配合，互相制约，以保证准确有效地执行法律。

第四章 国旗、国歌、国徽、首都

第一百四十一条 中华人民共和国国旗是五星红旗。

中华人民共和国国歌是《义勇军进行曲》。

第一百四十二条 中华人民共和国国徽，中间是五星照耀下的天安门，周围是谷穗和齿轮。

第一百四十三条 中华人民共和国首都是北京。

2. 公民批评建议权与申诉控告权的异同。

三、论述题

分析中华人民共和国人民检察院是国家的法律监督机关。

2009 年

一、单选题（略）

二、多选题（略）

三、简答题

1. 剥夺政治权利的范围以及依据。

2. 地方性法规与民族自治地方法规的区别。

四、分析题

分析宪法规范“中华人民共和国全国人民代表大会是最高国家权力机关”，“全国人民代表大会和全国人民代表大会常务委员会行使国家立法权”。

北京大学

2021 年

简答题

1. 简述政体的含义及我国政体的基本内容。

2. 简述我国宪法中关于公民通信自由和通信秘密权利的原则性规定。

2020 年

论述题

1. 我国宪法经历了几次修正？分别概述其内容。

2. 宪法修改是否需要遵循一定的实体限制？

2017 年

论述题

1. 辽宁省人大代表集体贿选事件，说明了什么问题，如何从制度上防止贿选事件的发生？

2. 成文宪法、不成文宪法、宪法惯例的含义及区别？

3. 如何理解依法治国首先要依宪治国？

2015 年

1. 党的十八届四中全会提出，要完善确保依法独立公正行使审判权和检察权的制度，试述会有哪些措施来确保？

2. 试述我国宪法中有关隐私权的规定有哪些？

2014 年

论述题

1. 《宪法》第 6 条规定，“国家在社会主义初级阶段，坚持公有制为主体、多种所有制经济共同发展的基本经济制度”。这里的多种所有制经济具体是指哪些经济形式？请分别做简单说明。

2. 试述言论自由和结社自由有哪些相同点和不同点。

2012 年

论述题

1. 论述中国宪法上平等权在基本权利体系中的地位和特点。

2. 简述民族自治地方自治机关的组成原则。

2011 年

论述题

1. 我国现行宪法规定的公民基本权利有哪些？

2. 我国现行宪法涉及诉讼程序的相关规范有哪些？

2010 年

案例题

某行政机关在某次打黄扫非行动中公布的一张照片引起了广泛争议。“光头”警察抓住一“卖淫女”的头发，“卖淫女”双手护胸，一脸惶恐，而她的衣服就在一边。旁边还有嫖客一干人等。请结合宪法条文：

（1）公布“卖淫女”裸照是否违法，说明理由。

（2）“光头”警察对“卖淫女”的行为是否违法，说明理由。

2009 年

论述题

1. 全国人大常委会专门委员会有哪些？
2. 试论立法权的特征。

武汉大学

2022 年

简答题

1. 我国政权组织形式和特点。
2. 宪法学在法学学科中的地位。
3. 监察委员会的职责。
4. 宪法解释原则。
5. 基本权利的学理分类。

2021 年综合卷

简答题

平等权在我国宪法中的体现。

2013 年综合卷

一、名词解释

1. 五五宪草
2. 宪法惯例
3. 人性尊严
4. 比例代表制
5. 国务院常务会议

二、简答题

简述专门政治机关审查模式的特点及法国宪法委员会的职权。

2012 年综合卷

一、名词解释

1. 宪法形式
2. 社会权
3. 自治权
4. 宪法权力

二、简答题

简述宪法修改与宪法解释的关系。

2011 年综合卷

一、名词解释

1. 规范宪法
2. 宪法性法律
3. 隐私权
4. 地方制度

二、简答题

简述人民检察院的性质与职权。

2011 年专业卷

一、辨析题

1. 确认性宪法规范与禁止性宪法规范。
2. 规范宪法与名义宪法。
3. 人权与基本权利。
4. 宪法惯例与宪法判例。

二、简答题

1. 简述公民基本义务的实现方式与具体内容。

2. 简述立法机关活动的民主原则。

三、论述题

论宪法与行政法的关系。

四、法条分析题

1.《中华人民共和国宪法》第67条规定：全国人民代表大会常务委员会行使下列职权：

（1）解释宪法，监督宪法的实施。

（2）解释法律。

请结合上述法条的规定，回答下列问题：

（1）全国人大常委会监督宪法实施的方法和途径是什么？

（2）全国人大常委会解释宪法和解释法律的方法有哪些？

2.《中华人民共和国宪法》第13条规定：公民的合法的私有财产不受侵犯。

国家依照法律规定保护公民的私有财产权和继承权。

国家为了公共利益的需要，可以依照法律规定对公民的私有财产实行征收或者征用并给予补偿。

请结合上述法条规定，回答下列问题：

（1）本条所指“公民合法的私有财产”是何含义？

（2）私有财产与继承权的联系与区别是什么？

（3）给予补偿的条件和内容是什么？

2010年综合卷

一、名词解释

1. 宪法形式
2. 行政机关
3. 劳动权
4. 生命权

二、简答题

简述我国宪法关于特别行政区高度自治权的规定。

2006年

一、名词解释

1. 不成文宪法
2. 宪法适用
3. 法治原则

二、简答题

1. 简述中央政府在特别行政区的权限。

2. 简述我国地方各级人大在法制方面的权限。

3. 简述宪法规范作用的主要方式。

4. 简述合宪性审查的主要模式。

三、判断题

1. 根据我国宪法和法律的规定，地方各级人民检察院检察长由上级人民检察院检察长提请该级人民代表大会常务委员会任免。

2. 根据我国《宪法》第89条的规定，国务院有权依照法律规定决定省、自治区、直辖市的范围内部分地区进入紧急状态。

3. 根据我国《宪法》第67条之规定，全国人民代表大会常务委员会有权改变或者撤销国务院制定的同宪法、法律相抵触的行政法规、决定和命令。

4. 根据我国宪法规定，民族自治地方的人民代表大会及其常委会有权依照当地民族的政治、经济和文化的特点，制定自治条例和单行条例。

5. 张某现任某县法院院长，今年又当选为县人大常委会副主任。请问是否符合我国宪法的规定。

四、论述题

1. 试论权力制约原则在资本主义国家宪法中的体现。

2. 试论我国2004年修宪的主要内容。

2005年

一、简答题

1. 简述罗斯福“新政”对美国宪法的影响。

2. 简述宪法序言的法律效力。

3. 简述宪法修改的必要性。

二、论述题

1. 论宪法与政治文明。

2. 论我国宪法规定的“公民的合法的私有财产不受侵犯”。

3. 论坚持和完善共产党领导的多党合作制度。

4. 论建立中国特色的合宪性审查制度。

三、分析题

在论述宪法与人权的相互关系过程中，有学者提出“宪法是人权的根本保障书”，请你就此论断进行分析。

西南政法大学

2016 年

一、判断分析题

1. 现代汉语“宪法”一词源于中国古代，此时即有根本法的含义。

2. 每个国家的宪法都蕴含着或直接表达着特定的政治哲学思想。

3. 在现代合宪性审查制度中，公民的个人行为可以成为审查对象。

二、简述题

1. 简述制宪权的特征。

2. 简述宪法解释体制的种类。

2015 年

一、判断分析题

1. 宪法是“母法”，表达了宪法与普通法律之间的渊源关系。

2. “国家尊重和保障人权”的规定既表明国家对人权存在的肯定，也表明国家对人权承担着法定的义务。

3. 从各国的宪法规定来看，合宪性审查只针对本国法律的合宪性进行审查。

二、简述题

1. 简述宪法解释的原因。

2. 简述宪法对国家权力限制的主要表现。

2014 年

一、判断分析题

1. 宪法中人民所具有的基本权利，也应当是该国政府所应承担的义务。

2. 我国现行宪法典是我国的专门制宪机关制定的。

3. 我国现行宪法规定，在特别行政区内实行的制度由中央人民政府规定。

二、简述题

1. 简述宪法对国家权力限制的主要表现。

2. 简述我国 1979 年宪法修改的内容。

2013 年

一、概念比较题

1. 宪法典与宪法性法律

2. 制宪权与立法权

3. 人权与公民权

二、辨析题

1. 宪法是各种政治力量竞争的产物。

2. 言论自由是一切自由的基础。

3. 宪法解释是宪法生命的源泉。

西北政法大学

2020 年

一、简答题

1. 简述我国现行宪法中民主集中制原则的内容。

2. 简述清末立宪失败的原因。

3. 简述你对我国现行宪法中规定的平等权、受教育权、科学研究自由等内容的理解。

二、论述题

论述 2018 宪法修正案将“中国共产党的领导是中国特色社会主义制度的本质特征”写进宪法在理论和实践上的意义。

2019 年

简答题

1. 简述宪法的功能。

2. 人民主权原则。

3. 宪法中公民的政治权利。

2017 年

一、简答题

1. 我国宪法关于公民宗教信仰的规定。

2. 公民和人民的区别。

3. 我国国家主席的职权。

二、论述题

论述民族区域自治与特别行政区自治的区别。

2016 年

一、简答题

1. 宪法关系？宪法关系的主体有哪些？

2. 我国有几部宪法典，现行宪法共有几次修正案，计划经济改为社会主义市场经济是哪一次修宪？国家保障公民人权是哪一次宪法？

二、论述题

试论我国公民的基本权利和义务。

2015 年

简答题

1. 中央和特别行政区关于权力的划分(即哪些事务归中央管，哪些事务归特别行政区管)。

2. 2004 宪法修正案的内容。

3. 根据《宪法》和《立法法》，人大及其常委会对宪法监督的具体规定。

华东政法大学

2018 年综合卷

一、简答题

简述全国人大常委会的主要职权

二、辨析题

我国部分城市在网约车经营服务管理办法中要求司机系本地户籍、车辆为本地牌照，试从宪法学角度对该规定进行评析。

2017 年综合卷

一、简答题

简述国家权力配置遵循的宪法原则。

二、辨析题

公民控告权和检举权的异同。

2016 年综合卷

一、简答题

简述选举权行使的基本原则。

二、辨析题

现行《宪法》第 2 条第 1 款规定："中华人民共和国的一切权利属于人民。"第 33 条第 2 款规定："中华人民共和国公民在法律面前一律平等。"请从人民和公民关系角度对以上两款的关系予以分析。

2015 年综合卷

一、简答题

简述我国行政区域变更的审批程序。

二、辨析题

有人认为，我国选民在直接选举人大代表时，选民可到登记站进行选民登记并领取选民证，只能在自己居住地选举人大代表。选民可以自我推荐作为独立候选人参加选举，并通过各种途径和方式向选民作自我介绍以争取选民的支持。只要获得参加选举的选民的过半数选票即可当选为人大代表。请辨析以上说法的合法性。

2014 年综合卷

一、简答题

我国现行宪法对自然资源和土地所有权的规定。

二、辨析题

根据我国现行宪法规定，中华人民共和国的一切权力来自人民。人民行使国家权力的机关是全国人民代表大会及其常务委员会。可见，人民代表大会制度是我国的根本制度，请逐句分析上述说法的正误，并说明理由。

2013 年综合卷

简答题

人民代表大会制度设计的特点。

2011 年综合卷

一、名词解释

人格尊严

二、简答题

我国宪法对限制人身自由措施的规制情形

2010 年综合卷

一、概念题

宪法监督

二、简答题

简述 2004 年宪法修正涉及的经济方面的主要内容。

2009 年综合卷

一、名词解释

合宪性审查

二、简答题

简述宪法解释的主要体制。

2008 年综合卷

一、名词解释

消费者的结社权

二、简答题

全国人大有哪些基本职权？

2007 年综合卷

一、名词解释

结社自由

二、简答题

怎样正确理解和认识公民的平等权？

2006 年综合卷

简答题

第四次宪法修正案关于经济发展的内容有哪些？

2005 年

一、概念题

1. 权力制约原则
2. 国家结构形式
3. 直接选举
4. 公民权利
5. 言论自由

二、简答题

1. 2004 年宪法修正案对公民私有财产做了哪些方面的修改？有什么意义？

2. 怎样理解“公民在法律面前一律平等”？

3. 全国人民代表大会的基本职权有哪些？

中国人民公安大学

2021 年

一、名词解释

1. 申诉权
2. 总理负责制
3. 国家机构
4. 半总统制

二、简答题

1. 简述单一制国家的主要特征。
2. 简述我国宪法关于紧急状态的规定。
3. 宪法监督的内容有哪些。
4. 简述刚性宪法和柔性宪法各自的优劣势。
5. 宪法的基本特征表现在哪些方面。

三、论述题

1. 论全国人大代表执行代表职务的保障。
2. 论我国宗教信仰自由的内容。

2014 年

一、名词解释

1. 名义性宪法
2. 代议制度原则
3. 《独立宣言》
4. 宪法判例
5. 表达自由

二、简答题

1. 我国采用单一制国家结构形式的原因。
2. 我国宪法的渊源。
3. 人民代表大会制度的优越性。
4. 选举制度平等性原则的体现。
5. 宪法解释的原则。

三、论述题

1. 宪法对法制建设的作用。
2. 论述我国公民权利和义务的统一。

复旦大学

2021 年

论述题

论述人民代表大会制度的优越性和可完善之处。

2020 年

一、名词解释

国家结构形式

二、简答题

1. 简述宪法监督的涵义及类型。
2. 我国上位法与下位法的效力等级关系。

2019 年

一、名词解释

国体

二、简答题

简述我国宪法的历史沿革。

2018 年

一、名词解释

权力制约原则

二、论述题

论述我国宪法规定的公民的基本权利。

2016 年

一、名词解释

1. 法律渊源
2. 民族区域自治
3. 行政立法

二、简答题

1. 法律的效力范围。
2. 中国选举制度的基本原则。

三、论述题

法治的形式性原理。

2015 年

一、名词解释

1. 钦定宪法大纲
2. 法律体系

二、论述题

论法律与执政党的政策的相互关系

2014 年

一、名词解释

任意性规范

二、简答题

简述我国行政区域划分制度。

2013 年

一、名词解释

规章

二、简答题

简述我国国家机关工作责任制的原则。

三、论述题

如何理解权利和义务是法的核心内容和基本要素?

2012 年

一、简答题

1. 特别行政区自治与民族区域自治制度的区别。
2. 全国人大和全国人大常委会的立法权分工。
3. 为什么说宪法是国家的根本大法?

二、论述题

1. 非公有制经济成分宪法地位的变革。(从 1982 年宪法说起)
2. 论我国宪法的解释制度。

附录二：宪法学习所涉及的主要法律文件

一、综合

中华人民共和国宪法
（2018 年 3 月 11 日）
中华人民共和国宪法修正案
（1988 年 4 月 12 日）
中华人民共和国宪法修正案
（1993 年 3 月 29 日）
中华人民共和国宪法修正案
（1999 年 3 月 15 日）
中华人民共和国宪法修正案
（2004 年 3 月 14 日）
中华人民共和国宪法修正案
（2018 年 3 月 11 日）

二、自治制度

中华人民共和国民族区域自治法
（2001 年 2 月 28 日）
中华人民共和国村民委员会组织法
（2018 年 12 月 29 日）
中华人民共和国城市居民委员会组织法
（2018 年 12 月 29 日）

三、国家机构

中华人民共和国全国人民代表大会组织法
（2021 年 3 月 12 日）
中华人民共和国国务院组织法
（1982 年 12 月 10 日）
中华人民共和国地方各级人民代表大会和地方各级人民政府组织法
（2022 年 3 月 12 日）
中华人民共和国人民法院组织法
（2019 年 1 月 1 日）
中华人民共和国人民检察院组织法
（2019 年 1 月 1 日）

四、立法制度

中华人民共和国立法法
（2023 年 3 月 15 日）

五、选举制度

中华人民共和国全国人民代表大会和地方各级人民代表大会选举法
（2020 年 10 月 18 日）
中华人民共和国全国人民代表大会和地方各级人民代表大会代表法
（2015 年 8 月 29 日）

六、特别行政区

中华人民共和国香港特别行政区基本法
（1997 年 7 月 1 日）
中华人民共和国澳门特别行政区基本法
（1999 年 12 月 20 日）

附录三：宪法学习参考书目

1. 《宪法学》编写组：《宪法》（第二版），高等教育出版社、人民出版社 2020 年版。
2. 周叶中主编：《宪法》（第五版），高等教育出版社 2020 年版。
3. 焦洪昌主编：《宪法学》（第六版），北京大学出版社 2020 年版。
4. 焦洪昌主编：《宪法学案例研究指导》，中国政法大学出版社 2023 年版。
5. 刘茂林：《中国宪法导论》（第三版），北京大学出版社 2022 年版。
6. 许安标主编：《宪法学习读本》（修订版），中国法制出版社 2019 年版。
7. 朱应平主编：《宪法学基础》（第二版），北京大学出版社 2021 年版。
8. 胡锦光主编：《宪法练习题集》（第四版），中国人民大学出版社 2021 年版。